Mihaly
Csikszentmihalyi

FLOW

Das Geheimnis des Glücks

Aus dem Amerikanischen
übersetzt von
Annette Charpentier

Klett-Cotta

Klett-Cotta
Die Originalausgabe erschien
unter dem Titel „FLOW – The Psychology
of Optimal Experience“
im Verlag Harper & Row, New York

Printed in Germany
Schutzumschlag: Zembsch Werkstatt, München
Gesetzt aus der 10 Punkt Sorbonne
von Hahn Medien GmbH, Kornwesthein
Gedruckt auf säure- und holzfreiem Werkdruckpapier
und gebunden von Clausen & Bosse, Leck
ISBN 3-608-94149-5

Erste Auflage dieser Ausstattung, 2004

Bibliographische Information Der Deutschen Bibliothek
Die Deutsche Bibliothek verzeichnet diese Publikation in der
Deutschen Nationalbibliographie; detaillierte bibliographische
Daten sind im Internet über http://dnb.ddb.de abrufbar

Für Isabella, Mark und Christopher

Inhalt

Vorwort

Dieses Buch faßt – für ein breiteres Publikum – jahrzehntelange Forschung über die positiven Aspekte menschlicher Erfahrungen zusammen: Freude, Kreativität und den Prozeß vollständigen Einsseins mit dem Leben, den ich *flow* nenne. Dieser Schritt birgt einige Gefahren, denn sobald man sich von der strengen Orientierung wissenschaftlicher Texte löst, wird man leicht unbekümmert und, besonders bei einem solchen Thema, zu überschwenglich. Hier liegt allerdings kein Buch vor, das einem Insidertips vermittelt, wie man glücklich wird. Das wäre auch unmöglich, da ein Leben voller Freude eine einzigartige Schöpfung ist, die man nicht nach Rezept vollziehen kann. Dieses Buch versucht statt dessen, allgemeine *Prinzipien* vorzustellen, verbunden mit konkreten Beispielen, wie manche Menschen diese Prinzipien angewendet haben, um ein langweiliges, sinnloses Leben in eines voller Freude zu verwandeln. Ich verspreche hier keine Rezepte für diesen Weg. Doch der Leser, dem solche Dinge am Herzen liegen, sollte ausreichend Informationen finden, um den Übergang von der Theorie zur Praxis zu bewältigen.

Um das Buch so direkt und leserfreundlich wie möglich zu gestalten, habe ich Fußnoten, Anmerkungen und andere Apparate vermieden, die Wissenschaftler in ihren Schriften gewöhnlich benutzen. Ich habe versucht, die Ergebnisse psychologischer Forschung und die Gedanken vorzustellen, die man aus der Interpretation solcher Forschung gewinnt, so daß der Leser sie aufnehmen und in seinem Leben anwenden kann, ohne dazu über spezialisiertes Grundwissen verfügen zu müssen.

Jene Leser jedoch, die neugierig genug sind, die wissenschaftlichen Quellen nachzugehen, auf denen meine Schlußfolgerungen beruhen, finden am Ende umfangreiche Anmerkungen. Sie beziehen sich nicht auf bestimmte Stellen, sondern geben die Seite im Text an, auf der der jeweilige Gegenstand diskutiert wird. „Glück" wird beispielsweise auf der ersten Seite erwähnt. Leser, die sich dafür interessieren, auf welche Bücher ich meine Annahmen stütze, finden im Anmerkungsteil unter dem Verweis „Seite 1" Aristoteles' Ansicht über Glück sowie Hinweise zur gegenwärtigen Forschung über dieses Thema mit den entsprechenden Zitaten. Diese Anmerkungen können als zweite, hochkomprimierte und technischere Schattenversion des Originaltextes gelesen werden.

Zu Anfang eines jeden Buches ist es eigentlich üblich, denen zu danken, die zu seiner Entwicklung beigetragen haben. Das ist in diesem Fall unmöglich, da die Namensliste fast ebensolang wäre wie das Buch selbst. Jedoch bin ich bestimmten Personen zu besonderem Dank verpflichtet, und dazu möchte ich diese Gelegenheit nutzen: Zuerst einmal danke ich Isabella, die als meine Frau und Freundin seit über fünfundzwanzig Jahren mein Leben bereichert und deren Stilsicherheit half, das Buch zu gestalten, Mark und Christopher, unseren Söhnen, von denen ich vielleicht ebensoviel gelernt habe wie sie von mir, und Jacob Getzels, meinem früheren und jetzigen Mentor. Von meinen Freunden und Kollegen möchte ich herausheben: Donald Campbell, Howard Gardner, Jan Hamilton, Philip Hefner, Hiroaki Imamura, David Kipper, Doug Kleiber, George Klein, Fausto Massimini, Elisabeth Noelle-Neumann, Jerome Singer, James Stigler und Brian Sutton-Smith – die mir alle, auf die eine oder andere Weise, mit ihrer Hilfe, Inspiration und Ermutigung großzügig zur Seite standen.

Von meinen ehemaligen Studenten und Mitarbeitern haben Ronald Graef, Robert Kubey, Reed Larson, Jean Nakamura, Kevin Rathunde, Rick Robinson, Ikuya Sato, Sam Whalen und Maria Wong die größten Beiträge zu der Forschung geleistet, die den auf den folgenden Seiten entwickelten Gedanken zugrunde liegt. John Brockman und Richard P. Kot haben dieses Projekt umsichtig und professionell unterstützt und von Anfang bis zum Ende mitgeholfen. Zuletzt möchte ich dankbar die Spencer Foundation erwähnen, die die Sammlung und Analyse von Daten in den letzten zehn Jahren großzügig finanzierte. Besonders verbunden bin ich ihrem ehemaligen Präsidenten H. Thomas James, ihrem gegenwärtigen Präsidenten Lawrence A. Cremin und Marion Faldet, Vizepräsidentin der Stiftung. Keiner der hier Erwähnten ist natürlich für das verantwortlich, was in diesem Buch vielleicht unrichtig sein mag – dafür stehe ich allein gerade.

Chicago, März 1990

I Glück – ein Überblick

Einführung

Vor zweitausenddreihundert Jahren kam Aristoteles zu der Schlußfolgerung, daß der Mensch vor allem Glück sucht. Glück wird um seiner selbst willen angestrebt, während jedes andere Ziel – Gesundheit, Schönheit, Geld oder Macht – nur geschätzt wird, weil man erwartet, daß es glücklich machen wird. Seit Aristoteles' Zeiten hat sich vieles verändert. Unser Verständnis von der Welt der Sterne und Atome hat sich stärker erweitert, als wir uns das je hätten vorstellen können. Die Götter der Griechen waren, verglichen mit der heutigen Menschheit und der von ihr innegehaltenen Macht, hilflose Kinder. Aber in diesem wichtigsten Bereich hat sich in den vergangenen Jahrhunderten nur sehr wenig geändert. Was Glück ist, begreifen wir nicht besser als Aristoteles, und was das Lernen angeht, wie man diesen gesegneten Zustand erreicht, so könnte man behaupten, wir hätten überhaupt keine Fortschritte gemacht.

Obwohl wir heute gesünder sind und älter werden, obwohl selbst die Ärmsten unter uns heute von materiellem Luxus umgeben sind, von dem man vor nur wenigen Jahrzehnten nicht einmal träumte (im Palast des Sonnenkönigs gab es nur wenige Badezimmer, und kein römischer Kaiser konnte seinen Fernseher anstellen, wenn er sich langweilte), trotz der ungeheuren wissenschaftlichen Erkenntnisse, die wir auf Knopfdruck abrufen können, verfestigt sich bei vielen Menschen der Eindruck, sie hätten ihr Leben verschwendet und ihre Jahre nicht erfüllt von Glück, sondern voller Unsicherheit und Langeweile verbracht. Liegt es daran, daß es Schicksal des Menschen ist, unerfüllt zu bleiben und immer mehr zu wollen, als man haben kann? Oder ist das alles beherrschende Leiden, das selbst die kostbarsten Augenblicke versauert, die Folge davon, daß wir am falschen Ort nach dem Glück suchen? Absicht dieses Buches ist es, mit den Methoden der modernen Psychologie der uralten Frage nachzugehen: Wann fühlen sich Menschen am glücklichsten? Wenn wir darauf eine Antwort finden, könnten wir vielleicht irgendwann fähig sein, unser Leben so zu gestalten, daß das Glück eine größere Rolle darin spielt. Fünfundzwanzig Jahre vor dem Niederschreiben dieser Zeilen machte ich eine Entdeckung, doch ich habe die gesamte seitdem verstrichene Zeit gebraucht, um das zu bemerken. Vielleicht ist es irreführend, es eine „Entdeckung" zu nennen, denn der Mensch ist sich seit Anbeginn der Zeit dessen bewußt. Dennoch ist das Wort angemessen, denn meine Entdeckung war zwar an sich wohlbekannt, doch war sie von den entsprechenden Gelehrten, in diesem Fall den Psychologen, noch nicht beschrieben und theoretisch erklärt worden. So verbrachte ich das folgende Vierteljahrhundert damit, dieses flüchtige Phänomen zu untersuchen.

Was ich „entdeckte", war, daß Glück nicht etwas ist, das einfach geschieht. Es ist keine Folge von angenehmen Zufällen. Es ist nichts, was man mit Geld kaufen oder mit Macht bestimmen kann. Es hängt nicht von äußeren Ereignissen ab, sondern eher davon, wie wir diese deuten – Glück ist vielmehr ein Zustand, für den man bereit sein muß, den jeder einzelne kultivieren und für sich verteidigen muß. Menschen, die lernen, ihre inneren Erfahrungen zu steuern, können ihre Lebensqualität bestimmen; dies kommt dem, was wir Glück nennen, wohl am allernächsten.

Doch wir können das Glück nicht erreichen, indem wir bewußt danach suchen. „Frage dich, ob du glücklich bist", schrieb J.S. Mill, „und du hörst auf, es zu sein." Glück finden wir, wenn wir vollständig eins sind mit jeder Einzelheit unseres Lebens, gleich, ob gut oder schlecht, nicht, indem wir direkt danach suchen. Viktor Frankl, der österreichische Psychologe, faßte es im Vorwort seines Buches *Der Mensch auf der Suche nach Sinn* zusammen: „Peile keinen Erfolg an – je mehr du es darauf anlegst und ihn zum Ziel erklärst, umso mehr wirst du ihn verfehlen. Denn Erfolg kann wie Glück nicht verfolgt werden; er muß erfolgen ... als unbeabsichtigte Nebenwirkung, wenn sich ein Mensch einer Sache widmet, die größer ist als er selbst."

Wie können wir also dieses flüchtige Ziel erreichen, das nicht auf direktem Weg verfolgt werden kann? Ein Vierteljahrhundert Forschung hat mich überzeugt, daß es einen Weg gibt. Es ist ein gewundener Pfad, der bei der Kontrolle über den Inhalt des eigenen Bewußtseins seinen Ausgang nimmt.

Unsere Wahrnehmung ist das Ergebnis vieler Kräfte, die Erfahrungen prägen, von denen eine jede Einfluß darauf hat, ob man sich gut oder schlecht fühlt. Die meisten dieser Kräfte können nicht kontrolliert werden. Man kann nicht viel an seinem Aussehen, Temperament und der allgemeinen Konstitution ändern. Man kann nicht entscheiden – zumindest bislang nicht –, wie groß oder wie klug man wird. Man kann sich weder die Eltern noch Zeit und Ort seiner Geburt aussuchen, und es liegt weder in Ihrer Macht noch in meiner zu entscheiden, ob es einen Krieg geben wird oder ob wir eine Wirtschaftskrise bekommen. Die Anweisungen in unseren Genen, die Schwerkraft, der Pollengehalt der Luft, die historische Epoche, in die wir hineingeboren wurden – diese und unzählig viele andere Bedingungen bestimmen, was wir sehen, fühlen und tun. Es überrascht daher nicht, wenn häufig geglaubt wird, das Schicksal würde vornehmlich von äußeren Kräften bestimmt. Doch jeder hat schon erlebt, daß man, statt von anonymen Kräften herumgestoßen zu werden, sich in Kontrolle der eigenen Handlungen, als Herr des eigenen Schicksals fühlt. Bei diesen seltenen Gelegenheiten spürt man ein Gefühl von Hochstimmung, von tiefer Freude, das lange anhält und zu einem Maßstab dafür wird, wie das Leben aussehen sollte.

Und genau das ist es, was ich mit *optimaler Erfahrung* meine. Es ist das, was ein Segler auf richtigem Kurs fühlt, wenn der Wind sein Haar peitscht und sein Boot wie ein junges Pferd durch die Wellen prescht – Segel, Kiel, Wind und Meer summen in Harmonie, die in den Adern des Mannes am Steuer vibriert. Es ist das, was der Maler fühlt, wenn die Farben auf der Leinwand eine magnetische Spannung zueinander aufbauen, und etwas Neues, ein lebendiges Wesen, nimmt vor den Augen seines erstaunten Schöpfers Gestalt an. Es ist das Gefühl eines Vaters, wenn sein Kind zum ersten Mal auf sein Lächeln reagiert. Solche Ereignisse finden jedoch nicht nur statt, wenn die äußeren Bedingungen günstig sind: Menschen, die Konzentrationslager überlebten oder fast tödliche Gefahren überstanden, erinnern sich häufig, daß sie mitten in ihrem Leiden ungewöhnlich intensive Freude bei einem schlichten Ereignis erlebten, wie beim Singen eines Vogels im Wald, der Lösung einer schweren Aufgabe oder wenn sie eine Brotkruste mit einem Freund teilten.

Gegen unsere Überzeugung sind solche Momente, die besten Momente im Leben, nicht passiv, rezeptiv, entspannend – obwohl auch solche Erfahrungen nach schwerer Anstrengung erfreulich sein können. Die besten Momente ereignen sich gewöhnlich, wenn Körper und Seele eines Menschen bis an die Grenzen angespannt sind, in dem freiwilligen Bemühen, etwas Schwieriges und etwas Wertvolles zu erreichen. Optimale Erfahrung ist daher etwas, das wir *herbeiführen.* Ein Kind etwa erlebt das, wenn es mit zitternden Fingern die letzten Klötze auf einen Turm legt, der höher als jeder andere ist, den es bislang gebaut hat; für einen Schwimmer ist es vielleicht der Versuch, den eigenen Rekord zu brechen, für einen Geiger, eine komplizierte Passage zu beherrschen. Für jeden Menschen gibt es Tausende von Gelegenheiten – Herausforderungen –, über sich selbst hinauszugehen.

Solche Erlebnisse sind aber nicht notwendigerweise angenehm. Die Muskeln des Schwimmers haben vielleicht in dem denkwürdigen Rennen stark geschmerzt, seine Lungen fühlten sich der Explosion nahe, und ihm war vielleicht schwindlig vor Erschöpfung – dennoch können dies die besten Momente seines Lebens sein. Es ist niemals leicht, Kontrolle über das Leben zu gewinnen, und manchmal ist es sogar eindeutig schmerzhaft. Doch auf längere Sicht geben optimale Erfahrungen einem ein Gefühl von Kontrolle über sich selbst – vielleicht besser ein Gefühl, *teilzuhaben* an der Festlegung dessen, was den Sinn des Lebens ausmacht – und das ist dem, was wir gewöhnlich unter Glück verstehen, so nahe, wie man ihm jemals gelangen kann.

Ich versuchte bei meinen Untersuchungen so genau wie möglich zu verstehen, wie sich Menschen fühlen, wenn sie größte Freude empfinden, und warum. Meine ersten Arbeiten befaßten sich mit ein paar hundert „Experten" – Malern, Athleten, Musikern, Schachmeistern und Chirurgen – mit anderen Worten, Menschen, die ihre Zeit mit genau den Aktivitäten zubrachten, die ihnen am liebsten waren. Aufgrund ihrer Berichte, was sie dabei empfanden, das zu tun, was sie taten, entwickelte ich eine Theorie der optimalen Erfahrung, die auf der Annahme von *flow* beruht – jenem Zustand, bei dem man in eine Tätigkeit so vertieft ist, daß nichts anders eine Rolle zu spielen scheint; die Erfahrung an sich ist so erfreulich, daß man es selbst um einen hohen Preis tut, einfach, um *flow* zu erreichen.

Mit Hilfe dieses theoretischen Modells interviewten mein Forschungsteam an der Universität von Chicago und anschließend

Kollegen in der ganzen Welt Tausende von Menschen aus den verschiedensten Lebensbereichen. Diese Studien legten den Schluß nahe, daß optimale Erfahrung von Männern und Frauen, jung und alt, ungeachtet kultureller Unterschiede immer gleich beschrieben wurde. Die *flow*-Erfahrung war also nicht bloß eine Besonderheit reicher Eliten in Industrienationen. Sie wurde in grundsätzlich gleichen Worten von alten Frauen in Korea geschildert, von Erwachsenen in Thailand und Indien, von Teenagern in Tokio, von Navajo-Hirten, Bauern in den italienischen Alpen und Arbeitern am Fließband in Chicago.

Zu Anfang beruhten unsere Daten auf Interviews und Fragebögen. Um größere Zuverlässigkeit zu erzielen, entwickelten wir mit der Zeit eine neue Methode für die Messung der Qualität subjektiver Erfahrung. Diese Technik, von uns ESM – *experience sampling method* (Verfahren zum Registrieren von Erlebnissen) – genannt, arbeitet so, daß bestimmte Individuen eine Woche lang ein elektronisches Gerät tragen und daß sie, immer wenn dieses Gerät summt, aufschreiben, was sie denken und wie sie sich fühlen. Am Ende der Woche liefert jeder Beteiligte seine Aufzeichnung ab, einen aufgeschriebenen Film über sein oder ihr Leben, zusammengestellt aus repräsentativen Momenten. Inzwischen wurden über hunderttausend solcher Querschnitte der Erfahrung in verschiedenen Teilen der Welt gesammelt. Die Schlußfolgerungen in diesem Buch beruhen auf diesen Daten.

Die wissenschaftliche Beschäftigung mit *flow,* die ich an der Universität von Chicago begann, wird inzwischen weltweit vorangetrieben. Forscher in Kanada, Deutschland, Italien, Japan und Australien haben mit ihren Studien begonnen. Die umfangreichste Sammlung von Daten außerhalb Chicagos ist gegenwärtig beim Institut für Psychologie an der Medizinischen Fakultät der Universität Mailand zu finden. Die *flow*-Theorie wurde von Psychologen für nützlich befunden, die Glück, Lebenszufriedenheit und intrinsische Motivation studieren, von Soziologen, die dieses Konzept als Gegenteil von fehlender sozialer Ordnung und Entfremdung betrachten, von Anthropologen, die sich für das Phänomen der kollektiven Begeisterung und für Rituale interessieren. Einige haben den Begriff *flow* erweitert, um die Entwicklung der Menschheit zu begreifen, andere, um religiöse Erfahrungen zu beleuchten. Aber *flow* ist nicht bloß ein akademisches Thema. Nur wenige Jahre nach der ersten Veröffentlichung wurde die Theorie in verschiedenen praktischen Bereichen angewendet. Immer wenn das Ziel Verbesserung der Lebensqualität heißt, kann die *flow*-Theorie den Weg weisen. Sie hat experimentelle Lehrpläne angeregt, die Ausbildung von Managern, das Design von Freizeitprodukten und -dienstleistungen. *Flow* wird genutzt, um Ideen und Behandlungsmethoden in der klinischen Psychologie anzuregen, Tagesabläufe in Altersheimen, das Design von Museumsausstellungen und Beschäftigungstherapie mit Behinderten. All dies geschah in den zwölf Jahren nach den ersten Artikeln über *flow* in wissenschaftlichen Zeitschriften, und alles weist darauf hin, daß der Einfluß dieser Theorie in den kommenden Jahren nur noch stärker werden wird.

Überblick

Über *flow* wurden bislang zahlreiche wissenschaftliche Artikel und Fachbücher geschrieben, doch hier soll die Forschung über optimale Erfahrung zum ersten Mal einem allgemeinen Publikum vorgestellt und ihre Wirkung auf den einzelnen diskutiert werden. Wir haben es allerdings nicht mit einem Ratgeber zu tun. Es gibt praktisch Tausende solcher Rezeptbücher, in denen erklärt wird, wie man reich, mächtig, geliebt oder schlank wird. Wie Kochbücher geben sie Hinweise, wie man ein bestimmtes begrenztes Ziel erreicht, und manch einer folgt diesen Rezepten tatsächlich. Doch selbst wenn alle diese Ratschläge Erfolg hätten, was erreicht man schon, wenn man sich anschließend in eine schlanke, geliebte, mächtige Millionärin verwandelt? Gewöhnlich findet sich der oder die Betreffende wieder am Anfang, mit einer neuen Wunschliste und ebenso unzufrieden wie zuvor. Was den Menschen wirklich befriedigt, ist nicht, schlank oder reich zu sein, sondern sich in seinem eigenen Leben wohlzufühlen. Teillösungen funktionieren bei der Suche nach dem Glück meist nicht.

Wie gut die Absicht dabei auch sein mag, Bücher können einem keine Rezepte vermitteln, wie man glücklich wird. Da optimale Erfahrung von der Fähigkeit abhängt, zu steuern, was sich jeden Augenblick im Bewußtsein abspielt, muß jeder Mensch dies auf der

Grundlage seiner eigenen individuellen Bemühungen und seiner Kreatitivität erreichen. Ein Buch kann jedoch – und das vorliegende versucht, dies zu leisten – Beispiele geben, wie das Leben erfreulicher werden kann, und zwar im Rahmen einer Theorie, damit der Leser darüber nachdenken und seine eigenen Schlüsse ziehen kann.

Statt daher eine Liste von Ratschlägen und Verboten aufzustellen, beabsichtigt dieses Buch eine Reise durch das Reich des Bewußtseins, bewaffnet mit den Landkarten der Wissenschaft. Wie alle Abenteuer, die es wert sind, bestanden zu werden, wird dies nicht leicht. Ohne intellektuelle Anstrengung und die Verpflichtung, zu überlegen und über die eigenen Erfahrungen nachzudenken, wird man aus dem folgenden kaum großen Nutzen ziehen.

FLOW

Dieses Buch wird den Prozeß untersuchen, wie man Glück durch die Kontrolle über das eigene Innenleben gewinnt. Wir beginnen, indem wir überlegen, *wie das Bewußtsein funktioniert und wie es gesteuert wird* (Kapitel II), denn nur wenn wir begreifen, wie der subjektive Zustand entsteht, können wir ihn kontrollieren. Alles, was wir erleben – Freude und Schmerz, Interesse oder Langeweile –, wird im Bewußtsein als Information dargestellt. Wenn wir in der Lage sind, diese Informationen zu kontrollieren, können wir bestimmen, wie unser Leben aussieht.

Beim optimalen Zustand innerer Erfahrung herrscht *Ordnung im Bewußtsein.* Dies tritt ein, wenn psychische Energie – oder Aufmerksamkeit – für realistische Ziele verwendet wird und die Fähigkeiten den Handlungsmöglichkeiten entsprechen. Die Verfolgung eines Ziels bringt Ordnung ins Bewußtsein, weil man die Aufmerksamkeit auf die gegebene Aufgabe richten und zeitweise alles andere vergessen muß. Diese Phasen des Ringens um die Bewältigung einer Herausforderung werden allgemein als die erfreulichsten Momente des Lebens betrachtet (Kapitel III). Wenn man Kontrolle über die psychische Energie erlangt und sie für bewußt ausgesuchte Ziele verwendet hat, muß man einfach zu einer komplexeren Persönlichkeit reifen. Man wird durch die Entwicklung seiner Fähigkeiten und mit der Annahme immer größerer Herausforderungen zunehmend zu einem ungewöhnlicheren Individuum.

Um zu begreifen, warum manche Dinge, die wir unternehmen, erfreulicher sind als andere, werden wir die *Bedingungen der flow-Erfahrung* untersuchen (Kapitel IV). Als *flow* beschreiben Menschen ihren seelischen Zustand in Augenblicken, wenn das Bewußtsein harmonisch geordnet ist und sie etwas um der Sache selbst willen tun. Durch die Beschreibung einiger Aktivitäten, die beständig *flow* auslösen – wie Sport, Spiel, Kunst und Hobbys –, versteht man leichter, was den Menschen glücklich macht. Doch man kann sich nicht ausschließlich auf Spiele und Kunst verlassen, um die Lebensqualität zu verbessern. Um Kontrolle über das zu erlangen, was im Bewußtsein geschieht, kann man fast unendlich viele Gelegenheiten zur Freude finden – etwa durch die Nutzung *körperlicher Kräfte und sensorischer Fähigkeiten,* bei Sport, Musik oder Joga (Kapitel V), oder durch die Entwicklung *symbolischer Fähigkeiten,* wie bei Poesie, Philosophie oder Mathematik (Kapitel VI).

Die meisten Menschen verbringen einen Großteil ihres Lebens mit Arbeit und in Interaktion mit anderen, besonders mit Familienangehörigen. Daher ist es überaus wichtig, zu lernen, wie man *Arbeit in eine flow-erzeugende Aktivität verwandelt* (Kapitel VII) und sich Wege ausdenkt, wie man die *Beziehungen mit Eltern, Partner, Kindern und Freunden erfreulicher gestaltet* (Kapitel VIII).

Oft wird das Leben durch ein tragisches Ereignis gestört, und selbst die glücklichsten Menschen unterliegen Belastungen verschiedenster Art. Doch solche Schicksalsschläge beeinträchtigen nicht unbedingt das Glücklichsein. Die Reaktion eines Menschen auf Belastungen bestimmt, ob er dem Unglück etwas abgewinnt oder unglücklich wird. In Kapitel IX wird beschrieben, wie *Menschen sich trotz widriger Umstände am Leben freuen können.*

Als letzten Schritt beschreibe ich, wie es Menschen gelingt, alle *Erfahrungen zu einem sinnvollen Muster zu verknüpfen* (Kapitel X). Wenn dies gelingt, wenn ein Mensch sein Leben in die eigene Hand nimmt und es für sinnvoll hält, bleibt nichts zu wünschen übrig. Die Tatsache, daß man nicht schlank, reich oder mächtig ist, spielt keine Rolle mehr. Die Springflut von Erwartungen und unerfüllten Wünschen stört einen nicht weiter. Selbst die chaotischsten Erlebnisse werden erfreulich.

In diesen Schritten wird das Buch untersuchen, was dazu beiträgt, dieses Ziel zu erreichen. Wie kann man das Bewußtsein steuern? Wie wird es geordnet, damit Erfahrungen erfreulich werden? Wie kann Komplexität erreicht werden? Wie kann man schließlich Sinn schaffen? Die Erreichung dieser Ziele ist der Theorie nach ziemlich einfach, doch die Praxis gestaltet sich schwieriger. Die Regeln selbst sind recht deutlich und für jedermann zugänglich. Doch viele Kräfte, in einem selbst und in der Umwelt eines Menschen, stehen dem entgegen. Es ist ein bißchen wie eine Schlankheitskur. Jeder weiß, wie man es macht, jeder will es schaffen, aber für viele ist es fast unmöglich. Das Ziel ist hier jedoch höher gesteckt. Es geht nicht bloß darum, ein paar Pfunde zu verlieren. Es geht darum, ein lebenswertes Leben zu führen.

Ehe beschrieben wird, wie man optimale *flow*-Erfahrung erreichen kann, ist es notwendig, einige widrige Aspekte zu betrachten, die ein erfülltes menschliches Leben beeinträchtigen. In alten Märchen mußte sich der Held bei seinen Abenteuern, ehe er auf immer glücklich weiterleben durfte, wilden Drachen und bösen Zauberern stellen. Diese Metapher paßt auch auf die Erforschung der Psyche. Ich werde die These aufstellen, daß das wichtigste Hindernis für Glückserfahrung damit zusammenhängt, daß das Universum, trotz der Mythen, die die Menschheit entwickelte, um sich zu beruhigen, nicht geschaffen wurde, um unsere Bedürfnisse zu erfüllen. Frustration ist ein wichtiger Bestandteil unseres Lebens. Und immer wenn unsere Bedürfnisse vorübergehend erfüllt werden, beginnen wir sogleich, neue zu entwickeln. Diese chronische Unzufriedenheit ist das zweite Hindernis auf dem Weg zum Glück.

Um diese Hindernisse zu bewältigen, entwickelt jede Kultur irgendwann schützende Methoden – Religionen, Philosophien, Künste und Tröstungen –, die uns bei der Abschirmung vor dem Chaos helfen. Sie helfen uns, zu glauben, daß wir beherrschen, was vor sich geht, und geben uns Gründe, mit unserem Los zufrieden zu sein. Aber diese Schutzschilde wirken nur eine Zeitlang: Nach ein paar Jahrhunderten, manchmal nach nur einigen Jahrzehnten, nutzt sich eine Religion oder ein Glaube ab, und im Vergleich zu früher haben sie heute nicht mehr diesen Wert.

Wenn Menschen versuchen, allein, ohne die Stützung durch den Glauben, Glückserfahrung zu erreichen, versuchen sie gewöhnlich, die Freuden zu maximieren, die entweder biologisch in ihren Genen vorprogrammiert sind oder in der Gesellschaft heute als erstrebenswert gelten, in der sie leben. Reichtum, Macht und Sex werden zu den Hauptzielen, die ihrem Sehnen eine Richtung geben. Aber die Lebensqualität kann auf diese Weise nicht verbessert werden. Nur die direkte Kontrolle der Erfahrung, die Fähigkeit, jeden Moment Freude an allem, was man tut, zu empfinden, kann die Hindernisse auf dem Weg zu einem erfüllten Leben überwinden.

Die Wurzeln der Unzufriedenheit

Glück ist unter anderem so schwer zu erreichen, weil das Universum nicht erschaffen wurde, damit die Menschen sich wohlfühlen. Es ist fast unermeßlich groß, vorwiegend feindselig, leer und kalt. Es ist Schauplatz ungeheurer Gewalt, wenn etwa gelegentlich ein Stern explodiert und alles im Umkreis von Milliarden von Kilometern zu Asche verwandelt. Der seltene Planet, dessen Schwerkraftfeld nicht unsere Knochen zermalmen würde, schwimmt vermutlich in giftigen Gasen. Selbst unser Planet Erde, der so idyllisch und lieblich sein kann, ist für uns nicht selbstverständlich. Um auf ihm zu überleben, mußten Männer und Frauen seit Millionen von Jahren gegen Eis, Feuer, Fluten, wilde Tiere und unsichtbare Mikroorganismen kämpfen, die aus dem Nichts auftauchen, um uns auszulöschen.

Es scheint, daß jedes Mal, wenn eine drohende Gefahr gebannt wird, eine neue und kompliziertere am Horizont auftaucht. Sobald wir eine neue Substanz erfinden, beginnen ihre Nebenwirkungen unsere Umwelt zu vergiften. Im Verlauf unserer Geschichte stellten sich Waffen, die erfunden wurden, um Sicherheit zu garantieren, immer wieder als Bedrohungen heraus, die eventuell ihre Erfinder vernichten werden. Wenn eine Krankheit eingedämmt wird, flammt eine neue auf, und wenn eine Zeitlang die Sterblichkeit reduziert wird, droht uns Überbevölkerung. Die Apokalypse ist nie in weiter Ferne. Die Erde ist vielleicht unsere einzige Heimat, aber sie ist ein Haus voller Tretminen, die jeden Moment zu explodieren drohen.

Das Universum ist jedoch nicht im abstrakt mathematischen Sinne zufällig. Die Bewegungen der Sterne, die Umwandlung von Energien können vorhergesagt und ausreichend erklärt werden. Aber die natürlichen Prozesse ziehen menschliche Wünsche nicht mit in Betracht. Sie sind unseren Bedürfnissen gegenüber blind und taub und daher im Vergleich zur Ordnung, die wir durch unsere Ziele zu errichten hoffen, zufällig. Ein Meteor auf Kollisionskurs mit New York gehorcht vielleicht allen Gesetzen des Universums, aber wäre immer noch sehr unangenehm. Der Bazillus, der die Zellen eines Mozart angriff, erfüllte bloß seine natürliche Aufgabe, fügte jedoch der Menschheit einen großen Verlust zu. „Das Universum ist weder feindselig noch freundlich", schrieb J.H. Holmes, „es ist schlicht gleichgültig."

Chaos ist eines der ältesten Motive in Mythen und Religion. Der Physik und Biologie ist diese Vorstellung ziemlich fremd, weil nach deren Gesetzen die Ereignisse im Kosmos perfekt verständlich sind. Die „Chaostheorie" der Wissenschaften versucht etwa, Regelmäßigkeiten in dem zu beschreiben, was unendlich zufällig erscheint. Aber in der Psychologie und den anderen Geisteswissenschaften hat das Chaos andere Bedeutung, denn wenn man menschliche Ziele und Wünsche als Ausgangspunkt nimmt, herrscht im Kosmos unversöhnliche Unordnung.

Wir als Individuen können nicht viel gegen den Lauf des Universums unternehmen. Innerhalb unserer Lebensspanne können wir nur wenig Einfluß auf die Kräfte ausüben, die unser Wohlbefinden beeinträchtigen. Es ist wichtig, zu tun, was man kann, um einen Atomkrieg zu vermeiden, soziale Ungerechtigkeit abzuschaffen, Hunger und Krankheiten auszurotten. Aber man erwartet vernünftigerweise nicht, daß unsere Anstrengungen die äußeren Bedingungen ändern, die unsere Lebensqualität unmittelbar verbessern. John Stuart Mill schrieb: „Große Änderungen sind für die Menschheit nicht möglich, es sei denn, es findet eine große Veränderung in den grundsätzlichen Bedingungen ihres Denkens statt."

Wie wir uns fühlen, die Freude, die wir dem Leben abgewinnen, hängt letztendlich davon ab, wie der Verstand die tagtäglichen Erfahrungen filtert und deutet. Ob wir glücklich sind, hängt von innerer Harmonie ab, nicht von der Kontrolle, die wir über die großen Kräfte des Universums ausüben können. Sicher sollten wir weiterhin versuchen, zu erforschen, wie wir unsere Umwelt beherrschen können, weil unser körperliches Überleben vielleicht davon abhängt. Aber solche Herrschaft wird nicht einen Deut dazu beitragen, wie gut wir uns als Individuen fühlen, oder das Chaos der Welt reduzieren, wie wir sie erleben. Um das zu erreichen, müssen wir lernen, unser Bewußtsein selbst zu beherrschen.

Jeder Mensch hat ein Bild vor Augen, gleich wie verschwommen, was er vor seinem Tod erreichen möchte. Wie nahe wir an dieses Ziel herankommen, wird zum Maßstab für unsere Lebensqualität. Wenn es außerhalb unserer Reichweite bleibt, werden wir vorwurfsvoll und resignieren; wenn es zumindest teilweise erreicht wird, erleben wir Glück und Zufriedenheit.

Für die Mehrheit der Menschen auf diesem Planeten sind die Lebensziele schlicht: Überleben, Kinder hinterlassen, die wiederum überleben, und wenn möglich, dies alles mit gewisser Bequemlichkeit und Würde. In den *favelas* um die großen südamerikanischen Städte, in den von Dürre heimgesuchten Zonen Afrikas, unter den Millionen von Asiaten, die Tag für Tag ihre Ernährungsprobleme lösen müssen, gibt es kaum etwas anderes zu hoffen.

Doch sobald diese Grundprobleme des Überlebens gelöst sind, reichen genügend Nahrung und ein Obdach nicht mehr, um den Menschen zufrieden zu machen. Neue Bedürfnisse werden wahrgenommen, neue Wünsche tauchen auf. Zu Reichtum und Macht gesellen sich wachsende Erwartungen, und mit zunehmendem Reichtum und Annehmlichkeiten weicht das Gefühl von Wohlbefinden, das wir zu erreichen hofften, weiter in die Ferne. Als Kyros der Große zehntausend Köche hatte, die neue Speisen für seine Tafel zubereiteten, hatte das übrige Persien kaum genug zu essen. Heutzutage hat jeder Haushalt in der „ersten Welt“ Zugang zu Rezepten aus den verschiedensten Ländern und kann die Feste vergangener Kaiser nachvollziehen. Aber macht uns das zufriedener?

Dieses Paradox wachsender Erwartungen legt den Schluß nahe, daß die Verbesserung der Lebensqualität eine unerfüllbare Aufgabe darstellt. Unser Bedürfnis, unsere Ziele immer höher zu schrauben, stellt auch kein Problem dar, solange man den Kampf darum genießt. Das Problem entsteht erst, wenn man sich so sehr auf das Ziel, das man erreichen möchte, versteift, daß einem die Gegenwart keine Freude mehr bereitet. Wenn das eintritt, verliert man jede Chance auf Zufriedenheit.

Alle Anzeichen deuten darauf hin, daß die meisten Menschen in der frustrierenden Tretmühle steigender Erwartungen gefangen werden, doch viele haben einen Ausweg daraus gefunden. Es handelt sich um Menschen, die unabhängig von ihren materiellen Voraussetzungen ihre Lebensqualität verbessern konnten, die zufrieden sind und auch die Personen in ihrer Umgebung ein wenig glücklicher machen können.

Solche Menschen führen ein anstrengendes Leben, das einer Reihe von Erfahrungen offen steht; sie lernen bis zur Stunde ihres Todes und haben enge Bindungen und Verpflichtungen an andere und ihre Umwelt. Sie haben an allem, was sie tun, Spaß, gleich wie öde oder schwierig es ist; sie sind nur selten gelangweilt und werden mit allem fertig, was das Leben ihnen bietet. Ihre größte Stärke liegt vielleicht darin, daß sie ihr *Leben selbst steuern.* Wir werden im Verlauf dieses Buches erklären, wie sie diesen Zustand erreichten. Doch zuvor müssen wir uns einige der Techniken ansehen, die sie im Laufe der Zeit als Schutz gegen das drohende Chaos entwickelten, sowie die Gründe, warum solche äußeren Methoden oft nicht funktionieren.

Schutzschilde der Kultur

Im Verlauf der menschlichen Evolution, als sich die Menschen allmählich ihrer ungeheuren Isolation im Kosmos und ihrer schlechten Überlebenschancen bewußt wurden, entwickelten sie Mythen und Überzeugungen, um die zufälligen, zerstörerischen Kräfte des Universums in handhabbare oder zumindest verständliche Muster umzuwandeln. Eine der Hauptfunktionen jeder Kultur war es, ihre Angehörigen vor dem Chaos zu schützen und ihnen Bedeutung und schließlich Erfolg zuzusichern. Der Eskimo, der Jäger im Amazonasbecken, der Chinese, der Navajo, der australische Ureinwohner, der New Yorker – alle glauben selbstverständlich daran, im Zentrum des Universums zu leben und eine besondere Ausnahmegenehmigung zu haben, die sie auf schnellstem Weg in die Zukunft befördert. Ohne ein solches Vertrauen auf exklusive Privilegien wäre es sehr schwierig, sich den Schicksalsschlägen zu stellen.

So sollte es auch sein. Aber es gibt Phasen, in denen das Gefühl, man habe Sicherheit am Busen eines freundlichen Kosmos gefunden, gefährlich wird. Ein unrealistisches Vertrauen in die Schutzschilde, in die kulturellen Mythen, kann zu ähnlich extremer Desillusionierung führen, wenn diese versagen. Dies scheint immer dann zu passieren, wenn eine Kultur eine Glücksphase erlebt hat, wenn sie eine Weile anscheinend tatsächlich einen Weg gefunden hat, die Kräfte der

Natur zu beherrschen. An diesem Punkt ist es nur logisch, wenn die Menschen zu glauben beginnen, sie seien das auserwählte Volk, das keine größeren Rückschläge zu befürchten hat. Die Römer erreichten diesen kritischen Punkt nach jahrhundertelanger Beherrschung des Mittelmeerraums, die Chinesen waren vor der mongolischen Invasion von ihrer unverletzlichen Überlegenheit überzeugt, die Azteken vor der Ankunft der Spanier.

Diese kulturelle Hybris, diese arrogante Annahme, daß wir bestimmte Rechte von einem Universum zugeteilt bekommen, das grundsätzlich menschlichen Bedürfnissen gleichgültig gegenübersteht, hat früher oder später ein böses Erwachen zur Folge. Wenn Menschen zu glauben beginnen, Fortschritt sei unvermeidlich und das Leben schön, verlieren sie angesichts der ersten Anzeichen von Not ihren ganzen Mut und ihre Entschlossenheit. Wenn sie merken, daß das, was sie geglaubt haben, nicht ganz stimmt, verlieren sie den Glauben an alles, was sie bisher gelernt haben. Ohne die gewohnte Unterstützung der kulturellen Werte zappeln sie in einem Morast der Angst und Apathie.

Derartige Symptome für Desillusionierung sind gegenwärtig kaum zu beobachten. Die offensichtlichsten drücken sich eher in einer alles durchdringenden Teilnahmslosigkeit aus, die so viele Leben beeinträchtigt. Wirklich glückliche Individuen gibt es nur sehr selten. Wie viele Menschen kennen Sie, die gern tun, was sie tun, die mit ihrem Los relativ zufrieden sind, die die Vergangenheit nicht bedauern und mit echtem Vertrauen in die Zukunft blicken? Wenn Diogenes mit seiner Laterne vor zweitausenddreihundert Jahren Mühe hatte, einen ehrlichen Menschen zu finden, dann hätte er heute vermutlich mehr Schwierigkeiten, einen glücklichen zu finden.

Diese allgemeine Malaise hat nicht nur mit äußeren Gründen zu tun. Im Gegensatz zu vielen anderen Nationen unserer heutigen Welt können wir* unsere Probleme nicht mit einer feindseligen Umwelt erklären, nicht mit verbreiteter Armut oder der Bedrückung durch eine fremde Besatzerarmee. Die Wurzeln der Unzufriedenheit liegen tiefer, und jeder Mensch muß sie persönlich mit eigener Kraft

---

* Der Autor bezieht sich hier auf die USA, wo er zur Zeit lebt. (Anm. d. Übers.)

ergründen. Die Schutzschilde, die in der Vergangenheit funktionierten – die Ordnung, die Religionen, Patriotismus, ethnische Traditionen und Lebensgewohnheiten, die die gesellschaftlichen Klassen boten – haben für eine zunehmende Anzahl von Menschen keine Wirkung mehr, und sie fühlen sich den rauhen Winden des Chaos ausgesetzt.

Der Mangel an innerer Ordnung manifestiert sich in dem subjektiven Zustand, den manche ontologische Angst oder existentielle Furcht nennen. Grundsätzlich handelt es sich um Angst vor dem Sein, ein Gefühl, das Leben habe keinen Sinn und die Existenz sei es nicht wert, fortgeführt zu werden. Nichts scheint einen Sinn zu ergeben. In den letzten Generationen versetzte die Drohung eines Atomkriegs unseren Hoffnungen einen unvorhergesehenen Schlag. Die historischen Bemühungen der Menschheit scheinen keine Bedeutung mehr zu haben. Wir sind bloß vergessene Staubkörnchen, die durch die große Leere treiben. Mit jedem Jahr wird sich die Erdbevölkerung des Chaos im physikalischen Universum bewußter.

Beim Gang durchs Leben, von der hoffnungsvollen Ignoranz der Jugend zum ernüchterten Erwachsenendasein, steht man früher oder später vor der immer drängenderen Frage: „Ist das alles?" Die Kindheit kann schmerzlich sein, die Jugend verwirrend, aber die meisten Menschen erwarten, daß anschließend, wenn man erwachsen ist, alles besser wird. In den ersten Jahren des Erwachsenenlebens sieht die Zukunft immer noch vielversprechend aus, die Hoffnung bleibt bestehen, daß man seine Ziele verwirklichen wird. Doch unvermeidlich zeigt einem der Spiegel die ersten grauen Haare und bestätigt die Tatsache, daß jene paar Pfunde Übergewicht nicht mehr verschwinden werden; unweigerlich läßt die Sehkraft nach, und mysteriöse Schmerzen durchschießen den Körper. Wie Kellner in einem Restaurant, die schon die Frühstückstische decken, während man noch beim Abendessen sitzt, erinnern einen diese Hinweise auf die Sterblichkeit daran: „Deine Zeit ist um; es ist Zeit, weiterzugehen." Wenn das geschieht, sind nur die wenigsten Menschen darauf vorbereitet. „Warte noch, das kann doch mir nicht passieren. Ich habe doch noch gar nicht mit dem Leben begonnen. Wo ist das Geld, das ich zu verdienen hoffte? Wo sind die guten Zeiten, die ich schon immer erleben wollte?"

Verständliche Folge dieser Erkenntnis ist ein Gefühl, an der Nase herumgeführt, getäuscht worden zu sein. Von den frühesten Jahren an hat man uns in dem Glauben konditioniert, daß ein gütiges Schicksal für uns sorgen werde. Alle schienen doch übereinzustimmen, daß wir das große Glück hatten, in dem reichsten Land aufzuwachsen, das es jemals gab, in der wissenschaftlich fortschrittlichsten Periode der menschlichen Geschichte, umgeben von höchst effizienter Technologie, geschützt durch eine der durchdachtesten Verfassungen. Daher konnte man sinnvollerweise erwarten, man würde ein reicheres, bedeutsameres Leben führen als frühere Vertreter der Menschheit. Wenn unsere Großeltern in dieser lächerlich primitiven Vergangenheit zufrieden sein konnten, wie glücklich würden wir erst werden? Die Wissenschaftler bestätigten es uns, man predigte es von allen Kanzeln, und es wurde von Abertausenden von Fensehwerbespots bestätigt, die das gute Leben feierten. Doch trotz all dieser Zusicherungen wachen wir früher oder später allein auf und spüren, daß uns diese reiche, wissenschaftliche, komplizierte Welt niemals Glückserfahrungen bieten wird.

Auf das langsame Einsickern dieser Erkenntnis reagiert jeder anders. Manche Menschen versuchen, sie zu ignorieren, und strengen sich verstärkt an, mehr Dinge zu erwerben, die angeblich das Leben schön machen: größere Autos und Häuser, mehr Status im Beruf, einen prächtigeren Lebensstil. Sie verstärken ihre Bemühungen, immer noch entschlossen, die Zufriedenheit zu erreichen, die ihnen bislang versagt blieb. Manchmal klappt es mit dieser Lösung, weil man so in den allgemeinen Wettbewerb hineingezogen wird und dadurch keine Zeit hat, zu erkennen, daß das Ziel keinen Deut nähergerückt ist. Doch wenn man sich dann die Zeit zum Nachdenken nimmt, kehrt die Desillusionierung zurück; nach jedem Erfolg wird deutlicher, daß Geld, Macht, Status und Besitztümer an sich nicht notwendigerweise die Lebensqualität verbessern.

Andere beschließen, die bedrohlichen Symptome direkt anzugehen. Wenn ein alternder Körper das erste Alarmzeichen auslöst, essen sie Diät, halten sich fit oder unterziehen sich einer kosmetischen Operation. Wenn das Problem scheinbar darin besteht, daß niemand ihnen irgendwelche Aufmerksamkeit schenkt, kaufen sie sich Bücher darüber, wie man Macht erlangt oder Freunde gewinnt, oder sie besuchen Selbstbehauptungskurse. Nach einer Weile wird jedoch offensichtlich, daß diese Teillösungen auch nicht klappen. Wie viel Energie man auch hineinsteckt, der Körper gibt irgendwann nach. Wenn man lernt, selbstbewußter zu sein, entfremdet man sich vielleicht unfreiwillig von seinen Freunden. Und wenn man zu viel Zeit damit zubringt, neue Freundschaften zu pflegen, bedroht man vielleicht die Beziehungen mit dem Partner und der Familie. Immerhin stehen viele Dämme kurz vor dem Bersten, und es gibt nur wenig Zeit, sie alle abzustützen.

Niedergeschlagen wegen der Erfolglosigkeit ihrer Anstrengungen, allen Anforderungen gerecht zu werden, die unmöglich erfüllt werden können, geben manche Menschen einfach auf und ziehen sich aufs Altenteil zurück. Nach Candides Rat geben sie die Welt auf und pflegen ihren kleinen Garten. Sie ergreifen vielleicht eine vornehme Flucht und entwickeln ein harmloses Hobby, sammeln abstrakte Gemälde oder Porzellanfigurinen. Vielleicht verlieren sie sich auch im Alkohol oder der Traumwelt der Drogen. Exotische Freuden und teure Urlaube lenken die Gedanken vorübergehend von der Grundfrage ab: „Ist das alles?“, doch nur wenige können behaupten, auf diese Weise eine Antwort gefunden zu haben.

Traditionellerweise wurde das Problem der Existenz am direktesten durch die Religion aufgeworfen, und eine immer größere Zahl von Desillusionierten wendet sich ihr erneut zu, entweder einer der weit verbreiteten Glaubensrichtungen oder einer esoterischeren östlichen Variante. Doch Religionen sind nur vorübergehend erfolgreiche Versuche, mit dem Sinnmangel im Leben fertig zu werden; sie geben keine dauerhaften Antworten. In bestimmten Zeiten der Geschichte haben sie überzeugend erklären können, was mit dem Menschen nicht stimmte, und glaubwürdige Antworten geliefert. Vom vierten bis achten Jahrhundert unserer Zeitrechnung verbreitete sich das Christentum in Europa, im Nahen Osten nahm der Islam Aufschwung, und der Buddhismus eroberte Asien. Jahrhundertelang gaben diese Religionen den Menschen befriedigende Ziele, denen sie ihr ganzes Leben lang nachgingen. Doch heute ist es schwieriger, ihre Weltsichten als endgültig zu akzeptieren. Die Form, in der Religionen ihre Wahrheiten dargestellt haben – Mythen, Offenbarungen, heilige Texte –, zwingen in einem Zeitalter wissenschaftlicher Rationalität keinen Glauben mehr herbei, auch wenn die Substanz jener Wahrheiten unverändert geblieben ist. Vielleicht entsteht eines

Tages eine lebendige neue Religion. Derweil zahlen diejenigen, die Trost bei den existierenden Kirchen suchen, oft den Preis für ihren Seelenfrieden, indem sie stillschweigend einen Großteil dessen ignorieren, was sie über den Lauf der Welt wissen. Man kann unwiderlegbar beweisen, daß diese Lösungen nicht sehr wirksam sind. Unsere Gesellschaft leidet in der Blüte materieller Pracht an einer erstaunlichen Vielfalt von seltsamen Übeln. Die Profite aufgrund der weitverbreiteten Abhängigkeit von illegalen Drogen machen Mörder und Terroristen reicher. Es scheint möglich, daß wir in absehbarer Zukunft von einer Oligarchie ehemaliger Drogenhändler regiert werden, die auf Kosten rechtschaffener Bürger rasch Reichtum und Macht anhäufen. Im Sexualbereich haben wir zerstörerische Viren aufeinander losgelassen, indem wir die Bindungen der „heuchlerischen" Moral abstreiften.

Diese Entwicklungen sind oftmals so verstörend, daß wir nervös werden und abschalten, sobald wir die neuesten Statistiken hören. Doch diese Vogel-Strauß-Politik zur Vermeidung schlechter Nachrichten ist kaum produktiv; es ist besser, sich den Tatsachen zu stellen und aufzupassen, daß man nicht selbst zu einer Nummer in der Statistik wird. Es gibt aber auch Zahlen, die für einige beruhigend sind. In den letzten dreißig Jahren haben wir zum Beispiel unseren Pro-Kopf-Verbrauch an Energie verdoppelt – das meiste aufgrund einer Verfünffachung elektrischer Hilfsmittel und Geräte. Andere Entwicklungen dagegen wiegen niemanden in Sicherheit. 1984 gab es in den Vereinigten Staaten immer noch vierunddreißig Millionen Menschen, die unterhalb der Armutsgrenze lebten (Jahreseinkommen unter $10 609 für eine vierköpfige Familie), eine Anzahl, die sich seit Generationen kaum verändert hat.

In den Vereinigten Staaten nahm die Häufigkeit von Gewaltverbrechen – Mord, Vergewaltigung, Raub und Überfälle – zwischen 1960 und 1986 um 300% zu. Zwischen 1950 und 1984 stieg die Scheidungsrate um 400%. In diesem Zeitraum verdreifachten sich die Fälle von Geschlechtskrankheiten. Wir haben noch keine genaue Vorstellung, welch tragischen Preis die letzte Heimsuchung, die Seuche AIDS, fordern wird.

Der drei- bis vierfache Anstieg sozial bedingter Krankheiten während der letzten Generation erstreckt sich auf erstaunlich viele Bereiche. Im Jahre 1955 gab es zum Beispiel 1 700 700 Einweisungen von psychisch Kranken; 1975 war diese Zahl auf 6 400 400 gestiegen. Vielleicht ist dies ein Zufall, doch ähnliche Zahlen verdeutlichen diesen Anstieg unseres nationalen Verfolgungswahns: Im Jahrzehnt zwischen 1975 und 1985 stieg das Budget des Verteidigungsministeriums von 87,9 Milliarden auf 284,7 Milliarden – eine mehr als dreifache Zunahme. Sicher, das Budget für Erziehung und Bildung verdreifachte sich ebenfalls in diesem Zeitraum, aber dies machte 1985 „nur" 17,4 Milliarden aus. Zumindest was die Verteilung der Mittel angeht, ist das Schwert etwa sechzehnmal mächtiger als die Feder.

Die Zukunft sieht auch nicht rosiger aus. Heutige Teenager weisen Symptome der Malaise auf, die ihre Eltern ebenfalls heimsucht, manchmal sogar in heftigerer Form. Immer weniger junge Leute wachsen in Familien auf, in der beide Eltern sich die Verantwortung für die Kindererziehung teilen. 1960 lebte einer von zehn Jugendlichen in einer Einelternfamilie. 1980 hatte sich der Anteil verdoppelt, und man erwartete für 1990 die Verdreifachung. 1982 saßen 80 000 Jugendliche – Durchschnittsalter fünfzehn Jahre – in Gefängnissen. Die Statistiken für Drogenkonsum, Geschlechtskrankheiten, Fortlaufen von Zuhause und nichteheliche Schwangerschaften sind sämtlich bedrückend, entwickeln sich jedoch vermutlich in eine noch ungünstigere Richtung. Zwischen 1950 und 1980 stiegen Teenagerselbstmorde um 300% an, besonders unter weißen jungen Männern der wohlhabenden Mittelklasse. Von den 29 253 Selbstmorden im Jahre 1985 waren 1 339 weiße Jungen zwischen 15 und 19, viermal weniger weiße Mädchen und zehnmal weniger schwarze Jungen. Junge Schwarze holen allerdings bei Mord als Todesursache rasant auf. Und schließlich scheint der Bildungsstand der Bevölkerung immer mehr zu sinken. Bei bundesweiten Tests in mathematischen und verbalen Fähigkeiten sinken die Durchschnittsergebnisse ständig. Man könnte diese trüben Statistiken endlos fortsetzen. Warum sind wir anscheinend so viel hilfloser bei der Bewältigung unseres Lebens als unsere mit weniger Privilegien ausgestatteten Vorfahren, obwohl wir Wunder an Fortschritten erreichten, von denen man damals kaum zu träumen wagte? Die Antwort scheint klar: Die Menschheit hat zwar kollektiv ihre materielle Leistungsfähigkeit vertausendfacht, ist aber dabei nicht viel weiter vorangekommen, den Gehalt ihrer eigenen Erfahrungen zu kultivieren.

Die Neubesinnung auf die Erfahrung

Es gibt aus dieser Zwangslage keinen anderen Ausweg für das Individuum, als die Dinge selbst in die Hand zu nehmen. Wenn Werte und Institutionen keinen stützenden Rahmen mehr darstellen wie früher, muß man alle zur Verfügung stehenden Instrumente anwenden, um sich ein sinnvolles, erfülltes Leben zu schaffen. Eines der wichtigsten Instrumente bei dieser Suche stellt die Psychologie dar. Bislang war der Hauptbeitrag dieser jungen Wissenschaft, zu entdekken, wie vergangene Ereignisse Licht auf gegenwärtiges Verhalten werfen. Dies hat uns zu Bewußtsein gebracht, wie die Irrationalität von Erwachsenen oft Folge von Frustrationen der Kindheit ist. Doch man kann die Disziplin der Psychologie auch noch anders nutzen. Sie kann uns bei der Beantwortung der Frage helfen: Was kann ich tun, um die Zukunft zu verbessern, wenn ich mich nehme, wie ich bin, mit allen Verdrängungen und Stimmungstiefs?

Um die Ängste und Depressionen des heutigen Lebens zu überwinden, muß das Individuum in einem Maße von der gesellschaftlichen Umwelt unabhängig werden, daß es nicht mehr ausschließlich in deren Begriffen von Belohnung und Strafe reagiert. Um eine solche Autonomie zu erreichen, muß der Mensch lernen, sich selbst Belohnungen zu geben. Er muß die Fähigkeit entwickeln, Freude und Sinn unabhängig von äußeren Umständen zu finden. Diese Herausforderung ist gleichzeitig leichter und schwieriger, als es klingt: leichter, weil diese Fähigkeit völlig von der jeweiligen Person abhängt, und schwierig, weil man dazu einer Disziplin und Ausdauer bedarf, die in jeder Ära relativ selten sind, besonders aber vielleicht in der gegenwärtigen. Vor allem muß man, um Kontrolle über die eigenen Erfahrungen zu gewinnen, drastisch verändern, was man für wichtig hält und was nicht. Wir wachsen mit der Überzeugung auf, daß zukünftige Ereignisse im Leben am wichtigsten sind. Eltern bringen Kindern bei, daß es ihnen als Erwachsenen besser ergeht, wenn sie früh gute Manieren lernen. Lehrer behaupten ihren Schülern gegenüber, daß die langweiligen Schulstunden ihnen später einmal Nutzen bringen, wenn sie studiert haben und eine Stelle suchen. Der Vizepräsident einer Firma sagt zu den jüngeren Angestellten, sie sollten geduldig sein und fleißig arbeiten, weil irgendwann einer von ihnen aufsteigen wird. Am Ende des langen Strebens nach Aufstieg winken die goldenen Jahre der Pensionierung. „Wir stehen immer kurz davor zu leben", sagte Ralph Waldo Emerson, „aber wir leben nie." Die kleine Frances lernte im Kinderbuch, daß es Marmelade immer erst morgen zum Brot gibt, niemals heute.

Natürlich ist dieser Belohnungsaufschub in gewissem Maß unvermeidlich. Freud und viele andere vor ihm haben erkannt, daß die Zivilisation auf der Unterdrückung individueller Wünsche aufgebaut ist. Man könnte unmöglich irgendeine gesellschaftliche Ordnung, irgendeine komplexe Arbeitsteilung aufrechterhalten, wenn die Mitglieder der Gesellschaft nicht gezwungen würden, diejenigen Gewohnheiten und Fähigkeiten zu übernehmen, die die Kultur braucht, ob dies nun dem Einzelwesen gefällt oder nicht. Die Sozialisation oder Transformation eines menschlichen Organismus in eine Persönlichkeit, die erfolgreich innerhalb eines sozialen Systems funktioniert, kann nicht vermieden werden. Das Wesentliche an dieser Sozialisation ist, den Menschen von sozialer Kontrolle abhängig zu machen, so daß er vorhersehbar auf Belohnungen und Strafen reagiert. Und die wirksamste Form der Sozialisation wird erreicht, wenn die Menschen sich so stark mit der gesellschaftlichen Ordnung identifizieren, daß sie sich nicht länger vorstellen können, eine ihrer Regeln zu brechen.

Der Gesellschaft stehen, wenn sie uns dazu bringt, für ihre Ziele zu arbeiten, einige mächtige Verbündete zur Seite: unsere biologischen Bedürfnisse und die genetische Konditionierung. Alle sozialen Kontrollen beruhen beispielsweise auf der Bedrohung des Überlebensinstinktes. Menschen in einem besetzten Land gehorchen den Unterdrückern, weil sie überleben wollen. Bis vor kurzem wurde die Einhaltung der Gesetze selbst in den zivilisiertesten Ländern, wie Großbritannien, durch die Drohung mit Schlägen, Auspeitschen, Verstümmelung oder Tod erzwungen.

Wenn ein gesellschaftliches System nicht auf Schmerz beruht, setzt es Freude als Anreiz ein, die Normen zu akzeptieren. Das „gute Leben", das als Belohnung für jahrelange Arbeit und die Befolgung der Gesetze verheißen wird, stützt sich auf die Sehnsüchte, die uns genetisch einprogrammiert sind. Praktisch jeder Trieb, der zum Teil der menschlichen Natur geworden ist, von der Sexualität bis zur Aggression, von der Sehnsucht nach Sicherheit bis zur Empfänglichkeit für Veränderung, wurde von Politikern, Kirchen, Firmen und

Werbeagenturen als Basis für eine soziale Kontrolle ausgenutzt. Um Rekruten in die Armee zu locken, versprachen türkische Sultane des sechzehnten Jahrhunderts ihren Soldaten die Belohnung, Frauen in den unterworfenen Ländern vergewaltigen zu dürfen. Heute versprechen Poster jungen Männern, sie würden „die Welt sehen", wenn sie zum Militär gehen.

Es ist wichtig, zu erkennen, daß das Streben nach Lust eine genetische Reflexreaktion zur Erhaltung der Art ist und nicht zu unserem persönlichen Vorteil geschaffen wurde. Lust am Essen etwa sorgt auf wirksame Weise dafür, daß der Köper die Nahrung erhält, die er braucht. Die Lust beim Geschlechtsverkehr ist eine praktische Methode der Gene, den Körper zu veranlassen, sich fortzupflanzen und so die Fortdauer dieser Gene zu sichern. Wenn ein Mann und eine Frau sich körperlich voneinander angezogen fühlen, stellen sie sich gewöhnlich vor – nehmen wir einmal an, daß man überhaupt dabei denkt –, daß diese Begierde Ausdruck der eigenen, individuellen Interessen sei, Folge von Absichten. In Wirklichkeit wird das Interesse häufiger einfach durch einen unsichtbaren genetischen Code manipuliert, der seinen eigenen Plänen folgt. Solange die Anziehung ein Reflex ist, der auf rein körperlichen Reaktionen beruht, spielt der bewußte Plan des betreffenden Menschen nur eine minimale Rolle. Es ist nicht schlimm, diesem genetischen Programm zu folgen und sich an dem daraus resultierenden Vergnügen zu freuen, solange wir es als das erkennen, was es ist, solange wir die Kontrolle darüber behalten, wenn es notwendig sein sollte, andere Ziele zu verfolgen, denen wir vielleicht Priorität einräumen.

Problematisch ist jedoch, daß es in der letzten Zeit Mode geworden ist, alles, was wir in uns spüren, als die wahre Stimme der Natur zu empfinden. Die einzige Autorität, der manche Menschen heutzutage trauen, ist der Instinkt. Wenn sich etwas gut anfühlt, wenn es natürlich und spontan ist, dann muß es richtig sein. Doch wenn wir den Anregungen der genetischen und sozialen Instruktionen fraglos folgen, geben wir die Kontrolle über das Bewußtsein auf und werden zum hilflosen Spielball unpersönlicher Kräfte. Wenn jemand dem Essen oder dem Alkohol nicht widerstehen kann oder er sich in Gedanken ständig mit Sex beschäftigt, ist er nicht frei, seine psychische Energie gezielt einzusetzen.

Diese „befreite" Sicht der menschlichen Natur, die jeden Instinkt oder Trieb, den wir zufällig empfinden, akzeptiert und bestätigt, einfach, weil es ihn gibt, hat Konsequenzen, die ziemlich reaktionär sind. Ein Großteil des zeitgenössischen „Realismus" stellt sich nur als eine Variante des guten, alten Fatalismus heraus: Der Mensch fühlt sich von Verantwortung befreit, indem er sich einem Konzept von „Natur" unterwirft. Der Natur nach werden wir jedoch unwissend geboren. Sollten wir daher etwa nicht versuchen zu lernen? Manche Menschen produzieren überdurchschnittlich viel Androgen und sind daher äußerst aggressiv. Heißt das, sie sollten ihrer Gewalt freien Lauf geben? Wir können die Tatsachen der Natur nicht verleugnen, aber wir sollten gewiß versuchen, sie in positive Richtung zu wenden.

Die Unterwerfung unter das genetische Programm kann recht gefährlich werden, weil sie uns hilflos macht. Jemand, der nicht fähig ist, genetische Instruktionen, wenn nötig, zu mißachten, ist immer verletzlich. Statt zu entscheiden, wie man auf ein persönliches Ziel reagiert, muß man sich den Dingen unterwerfen, auf die der Körper vorprogrammiert (oder fehlprogrammiert) wurde. Man muß besonders über seine instinktiven Triebe Kontrolle erlangen, um eine gesunde Unabhängigkeit von der Gesellschaft zu gewinnen, denn solange wir berechenbar auf das reagieren, was sich gut oder schlecht anfühlt, ist es für andere leicht, diese Vorlieben zu eigenen Zwecken auszunutzen.

Ein gründlich sozialisierter Mensch strebt nur die Belohnungen an, die ihm die anderen in seiner Umgebung übereinstimmend zubilligen – Belohnungen, die oft auf genetisch vorprogrammierte Wünsche aufgepflanzt wurden. Er begegnet vielleicht Tausenden von potentiell erfüllenden Erfahrungen, bemerkt sie aber nicht, weil sie nicht zu den Dingen gehören, nach denen er sich sehnt. Wichtig ist nicht, was er zur Zeit hat, sondern was er erlangen kann, wenn er sich so verhält, wie die anderen es von ihm erwarten. In dieser Tretmühle sozialer Kontrollen strebt dieser Mensch immer weiter nach dem Preis, der sich stets in seinen Händen auflöst. In einer komplexen Gesellschaft sind viele mächtige Gruppen an der Sozialisierung beteiligt, manchmal mit scheinbar widersprüchlichen Zielen. Offizielle Institutionen wie Schulen, Kirchen und Banken einerseits versuchen uns zu verantwortungsbewußten Bürgern zu erziehen, die gewillt sind, fleißig zu arbeiten und zu sparen. Andererseits werden wir ständig von Händlern, Produzenten und Werbeagenturen umschwärmt, unseren Verdienst an Produkte zu verschwenden, die den höchsten Profit für sie bringen. Und schließlich verspricht uns das Untergrundsystem der verbotenen Freuden, geleitet von Spielern, Zuhältern und Drogenhändlern und dialektisch mit den offiziellen Institutionen verknüpft, seine eigenen Belohnungen der leichten Zerstreuung – solange wir zahlen. Die Botschaften fallen sehr unterschiedlich aus, aber das Ergebnis ist grundsätzlich das gleiche: Sie machen uns von einem Gesellschaftssystem abhängig, das unsere Energien für die eigenen Zwecke ausbeutet.

Es gibt keinen Zweifel, daß es notwendig ist, für äußere Ziele zu arbeiten und unmittelbare Belohnungen aufzuschieben, um insbesondere in einer komplexen Gesellschaft zu überleben. Aber man braucht dazu nicht in eine Marionette verwandelt zu werden, die von sozialen Kontrollen geführt wird. Die Lösung besteht darin, allmählich von den gesellschaftlichen Vorteilen unabhängig zu werden und zu lernen, wie man sie durch Belohnungen ersetzt, die man selbst in der Hand hat. Das bedeutet nicht, jedes Ziel aufzugeben, das die Gesellschaft bietet, sondern eher, ein Reihe eigener Ziele zusätzlich oder anstelle derjenigen zu entwickeln, mit denen andere versuchen, uns zu bestechen.

Der wichtigste Schritt bei der Befreiung von sozialen Kontrollen ist die Fähigkeit, Belohnungen in den Ereignissen des Augenblicks zu finden. Wenn man lernt, in dem fortlaufenden Strom von Erfahrungen, im Prozeß des Lebens selbst, Freude und Sinn zu finden, fällt einem die Last der sozialen Kontrolle automatisch von den Schultern. Die Macht liegt wieder beim einzelnen, wenn die Belohnungen nicht mehr äußeren Kräften überlassen werden. Es ist nicht mehr nötig, sich für Ziele abzustrampeln, die immer weiter in die Zukunft zu weichen scheinen, einen langweiligen Tag in der Hoffnung auf den morgigen Tag zu beschließen, an dem vielleicht etwas Schönes passiert. Statt auf ewig gequält nach dem Preis zu hangeln, der nach einem bekannten Bild wie die Karotte vor der Nase der Mähre baumelt, beginnt man die echten Belohnungen des Lebens zu ernten. Doch nicht durch Hingabe an instinktive Sehnsüchte befreien wir uns von sozialen Kontrollen. Wir müssen zudem frei werden vom Diktat des Körpers und lernen, das zu steuern, was im Bewußtsein geschieht. Schmerz und Lust finden im Bewußtsein statt und existieren ausschließlich dort. Solange wir den gesellschaftlich konditionierten Reiz-Reaktionsmustern gehorchen, die unsere biologischen Neigungen ausnutzen, werden wir von außen kontrolliert. Wir sind nicht frei, den Inhalt unserer Erfahrungen zu bestimmen, und zwar in einem Ausmaß, daß eine glänzende Werbeanzeige uns das Wasser im Mund nach dem angepriesenen Produkt zusammenlaufen läßt oder ein Stirnrunzeln des Chefs uns den Tag verdirbt. Da das, was wir erleben, die Realität ist, können wir diese Realität so verwandeln, daß wir das, was im Bewußtsein geschieht, beeinflussen und uns so von den Drohungen und Schmeicheleien der Außenwelt befreien können. „Die Menschen haben keine Angst vor den Dingen, sondern davor, wie sie sie betrachten", sagte Epiktet vor langer Zeit. Und der große Kaiser Mark Aurel schrieb: „Wenn dich äußere Dinge quälen, so sind nicht diese es, die dich stören, sondern dein eigenes Urteil über sie. Und es steht in deiner eigenen Macht, dieses Urteil auszulöschen."

Wege der Befreiung

Diese einfache Wahrheit – daß die Kontrolle des Bewußtseins die Lebensqualität bestimmt – ist schon lange bekannt, eigentlich schon, seit es menschliche Aufzeichnungen gibt. Der Rat des antiken Orakels von Delphi: „Erkenne dich selbst" bedeutete genau dies. Sie wurde deutlich von Aristoteles erkannt, dessen Gedanke von der „tugendhaften Aktivität der Seele" in vieler Hinsicht die Argumente dieses Buchs vorwegnahm; in der klassischen Antike wurde sie von den Philosophen der Stoa entwickelt. Christliche Mönchsorden perfektionierten die verschiedensten Methoden, wie man lernt, Gedanken und Wünsche zu lenken. Ignatius von Loyola rationalisierte sie in seinen berühmten spirituellen Übungen. Der letzte große Versuch, das Bewußtsein von der Herrschaft der Impulse und sozialer Kontrolle zu befreien, war die Psychoanalyse. Freud beschrieb die beiden Tyrannen, die um die Kontrolle des Bewußtseins ringen, Es und Überich – ersteres Diener der Gene, letzteres ein Lakai der Gesellschaft – die beide das „andere" repräsentieren. Ihnen gegenüber stand das Ich, das die echten Bedürfnisse des Selbst in Verbindung mit seiner konkreten Umwelt darstellt.

Im Fernen Osten entstanden zahlreiche Techniken, um Kontrolle über das Bewußtsein zu erlangen, und sie erreichten zum Teil große Komplexität. Sie unterscheiden sich zwar in vieler Hinsicht grundlegend voneinander, doch die Jogi-Disziplinen in Indien, die taoistische Lebenssicht in China, die Zen-Varianten des Buddhismus versuchen alle, das Bewußtsein von den bestimmenden Einflüssen äußerer Kräfte zu befreien – seien sie biologischer oder gesellschaftlicher Natur. Der Jogi diszpliniert sein Bewußtsein etwa dazu, Schmerzen zu ignorieren, die andere Menschen einfach in ihr Bewußtsein einlassen müßten; auf ähnliche Weise kann er die immer wiederkehrenden Ansprüche von Hunger oder sexueller Erregung ignorieren, denen andere hilflos unterliegen würden. Man kann die gleiche Wirkung auf verschiedenen Wegen erreichen, entweder durch die Perfektion einer strengen geistigen Disziplin, wie beim Joga, oder durch die ständige Förderung von Spontaneität wie im Zen. Das beabsichtigte Ergebnis ist jedoch dasselbe: einerseits das Innenleben von der Bedrohung durch Chaos zu befreien, andererseits von der starren Konditionierung der biologischen Zwänge zu lösen, um so unabhängig zu werden von sozialer Kontrolle, die beides ausnutzt.

Doch wenn es zutrifft, daß der Mensch schon seit Tausenden von Jahren weiß, was nötig ist, um frei zu werden und sein Leben zu kontrollieren, warum gab es in dieser Richtung keine weiteren Fortschritte? Warum sind wir ebenso hilflos oder noch hilfloser als unsere Vorfahren angesichts des Chaos, das unserem Glück im Weg steht? Für dieses Scheitern gibt es mindestens zwei triftige Erklärungen. Erstens ist die Art von Wissen – oder Weisheit –, die man braucht, um das Bewußtsein zu befreien, nicht kumulativ. Man kann sie nicht in eine Formel zusammendrängen. Man kann sie nicht auswendig lernen und dann routinemäßig anwenden. Wie andere komplexe Formen von Wissen, etwa ein reifes politisches Urteil oder ein hochentwickeltes ästhetisches Gespür, muß das Wissen von jedem Individuum durch Ausprobieren und Irrtümer angesammelt werden, von einer Generation auf die nächste. Kontrolle über das Bewußtsein ist keine bloße kognitive Fähigkeit. Außer dem Einsatz von Intelligenz bedarf es dazu mindestens ebensosehr der Emotionen und des Willens. Es reicht nicht, zu *wissen,* wie man es tut, man muß es *tun,* unaufhörlich, genau wie Sportler und Musiker immer wieder üben müssen, was sie theoretisch genau wissen. Und das ist meistens leicht. Es gibt einen relativ schnellen Fortschritt auf Gebieten wie der Physik oder der Genetik, die Erkenntnisse auf die materielle Welt anwenden. Doch es geht quälend langsam voran, wenn man Erkenntnisse anwendet, um die eigenen Gewohnheiten und Wünsche zu ändern.

Zweitens: Das Wissen, wie man das Bewußtsein kontrolliert, muß jedes Mal neu formuliert werden, wenn sich der kulturelle Kontext ändert. Die Weisheit der Mystiker, der Sufi, der großen Jogis oder der Zen-Meister war vielleicht zu ihrer Zeit ausgezeichnet – und sie wäre vielleicht immer noch das Beste, wenn wir in solchen Zeiten und Kulturen lebten. Doch wenn man diese Systeme ins heutige Kalifornien überträgt, verlieren sie ziemlich viel von ihrer ursprünglichen Macht. Sie enthalten Elemente, die für ihren besonderen Kontext spezifisch sind, und wenn man diese zufälligen Bestandteile nicht vom Grundsätzlichen scheidet, überwuchern Schlingen von sinnlosem Hokuspokus den Pfad in die Freiheit. Rituelle Formen siegen über Substanz, und der Suchende steht wieder am Anfang.

Die Kontrolle über das Bewußtsein kann nicht institutionalisiert werden. Sobald sie zum Bestandteil des Rasters gesellschaftlicher Regeln und Normen wird, ist sie nicht mehr so wirksam, wie sie ursprünglich sein konnte. Die Routine setzt leider sehr rasch ein. Freud war noch am Leben, als seine Bemühungen, das Ich von seinen Unterdrückern zu befreien, sich zu einer gestandenen Ideologie und starr geregelten Profession auswuchsen. Marx hatte noch mehr Pech: Seine Versuche, das Bewußtsein von der Tyrannei der wirtschaftlichen Ausbeutung zu befreien, verwandelten sich bald in ein System der Unterdrückung, das seinen armen Erfinder um den Verstand gebracht hätte. Dostojewski und andere meinten, wenn Christus im Mittelalter wiedergekehrt wäre, um seine Botschaft der Befreiung zu predigen, hätten ihn die Führer der Kirche, deren weltliche Macht auf seinem Namen beruhte, immer wieder gekreuzigt.

In jeder neuen Epoche, vielleicht in jeder Generation oder vielleicht sogar alle paar Jahre, wenn die Bedingungen, unter denen wir leben, sich stark verändern, wird es notwendig, zu überdenken und neu zu formulieren, was nötig ist, um Autonomie im Bewußtsein zu schaffen. Die frühen Christen halfen den Menschen, sich von der Macht der versteinerten Imperien und einer Ideologie zu lösen, die nur dem Leben der Reichen und Mächtigen einen Sinn verlieh. Die

Reformation befreite die große Masse der Menschen von der politischen und ideologischen Ausbeutung durch die römische Kirche. Die Philosophen und späteren Staatsmänner, die die amerikanische Verfassung schrieben, widerstanden den Kontrollen, die Könige, Päpste und Adel aufgerichtet hatten. Als im industriellen Europa des 19. Jahrhunderts die unmenschlichen Bedingungen der Fabrikarbeiter das offensichtlichste Hindernis für deren Chance wurde, ihre eigene Erfahrung zu ordnen, stellte sich Marx' Botschaft als besonders wichtig heraus. Die viel subtileren, aber ähnlich einengenden sozialen Kontrollen des bürgerlichen Wien machten Freuds Weg zur Befreiung für jene sichtbar, die durch diese Bedingungen psychisch verstümmelt worden waren. Die Erkenntnisse der Evangelisten, Martin Luthers und der Väter der amerikanischen Verfassung, diejenigen von Marx und Freud – um nur einige der vielen Versuche zu nennen, die im Westen unternommen wurden, das Glück durch Förderung der Freiheit zu vergrößern – werden immer nützlich und wertvoll sein, auch wenn die Praxis von einigen ins Gegenteil verkehrt wurde. Aber diese Erkenntnisse erschöpfen weder die Probleme noch die Lösungen.

Wenn man das Bedürfnis als gegeben annimmt, immer wieder zur zentralen Frage zurückzuzukehren, wie man sein Leben in die Hand nimmt, welche Antwort kann uns der gegenwärtige Stand des Wissens dazu geben? Wie kann die Wissenschaft dem Menschen helfen, sich von seinen Ängsten und Befürchtungen zu befreien und so die Zwänge der Gesellschaft abzustreifen, deren Belohnungen er nun nicht mehr braucht? Wie oben vorgeschlagen heißt der Weg, Kontrolle über das Bewußtsein zu erlangen, was wiederum zur Kontrolle über die Qualität der Erfahrung führt. Jeder kleine Schritt in diese Richtung macht das Leben reichhaltiger, erfreulicher, sinnvoller. Ehe wir die Wege erforschen, wie man die Qualität der Erfahrung verbessern kann, ist es sinnvoll, die Aufmerksamkeit darauf zu richten, wie das Bewußtsein funktioniert und was es tatsächlich bedeutet, „Erfahrungen" zu haben. Mit diesem Wissen gewappnet kann man die persönliche Befreiung leichter erreichen.

II Die Anatomie des Bewußtseins

In bestimmten Kulturen im Verlauf der Geschichte galt der Mensch nicht als vollständig, wenn er nicht lernte, seine Gedanken und Gefühle zu beherrschen. Im konfuzianischen China, im alten Sparta, im republikanischen Rom, bei den frühen Pilgersiedlungen in Neu-England und in der Oberklasse des viktorianischen Englands hielt man den einzelnen dafür verantwortlich, seine Emotionen streng unter Kontrolle zu halten. Jeder, der sich in Selbstmitleid erging, der seine Handlungen eher durch den Instinkt als durch Reflexion bestimmen ließ, verlor das Recht, als Mitglied der Gemeinschaft akzeptiert zu werden. In anderen historischen Epochen, wie etwa unserer heutigen, genießt die Fähigkeit zur Selbstkontrolle kein großes Ansehen. Wenn man sie anstrebt, gilt man leicht als lächerlich, „verklemmt" oder irgendwie „nicht ganz richtig". Doch was immer die Mode diktiert, es scheint, daß Menschen, die sich die Mühe geben, das zu steuern, was im Bewußtsein geschieht, ein glücklicheres Leben führen.

Um eine solche Herrschaft über das Bewußtsein zu gewinnen, ist es offensichtlich wichtig, zu begreifen, wie das Bewußtsein funktioniert. Wir werden in diesem Kapitel einen Schritt in diese Richtung unternehmen. Um gleich jeden Verdacht auszuräumen, daß wir mit Bewußtsein irgendeinen geheimnisvollen Prozeß meinen, sollten wir deutlich machen, daß es wie jede andere Dimension menschlichen Verhaltens eine Folge biologischer Prozesse ist. Es existiert lediglich aufgrund der unglaublich komplexen Bauweise unseres Nervensystems, das wiederum nach Instruktionen aufgebaut ist, die in den Eiweißmolekülen unserer Chromosomen enthalten sind.

Zugleich sollten wir betonen, daß die Funktionen des Bewußtseins nicht ausschließlich auf seiner biologischen Programmierung beruhen – es ist in vieler Hinsicht, wie wir auf den folgenden Seiten darstellen werden, selbstgesteuert. Mit anderen Worten, das Bewußtsein hat eine Fähigkeit entwickelt, die genetischen Instruktionen zu überspringen und seinen eigenen, unabhängigen Kurs zu nehmen.

Funktion des Bewußtseins ist es, Informationen über Außengeschehen und Ereignisse innerhalb des Organismus darzustellen, und zwar so, daß sie vom Körper eingeschätzt und entsprechend behandelt werden können. In diesem Sinne hat es die Aufgabe, zwischen Empfindungen, Wahrnehmungen, Gefühlen und Gedanken zu vermitteln, und stellt unter all den verschiedenen Informationen Prioritäten her. Ohne Bewußtsein würde man zwar immer noch wissen, was vor sich geht, aber man müßte auf reflexive, instinktive Weise reagieren. Durch das Bewußtsein kann man mit Bedacht abwägen, was die Sinne einem mitteilen, und entsprechend reagieren. Und man kann Informationen erfinden, die es zuvor nicht gab: Aufgrund des Bewußtseins können wir in den Tag träumen, Lügen erfinden, schöne Gedichte schreiben und wissenschaftliche Theorien aufstellen.

In der unendlich langen, im dunkeln liegenden Zeitspanne seiner Evolution wurde das menschliche Nervensystem so komplex, daß es nun in der Lage ist, seinen eigenen Zustand zu beeinflussen. Es wurde so in gewissem Maße funktional unabhängig von dem genetischen Grundmuster und der objektiven Umgebung. Ein Mensch kann sich glücklich oder unglücklich machen, unabhängig davon, was tatsächlich „draußen" geschieht, indem er einfach den Inhalt seines Bewußtseins verändert. Jeder kennt Menschen, die eine hoffnungslose Situation in eine Herausforderung verwandeln und bewältigen können, und zwar einfach durch die Kraft ihrer Persönlichkeit. Diese Fähigkeit, trotz Hindernissen und Rückschlägen weiterzumachen, ist eine Eigenschaft, die man bei anderen zu Recht am meisten bewundert; es ist vermutlich der wichtigste Charakterzug nicht nur für den Erfolg im Leben, sondern auch für die Freude daran.

Um diese Eigenschaft zu entwickeln, muß man Wege finden, sein Bewußtsein so zu ordnen, daß man Kontrolle über seine Gefühle und Gedanken ausübt. Doch man sollte von diesen Wegen nicht erwarten, daß sie kurz sind. Manche Menschen neigen dazu, mystisch zu werden, wenn sie über das Bewußtsein sprechen, und sie erwarten Wunder von ihm, die es gegenwärtig noch nicht leisten kann. Sie würden gern glauben, daß mit sogenannter Spiritualität alles möglich ist. Andere verfügen angeblich über die Macht, sich in vergangene Existenzen zu versetzen und mit spirituellen Wesen zu kommunizieren, um unheimliche Ereignisse außersinnlicher Wahrnehmung herbeizubeschwören. Wenn es sich nicht um ausgesprochenen Betrug handelt, dann stellen sich solche Dinge meist als Selbsttäuschung heraus – Lügen, die sich ein übersensibler Verstand selbst erzählt.

Die bemerkenswerten Leistungen von Hindufakiren und anderen Praktikern geistiger Selbstdisziplin werden uns oft als Beispiel für die grenzenlosen Kräfte des Bewußtseins dargestellt. Dies ist eher gerechtfertigt. Doch auch viele dieser Behauptungen halten einer näheren Untersuchung nicht stand, andere wiederum kann man mit extrem spezialisiertem Training eines normalen Bewußtseins erklären. Immerhin braucht man keine mystischen Erklärungen, um die Leistungen eines großen Geigers oder eines begabten Sportlers zu erklären, auch wenn die meisten Menschen diese nicht einmal annähernd erreichen. Der Jogi ist demnach ein Virtuose in der Kontrolle des Bewußtseins. Wie alle Virtuosen muß er jahrelang lernen und ständig üben. Als Spezialist kann er sich nicht erlauben, Zeit und geistige Energie anders einzusetzen als für die Schärfung seiner Fähigkeit, innere Erfahrungen zu manipulieren. Diese Fähigkeiten erlangt der Jogi auf Kosten eher weltlicher Kompetenz, die andere Menschen entwickeln und als gegeben hinnehmen. Was ein einzelner Jogi leisten kann, ist erstaunlich – aber das gilt auch für einen guten Klempner oder Automechaniker.

Vielleicht werden wir mit der Zeit die verborgenen Kräfte des Verstandes entdecken, die Quantensprünge ermöglichen, von denen wir heute nur träumen können. Es gibt keinen Grund, die Möglichkeit auszuschließen, daß wir irgendwann in der Lage sein werden, mit Gehirnwellen Löffel zu verbiegen. Doch gegenwärtig, mit so vielen weltlichen, aber nicht weniger dringlichen Aufgaben, ist es wohl Zeitverschwendung, sich nach Kräften außerhalb unserer Reichweite zu sehnen, wenn das Bewußtsein mit all seinen Grenzen sehr viel wirksamer eingesetzt werden kann. Zur Zeit vermag das Bewußtsein nicht das zu leisten, was manche Menschen sich von ihm wünschen, doch es hat ungeheuer große, ungenutzte Potentiale, die zu aktivieren für uns von vordringlicher Bedeutung ist.

Da sich kein Zweig der Wissenschaft direkt mit dem Bewußtsein befaßt, gibt es auch keine allgemein anerkannte Beschreibung, wie es funktioniert. Viele Disziplinen beschäftigen sich mit diesem Thema und geben uns daher nur flüchtige, skizzenhafte Beschreibungen. Neurologie, Neuroanatomie, Kognitionswissenschaft, künstliche Intelligenz, Psychoanalyse und Phänomenologie gehören zu den direkt beteiligten Disziplinen, doch wenn man versuchte, einige ihrer Erkenntnisse zusammenzufassen, erhielten wir eine Charakterisierung, als hätte eine Gruppe von Blinden einen Elefanten beschrieben: höchst unterschiedlich und ohne Zusammenhang. Ohne Zweifel werden wir von diesen Disziplinen weiterhin wichtige Dinge über das Bewußtsein erfahren, doch in der Zwischenzeit bleibt es uns überlassen, ein Modell zu ersinnen, das sich auf Tatsachen gründet, aber einfach genug ausgedrückt ist, daß jeder es benutzen kann.

Es klingt vielleicht wie unverständlicher Wissenschaftlerjargon, aber die genaueste und meiner Ansicht nach deutlichste Beschreibung der Hauptfacetten dessen, was sich im Bewußtsein abspielt, und die im praktischen Alltag nützlich sein kann, lautet: „ein phänomenologisches Modell des Bewußtseins, das auf Informationstheorie beruht“. Diese Darstellung des Bewußtseins ist in dem Sinne *phänomenologisch,* daß sie sich direkt mit Ereignissen – Phänomenen – befaßt, wie wir sie erfahren und deuten, statt sich auf die anatomischen Strukturen zu konzentrieren, die diese Ereignisse ermöglichen. Natürlich kann davon ausgegangen werden, daß alles, was sich im Bewußtsein abspielt, Folge elektrochemischer Veränderungen im Zentralnervensystem ist, die über Millionen von Jahren durch die biologische Evolution festgelegt wurden. Doch die Phänomenologie nimmt an, daß ein geistiges Ereignis am besten begriffen werden kann, wenn wir es direkt als Erfahrung betrachten, und nicht durch die spezialisierte Optik einer bestimmten Disziplin. Doch im Gegensatz zur reinen Phänomenologie, die absichtlich alle anderen Theorien oder Wissenschaften aus ihrer Methodologie ausklammert, benutzt das Modell, das wir hier untersuchen, Prinzipien der *Informationsheorie,* die wichtig für das Verständnis dessen sind, was im Bewußtsein geschieht. Zu diesen Prinzipien gehört das Wissen, wie sinnliche Daten verarbeitet, gespeichert und benutzt werden – die Dynamik von Aufmerksamkeit und Erinnerung.

Was bedeutet es also unter diesen Rahmenbedingungen, bewußt zu sein? Es bedeutet einfach, daß bestimmte *bewußte Ereignisse* (Gefühle, Empfindungen, Gedanken, Absichten) stattfinden und wir fähig sind, ihren Kurs zu bestimmen. Wenn wir im Gegensatz dazu träumen, sind einige der gleichen Ereignisse vorhanden, doch wir sind nicht bewußt, weil wir sie nicht kontrollieren können. Ich träume etwa, die Nachricht erhalten zu haben, daß ein Verwandter einen Unfall hatte, und bin sehr erregt. Ich denke vielleicht: „Wenn ich doch nur helfen könnte". Obwohl ich im Traum wahrnehme, fühle, denke und Absichten habe, kann ich aufgrund dieser Prozesse nicht handeln (indem ich etwa Vorkehrungen treffe, die Wahrheit der Nachricht zu überprüfen) und bin daher nicht bewußt. Im Traum ist man in ein einziges festes Szenarium eingesperrt, das man bewußt nicht ändern kann. Die Ereignisse, die das Bewußtsein ausmachen – die „Dinge", die wir sehen, fühlen, denken und wünschen –, sind Informationen, die wir manipulieren und benutzen können. Daher können wir uns das Bewußtsein als *absichtlich geordnete Information* vorstellen.

Diese trockene Definition, so genau sie auch sein mag, deckt nicht die ganze Bedeutung dessen ab, was sie sagen will. Da für uns Außenereignisse nicht stattfinden, es sei denn, wir werden uns ihrer bewußt, entspricht das Bewußtsein subjektiv erfahrener Realität. Da alles, was wir fühlen, riechen, hören oder erinnern, potentiell Kandidat für die Aufnahme ins Bewußtsein ist, sind die Erfahrungen, die tatsächlich zum Bestandteil des Bewußtseins werden, weniger zahlreich als die, die es nicht sind. Das Bewußtsein ist also ein Spiegel, der wiedergibt, was unsere Sinne über das mitteilen, was sich außerhalb des Körpers und innerhalb des Nervensystems ereignet, doch er spiegelt nur selektiv, formt aktiv Ereignisse und überträgt ihnen eine eigene Realität. Die Reflexion durch das Bewußtsein ist das, was wir *unser* Leben nennen, die Summe all dessen, was wir von der Geburt bis zum Tod gehört, gesehen, gefühlt, gehofft und erlitten haben. Wir glauben zwar, daß es Dinge außerhalb unseres Bewußtseins gibt, aber direkte Beweise haben wir nur für die Dinge, die darin einen Platz gefunden haben.

Als zentrale Vermittlungsstelle, in der verschiedene Ereignisse, eingespeist durch die verschiedenen Sinne, dargestellt und verglichen werden, kann das Bewußtsein gleichzeitig eine Hungersnot in Afrika enthalten, den Duft einer Rose, die Bewegungen des Aktienindex und einen Plan, auf dem Heimweg noch Brot zu kaufen. Aber das heißt nicht, daß sein Inhalt ein formloser Dschungel ist.

Die Kräfte, die die Informationen im Bewußtsein geordnet halten, könnten wir *Absichten* nennen. Absichten entstehen, wenn ein

Mensch sich bewußt wird, etwas zu wünschen oder leisten zu wollen. Absichten sind darüber hinaus Informationsteilchen, die entweder durch biologische Bedürfnisse oder internalisierte gesellschaftliche Ziele geformt wurden. Sie wirken als Magnetfeld, lenken Aufmerksamkeit auf einige Objekte und entziehen sie anderen, konzentrieren unsere Gedanken auf bestimmte Reize zuungunsten anderer. Oft bezeichnen wir die Erscheinungsformen von Absichten anders, etwa als Instinkt, Bedürfnis, Trieb oder Wunsch. Doch es handelt sich hierbei um erklärende Begriffe, die uns sagen, *warum* Menschen sich so verhalten, wie sie es tun. Absicht ist ein eher neutraler und beschreibender Begriff. Er verrät nicht, warum ein Mensch etwas Bestimmtes tun will, sondern konstatiert bloß, daß er es tut.

Wenn zum Beispiel der Blutzuckerspiegel unter eine kritische Schwelle sinkt, fühlt man sich unwohl und gereizt, schwitzt und bekommt Magenkrämpfe. Aufgrund genetisch programmierter Instruktionen, den Blutzuckerspiegel wieder zu normalisieren, denkt man an Essen. Man sucht Nahrung, bis man sie findet, und ißt, bis der Hunger abklingt. In diesem Fall könnte man sagen, es sei der Eßtrieb, der den Inhalt des Bewußtseins organisierte und es erforderlich machte, die Aufmerksamkeit auf Nahrung zu richten. Aber das ist bereits eine Interpretation der Fakten – zweifelsohne von der biochemischen Seite her genau, aber phänomenologisch unbedeutend. Der hungrige Mensch ist sich seines Blutzuckerspiegels nicht bewußt; er weiß nur, daß es ein Informationsteilchen in seinem Bewußtsein gibt, das er als „Hunger“ zu identifizieren gelernt hat.

Wenn der Mensch sich bewußt wird, Hunger zu haben, bildet er vermutlich die Absicht heraus, Essen zu bekommen. Wenn er das tut, sieht sein Verhalten genauso aus, als gehorche er lediglich einem Bedürfnis oder Trieb. Er könnte jedoch die Hungergefühle völlig mißachten. Er hat vielleicht stärkere und entgegengesetzte Absichten, wie abzunehmen, Geld zu sparen oder aus religiösen Gründen zu fasten. Wenn aus politischem Protest ein Hungerstreik begonnen wird, überlagert die Absicht, eine ideologische Aussage kundzutun, die genetischen Instruktionen, was freiwilligen Tod zur Folge hat.

Die Absichten, die wir entweder erben oder erwerben, sind in einer hierarchischen Rangfolge geordnet. Für den Protestler könnte die Erreichung einer politischen Reform wichtiger sein als alles andere, auch sein Leben. Dieses eine Ziel hat Vorrang vor allen anderen. Die meisten Menschen setzen sich jedoch „vernünftige" Ziele, die auf den Bedürfnissen ihres Körpers beruhen - ein langes und gesundes Leben, Sex, ausreichende Ernährung und Bequemlichkeit - oder auf den Wünschen, die das Gesellschaftssystem ihnen einimpft: Gutsein, fleißig arbeiten, so viel Geld wie möglich ausgeben, die Erwartungen anderer erfüllen. Doch es gibt in jeder Kultur genügend Ausnahmen, die zeigen, daß Ziele recht flexibel sein können. Einzelne, die die Normen überschreiten - Helden, Heilige, Weise, Künstler und Dichter ebenso wie Verrückte und Kriminelle -, suchen im Leben nach anderen Dingen als die meisten ihrer Mitmenschen. Die Existenz solcher Menschen zeigt, daß das Bewußtsein in unterschiedliche Ziele und Absichten geordnet sein kann. Jeder hat die Freiheit, seine subjektive Realität zu kontrollieren.

Die Grenzen des Bewußtseins

Wenn es möglich wäre, das Bewußtsein unendlich auszuweiten, ginge einer der grundlegendsten Träume der Menschheit in Erfüllung. Das wäre fast ebenso schön wie unsterblich oder allmächtig - kurz gottähnlich zu sein. Wir könnten alles denken, fühlen, tun, könnten so viel Informationen verarbeiten, daß jeder Sekundenbruchteil mit einem üppigen Bilderbogen an Erfahrungen gesättigt würde. Während unserer normalen Zeitspanne würden wir millionenfach mehr erleben - oder sogar eine Vielfalt verschiedener Leben führen.

Leider hat unser Zentralnervensystem Grenzen, wie viele Informationen es gleichzeitig verarbeiten kann. Nur eine bestimmte Menge von Ereignissen kann im Bewußtsein auftauchen und angemessen erkannt und verarbeitet werden, ohne daß Informationen einander ins Gehege kommen. Durch ein Zimmer gehen und dabei Kaugummi kauen ist nicht sehr schwierig, auch wenn einige große Staatsmänner dazu nicht in der Lage gewesen sein sollen; doch viel mehr kann man kaum gleichzeitig tun. Gedanken müssen aufeinander folgen, sonst geraten sie in Unordnung. Wenn wir über ein Problem nachdenken, können wir weder echtes Glück noch echte Trauer empfinden. Wir können nicht rennen oder singen und gleichzeitig den Kontostand berechnen, weil jede einzelne dieser Aktivitäten unsere Aufmerksamkeitskapazität voll in Anspruch nimmt.

An diesem Punkt unserer wissenschaftlichen Erkenntnisse können wir nur ungefähr schätzen, wie viele Informationen unser Zentralnervensystem verarbeiten kann. Es scheint, daß wir höchstens sieben verschiedene Informationseinheiten gleichzeitig aufnehmen können – diffenzierte Töne, optische Reize, erkennbare Gefühlsnuancen oder Gedanken, und daß die kürzeste Zeit, sie voneinander zu unterscheiden, etwa 1/18 Sekunde beträgt. Anhand dieser Zahl kann man schließen, daß höchstens 126 Einzelinformationen pro Sekunde verarbeitet werden können, 7560 pro Minute, fast eine halbe Million in der Stunde. In einem siebzigjährigen Leben mit täglich sechzehn Stunden Wachzeit beläuft sich das auf 185 Milliarden Informationen. Diese Summe enthält alles in unserem Leben – jeden Gedanken, jede Erinnerung, jedes Gefühl und jede Handlung. Das scheint eine Menge, bedeutet in Wirklichkeit aber nicht sehr viel.

Die Grenzen des Bewußtseins werden durch die Tatsache demonstriert, daß wir 40 Bits pro Sekunde verarbeiten müssen, um das zu verstehen, was ein anderer Mensch sagt. Wenn wir als Obergrenze 126 Bits pro Sekunde annehmen, folgt daraus, daß es theoretisch möglich ist, drei Menschen gleichzeitig zu verstehen, doch nur, wenn man jeden anderen Gedanken und jedes Gefühl aus dem Bewußtsein ausschließt. Wir dürften zum Beispiel nicht die Mimik des Sprechers aufnehmen, noch könnten wir über das Gesagte nachdenken oder bemerken, was die Sprecher an Kleidung tragen.

Diese Zahlen sind beim gegenwärtigen Stand des Wissens, wie unser Verstand funktioniert, nur als vorläufig zu betrachten. Man könnte mit Recht behaupten, daß man die Kapazität des Verstandes entweder über- oder unterschätzt. Optimisten meinen, daß das Nervensystem im Verlauf der Evolution fähig geworden ist, „Häppchen" von Informationen zu verarbeiten, so daß sich seine Kapazität ständig erweitert. Einfache Funktionen, wie die Addition mehrerer Zahlen oder Autofahren, werden automatisch und lassen dem Verstand die Freiheit, sich mit anderen Daten zu befassen. Wir haben auch gelernt, wie man Informationen durch Symbole – Sprache, Mathematik, abstrakte Vorstellungen und Parabeln – zusammenfaßt und komprimiert. Jedes biblische Gleichnis versucht zum Beispiel, die mühsam errungene Erfahrung vieler Individuen im Verlauf unzähliger Äonen zusammenzufassen. Das Bewußtsein, so die Optimisten, ist ein „offenes System"; es ist tatsächlich unendlich ausweitbar, und es besteht keine Notwendigkeit, seine Grenzen auch nur in Betracht zu ziehen.

Doch die Fähigkeit, Reize zu komprimieren, hilft nicht so sehr, wie man vielleicht denken mag. Die Anforderungen des Lebens diktieren, daß wir 8% der Wachzeit mit Essen verbringen und fast ebensoviel Zeit mit anderen Körperfunktionen, wie Waschen, Anziehen, Rasieren und auf die Toilette gehen. Diese Aktivitäten allein nehmen 15% des Bewußtseins in Anspruch, und nebenher kann man kaum etwas anderes tun, das ernste Aufmerksamkeit braucht. Doch selbst wenn sonst nichts Dringliches ihre Gedanken beschäftigt, fallen die meisten Menschen weit hinter ihre Spitzenkapazität für Informationsverarbeitung zurück. An knapp einem Drittel des Tages, das frei von Verpflichtungen ist, in dieser kostbaren „Freizeit", scheinen die meisten Menschen ihren Verstand so wenig wie möglich zu benutzen. Der größte Teil dieser Freizeit – bei amerikanischen Erwachsenen fast die Hälfte – wird vor dem Fernseher verbracht. Die Handlungen und Charaktere der beliebten Sendungen wiederholen sich so stark, daß man dazu kaum Erinnerung, Denken oder Anstrengung benötigt und bloß visuelle Bilder reproduzieren muß. Es überrascht nicht, wenn angegeben wird, Fernsehen beanspruche die niedrigste Konzentrationsstufe, kaum Fähigkeiten, klare Gedanken oder ein Gefühl von Kontrolle. Die anderen Freizeitaktivitäten zu Hause sind in der Regel etwas anspruchsvoller. Beim Lesen von Zeitungen, Unterhaltung mit anderen Leuten und aus dem Fenster Schauen verarbeitet man ebenfalls sehr wenig Informationen und braucht sich daher auch kaum zu konzentrieren.

So sind also die 185 Milliarden Ereignisse, die man während des Lebens genießt, entweder eine Übertreibung oder eine Unterschätzung. Wenn wir den Umfang von Daten nehmen, den das Gehirn theoretisch verarbeiten kann, scheint diese Anzahl zu gering, doch wenn wir uns ansehen, wie die Menschen tatsächlich ihren Verstand benutzen, ist sie definitiv zu hoch. Der Mensch kann in jedem Fall nur begrenzt erfahren. Daher werden die Informationen, die wir ins Bewußtsein einlassen, extrem wichtig; es handelt sich immerhin um den Inhalt und die Qualität unseres Lebens.

Aufmerksamkeit als psychische Energie

Informationen gelangen ins Bewußtsein, weil wir entweder Aufmerksamkeit auf sie richten oder aus Gewohnheit aufgrund biologischer oder sozialer Anweisungen. Auf der Autobahn etwa fährt man an Hunderten von Wagen vorüber, ohne sich ihrer wirklich bewußt zu werden. Ihre Form und Farbe wird für einen Sekundenbruchteil aufgenommen, doch unmittelbar darauf wieder vergessen. Gelegentlich bemerken wir ein bestimmtes Fahrzeug, vielleicht weil es unsicher zwischen den Spuren hin- und herwechselt, sehr langsam fährt oder aufgrund seines ungewöhnlichen Aussehens. Das Bild dieses auffallenden Autos tritt ins Zentrum der Aufmerksamkeit, und wir werden uns seiner bewußt. Die visuelle Information über dieses Auto (z.B. unsicher) wird im Verstand mit Informationen über andere auffällige Autos im Gedächtnis in Beziehung gesetzt, um zu bestimmen, in welche Kategorie dieser gegenwärtige Vorfall paßt. Handelt es sich um einen unerfahrenen Fahrer, einen Betrunkenen, einen momentan abgelenkten, aber ansonsten kompetenten Fahrer? Sobald dieses Ereignis mit einer bereits bekannten Klasse von Ereignissen verbunden ist, gilt sie als identifiziert. Nun muß der Vorfall eingeschätzt werden: Muß man sich Sorgen machen? Wenn die Antwort „ja" lautet, muß entschieden werden, wie man angemessen handelt. Soll man schneller fahren, verlangsamen, die Spur wechseln oder anhalten und die Polizei verständigen?

Diese komplexen geistigen Operationen müssen in wenigen Sekunden abgeschlossen sein, manchmal im Bruchteil einer Sekunde. Die Ausformung eines Urteils scheint zwar eine blitzschnelle Reaktion zu sein, findet aber in einer angemessenen Zeit statt und geschieht nicht automatisch: Es gibt einen deutlichen Prozeß, der solche Reaktionen ermöglicht und den man *Aufmerksamkeit* nennt. Aufmerksamkeit wählt die wichtigen Informationsteile von den potentiell zur Verfügung stehenden Millionen aus. Man braucht Aufmerksamkeit, um die entsprechenden Beziehungen aus dem Gedächtnis abzurufen, das Ereignis einzuschätzen und dann die richtige Entscheidung zu treffen.

Trotz ihrer großen Kapazität kann die Aufmerksamkeit nicht die bereits beschriebenen Grenzen überschreiten. Sie kann nicht mehr Informationen bemerken oder eingehend betrachten, als gleichzeitig verarbeitet werden können. Der Abruf von Informationen aus dem Gedächtnisspeicher, um sie in den Mittelpunkt der Aufmerksamkeit zu rücken, zu vergleichen, einzuschätzen und zu entscheiden – all dies stellt Anforderungen an die begrenzte Verarbeitungskapazität unseres Verstandes. Der Fahrer etwa, der das ausscherende Fahrzeug bemerkt, muß das Gespräch an seinem Autotelefon beenden, wenn er einen Unfall vermeiden will.

Manche Menschen lernen, diese unbezahlbare Ressource wirksam zu nutzen, andere verschwenden sie. Das Kennzeichen eines Menschen mit Kontrolle über sein Bewußtsein ist seine Fähigkeit, Aufmerksamkeit willentlich auf etwas zu richten, sich nicht ablenken zu lassen und sich so lange zu konzentrieren, bis eine Aufgabe erledigt ist und nicht länger. Und jemand, der dies vermag, genießt gewöhnlich seinen normalen Tagesablauf. Mir fallen zwei völlig verschiedene Individuen ein, um zu verdeutlichen, wie Aufmerksamkeit genutzt und das Bewußtsein im Dienst von bestimmten Zielen geordnet werden kann. Die erste ist E., eine Frau, die in ihrem Land sehr bekannt ist und als sehr mächtig gilt. Sie ist Wissenschaftlerin von internationalem Ansehen und hat gleichzeitig ein blühendes Unternehmen mit Hunderten von Mitarbeitern aufgebaut, das seit einer Generation in dieser Branche führend ist. E. reist ständig zu politischen, geschäftlichen und beruflichen Treffen und lebt an mehreren Wohnsitzen auf der ganzen Welt. Wenn in der Stadt, in der sie sich gerade aufhält, ein Konzert veranstaltet wird, sitzt sie vermutlich im Publikum. In ihrer ersten freien Minute sieht man sie im Museum oder in der Bibliothek. Und bei einer Konferenz wird sie von ihrem Chauffeur nicht fordern, herumzustehen und auf sie zu warten, sondern in eine Galerie oder ein Museum zu gehen, denn auf dem Heimweg wird seine Arbeitgeberin mit ihm über Gemälde diskutieren wollen.

Keine Minute von E.s Leben ist vergeudet. Sie schreibt jeden Tag, löst Probleme, liest fünf Tageszeitungen und sichtet Bücher – oder sie stellt Fragen, beobachtet neugierig, was vor sich geht, und plant ihre nächsten Schritte. Sie verbringt nur sehr wenig Zeit mit den Routinefunktionen des Lebens. Bloße Höflichkeitsbesuche oder Plaudereien werden freundlich erledigt, doch, wann immer es geht, vermieden. Jeden Tag jedoch widmet sie einige Zeit der Erholung ihres Verstandes, und zwar durch einfache Dinge, wie eine Viertelstunde still am Seeufer stehen, das Gesicht der Sonne zugewandt, die Augen geschlossen. Oder sie führt ihre Hunde auf den Wiesen am Berg über der Stadt aus. Sie hat ihre Aufmerksamkeitsprozesse so sehr im Griff, daß sie ihr Bewußtsein willentlich abschalten und in jeder freien Minute ein erfrischendes Schläfchen halten kann.

E.s Leben ist nicht immer leicht gewesen. Ihre Familie war nach dem Ersten Weltkrieg völlig verarmt, und sie selbst verlor im Zweiten Krieg alles, auch die Freiheit. Vor einigen Jahrzehnten litt sie an einer chronischen Krankheit, die die Ärzte für tödlich hielten. Aber sie erhielt alles zurück, auch ihre Gesundheit, indem sie ihr Bewußtsein disziplinierte und sich weigerte, es bei unproduktiven Gedanken und Handlungen zu vergeuden. Heute strahlt sie reine Energie aus, und trotz vergangener Härten und der Intensität ihres gegenwärtigen Lebens scheint sie jede Minute vollauf zu genießen.

Die zweite Person, die mir einfällt, ist in vieler Hinsicht das Gegenteil von E.; die einzige Ähnlichkeit ist die gleiche ungebrochene Schärfe der Aufmerksamkeit. R. ist ein schlanker, auf den ersten Blick unauffälliger Mann. Er ist schüchtern und bis zur Selbstverleugnung bescheiden, und man könnte ihn nach einer kurzen Begegnung leicht vergessen. Er ist nur wenigen Menschen bekannt, genießt jedoch hohes Ansehen. Er ist Meister einer Geheimwissenschaft und zugleich Autor meisterlicher Verse, die in viele Sprachen übersetzt wurden. Wenn man mit ihm spricht, denkt man an das Bild eines tiefen Brunnens voller Energie. Sein Blick nimmt beim Sprechen alles in sich auf; jeder Satz, den er hört, wird auf drei oder vier verschiedene Weisen analysiert, noch ehe der Sprecher ihn beendet hat. Dinge, die die meisten Menschen als gegeben hinnehmen, verwundern ihn, und erst, wenn er sie auf seine originelle, aber ihnen absolut angemessene Weise beurteilt hat, läßt er sie gelten.

Doch trotz seiner ständig angespannten, konzentrierten Intelligenz vermittelt R. den Eindruck von Ruhe, von gelassener Würde. Er scheint stets noch der geringsten Aktivitäten in seiner Umgebung gewahr zu sein. Aber R. bemerkt Dinge nicht, um sie zu verändern oder zu beurteilen. Er ist zufrieden, die Realität in sich aufzunehmen, zu verstehen und dann vielleicht seine Erkenntnisse auszudrücken.

R. hat keine unmittelbare Wirkung auf die Gesellschaft wie E. Aber sein Bewußtsein ist ebenso geordnet und komplex, seine Aufmerksamkeit bis zum Zerreißen gespannt, wenn er mit seiner Umwelt interagiert. Und wie E. scheint er das Leben ungeheuer zu genießen.

Jeder Mensch teilt seine begrenzte Aufmerksamkeit ein, indem er sie entweder als Energiestrahl zentriert – wie E. und R. – oder indem er sie in planlose, zufällige Bewegungen zerstreut. Form und Inhalt des Lebens hängen davon ab, wie Aufmerksamkeit genutzt wird. Je nach Anwendung tauchen völlig unterschiedliche Realitäten auf. Die Begriffe, mit denen wir Persönlichkeitsmerkmale beschreiben – wie *extravertiert, leistungsbezogen* oder *paranoid* –, beziehen sich auf bestimmte Muster, nach denen Menschen ihre Aufmerksamkeit strukturiert haben. Der Extravertierte wird auf der gleichen Party Interaktionen mit anderen suchen und genießen, der Leistungsbezogene wird nach nützlichen Geschäftskontakten suchen, und der Paranoide ist auf der Hut vor Gefahren, die er vermeiden muß. Aufmerksamkeit kann auf unzählige Weisen eingesetzt werden, die das Leben entweder reichhaltiger oder unglücklicher machen.

Die Flexibilität der Aufmerksamkeitsstruktur wird noch offensichtlicher, wenn man sie in verschiedenen Kulturen oder beruflichen Klassen vergleicht. Eskimojäger sind trainiert, zwischen Dutzenden von Schneetypen zu unterscheiden, und sind sich stets der Himmelsrichtung und des Windes bewußt. Mit alten Traditionen vertraute Seeleute aus Polynesien kann man mit verbundenen Augen an jeden Punkt in einem Radius von mehreren hundert Meilen von ihrer Inselheimat bringen, und wenn sie nur einige Minuten im Wasser treiben, können sie die Stelle aufgrund der Strömung um ihren Körper erkennen. Ein Musiker konzentriert seine Aufmerksamkeit auf Klangnuancen, die gewöhnliche Menschen nicht wahrnehmen, Börsenmakler auf winzige Veränderungen im Markt, die andere nicht registrieren, ein guter Diagnostiker hat einen scharfen Blick für Symptome – weil die Aufmerksamkeit trainiert wurde, Signale wahrzunehmen, die ansonsten unbemerkt verstreichen würden.

Da die Aufmerksamkeit bestimmt, was im Bewußtsein geschieht oder nicht geschieht, und weil man sie zudem braucht, um andere geistige Ereignisse stattfinden zu lassen, wie erinnern, denken, fühlen und Entscheidungen treffen, hilft es, sie uns als *psychische Energie* vorzustellen. Aufmerksamkeit ist in dem Sinne eine Energie, daß ohne sie keine Arbeit verrichtet werden kann, und sie wird durch Arbeit zerstreut. Wir erschaffen unser Selbst, indem wir diese Energie anwenden. Erinnerungen, Gedanken und Gefühle werden durch ihre Anwendung geformt. Sie ist zudem eine Energie unter unserer Kontrolle, mit der wir nach Belieben umgehen können. Daher ist Aufmerksamkeit das wichtigste Werkzeug bei der Aufgabe, die Qualität von Erfahrungen auf eine höhere Stufe zu bringen.

Und nun zum Selbst

Aber was tut die erste Person, auf die auf den vorigen Seiten immer Bezug genommen wurde, diese „Ichs“ und „Wirs“, die angeblich die Aufmerksamkeit kontrollieren sollen? Wo ist das Ich, die Entität, die entscheidet, was mit der vom Nervensystem produzierten psychischen Energie angefangen wird? Wo residiert der Kapitän dieses Schiffs, der Herr der Seele? Sobald wir über diese Fragen auch nur kurze Zeit nachdenken, erkennen wir, daß das Ich, oder das *Selbst,* wie wir es von nun an bezeichnen wollen, ebenfalls zum Inhalt des Bewußtseins gehört. Es entfernt sich niemals weit vom Zentrum der Aufmerksamkeit. Natürlich existiert mein eigenes Selbst ausschließlich in meinem eigenen Bewußtsein; in dem anderer Menschen, die mich kennen, wird es Versionen davon geben, die meisten wohl unerkennbare Abgüsse des „Originals“ – von mir, wie ich mich sehe.

Das Selbst ist jedoch kein gewöhnliches Stück Information. Es enthält vielmehr alles, was das Bewußtsein durchlaufen hat: Alle Erinnerungen, Handlungen, Wünsche, Lüste und Schmerzen sind in ihm enthalten. Und mehr als alles andere birgt das Selbst die Hierarchie der Ziele, die wir uns Stückchen für Stückchen im Laufe der Jahre aufgebaut haben. Das Selbst des politischen Aktivisten ist vielleicht untrennbar mit seiner Ideologie verbunden, das Selbst des Bankiers hängt mit seinen Investitionen zusammen. Natürlich stellen wir uns das Selbst gewöhnlich nicht so vor. Wir nehmen zu jeder gegebenen Zeit nur einen kleinen Bruchteil davon wahr, wenn uns zum Beispiel bewußt wird, wie wir aussehen, welchen Eindruck wir hervorrufen oder was wir wirklich gern tun würden, wenn wir nur könnten. Am häufigsten betrachten wir unser Selbst in Verbindung mit dem Körper, doch manchmal weiten wir seine Grenzen aus, um es mit einem Auto, einem Haus oder der Familie zu identifizieren. Doch wie stark oder schwach wir uns des Selbst auch bewußt sind, es ist in vieler Hinsicht das wichtigste Element des Bewußtseins, denn es repräsentiert symbolisch seine sämtlichen anderen Inhalte sowie die Muster ihrer Beziehungen untereinander.

Der geduldige Leser, der dem Lauf der Gedanken so weit gefolgt ist, ahnt an dieser Stelle vielleicht, daß sich die Dinge im Kreis bewegen. Wenn die Aufmerksamkeit, die psychische Energie, vom Selbst bestimmt wird und das Selbst die Summe aller Inhalte des Bewußtseins und die Struktur seiner Ziele ist, und wenn die Inhalte des Bewußtseins und die Ziele Folgen der verschiedenen Arten sind, Aufmerksamkeit zu lenken, dann haben wir ein System, das sich ohne deutlich erkennbare Gründe oder Wirkungen im Kreis bewegt. An einem bestimmten Punkt sagen wir, daß das Selbst die Aufmerksamkeit lenkt, dann wieder, daß die Aufmerksamkeit das Selbst bestimmt. Doch beide Aussagen sind wahr. Das Bewußtsein ist kein strikt geradliniges System, sondern eines, in dem zirkuläre Kausalität herrscht. Aufmerksamkeit formt das Selbst und wird wiederum von ihm geformt.

Ein Beispiel für diesen Typ Kausalität ist die Erfahrung von Sam Browning, einem Jugendlichen, dem wir bei einer unserer Langzeitstudien gefolgt sind. Sam fuhr als Fünfzehnjähriger mit seinem Vater in den Weihnachtsferien auf die Bermudas. Zu diesem Zeitpunkt hatte er keine Ahnung, was er mit seinem Leben anfangen wollte; sein Selbst war relativ ungeformt, ohne eine eigene Identität. Sam hatte keine deutlich erkennbaren Ziele; er wollte genau das, was andere Jungen in seinem Alter anscheinend wollen, entweder aufgrund ihrer genetischen Programmierung oder weil ihre gesellschaftliche Umwelt es ihnen nahelegte. Mit anderen Worten, er hatte einen unbestimmten Plan, aufs College zu gehen, um später eine gutbezahlte Stelle zu finden, zu heiraten und irgendwo in einem Vorort zu wohnen. Auf den Bermudas unternahm er mit seinem Vater einen Tauchausflug, um ein Korallenriff zu erforschen. Sam wollte seinen Augen nicht trauen. Er fand die geheimnisvolle, schöne, gefährliche Unterwasserwelt so beeindruckend, daß er beschloß, mehr darüber zu erfahren. Er belegte daraufhin in der Schule mehrere Biologiekurse und studiert inzwischen Meeresbiologie.

In Sams Fall drängte sich ein Zufall in sein Bewußtsein: die herausfordernde Schönheit der Meereswelt. Er hatte dieses Erlebnis nicht geplant, es war keine Folge, weil sein Selbst oder seine Ziele vielleicht Aufmerksamkeit darauf gelenkt hätten. Doch als er sich bewußt wurde, was sich unter Wasser alles abspielt, *gefiel* es Sam – diese Erfahrung erinnerte ihn an frühere Dinge, die er gern getan hatte, an Gefühle, die er gegenüber der Natur und Schönheit hegte, an für ihn wichtige Prioritäten, die er im Laufe der Jahre aufgestellt hatte. Er spürte, daß diese Erfahrung gut war, daß sie es wert war, wiederholt zu werden. Er baute daher diesen Zufall zu einer Struktur von Zielen aus – mehr über die Ozeane zu lernen, Kurse zu belegen, das College abzuschließen und die Universität zu besuchen, eine Anstellung als Meeresbiologe zu finden – und dies wurde zum Element seines Selbst. Von da an leiteten Sams Ziele seine Aufmerksamkeit immer stärker auf das Meer und seine Lebensformen und schlossen den Kreis der Kausalität. Zunächst half Aufmerksamkeit, sein Selbst zu formen, als er durch Zufall die Schönheiten der Unterwasserwelt bemerkte, später, als er mit Absicht Wissen im Bereich der Meeresbiologie erlangen wollte, begann sein Selbst, seine Aufmerksamkeit zu formen. Sams Fall ist keineswegs ungewöhnlich; die meisten Menschen entwickeln ihre Aufmerksamkeitsstrukturen auf ähnliche Weise.

Nun sind fast alle Komponenten benannt, die man braucht, um zu begreifen, wie das Bewußtsein funktioniert. Wir haben gesehen, daß Erfahrung davon abhängt, wie wir psychische Energie anwenden – von der Struktur der Aufmerksamkeit, die wiederum mit Zielen und Absichten zusammenhängt. Diese Prozesse sind durch das Selbst miteinander verbunden, durch die dynamische geistige Darstellung, die wir vom Gesamtsystem unserer Ziele haben. Diese Bestandteile müssen in Aktion treten, wenn wir etwas verbessern wollen. Natürlich kann die Existenz auch durch äußere Dinge verbessert werden, wie einen Millionengewinn im Lotto, den richtigen Mann oder die richtige Frau oder die Änderung eines ungerechten Gesellschaftssystems. Doch auch solche wunderbaren Ereignisse müssen ihren Platz im Bewußtsein einnehmen und auf positive Weise mit dem Selbst verbunden werden, ehe sie unsere Lebensqualität beeinflussen.

Allmählich schält sich die Struktur des Bewußtseins heraus, aber bislang haben wir ein eher statisches Bild, eines, das uns die verschiedenen Elemente aufzeichnet, aber nicht die Prozesse, mit denen diese miteinander in Wechselwirkung treten. Wir müssen nun überlegen, was folgt, wann immer Aufmerksamkeit ein neues Teilchen, ein neues Bit Information ins Bewußtsein rückt. Erst dann sind wir bereit, ein vollständiges Gefühl dafür zu bekommen, wie Erfahrung gesteuert werden kann, um sie daraufhin zu verbessern.

Unordnung im Bewußtsein: psychische Entropie

Eine Hauptkraft, die das Bewußtsein trübt, ist psychische Unordnung, das heißt Informationen, die mit bestehenden Absichten im Widerstreit liegen oder uns abhalten, diese Absichten zu verfolgen. Wir geben diesem Zustand viele Namen, je nachdem, wie wir ihn erfahren: Schmerz, Angst, Wut, Furcht oder Eifersucht. All diese Variationen von Unordnung zwingen die Aufmerksamkeit, sich auf unerwünschte Objekte zu richten, und dann ist man nicht mehr frei, sie nach Vorliebe einzusetzen. Psychische Energie wird schwerfällig und nutzlos.

Das Bewußtsein kann auf verschiedene Weisen in Unordnung geraten. Julio Marquez zum Beispiel, der in einer Fabrik für audiovisuelle Geräte arbeitet, fühlte sich unausgeglichen. Er gehörte zu den Personen, die wir mit der ESM untersuchten. Wenn sich auf dem Fließband vor ihm ein Filmprojektor vorbeibewegte, war er abgelenkt und konnte kaum den notwendigen Rhythmus beibehalten, um die Verbindungen zu löten, für die er verantwortlich ist. Normalerweise kann er seine Arbeit gelassen verrichten und hat noch eine Weile Zeit, um ein paar Witze zu machen, ehe die nächste Einheit vor ihm anhält. Doch heute muß er sich Mühe geben, und gelegentlich verlangsamt er sogar die Geschwindigkeit des Bandes. Als der Mann neben ihm einen Scherz darüber macht, reagiert Julio gereizt. Vom Morgen bis zum Schichtende baut sich die Spannung immer mehr auf und breitet sich auf seine Kollegen aus.

Julios Problem ist einfach, fast trivial, aber es belastet seine Gedanken stark. An einem Abend vor ein paar Tagen bemerkte er nach dem Heimweg, daß ein Autoreifen nahezu platt war. Am nächsten Morgen berührte die Felge fast den Boden. Julio erwartete sein nächstes Gehalt erst am Ende der folgenden Woche, und er war sich sicher, nicht genug Geld zu haben, um den Reifen reparieren zu lassen, ganz zu schweigen vom Kauf eines neuen. Über Kredite wußte er noch nicht Bescheid. Die Fabrik lag vor der Stadt, etwa dreißig Kilometer von seinem Wohnort entfernt, und er mußte einfach um acht Uhr morgens dort sein. Die einzige Lösung, die Julio einfiel, war, vorsichtig morgens zur nächsten Tankstelle zu gelangen und den Reifen mit Luft anzufüllen, um dann so schnell wie möglich zur Arbeit zu fahren. Nach der Arbeit war der Reifen wieder platt, und so füllte er ihn bei der nächsten Tankstelle erneut mit Luft und fuhr nach Hause.

Am fraglichen Morgen hatte er dies bereits drei Tage lang gemacht, in der Hoffnung, mit dieser Prozedur bis zur nächsten Lohnzahlung durchhalten zu können. Doch heute morgen konnte er den Wagen kaum noch lenken, als er bei der Fabrik ankam, weil der Reifen so platt war. Den ganzen Tag lang sorgte er sich: „Schaffe ich es heute abend bis nach Hause? Wie komme ich morgen früh wieder hierher?" Diese Fragen drangen immer wieder in sein Bewußtsein, störten seine Konzentration auf die Arbeit und verdarben ihm die Laune.

Julio ist ein gutes Beispiel dafür, was geschieht, wenn die innere Ordnung des Selbst gestört ist. Das Grundmuster ist immer das gleiche: Eine Information, die gegen die Ziele des Individuums arbeitet, taucht im Bewußtsein auf. Je nachdem, wie wichtig das Ziel für das Selbst ist und wie stark es bedroht scheint, wird ein gewisses Maß an Aufmerksamkeit mobilisiert, um die Gefahr auszuschalten, damit man frei ist, sich mit anderen Dingen zu beschäftigen. Für Julio war eine feste Arbeitsstelle ein Ziel mit sehr hoher Priorität. Wenn er sie verlor, würde er alle weiteren Ziele abändern müssen; daher war es außerordentlich wichtig für die Ordnung seines Selbst, seine Arbeitsstelle zu behalten. Der platte Reifen gefährdete seine Stelle und zog daher einen Großteil seiner psychischen Energie auf sich.

Immer wenn eine Information das Bewußtsein stört, indem es seine Ziele bedroht, haben wir einen Zustand innerer Unordnung oder *psychische Entropie,* eine Desorganisation des Selbst, die seine Wirksamkeit beeinträchtigt. Langandauernde Phasen dieser Art können das Selbst bis zu dem Punkt schwächen, daß es nicht mehr in der Lage ist, die Aufmerksamkeit zu lenken und Ziele zu verfolgen.

Julios Problem war relativ einfach und vorübergehend. Ein Beispiel für länger anhaltende psychische Entropie ist der Fall von Jim Harris, eines hochbegabten Schülers, der an einer unserer Untersuchungen teilnahm. Jim war an einem Mittwochnachmittag allein zu Hause und stand vor dem Spiegel im Schlafzimmer, das seine Eltern früher gemeinsam benutzt hatten. Auf der Kiste zu seinen Füßen spielte ein Tonband Musik der *Grateful Dead,* wie fast die ganze vergangene Woche. Jim probierte eines der Lieblingskleidungsstücke seines Vaters an, ein schweres grünes Wildlederhemd, das dieser immer getragen hatte, wenn sie zusammen zelten gingen. Er ließ seine Hand über das warme Material gleiten und erinnerte sich an das schöne Gefühl, wenn er sich in dem rauchigen Zelt an seinen Vater kuschelte, während draußen auf dem See die Eistaucher krächzten. In seiner rechten Hand hielt Jim eine große Schere. Die Ärmel waren für ihn zu lang, und er fragte sich, ob er es wagen dürfe, sie abzuschneiden. Papa würde sicher wütend ... oder würde er es gar nicht merken? Ein paar Stunden später lag Jim im Bett. Auf dem Nachttisch neben ihm stand ein leeres Röhrchen Aspirin, doch darin waren kurz vorher noch siebzig Tabletten gewesen.

Jims Eltern hatten sich ein Jahr zuvor getrennt und ließen sich nun scheiden. Die Woche über, wenn er zur Schule ging, wohnte Jim bei seiner Mutter. Freitag abends packte er seine Tasche und verbrachte das Wochenende in der neuen Wohnung seines Vaters in einem Vorort. Eines der dabei entstehenden Probleme war, daß Jim nie Zeit für seine Freunde hatte. In der Woche waren sie zu beschäftigt, und an Wochenenden saß Jim in einer fremden Gegend, wo er niemanden kannte. Seine Freizeit verbrachte er am Telefon und versuchte, Kontakt zu seinen Freunden zu halten. Oder er hörte Musik, die seiner Meinung nach die Einsamkeit spiegelte, die an ihm nagte. Das Schlimmste aber war, daß Jim glaubte, seine Eltern kämpften ständig um seine Loyalität. Sie machten abfällige Bemerkungen übereinander und versuchten, Jim Schuldgefühle zu geben, wenn er Interesse oder Liebe für den einen vor dem anderen zeigte. „Hilfe!" kritzelte er ein paar Tage vor seinem Selbstmordversuch in sein Tagebuch. „Ich will meine Mutter nicht hassen. Ich will meinen Vater nicht hassen. Ich wünschte, sie würden mir das nicht antun."

Glücklicherweise bemerkte Jims Schwester an diesem Abend das leere Tablettenröhrchen und rief ihre Mutter. Jim landete im Krankenhaus, wo man ihm den Magen auspumpte, und nach ein paar Tagen war er wieder auf den Beinen. Tausende von Kindern in seinem Alter haben nicht so viel Glück.

Ein platter Reifen, der Julio vorübergehend in Panik versetzte, und die Scheidung, die Jim fast umbrachte, wirkten nicht direkt als körperliche Ursachen, die eine körperliche Folge haben – wie wenn ein Billardball auf einen anderen trifft und ihn in berechenbarer Richtung fortschießen läßt. Der äußere Anlaß taucht im Bewußtsein lediglich als Information auf, ohne notwendigerweise positiven oder negativen Wert zu haben. Das Selbst deutet die blanke Information im Kontext der eigenen Interessen und entscheidet, ob sie schädlich ist oder nicht. Wenn Julio zum Beispiel mehr Geld oder einen Überziehungskredit gehabt hätte, wäre sein Problem völlig unbedeutend gewesen. Wenn er in der Vergangenheit mehr psychische Energie darauf verwandt hätte, Freunde bei der Arbeit zu gewinnen, hätte der platte Reifen keine Panik ausgelöst, denn er hätte einen seiner Kollegen bitten können, ihn ein paar Tage lang im Auto mitzunehmen. Und mit stärkerem Selbstbewußtsein hätte ihn dieses vorübergehende Problem nicht so stark betroffen, weil er auf seine Fähigkeit vertraut hätte, es zu bewältigen. Wenn Jim unabhängiger gewesen wäre, hätte die Scheidung ihn nicht so stark betroffen. Doch in seinem Alter müssen seine Ziele noch zu eng mit denen von Mutter und Vater verknüpft gewesen sein, so daß die Trennung der beiden auch sein Selbstgefühl schwächte. Hätte er engere Freunde gehabt oder bereits mehr Ziele erreicht, dann hätte sein Selbst die Kraft besessen, seine Integrität zu bewahren. Er hatte Glück, daß seine Eltern nach diesem Zusammenbruch seine Notlage erkannten und für sich selbst und den Sohn äußere Hilfe hinzuzogen. Sie stärkten ihre Beziehung zu Jim, so daß er weiter ein kräftiges Selbst aufbauen konnte.

Jede Information, die wir verarbeiten, wird daraufhin eingeschätzt, wie sie auf das Selbst wirkt. Bedroht sie unsere Ziele, unterstützt sie sie oder ist sie neutral? Die Nachricht von einem Einbruch an der Börse erregt den Bankier, bestärkt aber vielleicht das Selbstgefühl des politischen Aktivisten. Eine neue Information schafft entweder Unordnung im Bewußtsein, indem sie alles mobilisiert, sich der Bedrohung zu stellen, oder sie bestärkt unsere Ziele und setzt daher mehr psychische Energie frei.

Ordnung im Bewußtsein: *flow*

Das Gegenteil von psychischer Entropie ist optimale Erfahrung. Wenn die Information, die ins Bewußtsein dringt, mit den Zielen übereinstimmt, fließt psychische Energie mühelos. Es gibt keinen Grund zur Sorge, keinen Grund, seine Ebenbürtigkeit anzuzweifeln. Doch immer wenn man dennoch innehält, um über sich selbst nachzudenken, sind die Anzeichen bestätigend: „Alles ist in Ordnung." Diese positive Rückmeldung stärkt das Selbst, und weitere Aufmerksamkeit wird freigesetzt, um sich mit der inneren und äußeren Umwelt auseinanderzusetzen.

Ein anderer unserer Befragten, Rico Medellin, erlebt bei seiner Arbeit recht häufig dieses Gefühl. Er arbeitet in der gleichen Fabrik wie Julio, ein Stückchen weiter am gleichen Fließband. Die Aufgaben, die er an der an ihm sich vorbeibewegenden Einheit zu verrichten hat, dauern dreiundvierzig Sekunden – und an einem Arbeitstag bedeutet das sechshundert solcher Einzelaktivitäten. Die meisten Menschen würden eine solche Arbeit schnell leid. Aber Rico arbeitet schon über fünf Jahre in dieser Schicht und hat immer noch Spaß daran. Der Grund ist, daß er die Sache genauso angeht wie ein Olympiasportler seine Disziplin: Wie kann ich meinen eigenen Rekord übertreffen? Wie ein Sprinter, der jahrelang trainiert, um seine Bestleistung um ein paar Zehntelsekunden zu übertreffen, hat Rico trainiert, seine Zeit am Fließband zu verbessern. Er hat mit der präzisen Sorgfalt eines Chirurgen eine persönliche Routine entwikkelt, wie er seine Werkzeuge und sich selbst zu bewegen hat. Nach fünf Jahren war sein bester Tagesdurchschnitt achtundzwanzig Sekunden pro Einheit. Nach dieser Leistungsverbesserung strebt er nur teilweise, um sich einen Zuschlag und den Respekt seiner Vorarbeiter zu verdienen. Doch meistens gibt er den anderen nicht einmal zu erkennen, daß er zeitlich voraus ist, und verschweigt seinen Erfolg. Ihm reicht es, zu wissen, daß er es schaffen kann, denn Spitzenleistung zu erbringen ist für ihn so berauschend, daß es ihm schwer fiele, langsamer zu werden. „Es ist besser als alles andere", sagte Rico. „Viel besser als Fernsehen." Rico weiß, daß er bei dieser Arbeit bald die Grenze erreicht hat, über die hinaus er seine Leistung nicht mehr steigern kann, daher besucht er Abendkurse in Elektronik. Wenn er seinen Abschluß geschafft hat, sucht er sich eine

Stelle mit höheren Anforderungen, doch die wird er vermutlich mit der gleichen Begeisterung angehen wie bisher.

Für Pam Davies ist es viel leichter, bei der Arbeit diesen harmonischen, mühelosen Zustand zu erreichen. Sie ist eine junge Anwältin in einer Kanzlei und hat das Glück, mit komplizierten, herausfordernden Fällen beauftragt zu werden. Sie arbeitet stundenlang in der Bibliothek auf der Suche nach Quellen und entwirft mögliche Handlungsstrategien für die Seniorpartner der Kanzlei. Oft konzentriert sie sich so stark, daß sie darüber das Mittagessen vergißt, und wenn ihr auffällt, daß sie Hunger hat, ist es draußen schon dunkel. Wenn sie sich in eine Sache vertieft, passen alle Informationsteilchen zueinander: Auch wenn sie vorübergehend frustriert ist, weiß sie den Grund dafür und ist überzeugt, das Hindernis schließlich zu bewältigen.

Diese Beispiele beleuchten, was wir mit optimaler Erfahrung meinen. Es handelt sich um Situationen, in denen die Aufmerksamkeit frei gelenkt werden kann, um ein persönliches Ziel zu erreichen, weil es keine Unordnung gibt, die beseitigt werden müßte, keine Bedrohung für das Selbst, gegen das es sich verteidigen müßte. Wir haben diesen Zustand *flow-Erfahrung* genannt, weil viele der von uns interviewten Menschen diesen Begriff benutzt haben, wenn sie beschrieben, wie sie sich in Hochform fühlten: „Es war, als ob ich schwebte", „... ich wurde von einer Welle getragen." Es ist das Gegenteil von psychischer Entropie – tatsächlich wird es manchmal *Negentropie* genannt – und jene, die diesen Zustand erreichen, entwickeln ein stärkeres, selbstsichereres Ich, weil mit Erfolg mehr von ihrer psychischen Energie in Ziele gesteckt wurde, die sie selbst ausgesucht hatten.

Wenn jemand fähig ist, sein eigenes Bewußtsein auf diese Weise zu organisieren, damit dieser Erfahrungsfluß so oft wie möglich erreicht werden kann, bessert sich die Lebensqualität unweigerlich, weil wie bei Rico und Pam selbst Routinearbeiten, die gewöhnlich langweilig sind, nützlich und erfreulich werden. Beim *flow* haben wir unsere psychische Energie unter Kontrolle, und alles, was wir tun, trägt zu unserem Bewußtsein bei. Einer der von uns Befragten, ein bekannter Bergsteiger, erklärte genauestens die Verbindung zwischen seiner Freizeitbeschäftigung, die ihm ein starkes *flow*-Gefühl vermittelt, und dem Rest seines Lebens: „Es stimmt heiter, sich selbst immer vollkommener in der Disziplin zu halten. Du treibst deinen Körper an, und alles schmerzt. Dann schaust du zurück, voller Ehrfurcht vor dem Selbst, du überblickst, was du getan hast, und es haut dich fast um. Es führt zur Ekstase, zur Selbsterfüllung. Bist du in diesen Kämpfen gegen dich selbst genügend erfolgreich, ... dann gewinnst du auch die Kämpfe im Alltag leichter."

Der „Kampf" wird eigentlich nicht *gegen* sich selbst geführt, sondern gegen die Entropie, die Unordnung ins Bewußtsein bringt. Es ist in Wirklichkeit ein Kampf *für* das Selbst, ein Ringen um Kontrolle über die Aufmerksamkeit. Der Kampf muß nicht notwendigerweise körperlich sein, wie beim Bergsteigen. Doch jeder, der *flow* erlebt hat, weiß, daß die tiefe Freude, die er auslöst, ebensosehr disziplinierter Konzentration bedarf.

Komplexität und das Wachstum des Selbst

Nach einem *flow*-Erlebnis ist die Organisation des Selbst *komplexer* als vorher. Man könnte sagen, das Selbst reift, indem es immer komplexer wird. Komplexität ist das Resultat zweier wichtiger psychologischer Prozesse: *Differenzierung* und *Integration.* Differenzierung bedeutet eine Bewegung auf Einzigartigkeit hin, auf die Absonderung des Selbst von anderen. Integration bedeutet das Gegenteil: Verbindung mit anderen Menschen, mit Gedanken und Gebilden jenseits des Selbst. Ein komplexes Selbst ist eines, dem es gelingt, diese beiden Tendenzen miteinander zu verbinden.

Das Selbst wird aufgrund von *flow* differenzierter, weil die Bewältigung einer Herausforderung unweigerlich dazu führt, daß sich ein Mensch fähiger und geschickter fühlt. Der Bergsteiger sagte, man sei „voller Ehrfurcht vor sich selbst, ... und es haut dich fast um." Nach jeder Episode wird ein Mensch zu einem einzigartigeren Individuum, weniger berechenbar und im Besitz seltener Fähigkeiten.

Komplexität wird oft für negativ gehalten und steht zuweilen für Schwierigkeit und Verwirrung. Das mag stimmen, aber nur, wenn wir es mit Differenzierung in Zusammenhang bringen. Doch zu Komplexität gehört auch eine andere Dimension – die Integration autonomer

Teile. Eine komplexe Maschine zum Beispiel hat nicht nur viele separate Einzelteile, die alle eine andere Funktion haben, sondern ist auch hochkompliziert, weil jede dieser Komponenten in Verbindung mit allen anderen steht. Ohne Integration wäre ein differenziertes System ein verwirrendes Chaos.

Flow hilft, das Selbst zu integrieren, weil das Bewußtsein im Zustand höchster Konzentration gewöhnlich gut geordnet ist. Gedanken, Absichten, Gefühle und alle Sinne sind auf das gleiche Ziel gerichtet. Diese Erfahrung heißt Harmonie. Und wenn diese *flow*-Episode vorbei ist, fühlt man sich „gesammelter" als zuvor, nicht nur innerlich, sondern auch mit Blick auf andere Menschen und die Welt im allgemeinen. Mit den Worten des Bergsteigers, den wir oben zitierten: „Kein Ort, welcher in höherem Maße das Beste aus dem Menschen herausholt ... als eine Klettersituation. Niemand hetzt dich, unter größten geistigen und körperlichen Anstrengungen den Gipfel zu erreichen ... Deine Kameraden sind da, aber ihr fühlt ja alle dasselbe, ihr seid alle drin. Wem kann man im zwanzigsten Jahrhundert mehr vertrauen als diesen Leuten? Leute, welche dieselbe Selbstdisziplin anstreben wie du, welche die wahrhaft tiefe Beteiligung suchen ... Ein solches Band zu anderen Menschen ist allein schon eine Ekstase."

Ein Selbst, das nur differenziert ist – nicht integriert –, kann große individuelle Leistungen erbringen, riskiert aber, sich in Egozentrik zu verfangen. Ein Mensch, dessen Selbst ausschließlich auf Integration beruht, lebt verbunden und sicher, doch es fehlt ihm an eigenständiger Individualität. Erst wenn man psychische Energie gleichermaßen in beide Prozesse leitet und sowohl Eigensucht als auch Konformität vermeidet, wird das Selbst der Komplexität gerecht werden. Das Selbst wird als Folge einer *flow*-Erfahrung komplex. Paradoxerweise lernen wir nur, mehr wir selbst zu werden, wenn wir frei und um der Sache selbst willen handeln und nicht aus niedrigen Beweggründen. Wenn wir ein Ziel wählen und uns bis an die Grenzen unserer Konzentration in dieses Ziel hineinversetzen, wird alles, was wir tun, erfreulich. Und wenn wir von dieser Freude erst einmal gekostet haben, werden wir alle Anstrengungen verdoppeln, sie wieder zu empfinden. So wächst das Selbst. So konnte Rico aus seinem offensichtlich langweiligen Fließbandjob so viel gewinnen, R. aus seiner Dichtkunst. So überwand E. ihre Krankheit, um zu einer einflußreichen Wissenschaftlerin und Managerin zu werden. *Flow* ist wichtig, weil er den Moment der Gegenwart erfreulicher macht und weil er das Selbstvertrauen stärkt, das uns ermöglicht, Fähigkeiten zu entwickeln und bedeutsame Beiträge für die Menschheit zu leisten.

In den weiteren Kapiteln werden wir eingehender untersuchen, was wir über optimale Erfahrungen wissen: Wie man sich dabei fühlt, unter welchen Bedingungen sie stattfinden. Es gibt zwar keine Rezepte für *flow,* doch wenn man begreift, wie *flow* vor sich geht, kann man sein Leben verwandeln, mehr Harmonie darin schaffen und die psychische Energie befreien, die sonst an Langeweile oder Sorgen verschwendet würde.

III Freude und Lebensqualität

Es gibt zwei Hauptstrategien, die man anwenden kann, um die Lebensqualität zu verbessern. Die erste besteht darin, die äußeren Bedingungen unseren Zielen anzupassen, die zweite, zu ändern, wie man äußere Bedingungen erlebt, damit sie besser zu unseren Zielen passen. Sicherheit etwa ist ein wichtiger Bestandteil von Glück. Das Gefühl von Sicherheit kann gestärkt werden, indem man sich einen Revolver kauft, dicke Schlösser an den Türen anbringt, in eine sichere Gegend zieht, politischen Druck auf die Stadtverwaltung ausübt, um mehr Polizeischutz zu bekommen, oder der Gemeinde hilft, das Bewußtsein zu stärken, Recht und Ordnung seien wichtig. All diese verschiedenen Reaktionen sollen die Bedingungen der Umwelt mehr mit unseren Zielen in Einklang bringen. Die andere Methode, mit der wir uns sicherer fühlen können, besteht darin, das zu ändern, was wir unter Sicherheit verstehen. Wenn man keine absolute Sicherheit erwartet und zugibt, daß Risiken unvermeidlich sind, und es einem gelingt, auch in einer kaum ideal vorhersehbaren Welt Freude zu erleben, hat die Bedrohung durch Unsicherheit keine große Chance, das Glück zu beeinträchtigen.

Doch keine dieser Strategien ist wirksam, wenn sie ausschließlich angewendet wird. Die Änderung der äußeren Bedingungen scheint zunächst zu funktionieren, doch wenn jemand sein eigenes Bewußtsein nicht unter Kontrolle hat, kehren die gleichen Bedrohungen oder Wünsche bald zurück und lassen alte Ängste wieder aufleben. Man kann kein Gefühl völliger innerer Sicherheit erlangen, auch nicht, wenn man seine eigene Insel kauft und sich mit bewaffneten Leibwächtern und Wachhunden umgibt. Der Mythos von König Midas veranschaulicht sehr gut, daß die Verbesserung äußerer Bedingungen nicht notwendigerweise die Existenz verbessert. König Midas nahm wie die meisten Menschen an, wenn er unsäglich reich würde, sei sein Glück gesichert. Er schloß also einen Pakt mit den Göttern, die nach langem Feilschen seinem Wunsch nachgaben, alles solle zu Gold werden, was er berührte. König Midas glaubte, er hätte einen wunderbaren Vertrag abgeschlossen. Nichts konnte ihn jetzt daran hindern, daß er zum reichsten Mann der Erde und daher auch zum glücklichsten würde. Doch wir wissen, wie die Geschichte ausging: Midas bereute bald seinen Wunsch, denn das Essen in seinem Mund, der Wein auf seiner Zunge verwandelten sich in Gold, noch ehe er sie hinunterschlucken konnte, und so starb er, umgeben von goldenen Tellern und Pokalen.

Die alte Fabel fand noch über Jahrhunderte Widerhall. Die Wartezimmer der Psychiater sind voll von wohlhabenden, erfolgreichen Menschen, die mit vierzig oder fünfzig plötzlich aufwachen und erkennen, daß ein üppiges Haus, teure Autos und selbst die beste Ausbildung nicht ausreichen, um ihnen Seelenfrieden zu schenken. Doch der Mensch hofft immer weiter, daß die Veränderung der äußeren Bedingungen seines Lebens die Lösung ist. Wenn er nur mehr Geld verdiente, sich gesundheitlich stärker fühlte oder einen verständnisvolleren Partner hätte, würde er es wirklich schaffen. Wir erkennen zwar, daß materieller Erfolg kein Glück bringt, doch wir verfolgen unaufhörlich äußere Ziele, in der Erwartung, daß sie unser Leben verbessern.

Reichtum, Status und Macht sind in unserer Gesellschaft zu allzu mächtigen *Symbolen* für Glück geworden. Wenn wir Menschen sehen, die reich, berühmt oder schön sind, neigen wir zu der Annahme, ihr Leben sei erfüllt, obwohl alles darauf hindeutet, daß sie in Wirklichkeit unglücklich sind. Und wir nehmen an, wir wären viel glücklicher, wenn wir auch nur einen Teil dieser Symbole besäßen.

Wenn es uns tatsächlich gelingt, reicher oder mächtiger zu werden, glauben wir zumindest für eine Weile, das Leben habe sich verbessert. Doch Symbole können täuschen: Sie haben die Neigung, uns von der Realität abzulenken, die sie angeblich abbilden. Und die Realität ist, daß die Lebensqualität nicht direkt davon abhängt, wie andere über uns denken oder was wir besitzen, sondern eher davon, wie wir uns selbst fühlen und wie wir darüber denken, was mit uns geschieht. Um das Leben zu verbessern, muß man die Qualität der Erfahrungen verbessern.

Das bedeutet aber nicht, daß Geld, körperliche Gesundheit oder Ruhm für das Glück unwichtig seien. Sie können echten Segen bedeuten, doch nur, wenn sie uns helfen, uns besser zu fühlen. Sonst bleiben sie bestenfalls neutral, schlimmstenfalls aber stellen sie

Hindernisse auf dem Weg zu einem erfüllten Leben dar. Untersuchungen über Glück und Zufriedenheit lassen den Schluß zu, daß allgemein eine leichte Korrelation zwischen Reichtum und Wohlbefinden besteht. Menschen in ökonomisch reicheren Ländern (darunter die Vereinigten Staaten) neigen allgemein zu der Annahme, sie seien im ganzen gesehen glücklicher als Menschen in ärmeren Ländern. Ed Diener, ein Forscher an der Universität von Illinois, fand heraus, daß sehr reiche Menschen sich zu etwa zwei Dritteln ihrer Zeit glücklich fühlen, Menschen mit durchschnittlichem Einkommen zu etwa 62%. Dieser Unterschied ist statistisch gesehen zwar bedeutsam, aber nicht sehr groß, besonders wenn man bedenkt, daß die Gruppe der „sehr reichen" aus der Liste der vierhundert wohlhabendsten Personen Amerikas ausgewählt wurde. Interessant ist auch, daß nicht einer in Dieners Studie glaubte, Geld allein garantiere Glück. Die Mehrheit stimmte der Aussage zu: „Geld kann Glück verstärken oder vermindern, je nachdem, wie man es nutzt." Norman Bradburn fand in einer früheren Studie heraus, daß die Gruppe mit dem höchsten Einkommen etwa 25% häufiger angab, glücklich zu sein, als die in der niedrigsten Einkommensschicht. Wiederum ein Unterschied, doch nicht sehr groß. In einer umfassenden Untersuchung mit dem Titel *The Quality of American Life,* die vor zehn Jahren veröffentlicht wurde, berichten die Autoren, daß die finanzielle Situation eines Menschen einer der unbedeutendsten Faktoren für allgemeine Zufriedenheit mit dem Leben ist.

Angesichts dieser Beobachtungen scheint es nützlicher – statt sich Sorgen darüber zu machen, wie man eine Million herbeischafft oder Freunde gewinnt und Menschen beeinflußt – herauszufinden, wie man das Alltagsleben harmonischer und befriedigender gestaltet, um so einen direkten Zugang zu dem zu gewinnen, was man durch die Verfolgung symbolischer Ziele nicht erreichen kann.

Vergnügen und Freude

Gefragt, welche Dinge das Leben besser machen, denken die meisten Menschen zunächst, das Glück bestünde aus Vergnügungen: gutes Essen, guter Sex und alle Annehmlichkeiten, die man mit Geld kaufen kann. Wir stellen uns vor, wie befriedigend es wäre, in exotische Länder zu reisen, von interessanten Menschen und teuren Geräten umgeben zu sein. Wenn wir uns die Dinge nicht leisten können, an die uns Werbeanzeigen in Hochglanz immer wieder erinnern, dann sind wir glücklich bei einem gemütlichen Abend vor dem Fernseher und einem Glas Wein.

Vergnügen ist ein Gefühl von Zufriedenheit, das man immer dann empfindet, wenn eine Information im Bewußtsein uns sagt, daß die Erwartungen erfüllt wurden, die das biologische Programm oder gesellschaftliche Konditionierung gesetzt haben. Wenn man hungrig ist, macht einem das Essen Spaß, weil es ein körperliches Ungleichgewicht reduziert. Abends ausruhen und passiv Informationen der Medien aufnehmen, das ist angenehm entspannend. Nach Acapulco verreisen ist schön, weil die Neuartigkeit unsere Sinne belebt, die von der immer gleichen Routine des Alltagslebens abgestumpft wurden, und weil wir wissen, daß die „Reichen und Glücklichen" auf diese Weise ihre Zeit verbringen.

Vergnügen ist ein wichtiger Bestandteil der Lebensqualität, bringt jedoch an sich noch kein Glück hervor. Schlaf, Ruhe, Essen und Sex verschaffen einem *homöostatische* Erfahrungen, die das Bewußtsein ordnen, wenn die Bedürfnisse des Körpers sich bemerkbar gemacht und psychische Entropie ausgelöst haben. Aber sie bewirken kein psychologisches Wachstum. Sie vermitteln dem Selbst keine Komplexität. Vergnügen hilft, die Ordnung aufrechtzuerhalten, doch an sich kann es keine neue Ordnung im Bewußtsein schaffen.

Wenn man weiter darüber nachdenkt, was das Leben lebenswert macht, geht man über angenehme Erinnerungen hinaus und kommt auf andere Vorfälle, andere Erfahrungen, die mit angenehmen überlappen, aber in eine Kategorie fallen, die einen anderen Namen verdient: Freude. Freude findet statt, wenn man nicht nur eine bestehende Erwartung, ein Bedürfnis oder einen Wunsch erfüllt hat, sondern über seine Vorprogrammierung hinausging und etwas Unerwartetes erreichte, vielleicht etwas, das man sich vorher nicht einmal vorgestellt hat.

Diese Vorwärtsbewegung zeichnet die Freude aus, ein Gefühl, daß etwas neuartig ist, daß man etwas erreicht hat. Ein Tennisspiel, das einen bis an die Leistungsgrenze führt, macht Freude, ebenso das Lesen eines Buches, das einem bestimmte Dinge in neuem Licht zeigt, eine Unterhaltung, die einen anregte, Gedanken auszudrükken, die einem zuvor nicht bewußt waren. Einen schwierigen Geschäftsabschluß tätigen oder irgendeine andere Arbeit erfolgreich abschließen ist erfreulich. Keine dieser Erfahrungen ist vielleicht zum gegebenen Zeitpunkt besonders angenehm, doch hinterher denkt man daran zurück und sagt: „Das hat wirklich Spaß gemacht“ und wünscht sich, es würde noch einmal passieren. Nach einem erfreulichen Ereignis wissen wir, daß wir uns verändert haben, daß das Selbst gewachsen ist: In gewisser Hinsicht sind wir selbst dadurch komplexer geworden.

Erfahrungen, die Vergnügen bereiten, können ebenfalls Freude machen, aber die beiden Gefühle sind recht unterschiedlich. Jeder hat zum Beispiel Spaß am Essen. Freude am Essen ist jedoch etwas anderes. Ein Gourmet hat Freude am Essen, wie jeder andere, der einer Mahlzeit genügend Aufmerksamkeit schenkt, um die verschiedenen dadurch ausgelösten Gefühle unterscheiden zu können. Dieses Beispiel zeigt, daß wir Vergnügen ohne den Einsatz psychischer Energie erleben können, doch Freude findet nur als Folge ungewöhnlicher Aufmerksamkeit statt. Man kann ohne jede Mühe Vergnügen empfinden, wenn die entsprechenden Gehirnzellen elektrisch oder als Folge einer chemischen Einwirkung stimuliert werden. Es ist jedoch unmöglich, ein Tennisspiel, ein Buch oder eine Unterhaltung als angenehm zu empfinden, wenn man sich nicht völlig auf diese Aktivität konzentriert.

Aus diesem Grund ist Vergnügen so flüchtig, wächst das Selbst lediglich aufgrund angenehmer Erfahrungen nicht. Um Komplexität zu erreichen, muß man psychische Energie in neue Ziele investieren, die eine relative Herausforderung darstellen. Diesen Prozeß kann man bei Kindern leicht beobachten. In den ersten Lebensjahren ist jedes Kind eine kleine „Lernmaschine“, die tagtäglich neue Bewegungen und neue Worte ausprobiert. Die entzückte Konzentration auf dem Gesicht des Kindes, wenn es eine neue Fertigkeit erlernt, ist ein gutes Zeichen für Freude. Und jeder einzelne erfreuliche Lernprozeß trägt zur Komplexität des sich entwickelnden Selbst beim Kind bei.

Leider scheint diese natürliche Verbindung zwischen Wachstum und Freude mit der Zeit zu verschwinden. Vielleicht erschöpft sich die Aufregung beim Beherrschen neuer Fertigkeiten allmählich, wenn „lernen“ nach dem Schulanfang zu einem äußeren Druck wird.

Allzu leicht findet man sich in der Reifezeit mit den engen Grenzen des Selbst ab. Doch wenn man zu selbstzufrieden wird, das Gefühl hat, der Einsatz psychischer Energie in neue Richtungen sei eine Verschwendung, es sei denn, man erntet wesentliche Belohnungen dafür, gewinnt man dem Leben vielleicht keine Freude mehr ab, und Vergnügen werden zur einzigen anderen Quelle positiver Erfahrungen.

Andererseits geben sich viele Individuen große Mühe, sich die Freude an allem, was sie tun, zu erhalten. Ich kannte einmal einen alten Mann in einem der baufälligen Vororte von Neapel, der sich mit einem heruntergekommenen Antiquitätengeschäft über Wasser hielt, das schon seit Generationen in Besitz seiner Familie war. Eines Morgens kam eine wohlhabend aussehende amerikanische Dame in den Laden, sah sich eine Weile um und fragte dann nach dem Preis eines Paars barocker *putti,* jener kleinen pausbäckigen Engel, die bei neapolitanischen Kunsthandwerkern vor ein paar Jahrhunderten und zeitgenössischen Imitatoren so beliebt waren. Signor Orsini, der Besitzer, nannte einen astronomischen Preis. Die Frau nahm ihr Etui mit den Reiseschecks heraus und wollte für die zweifelhaften Kunstwerke bezahlen. Ich hielt den Atem an, weil ich mich über diesen unerwarteten Glücksfall für meinen Freund freute. Aber ich kannte Signor Orsini nicht gut genug. Er lief rot an und geleitete die prospektive Kundin mit kaum verhüllter Erregung aus dem Laden. „No, no, Signora, ich kann Ihnen diese Engel nicht verkaufen." Mehrere Male wiederholte er vor der völlig erstaunten Frau: „Ich kann mit Ihnen kein Geschäft machen. Sie verstehen?" Nachdem die Touristin endlich gegangen war, beruhigte er sich und erklärte: „Wenn ich kurz vor dem Verhungern stünde, hätte ich ihr Geld genommen. Da das aber nicht der Fall ist, warum sollte ich ein Geschäft abschließen, an dem ich keinen Spaß habe? Ich freue mich über den Zusammenprall von verschiedenen Geistern beim Feilschen, wenn zwei Menschen versuchen, sich mit Beleidigungen und Redegewandtheit gegenseitig auszustechen. Sie ist nicht einmal zusammengezuckt. Sie hatte einfach keine Ahnung. Sie hat mir nicht den Respekt erwiesen, anzunehmen, daß ich sie übervorteilen wollte. Wenn ich die Stücke zu diesem lächerlichen Preis an die Frau verkauft hätte, hätte ich mich betrogen gefühlt." Nur wenige Menschen, ob in Süditalien oder anderswo, haben eine so seltsame

Haltung gegenüber geschäftlichen Transaktionen. Aber vermutlich genießen sie ihre Arbeit auch nicht so wie Signor Orsini.

Man kann das Leben ohne Freude aushalten, es kann sogar angenehm sein. Aber es steht, abhängig von Glücksfällen und der Kooperation der Umwelt, immer auf der Kippe. Wenn man jedoch persönliche Kontrolle über die Qualität von Erfahrungen erlangen will, muß man lernen, wie man das mit Freude füllen kann, was man tagein, tagaus erlebt.

In einem weiteren Abschnitt gebe ich einen Überblick über das, was Erlebnisse erfreulich macht. Diese Beschreibung beruht auf ausführlichen Interviews, Fragebogen und anderen, im Laufe vieler Jahre zusammengetragener Daten von mehreren tausend Testpersonen. Anfänglich interviewten wir nur Personen, die viel Zeit und Mühe auf Aktivitäten verwendeten, die schwierig sind, aber keine offensichtlichen Belohnungen wie Geld oder Ruhm bieten, Bergsteiger, Komponisten, Schachspieler und Amateursportler etwa. Unsere späteren Studien umfaßten auch Interviews mit ganz unauffälligen Menschen, die ein völlig normales Leben führten. Wir baten sie, zu beschreiben, wie sie sich fühlten, wenn ihr Leben am erfülltesten war, wenn das, was sie taten, ihnen die meiste Freude bereitete. Zu diesen Menschen gehörten Chirurgen, Professoren, Angestellte und Arbeiter, junge Mütter, Pensionäre und Teenager. Es gehörten aber auch Personen aus Korea, Japan, Thailand, Australien, verschiedenen europäischen Nationen und einem Navajo-Reservat dazu. Auf Grundlage dieser Interviews können wir nun beschreiben, was die Freude an einem Ereignis ausmacht, und so Beispiele geben, damit jeder von uns seine Lebensqualität verbessern kann.

Die Komponenten der Freude

Die erste Überraschung, auf die wir bei unserer Studie stießen, war, wie ähnlich sehr unterschiedliche Aktivitäten beschrieben wurden, wenn sie besonders gut liefen. Offensichtlich fühlte sich ein Langstreckenschwimmer bei der Durchquerung des Ärmelkanals fast genauso wie ein Schachspieler bei einem Turnier oder ein Bergsteiger beim Aufstieg in eine steile Felswand. Sämtliche Gefühle wurden in wichtigen Einzelheiten von den Befragten geteilt, ob es sich um einen Komponisten handelte, der ein neues Quartett schrieb, oder einen Teenager aus dem Ghetto, der an einem Meisterschaftsspiel im Basketball teilnahm.

Die zweite Überraschung war, daß die Befragten unabhängig von Kultur, Bildung, Gesellschaftsschicht, Alter oder Geschlecht Freude fast gleich beschrieben. *Was* sie taten, um Freude zu erleben, unterschied sich gewaltig – die älteren Koreaner meditierten gern, japanische Teenager schwärmen gern auf Motorrädern aus – aber sie beschrieben in nahezu identischen Begriffen, *wie* sie sich fühlten, wenn sie Freude erlebten. Auch die *Gründe,* warum die jeweilige Aktivität genossen wurde, wiesen mehr Ähnlichkeiten als Unterschiede auf. Kurz, optimale Erfahrung und die psychischen Bedingungen, die sie ermöglichen, scheinen in der ganzen Welt die gleichen zu sein.

Aus unseren Studien geht hervor, daß die Phänomenologie der Freude acht Hauptkomponenten umfaßt. Wenn Menschen darüber nachdenken, wie sie sich fühlen, wenn eine Erfahrung höchst positiv ist, nennen sie zumindest eine, oft auch alle anderen. Erstens, die Erfahrung findet gewöhnlich statt, wenn wir auf eine Aufgabe stoßen, der wir uns gewachsen fühlen. Zweitens müssen wir fähig sein, uns auf das zu konzentrieren, was wir tun. Drittens und viertens, die Konzentration ist gewöhnlich möglich, weil die angefangene Aufgabe deutliche Ziele umfaßt und unmittelbare Rückmeldung liefert. Fünftens, man handelt mit einer tiefen, aber mühelosen Hingabe, welche die Sorgen und Frustrationen des Alltagslebens aus dem Bewußtsein verdrängt. Sechstens, erfreuliche Erfahrungen machen es möglich, ein Gefühl von Kontrolle über Tätigkeiten zu erleben. Siebtens, die Sorgen um das Selbst verschwinden, doch paradoxerweise taucht das Selbstgefühl nach der *flow*-Erfahrung gestärkt wieder auf. Und schließlich ist das Gefühl für Zeitabläufe verändert; Stunden vergehen in Minuten, Minuten können sich vermeintlich zu Stunden ausdehnen. Die Kombination dieser Bestandteile ruft ein tiefes Gefühl von Freude hervor, welches so lohnend ist, daß man bereit ist, viel Energie dafür aufzuwenden, um es immer wieder zu erleben.

Nun sehen wir uns die einzelnen Elemente genauer an, um besser zu begreifen, was erfreuliche Aktivitäten so erstrebenswert macht. Mit diesem Wissen ist es möglich, Kontrolle über das

Bewußtsein zu erlangen und selbst die eintönigsten Momente des Alltagslebens in Ereignisse zu verwandeln, die dem Selbst helfen zu wachsen.

Herausfordernde Aktivitäten, für die man besondere Geschicklichkeit braucht

Manchmal wird von Erfahrungen maßloser Freude oder gar Ekstase ohne ersichtlichen Grund berichtet, ausgelöst etwa durch ein paar Takte Musik, eine wunderbare Aussicht oder noch weniger; dies ruft ein spontanes Gefühl von Wohlbefinden hervor. Doch die bei weitem größte Anzahl optimaler Erfahrungen erfolgt den Angaben nach bei Aktivitäten, die zielgerichtet und durch Regeln gebunden sind – Aktivitäten, für die man psychische Energie einsetzen muß und die ohne entsprechende Fähigkeiten nicht ausgeführt werden können. Warum das so ist, wird uns im weiteren klar werden; hier reicht es, anzumerken, daß dies universell der Fall zu sein scheint.

Wir müssen gleich zu Beginn klar machen, daß eine „Aktivität" nicht im körperlichen Sinne gemeint sein muß, und die „Fähigkeit", die dazu notwendig ist, keine körperliche zu sein braucht. Eine der am häufigsten erwähnten erfreulichen Aktivitäten in der Welt ist Lesen. Lesen ist eine Aktivität, denn man braucht dazu Konzentration und Aufmerksamkeit, und es hat ein Ziel; um es zu tun, muß man den Regeln der Schriftsprache folgen. Dazu benötigt man nicht allein die Lesefähigkeit an sich, sondern die Fähigkeit, Worte in Bilder zu übertragen, sich mit erfundenen Personen zu identifizieren, historische und kulturelle Kontexte zu erkennen, Handlungsabläufe vorherzusehen, den Stil des Autors zu kritisieren und einzuschätzen usw. In diesem erweiterten Sinne ist jede Kompetenz, symbolische Informationen zu manipulieren, eine „Fähigkeit", so wie die des Mathematikers, im Kopf quantitative Beziehungen zu formen, und wie die des Musikers, Noten miteinander zu verbinden.

Eine weitere universell erfreuliche Aktivität ist das Zusammensein mit anderen Menschen. Gesellschaft mit anderen mag auf den ersten Blick die Ausnahme zu der Behauptung sein, man brauche Fähigkeiten, um eine Aktivität zu genießen, denn es scheint, daß man zum Plaudern und Scherzen mit anderen keine besonderen Fertigkeiten braucht. Doch das stimmt nicht, wie so viele schüchterne Menschen wissen. Denn wenn man sich gehemmt fühlt, fürchtet man informelle Kontakte und meidet möglichst Gesellschaft.

Jede Aktivität enthält zahlreiche Handlungsmöglichkeiten oder „Herausforderungen", zu denen man angemessene Fähigkeiten benötigt. Für diejenigen, die nicht über die richtigen Fähigkeiten verfügen, ist die Aktivität keine Herausforderung, sondern einfach bedeutungslos. Beim Aufstellen der Schachfiguren steigt beim Spieler der Blutdruck an; es läßt aber jeden kalt, der die Spielregeln nicht kennt. Für die meisten Menschen ist die senkrechte Felswand von El Capitan im Yosemite-Valley nur ein großer, ungeformter Steinbrokken. Für den Bergsteiger stellt sie aber einen Schauplatz dar, der ihm eine unendlich komplexe Symphonie geistiger und körperlicher Herausforderungen bietet.

Eine einfache Methode, Herausforderungen anzunehmen, ist, sich in eine Wettbewerbssituation zu begeben. Darauf beruht auch die große Anziehungskraft aller Spiele und Sportarten, bei denen eine Person oder eine Mannschaft gegen eine andere antritt. Wettbewerb ist in vieler Hinsicht ein schneller Weg, Komplexität zu entwickeln. „Der, der mit uns ringt", schrieb Edmund Burke, „stärkt unsere Nerven und schärft unsere Fähigkeiten. Unser Antagonist ist unser Helfer." Die Herausforderungen eines Wettkampfes können anregend und erfreulich sein. Doch wenn das Besiegen des Gegners in Gedanken mehr Raum einnimmt, als so gut wie möglich kämpfen zu wollen, verschwindet die Freude leicht. Ein Wettkampf ist erfreulich, wenn er als Mittel dient, Fähigkeiten zu verbessern; wenn er zum Ziel an sich wird, hört der Spaß auf. Aber Herausforderungen sind keineswegs auf Wettbewerbe oder körperliche Aktivitäten beschränkt. Sie sind notwendig, um selbst in Situationen Freude zu schaffen, in denen man sie nicht erwartet. Hier läßt sich zum Beispiel ein Zitat aus einer unserer Studien nennen, die Bemerkung eines Kunstexperten, der die Freude beim Anblick eines Gemäldes beschreibt, etwas, was die meisten Menschen als einen unmittelbaren, intuitiven Prozeß beschreiben würden: „Viele Objekte, die einem begegnen, sind eher schlicht ... und man findet an ihnen nichts Aufregendes, aber andere Bilder stellen irgendwie eine Herausforderung dar ... die Objekte, die einem im Gedächtnis haften bleiben, sind die interessantesten." Mit anderen Worten, selbst die passive Freude beim Anblick eines Gemäldes oder einer Skulptur hängt von den Herausforderungen ab, die dieses Kunstwerk in sich birgt.

Aktivitäten, die Freude bereiten, wurden oft zu diesem Zweck geplant. Spiele, Sportarten und künstlerische und literarische Formen wurden im Laufe der Jahrhunderte mit dem ausdrücklichen Ziel entwickelt, das Leben mit erfreulichen Erfahrungen auszustatten. Doch es wäre ein Fehler, anzunehmen, daß nur Kunst und Freizeit optimale Erfahrungen bieten können. In einer intakten Gesellschaft sind produktive Arbeit und die notwendigen Pflichten des Alltagslebens ebenfalls befriedigend. Ein Ziel dieses Buches ist es, Wege zu erkunden, wie man Routineangelegenheiten in persönlich sinnvolle Spiele umwandeln kann, die optimale Erfahrungen vermitteln. Den Rasen mähen oder im Wartezimmer des Zahnarztes sitzen kann erfreulich werden, wenn man die Aktivität neu strukturiert, indem man sich Ziele, Regeln und die anderen Elemente der Freude verschafft, wie wir sie im weiteren beschreiben.

Heinz Maier-Leibniz, der bekannte deutsche Experimentalphysiker und Nachfahre des berühmten Philosophen und Mathematikers, bietet ein anregendes Beispiel, wie man Kontrolle über eine langweilige Situation gewinnen und in eine relativ erfreuliche verwandeln kann. Professor Maier-Leibniz leidet an einem bei Akademikern weit verbreiteten Berufsnachteil: Man muß endlose, langweilige Konferenzen über sich ergehen lassen. Um sich diese Belastung zu erleichtern, erfand er eine geheime Aktivität, die ihm gerade eben genug Herausforderungen bietet, um bei einer unaufregenden Vorlesung nicht völlig gelangweilt zu werden, aber sie ist so automatisiert, daß er genügend Aufmerksamkeit frei hat, etwas Interessantes aufzunehmen.

Er macht folgendes: Wenn eine Vorlesung beginnt, langweilig zu werden, pocht er einmal mit dem rechten Daumen auf, mit dem dritten Finger der rechten Hand, mit dem Zeigefinger, mit dem Ringfinger, dann wieder mit dem Mittelfinger, dann mit dem kleinen Finger. Anschließend geht er zur linken Hand über und schlägt mit dem kleinen Finger auf, mit dem Mittelfinger, dem Ringfinger, dem Zeigefinger, dem Mittelfinger, um mit dem Daumen der linken Hand zu enden. Dann kehrt die rechte Hand die Sequenz um, gefolgt von der Umkehrung der linken Hand. Wenn man in regelmäßigen Abständen halbe oder ganze Pausen macht, gibt es 888 Kombinationen, die man durchlaufen kann, ohne jemals das gleiche Muster zu wiederholen. Wenn man noch in regelmäßigen Abständen Pausen zwischen den Klopfern einlegt, ergibt das Muster fast eine musikalische Harmonie und kann tatsächlich auf einem Instrument leicht vorgeführt werden.

Nach der Erfindung dieses unschuldigen Spielchens fand Maier-Leibniz eine interessante Anwendungsmöglichkeit dafür: Es wurde zu seiner Methode, Gedankenlängen zu messen. Ein Satz von 888 Klopfern, dreimal wiederholt, stellt ein Muster von 2664 Klopfern dar, die man mit einiger Übung in etwa zwölf Minuten durchgespielt hat. Sobald Maier-Leibniz zu pochen begonnen hat, kann er, wenn er seine Aufmerksamkeit auf die Finger richtet, genau sagen, an welcher Stelle in diesem Muster er sich befindet. Wenn nun etwa ein Gedanke im Zusammenhang mit einem seiner physikalischen Experimente in seinem Bewußtsein auftaucht, während er bei einer langweiligen Vorlesung klopft, lenkt er sofort die Aufmerksamkeit auf die Finger und registriert, daß er beim 300sten Klopfer der zweiten Folge ist; in demselben Sekundenbruchteil kehrt er zu dem Gedankengang über sein Experiment zurück. An einem bestimmten Punkt ist der Gedanke beendet, und er hat das Problem gelöst. Wie lange hat er gebraucht, um das Problem zu lösen? Indem er die Aufmerksamkeit zurück auf die Finger lenkt, merkt er, daß er gerade die zweite Folge beendet hat – der Gedankenprozeß hat etwa zwei und eine Viertelminute gedauert.

Nur wenige Menschen geben sich die Mühe, solche genialen, komplexen Ablenkungen zu erfinden, um die Qualität ihrer Erfahrungen zu verbessern. Doch fast alle Menschen kennen bescheidenere Versionen. Jeder hat eine bestimmte Routine, um die langweiligen Teile des Tages auszufüllen oder sich wieder Ausgleich zu schaffen, wenn Angst droht. Manche Menschen sind zwanghafte Kritzler. Andere kauen auf Gegenständen oder rauchen, streichen sich über das Haar, summen eine Melodie oder gehen esoterischen Geheimritualen nach, die den gleichen Sinn haben: durch die Abfolge der vorstrukturierten Aktion Ordnung im Bewußtsein zu schaffen. Es handelt sich um *microflow*-Erfahrungen, die uns helfen, mit den Schwachstellen des Tages fertig zu werden. Doch wie erfreulich diese Aktivitäten sind, hängt letztendlich von ihrer Komplexität ab. Die kleinen automatischen Spielchen, die in das Muster des Alltagslebens eingewoben sind, helfen, Langeweile zu reduzieren, tragen aber nur wenig zur positiven Qualität einer Erfahrung bei. Dazu braucht man anspruchsvollere Herausforderungen und höhere Fähigkeiten.

Bei allen Aktivitäten, über die die Teilnehmer unserer Studien berichteten, tritt Freude an einem ganz bestimmten Punkt auf: Wenn die Handlungsmöglichkeit von einer Person als für ihre Fähigkeiten angemessen eingestuft wird. Tennisspielen ist beispielsweise nicht erfreulich, wenn die Gegner schlecht zueinander passen. Der weniger geschickte Spieler wird sich unsicher fühlen, der bessere gelangweilt. Das gleiche gilt für jede andere Aktivität: Ein Musikstück, das für bestimmte Hörgewohnheiten zu einfach ist, wird als langweilig empfunden, eines, das zu komplex ist, als frustrierend. Freude tritt an der Grenze zwischen Langeweile und Unsicherheit auf, wenn sich die Herausforderungen mit den Fähigkeiten des Menschen die Waage halten.

Das goldene Mittelmaß zwischen Herausforderungen und Fähigkeiten gilt nicht nur für menschliche Aktivitäten. Immer wenn ich meinen Jagdhund Hussar auf offenen Feldern spazieren führe, spielt er ein recht einfaches Spiel – Prototyp eines kulturell weitverbreiteten Kinderspiels: Fangen. Er rennt mit äußerster Geschwindigkeit im Kreis um mich herum, läßt die Zunge heraushängen, und seine Augen verfolgen jede meiner Bewegungen aufmerksam. Er fordert mich heraus, ihn zu fangen. Gewöhnlich springe ich auf ihn zu, und wenn ich Glück habe, kann ich ihn berühren. Das Interessante daran ist, wann immer ich müde bin und nur halbherzig zuspringe, rennt Hussar in engeren Kreisen und machte es mir leichter, ihn zu fangen; wenn ich jedoch in guter Verfassung bin und mich anstrengen will, vergrößert er den Durchmesser seiner Kreise. Auf diese Weise ist das Spiel stets gleich schwierig. Mit ungeheurem Feingefühl für den Ausgleich von Herausforderung und Fähigkeit sorgt er dafür, daß das Spiel uns beiden höchste Freude bereitet.

Der Zusammenfluß von Handeln und Bewußtsein

Wenn ein Mensch alle wichtigen Fähigkeiten braucht, um die Herausforderungen einer Situation zu bewältigen, ist seine Aufmerksamkeit vollständig von dieser Aktivität gefesselt. Es gibt keine überschüssige psychische Energie, um andere Informationen zu verarbeiten, außer den durch die Aktivität gebotenen. Alle Aufmerksamkeit ist auf die wichtigen Reize zentriert.

Daraufhin erlebt man eines der universalsten und charakteristischsten Kennzeichen optimaler Erfahrung: Man ist so in die Tätigkeit vertieft, daß sie spontan, fast automatisch wird. Man nimmt sich nicht mehr als unabhängig von der verrichteten Tätigkeit wahr.

Eine Tänzerin beschreibt, wie sie sich fühlt, wenn ihre Vorstellung gut läuft: „Deine Konzentration ist vollständig. Deine Gedanken wandern nicht herum. Du denkst an nichts anderes: du bist total in deinem Tun absorbiert ... Deine Energie fließt sehr leicht. Du fühlst dich entspannt, angenehm und energievoll."

Ein Bergsteiger erklärt, wie er sich fühlt, wenn er eine Felswand durchklettert: „Man ist dermaßen in der Tätigkeit ‚drinnen', daß einem kein von der unmittelbaren Tätigkeit unabhängiges ‚Ich' in den Sinn kommt ... Man sieht sich selbst nicht getrennt von dem, was man tut."

Eine Mutter, die das Zusammensein mit ihrer kleinen Tochter genießt, sagt: „Lesen gehört zu ihren Lieblingsbeschäftigungen, und wir lesen oft zusammen. Sie liest mir vor, und ich lese ihr vor, und dann verliere ich den Kontakt mit dem Rest der Welt. Ich bin völlig in das vertieft, was ich tue."

Ein Schachspieler beschreibt ein Turnier: „... die Konzentration ist wie das Atmen – man denkt nie daran. Das Dach könnte einstürzen, und man würde es – falls es an einen nicht direkt trifft – nicht bemerken."

Aus diesem Grund nennen wir optimale Erfahrungen *flow.* Dieses kurze, einfache Wort beschreibt recht gut das Gefühl scheinbar müheloser Bewegung. Die folgenden Worte eines Dichters und Bergsteigers treffen den Kern Tausender Interviews, die wir und andere im Laufe vieler Jahre zusammengetragen haben: „Die Mystik des Kletterns im Fels ist das Klettern; man steht schließlich oben auf dem Fels, ist froh darüber und wünscht sich doch, daß es immer so weiterginge. Der Grund des Kletterns liegt im Klettern, genau wie der Grund für das Dichten im Schreiben selbst liegt; man erobert nichts anderes als Dinge, welche in einem Selbst liegen ... Die Handlung des Schreibens rechtfertigt das Dichten. Beim Klettern ist es dasselbe: Erkennen, daß man ein einziges Fließen ist. Der Zweck dieses Fließens ist, im Fließen zu bleiben, nicht Höhepunkte oder utopische Ziele zu suchen, sondern im *flow* zu bleiben. Es ist keine Aufwärtsbewegung, sondern ein kontinuierliches Fließen; aufwärts klettert man nur, um den *flow* im Gang zu halten. Es gibt keine andere Begründung für das Klettern als das Klettern selber; es ist eine Art Selbstkommunikation."

Flow-Erfahrungen erscheinen einem zwar mühelos, aber das trifft keineswegs zu. Oft bedarf es dazu schwerer körperlicher Anstrengung oder einer hochdisziplinierten geistigen Aktivität. Sie sind ohne Geschicklichkeit und Leistung nicht möglich. Jedes Nachlassen der Konzentration löscht die Erfahrung aus. Doch während sie andauert, arbeitet das Bewußtsein geschmeidig; nahtlos folgen die Tätigkeiten aufeinander. Im normalen Leben unterbrechen wir jede Tätigkeit mit Zweifeln und Fragen. „Warum mache ich das? Sollte ich nicht lieber etwas anderes tun?" Immer wieder stellen wir die Notwendigkeit der Aktivität in Frage und schätzen kritisch die Gründe ein, warum wir sie ausführen. Im *flow* besteht keine Notwendigkeit zur Reflexion, da die Handlung uns wie durch Zauber weiterträgt.

Klare Ziele und Rückmeldungen

Grund für derart absolute Vertiefung in einer *flow*-Erfahrung ist, daß die Ziele gewöhnlich deutlich umrissen sind und die Rückmeldung unmittelbar erfolgt. Eine Tennisspielerin weiß in jedem Augenblick ganz genau, was sie zu tun hat: den Ball ins Feld des Gegners zurückschlagen. Und jedesmal, wenn sie den Ball trifft, weiß sie, ob sie es gut gemacht hat oder nicht. Die Ziele des Schachspielers sind fast ebenso offensichtlich. Er muß den König des Gegners matt setzen, ehe dies mit seinem eigenen passiert. Bei jedem Zug kann er sich ausrechnen, wie nahe er diesem Ziel gekommen ist. Der Bergsteiger an einer senkrechten Felswand hat ein sehr einfaches Ziel vor Augen: er muß den Aufstieg beenden, ohne zu stürzen. Jede Sekunde, Stunde um Stunde, erhält er Informationen, daß er sich diesem Grundziel nähert.

Wenn man ein triviales Ziel wählt, bereitet der Erfolg natürlich keine Freude. Wenn ich es als Ziel betrachte, am Leben zu bleiben, solange ich auf dem Sofa sitze, könnte ich Tage in der Erkenntnis verbringen, es zu erreichen, genau wie der Bergsteiger. Aber diese Erkenntnis macht mich nicht besonders glücklich, während die Erkenntnis des Bergsteigers für den gefährlichen Abstieg große Freude bringt.

Bestimmte Tätigkeiten dauern lange bis zum Abschluß, doch auch für sie sind die Elemente von Ziel und Rückmeldung immer noch sehr wichtig. Ein Beispiel wurde uns von einer zweiundsechzigjährigen Frau gegeben, die in den italienischen Alpen lebt. Sie gab an, ihre schönsten Erlebnisse seien die Versorgung der Kühe und die Pflege des Obstgartens. „Besondere Befriedigung finde ich dabei, mich um die Pflanzen zu kümmern: Ich liebe es, sie Tag für Tag wachsen zu sehen. Das ist sehr schön." Das bedeutet zwar eine lange Phase geduldigen Wartens, doch das Zuschauen, wie die Pflanzen, die man hegt und pflegt, wachsen, gibt einem selbst in einer amerikanischen Stadtwohnung eine intensive Rückmeldung.

Ein weiteres Beispiel ist die Alleinüberquerung des Ozeans, bei der man vielleicht wochenlang einsam in einem kleinen Boot sitzt, ohne jemals Land zu sehen. Jim Macbeth, der eine Untersuchung über *flow* bei Ozeanüberquerungen machte, berichtet von der Erregung des Seglers, der, nachdem er tagelang die leeren Wasserflächen betrachtet hat, plötzlich den Umriß einer Insel am Horizont ausmacht, die er angepeilt hat. Einer der bekannteren Segler beschreibt dieses Gefühl so: „Ich . . . erlebte ein Gefühl von Befriedigung, verbunden mit Staunen, daß meine Beobachtungen der fernen Sonne von einer unsicheren Plattform aus sowie die Benutzung einfacher Tabellen . . . mich befähigt hatten, eine kleine Insel nach einer Ozeanüberquerung sicher zu finden." Ein anderer meinte: „Jedes Mal empfinde ich die gleiche Mischung aus Staunen, Liebe und Stolz, wenn dieses neue Land geboren wird, das scheinbar nur für mich und durch mich erschaffen worden ist."

Die Ziele einer Aktivität sind nicht immer so eindeutig wie beim Tennis und die Rückmeldungen oft eher zweideutig als die einfache „Ich falle nicht"-Information des Bergsteigers. Ein Komponist zum Beispiel weiß vielleicht, daß er ein Lied oder ein Flötenkonzert schreiben will, aber abgesehen davon sind seine Ziele eher verschwommen. Und woher weiß er, ob die Noten, die er aufzeichnet, „richtig" oder „falsch" sind? Die gleiche Situation trifft auf einen Maler zu, der an einem Bild arbeitet, ja auf alle Aktivitäten, die ihrem

Wesen nach kreativ sind oder einen offenen Ausgang haben. Doch das alles sind Ausnahmen, die die Regel bestätigen. Wenn man nicht lernt, sich ein Ziel zu setzen, und Rückmeldungen in diesen Aktivitäten nicht erkennt und beurteilt, wird man sich nicht über sie freuen.

Bei manchen kreativen Aktivitäten, deren Ziele nicht vorab eindeutig gesetzt sind, muß man ein starkes persönliches Gefühl dafür entwickeln, was man vorhat. Der Künstler hat vielleicht keine visuelle Vorstellung vom fertigen Gemälde, aber an einem bestimmten Punkt sollte er in der Lage sein, zu erkennen, ob es sich um das handelt, was er oder sie anstrebte. Wenn er Freude am Malen hat, muß er Kriterien für „gut" oder „schlecht" verinnerlicht haben, damit er nach jedem Pinselstrich sagen kann: „Ja, so geht es, nein, so nicht." Ohne derartige innere Leitlinien ist es unmöglich, *flow* zu erfahren.

Manchmal werden die Regeln und Ziele, die eine Aktivität steuern, erfunden opder spontan ausgehandelt. Teenager etwa haben Spaß an spontanen Interaktionen, in denen sie versuchen, einander auszustechen, übertriebene Geschichten erzählen oder ihren Lehrer verspotten. Die Ziele solcher Vorfälle schälen sich erst durch Ausprobieren heraus und werden selten eindeutig ausgedrückt; oft werden sie den Teilnehmern nicht bewußt. Doch es ist klar, daß diese Aktivitäten ihre eigenen Regeln entwickeln und daß die daran Teilnehmenden eine deutliche Vorstellung haben, was einen erfolgreichen „Zug" ausmacht und wer gut abschneidet. Gelehrte oder Debattierer gewinnen oft ähnliche Befriedigung, wenn die „Züge" in ihrem Argumentationsstrang glatt zueinanderpassen und das gewünschte Ergebnis haben.

Was eine Rückmeldung, ein Feedback, ausmacht, unterscheidet sich deutlich je nach Aktivität. Manche Menschen sind gleichgültig gegenüber den Dingen, von denen andere nicht genug bekommen können. Chirurgen etwa, die gern operieren, behaupten, sie würden niemals in die Innere Medizin überwechseln, auch wenn sie zehnmal so viel dabei verdienten, denn ein Internist wisse niemals genau, wie erfolgreich er sei. Bei einer Operation hingegen sei der Zustand des Patienten fast immer eindeutig; solange beispielsweise kein Blut aus der Wunde tropfe, sei eine bestimmte Prozedur erfolgreich gewesen. Nach dem Herausschneiden des kranken Organs ist die Aufgabe des Chirurgen beendet; danach kommt nur noch die Naht, die einem das befriedigende Gefühl gibt, eine Sache abgeschlossen zu haben. Die Verachtung des Chirurgen für die Psychiatrie ist noch stärker als für die Innere Medizin: Den Chirurgen zufolge kann ein Psychiater zehn Jahre mit einem Patienten verbringen, ohne zu wissen, ob seine Kur anschlägt.

Doch der Psychiater, der Spaß an seinem Beruf hat, erhält ebenfalls ständiges Feedback. Die Gestik des Patienten, sein Gesichtsausdruck, das Zögern in seiner Stimme, der Inhalt des Materials, das er in der Therapiesitzung anbietet – all diese Informationsteilchen sind für den Psychiater wichtige Schlüssel, um den Fortschritt der Therapie zu überprüfen. Der Unterschied zwischen einem Chirurgen und einem Psychiater ist, daß ersterer Blut und Schnitte als einzige Rückmeldung empfindet, die seiner Aufmerksamkeit wert sind, während letzterer die Zeichen, die den psychischen Zustand eines Patienten reflektieren, als bedeutsame Informationen begreift. Der Chirurg beurteilt den Psychiater als weichlich, weil er sich für derart flüchtige Ziele interessiert; der Psychiater hält den Chirurgen für grob, weil er sich auf die Mechanik konzentriert.

Die *Art* des Feedbacks an sich, auf das wir hinarbeiten, ist häufig unwichtig. Welchen Unterschied macht es, ob ich den Tennisball zwischen den weißen Linien aufprallen lasse, wenn ich den gegnerischen König auf dem Schachbrett matt setze, ob ich am Ende der Therapiestunde einen Funken von Verständnis im Blick meines Patienten aufblitzen sehe? Wertvoll wird diese Information durch die darin enthaltene symbolische Botschaft: daß ich mein Ziel erreicht habe. Dieses Wissen schafft Ordnung im Bewußtsein und stärkt die Struktur des Selbst.

Fast jede Art Rückmeldung kann Freude bereiten, sofern sie in logischem Zusammenhang mit dem Ziel steht, in das man psychische Energie gesteckt hat. Wenn ich mich entschlösse, einen Spazierstock auf der Nase zu balancieren, würde der Anblick des Stocks, der über meinem Gesicht herumwackelt, mir einen kurzen Augenblick der Freude schenken. Jeder Mensch reagiert auf eine bestimmte Art von Information, die er mehr als andere zu schätzen lernt, und vermutlich hält er Feedback im Zusammenhang mit dieser Information für wichtiger als mancher andere.

Manche Menschen kommen zum Beispiel mit einer ungewöhnlichen Hörfähigkeit auf die Welt. Sie können zwischen verschiedenen

Tonhöhen und Lautstärken unterscheiden. Sie erkennen und erinnern Klangkombinationen besser als der Rest der Bevölkerung. Vermutlich werden sich solche Personen verlockt fühlen, mit Tönen zu spielen; sie werden lernen, auditive Informationen zu kontrollieren und zu formen. Für sie wird die wichtigste Rückmeldung darin bestehen, fähig zu sein, Töne miteinander zu verbinden, Rhythmen und Melodien zu produzieren oder zu reproduzieren. Komponisten, Sänger, Dirigenten und Musikkritiker werden sich aus dieser Gruppe entwickeln. Andere wieder sind genetisch vorprogrammiert, ungewöhnlich sensibel auf ihre Mitmenschen zu reagieren, und lernen vermutlich, ihre Aufmerksamkeit auf die Signale zu richten, die diese aussenden. Manche Menschen haben ein empfindliches Selbst, das beständige Bestätigung braucht; für sie ist die einzig wertvolle Information, wenn sie in einer Wettbewerbssituation gewinnen. Andere haben so viel investiert, um gemocht zu werden, daß die einzige Rückmeldung, die sie aufnehmen, aus Bewunderung und Bestätigung besteht.

Ein gutes Beispiel für die Bedeutung von Feedback ist aus den Reaktionen einer Gruppe blinder, frommer Frauen abzulesen, die Professor Fausto Massiminis Psychologenteam in Mailand interviewte. Wie die anderen Teilnehmer unserer Studien wurden sie gebeten, die schönsten Ereignisse ihres Lebens zu beschreiben. Für diese Frauen, von denen viele von Geburt an blind waren, war das am häufigsten erwähnte *flow*-Erlebnis das Lesen eines Buches in Braille-Schrift, Beten, Handarbeiten, wie Stricken und Buchbinden, und einander bei Krankheit und anderen Notlagen helfen. Von den sechshundert Personen, die das italienische Team befragte, betonten diese blinden Frauen mehr als alle anderen die Bedeutung einer klaren Rückmeldung als Vorbedingung für Freude an einer Tätigkeit. Sie konnten nicht sehen, was rings um sie vorging, und wünschten sich mehr als sehfähige Menschen, zu wissen, ob das, was sie zu erreichen versuchten, tatsächlich gelang.

Konzentration auf die anstehende Aufgabe

Eine der am häufigsten erwähnten Dimensionen des *flow*-Erlebnisses ist, daß man dabei alle unangenehmen Aspekte des Lebens vergessen kann. Dieses Kennzeichen von *flow* ist ein wichtiges Nebenprodukt der Tatsache, daß man sich auf Aktivitäten, die Freude bereiten, vollständig konzentrieren muß – und daher im Verstand kein Raum für unwichtige Informationen bleibt.

Im normalen Alltagsleben werden wir zur Beute von Gedanken und Sorgen, die ungewollt ins Bewußtsein dringen. Da die meisten Berufe und besonders Hausarbeit nicht die drängenden Herausforderungen der *flow*-Erfahrung stellen, ist die Konzentration selten so stark, daß Belastungen und Ängste automatisch verdrängt werden. Daher gehören zum normalen Geisteszustand unerwartete, häufige Episoden von Entropie, die den glatten Fluß psychischer Energie stören. Das ist ein Grund, warum *flow* die Qualität der Erfahrung auf eine neue Stufe hebt: die deutlich strukturierten Ansprüche der Aktivität schaffen Ordnung und verhindern den störenden Einfluß der Unordnung im Bewußtsein.

Ein Physikprofessor, der leidenschaftlich gern bergsteigen geht, beschrieb seinen Geisteszustand beim Klettern: (Es ist) „wie wenn meine Erinnerung abgeschnitten wäre. Ich habe nur Dinge im Gedächtnis, welche die jeweils letzten dreißig Sekunden betreffen, und das Vorausdenken betrifft jeweils nur die nächsten fünf Minuten.“ Jede Aktivität, auf die man sich derart konzentrieren muß, hat übrigens eine ähnlich kurze Zeitperspektive.

Aber nicht nur die zeitliche Konzentration ist wichtig. Bedeutsamer ist, daß nur eine sehr begrenzte Anzahl von Informationen ins Bewußtsein dringen kann. Daher werden alle beunruhigenden Gedanken, die einem normalerweise durch den Kopf schießen, vorübergehend ausgeschlossen. Ein junger Basketballspieler erklärte: „Das Spielfeld – das ist alles, worauf es ankommt . . . Manchmal denke ich auf dem Feld an ein Problem, wie z.B. an einen Streit mit meiner Freundin, und ich denke daran, daß dies alles nichts ist im Vergleich zum Spiel. Man kann den ganzen Tag über ein Problem nachdenken, aber sobald man ins Spiel gerät, zum Teufel mit dem Problem!“ Und ein anderer meinte: „Jungen in meinem Alter denken viel nach . . . aber während man Basketball spielt, gibt es nur dieses eine, Basketball . . . alles scheint sich von selbst zu geben.“

Ein Bergsteiger läßt sich über das gleiche Thema aus: „Wenn man klettert, sind einem andere problematische Lebenssituationen nicht bewußt. Es entsteht eine eigene Welt, die nur für sich selbst Bedeutung hat. Es ist eine Angelegenheit der Konzentration. Ist man erst einmal in der Situation drin, wird die Sache unglaublich real und zu einer großen persönlichen Aufgabe. Sie wird für einen zur ganzen Welt."

Ein ähnliches Gefühl wird von einer Tänzerin berichtet: „Ich erlebe hier einen Gefühlszustand, den ich nirgendwo sonst kennengelernt habe ... ich habe mehr Selbstvertrauen als zu jeder anderen Zeit. Möglicherweise ist es ein Versuch, meine Probleme zu vergessen. Tanz ist wie Therapie. Wenn mir etwas Sorgen macht, lasse ich es draußen, wenn ich ins Tanzstudio gehe."

Auch eine Ozeanüberquerung schafft in größerem zeitlichen Rahmen dieses gnädige Vergessen: „Gleich wie viele Unannehmlichkeiten man auf See erlebt, die echten Probleme und Sorgen scheinen mit dem Land am Horizont hinter einem zu versinken. Draußen auf dem Meer hat es keinen Sinn, sich Sorgen zu machen, denn man kann ja nichts gegen die Probleme tun, bis man den nächsten Hafen erreicht ... Das Leben ist für eine Weile ohne Künstlichkeit; (andere Probleme) scheinen unwichtig, verglichen mit der Windrichtung, dem Zustand des Meeres und der täglich zurückgelegten Strecke."

Edwin Moses, der bekannte Hürdenläufer, beschreibt die Konzentration bei einem Rennen so: „Der Kopf muß absolut klar sein. Die Tatsachen, daß man mit einem Gegner fertig werden muß, mit der Zeitverschiebung nach dem Flug, anderem Essen, dem Schlafen in Hotels und persönlichen Problemen; dies alles muß aus dem Bewußtsein ausgelöscht werden – als existierte es nicht mehr."

Moses sprach allerdings darüber, was nötig ist, um Weltklasserennen zu gewinnen, aber er hätte auch die Art von Konzentration beschreiben können, die man erreicht, wenn man an irgendeiner anderen Sache Freude hat. Die Konzentration des *flow*-Erlebnisses – verbunden mit deutlichen Zielen und unmittelbarer Rückmeldung – schafft Ordnung im Bewußtsein und leitet den erfreulichen Zustand psychischer Negentropie ein.

Das Paradox der Kontrolle

In Spielen, beim Sport und anderen Freizeitaktivitäten, die sich vom normalen Leben abheben, erlebt man oft Freude, doch es können auch alle möglichen unangenehmen Dinge geschehen. Wenn man beim Schachspiel verliert oder bei einem Hobby einen Fehler macht, braucht man sich jedoch keine Sorgen zu machen; im „richtigen" Leben hingegen wird man vielleicht gekündigt, wenn man ein Geschäft verpatzt, man kann die Miete nicht mehr bezahlen und wird am Ende von Sozialhilfe abhängig. *Flow*-Erfahrungen jedoch werden den Beschreibungen nach allgemein mit einem Gefühl von Kontrolle verbunden – genauer, als ohne Sorge, die Kontrolle zu verlieren, die für viele alltägliche Lebenssituationen typisch ist.

Ein Tänzer beschreibt diese Dimension von *flow* so: „Eine große Entspannung und Ruhe kommt über mich. Ich sorge mich nicht um Erfolg oder Mißerfolg. Was für ein kraftvolles, warmes Gefühl das ist! Ich möchte mich dann ausdehnen, die Welt umarmen. Ich fühle die enorme Kraft in mir, etwas Erhabenes und Schönes zustande zu bringen." Und ein Schachspieler meint: „... (ich) habe ein allgemeines Gefühl des Wohlseins und, daß ich im Rahmen meiner Welt die absolute Kontrolle habe."

In Wirklichkeit wird hier die *Möglichkeit* statt der *Tatsächlichkeit* von Kontrolle beschrieben. Der Ballettänzer stürzt vielleicht, bricht sich das Bein und kann nie wieder auf die Bühne; der Schachspieler verliert vielleicht und wird nie Meister. Doch zumindest dem Prinzip nach ist in der Welt des *flow*s Perfektion möglich.

Dieses Gefühl von Kontrolle wird auch bei angenehmen Aktivitäten beschrieben, die aber ernste Risiken mit sich bringen, Tätigkeiten, die einem Außenseiter sehr viel gefährlicher erscheinen als der Alltag. Leute, die segelfliegen, Höhlen erforschen, klettern, Autorennen fahren, Tiefsee tauchen und vielen anderen Sportarten nachgehen, die Spaß machen, begeben sich absichtlich in eine Situation, die nicht über die im zivilisierten Leben vorhandenen Sicherheitsnetze verfügt. Doch alle diese Leute berichten von *flow*-Erfahrungen, bei denen ein verstärktes Gefühl von Kontrolle eine wichtige Rolle spielt.

Gewöhnlich deutet man die Motivation bei gefährlichen Sportarten als eine Art pathologisches Bedürfnis: Diese Menschen versuchen, eine tiefsitzende Angst zu vertreiben, sie kompensieren, sie agieren zwanghaft eine ödipale Fixierung aus, sie sind „risikogeil". Zuweilen spielen derartige Motive eine Rolle, doch es fällt bei Gesprächen mit solchen Risikospezialisten auf, daß ihre Freude nicht der Gefahr selbst entspringt, sondern ihrer Fähigkeit, diese auf ein Minimum zu reduzieren. Im Gegensatz zu einem pathologischen Kitzel, Gefahren herauszufordern, empfinden sie eine positive Emotion, ein absolut gesundes Gefühl, fähig zu sein, potentiell gefährliche Kräfte zu kontrollieren.

Man sollte dabei erkennen, daß Aktivitäten, die *flow*-Erfahrungen auslösen, auch die scheinbar riskantesten, so aufgebaut sind, daß sie dem Ausübenden ermöglichen, entsprechende Fähigkeiten zu entwickeln, um das Risiko weitgehend auszuschalten. Felskletterer beispielsweise sprechen von zwei Arten von Gefahren, „objektiven" und „subjektiven". Beim ersten Typ handelt es sich um unvorhersehbare physikalische Ereignisse, auf die man in den Bergen stoßen kann: einen plötzlichen Sturm, eine Lawine, Steinschlag, ein drastisches Abfallen der Temperatur. Man kann sich auf solche Bedrohungen vorbereiten, sie aber niemals genau vorhersehen. Subjektive Gefahren sind diejenigen, die aufgrund mangelnder Fähigkeiten des Bergsteigers entstehen – etwa der, genau den Schwierigkeitsgrad eines Aufstiegs im Verhältnis zum eigenen Können abzuschätzen.

Es geht beim Klettern also darum, objektive Gefahren so weit wie möglich zu vermeiden und subjektive Gefahren durch strenge Disziplin und vernünftige Vorbereitung auszuschließen. Daher sind Bergsteiger überzeugt, das Matterhorn zu erklimmen sei weniger gefährlich als in Manhattan eine Straße zu überqueren, weil die objektiven Gefahren – Autos, Radfahrer, Busse, Taschendiebe – viel weniger vorhersehbar seien als Gefahren in den Bergen, und weil die persönlichen Fähigkeiten des Fußgängers weniger dazu angetan sind, für Sicherheit zu sorgen.

Dieses Beispiel veranschaulicht, daß das, was Menschen Freude bringt, nicht das Gefühl ist, *Herr der Lage zu sein,* sondern in schwierigen Situationen *Kontrolle auszuüben.* Man kann keine Beherrschung erleben, wenn man nicht bereit ist, die Sicherheit schützender Routine aufzugeben. Erst wenn ein Ausgang zweifelhaft erscheint und man in der Lage ist, diesen Ausgang zu beeinflussen, kann man tatsächlich erfahren, ob man eine Situation beherrscht.

Ein Typ von Aktivität scheint jedoch eine Ausnahme darzustellen. Glücksspiele bringen Freude, doch sie beruhen per definitionem auf einem zufälligen Ausgang, der vermutlich nicht von persönlichen Fähigkeiten abhängt. Das Drehen des Roulettrades oder das Aufdekken der Karten beim Blackjack können durch den Spieler nicht kontrolliert werden. Zumindest in diesem Fall muß das Gefühl der Kontrolle für das Erleben von Freude unwichtig sein.

Die „objektiven" Bedingungen scheinen zu täuschen, denn Glücksspieler sind tatsächlich subjektiv überzeugt, ihre Fähigkeit spiele eine wichtige Rolle für das Ergebnis. Sie betonen das Element der Kontrolle sogar noch stärker als Ausübende anderer Aktivitäten, bei denen persönliche Fähigkeiten offensichtlich größere Kontrolle ermöglichen. Pokerspieler sind überzeugt, nicht Glück, sondern ihre besonderen Fähigkeiten brächten ihnen den Gewinn; wenn sie verlieren, schieben sie es lieber auf eine Pechsträhne, doch selbst dann suchen sie eher nach einem persönlichen Fehler, um das Resultat zu erklären. Roulettspieler entwickeln komplizierte Systeme, um den Fall der Kugel vorherzusagen. Allgemein glauben Glücksspieler oft, sie verfügten über die Gabe, in die Zukunft sehen zu können, zumindest innerhalb des beschränkten Rasters aus Zielen und Regeln, das ihr Spiel definiert. Und dieses uralte Gefühl von Kontrolle – zu dessen Vorgängern Rituale und Orakel gehören, die es in jeder Kultur gibt – ist eines der Hauptanziehungspunkte des Glücksspiels. Das Gefühl, sich in einer Welt zu befinden, in der Entropie abgeschafft ist, erklärt teilweise, warum *flow*-erzeugende Aktivitäten so süchtig machen können. Schriftsteller haben oft über das Schachspiel als Metapher für die Flucht vor der Realität geschrieben. Nabokovs Kurzgeschichte „Die Luchin-Verteidigung" beschreibt ein junges Schachgenie, das so in das Spiel vertieft ist, daß der Rest seines Lebens – seine Ehe, Freundschaften, Einkommen – zerfällt. Luchin versucht, diese Probleme zu bewältigen, ist aber nur fähig, sie so wie Schachsituationen zu erkennen. Seine Frau ist die weiße Dame auf dem fünften Feld der dritten Reihe, bedroht vom schwarzen Ritter, Luchins Agent usw. Luchin selbst greift in dem Versuch, seine persönlichen Konflikte zu lösen, auf Schachstrategien zurück und versucht, die „Luchin-Verteidigung" zu erfinden, eine Reihe von Zügen, die ihn gegen Angriffe von außen unverletzlich machen soll. Seine Beziehungen im wirklichen Leben zerbrechen, und Luchin erlebt eine Reihe von Halluzinationen, bei denen wichtige Menschen seiner Umgebung zu Figuren auf einem riesigen Schachbrett werden und versuchen, ihn matt zu setzen. Schließlich erlebt er eine Vision der perfekten Verteidigung gegen seine Probleme – und springt aus dem Hotelfenster. Solche Geschichten über das Schachspiel sind keineswegs unrealistisch. Viele Schachmeister, darunter der erste und der letzte große amerikanische Schachmeister, Paul Morphy und Bobby Fischer, fühlten sich in der wunderbar eindeutigen und logisch geordneten Welt des Schachs so wohl, daß sie den schwierigen Verwicklungen der „realen" Welt den Rücken kehrten.

Die Erregung von Glücksspielern in Situationen, bei denen sie den Zufall „in den Griff bekommen", ist noch berüchtigter. Ethnographen haben beschrieben, wie nordamerikanische Indianer so besessen von einem Glücksspiel mit Büffelknochen waren, daß die Verlierer oft nackt mitten im Winter das Zelt verließen, weil sie sämtliche Waffen, Pferde und Frauen verspielt hatten. Fast jede erfreuliche Aktivität kann süchtig machen, in dem Sinne, daß sie, statt eine bewußte Entscheidung darzustellen, zur Notwendigkeit wird, die andere Aktivitäten behindert. Manche Chirurgen etwa beschreiben das Operieren als Sucht, „wie Heroin".

Wenn man zu abhängig von der Fähigkeit zur Kontrolle und von der angenehmen Aktivität wird, kann man nichts anderem mehr Aufmerksamkeit schenken und verliert letztendlich jegliche Kontrolle: die Freiheit, den Inhalt seines eigenen Bewußtseins zu bestimmen. Daher haben angenehme Aktivitäten, die *flow* auslösen, potentiell auch einen negativen Aspekt: Sie vermögen zwar die Lebensqualität zu verbessern, indem sie Ordnung im Verstand schaffen, doch sie können süchtig machen, und dann wird das Selbst zum Gefangenen einer bestimmten Ordnung und unwillig, sich mit den Zweifelsfällen des Lebens abzufinden.

Der Verlust des Selbstgefühls

Wir haben bereits beschrieben, daß bei einer Aktivität, die absolut fesselnd ist, keine Aufmerksamkeit auf die Zukunft, die Vergangenheit oder auf andere vorübergehend unwichtige Reize verwendet werden kann. Ein Thema, das dabei aus dem Bewußtsein verschwindet, verdient besondere Beachtung, weil wir im normalen Leben so häufig daran denken: das eigene Selbst. Ein Bergsteiger beschreibt diesen Aspekt der *flow*-Erfahrung: „Es ist das Zen-Gefühl, wie Meditation oder Konzentration. Eines der Ziele, die man anstrebt, ist die Ausrichtung des Geistes. Man kann sein Ego in den verschiedensten Weisen mit dem Klettern in Verbindung bringen, ohne daß die Sache deswegen unbedingt erleuchtend wird. Aber wenn es automatisch zu

‚laufen' beginnt, wird es gleichsam zu einer egolosen Angelegenheit. Irgendwie tut man das Richtige, ohne darüber nachzudenken oder eine bewußte Anstrengung zu unternehmen . . . Es geschieht einfach. Und doch ist man dann konzentrierter." Mit den Worten eines bekannten Hochseeseglers: „Man vergißt sich selbst, man vergißt alles, sieht nur noch das Spiel des Bootes auf den Wellen und läßt alles andere hinter sich, das für dieses Spiel nicht besonders wichtig ist."

Der Verlust des Gefühls, das Selbst sei getrennt von der Umwelt, wird manchmal von einem Gefühl des Einsseins mit der Umgebung ersetzt, ob es sich dabei um den Berg handelt, eine Mannschaft oder, im Falle dieses Mitglieds einer japanischen Motorradgang, den „Run" Hunderter von Rädern, die über die Straßen Kyotos donnern: „Ich begreife etwas, wenn alle unsere Gefühle übereinstimmen. Am Anfang befinden wir uns nicht in völliger Harmonie, aber wenn es gut läuft, fühlt sich jeder wie der andere. Wie soll ich das ausdrücken? . . . Unsere Seelen werden zu einer. Dann macht es wirklich Spaß . . . wenn alle zu einem werden, dann begreife ich etwas . . . ganz plötzlich merke ich: ‚Oh, wir sind eins', und denke: ‚Wenn wir so schnell wie möglich fahren, wird das ein echter Run . . .' Wenn wir merken, daß wir ein Fleisch werden, ist es Spitze. Dann werden wir vom Tempo *high.* Dann ist es wirklich super."

Dieses „ein Fleisch werden", das der japanische Teenager so lebendig beschreibt, ist ein recht typisches Kennzeichen einer *flow*-Erfahrung. Manche beschreiben es ganz konkret, wie die Linderung von Hunger oder Schmerz. Es ist eine recht lohnende Erfahrung, aber eine, die ihre eigenen Gefahren birgt.

Die Beschäftigung mit dem Selbst verbraucht psychische Energie, weil wir uns im Alltagsleben oft bedroht fühlen. Immer wenn man sich bedroht fühlt, muß man das Bild, das man von sich selbst hat, ins Bewußtsein rücken, um herauszufinden, ob die Bedrohung ernsthaft ist oder nicht und wie wir ihr begegnen sollen. Wenn man beispielsweise über die Straße geht und merkt, daß manche Leute sich umdrehen und einen angrinsen, ist es normal, sich sofort Sorgen zu machen. „Stimmt etwas nicht? Sehe ich anders aus? Gehe ich komisch, oder ist mein Gesicht verschmiert?" Hunderte von Malen am Tag wird man an die Verletzlichkeit des Selbst erinnert. Und jedes Mal geht psychische Energie bei dem Versuch verloren, wieder Ordnung im Bewußtsein herzustellen.

Beim *flow* jedoch gibt es keinen Raum für Selbsterforschung. Da erfreuliche Aktivitäten klare Ziele, feste Regeln und Herausforderungen haben, die den Fähigkeiten genau angepaßt sind, gibt es für das Selbst nur wenige Möglichkeiten, sich bedroht zu fühlen. Ein Kletterer bei einem schwierigen Aufstieg ist vollständig von der Bergsteigerrolle ausgefüllt. Er ist hundert Prozent Kletterer, sonst würde er nicht überleben. Es gibt für niemanden und nichts eine Möglichkeit, einen anderen Aspekt seines Selbst ins Spiel zu bringen. Ob sein Gesicht verschmiert ist, würde absolut keine Rolle spielen. Die einzig mögliche Bedrohung stammt vom Berg – aber ein guter Bergsteiger ist angemessen für solche Bedrohungen gerüstet und braucht bei diesem Prozeß sein Selbst nicht ins Spiel zu bringen.

Die Abwesenheit des Selbst aus dem Bewußtsein bedeutet nicht, daß jemand in *flow* die Kontrolle über seine psychische Energie aufgegeben hat oder nicht wahrnimmt, was im Körper oder Verstand passiert. Das Gegenteil ist eher der Fall. Wenn man zuerst *flow*-Erfahrungen erlebt, nimmt man manchmal an, das Fehlen des Ichgefühls habe mit der passiven Auslöschung des Selbst zu tun, das „im *flow* schwebt". Doch optimale Erfahrung bedeutet tatsächlich eine sehr aktive Rolle für das Selbst. Eine Geigerin muß sich jeder Bewegung ihrer Finger bewußt sein wie auch der Töne, die an ihr Ohr dringen; sie muß das Stück als Ganzes im Bewußtsein haben, sowohl analytisch, Note für Note, als auch als Gesamtstruktur. Ein guter Sprinter ist sich gewöhnlich jedes wichtigen Muskels in seinem Körper gewahr, seines Atemrhythmus und der Leistung seiner Rivalen innerhalb der Strategie des Rennens. Ein Schachspieler könnte keine Freude am Spiel haben, wenn er unfähig wäre, bewußt vergangene Positionen und vergangene Kombinationen aus dem Gedächtnis abzurufen.

Das Selbstgefühl verlieren bedeutet also nicht, das Selbst zu verlieren und ganz gewiß nicht einen Verlust des Bewußtseins, sondern einen Verlust der Bewußtheit von sich selbst. Die Vorstellung vom Selbst taucht unter die Wahrnehmungsschwelle, die Information, die wir benutzen, um uns als das darzustellen, was wir sind. Und vorübergehend zu vergessen, wer man ist, scheint recht angenehm zu sein. Wenn man nicht mit sich selbst befaßt ist, hat man in der Tat die Möglichkeit, die Vorstellung dessen, was man ist, auszuweiten. Der Verlust des Selbstgefühls kann zur Selbsttranszendenz führen, einem Gefühl, daß die Grenzen des Seins ausgedehnt werden können.

Dies ist nicht bloß eine Phantasie, sondern beruht auf konkreter Erfahrung einer engen Interaktion mit etwas Anderem, einer Interaktion, die ein seltenes Gefühl von Einheit mit diesen gewöhnlich fremden Entitäten auslöst. Der Matrose auf seiner langen Nachtwache beginnt das Schiff als Ausweitung seiner selbst zu empfinden, das sich im gleichen Rhythmus auf das gemeinsame Ziel hinbewegt. Der Geiger, umfangen vom Strom der Töne, zu denen er beiträgt, empfindet sich als Teil der „Sphärenharmonie". Der Kletterer, der alle Aufmerksamkeit auf winzige Unregelmäßigkeiten im Fels konzentriert, die sein Gewicht tragen sollen, spricht von einer Art Verwandtschaft zwischen Fingern und Fels, zwischen dem zerbrechlichen Körper und dem Kontext aus Stein, Himmel und Wind. Spieler bei einem Schachturnier, deren Aufmerksamkeit stundenlang auf die logische Schlacht konzentriert bleibt, behaupten, sie fühlten sich in ein starkes „Kraftfeld" einbezogen und träten anderen Kräften von nichtmaterieller Dimension entgegen. Chirurgen behaupten, bei einer schwierigen Operation das Gefühl zu haben, das Team sei ein einziger Organismus, bewegt vom gleichen Ziel: Sie beschreiben es als ein Ballett, bei dem jeder sich der Gruppenleistung unterwirft und alle an dem Gefühl von Harmonie und Macht teilhaben.

Man könnte diese Zeugnisse als poetische Metaphern abtun. Doch es ist wichtig, zu erkennen, daß sie sich auf Erlebnisse beziehen, die ebenso wirklich sind wie das Hungergefühl, ebenso konkret, wie wenn man gegen eine Wand stößt. Sie haben nichts Geheimnisvolles oder Mystisches. Wenn man alle vorhandene psychische Energie in eine Interaktion steckt – ob mit einem anderen Menschen, einem Schiff, einem Berg oder einem Musikstück – wird man in der Tat zum Teil eines Systems. Dieses System erhält seine Form durch die Regeln der Aktivität; seine Energie entsteht aus der Aufmerksamkeit des Menschen. Aber es ist ein echtes System – subjektiv ebenso echt wie eine Familie, eine Firma oder eine Mannschaft – und das Selbst, das Teil davon ist, weitet seine Grenzen aus und wird komplexer als zuvor.

Dieses Wachstum des Selbst findet nur statt, wenn die Wechselwirkung erfreulich ist, das heißt, wenn sie sinnvolle Handlungsmöglichkeiten bietet und eine ständige Perfektionierung der Fähigkeiten fordert. Es ist auch möglich, sich in einem Handlungssystem zu verlieren, das nichts außer Glauben und Ergebenheit verlangt. Fundamentalistische Religionen, Massenbewegungen und extreme politische Parteien schaffen ebenfalls Möglichkeiten zur Transzendierung des Selbst, die Millionen begierig annehmen. Sie bieten zudem eine willkommene Ausweitung der Grenzen des Selbst, ein Gefühl, man gehöre zu etwas Großem, Mächtigem. Der wahre Gläubige wird auch in konkretem Sinne Teil des Systems, weil seine psychische Energie von den Zielen und Regeln seines Glaubens zentriert und geformt wird. Doch er tritt nicht wirklich in einen Dialog mit dem Glaubenssystem; gewöhnlich läßt er seine psychische Energie davon aufsaugen. Aufgrund dieser Unterwerfung kann nichts Neues entstehen; das Bewußtsein behält vielleicht seine willkommene Ordnung bei, aber diese wird eher auferlegt sein als erlangt. Bestenfalls ähnelt der echte Gläubige einem Kristall: stark und wunderbar symmetrisch, aber mit sehr langsamem Wachstum. Es gibt eine sehr wichtige, aber auf den ersten Blick scheinbar paradoxe Beziehung zwischen dem Verlust des Selbstgefühls in einer *flow*-Erfahrung und dem stärkeren Auftauchen danach. Es scheint fast, daß gelegentlich die Aufgabe des Selbstgefühls notwendig ist, um ein starkes Selbstbild aufzubauen. Warum dies so sein sollte, ist recht eindeutig: Beim *flow* wird man herausgefordert, das Beste zu geben, und muß ständig seine Leistungen verbessern. Zugleich hat man nicht die Möglichkeit, darüber nachzudenken, was dies für das Selbst bedeutet – wenn man sich erlauben würde, selbst-bewußt zu werden, könnte die Erfahrung nicht sehr tief gehen. Danach jedoch, wenn die Aktivität vorbei ist und die Selbst-Bewußtheit die Gelegenheit hatte, erneut zu entstehen, ist das Selbst nicht mehr das gleiche wie vor der *flow*-Erfahrung: Es ist nun von neuen Fähigkeiten und neuen Leistungen bereichert.

Die Veränderung der Zeit

Eine der häufigsten Beschreibungen optimaler Erfahrung lautet, daß die Zeit dabei nicht so verstreicht wie sonst. Die objektive Dauer, die wir in Beziehung zu äußeren Ereignissen, wie Tag und Nacht, ordentlich nach der Uhr messen, wird durch die von der Aktivität diktierten Rhythmen bedeutungslos. Oft scheinen Stunden in Minuten zu vergehen; allgemein wird angegeben, daß die Zeit viel schneller verstreicht. Gelegentlich tritt auch das Gegenteil auf. Ballettänzer beschreiben, wie eine schwierige Position, die in Wirklichkeit Sekunden dauert, minutenlang erscheint. „Zwei Dinge geschehen. Das eine ist, daß die Zeit richtig schnell zu vergehen scheint, in gewissem Sinne. Nachdem es vorbei ist, erscheint es so, als sei es sehr schnell vorbeigegangen. Ich stelle fest, daß es ein Uhr früh ist und sage: ‚Oh, vor einigen Minuten war es doch erst 8 Uhr.' Aber andererseits, wenn ich tanze ... scheint es viel länger, als es wirklich war." Die zuverlässigste Verallgemeinerung, die man bei diesem Phänomen wagen darf, lautet, daß bei einer *flow*-Erfahrung das Zeitgefühl nur wenig Beziehung zum tatsächlichen Verstreichen der Zeit hat, die mit durch die Uhr auferlegten Konventionen gemessen wird.

Aber auch hier beweisen Ausnahmen die Regel. Ein sehr bekannter Herzchirurg, der tiefe Befriedigung aus seiner Arbeit zieht, ist für seine Fähigkeit bekannt, bei einer Operation immer die genaue Zeit, mit einer Fehlerquote von vielleicht einer halben Minute angeben zu können, ohne jemals auf die Uhr zu schauen. In seinem Fall ist der Zeitfaktor jedoch eine grundsätzliche Herausforderung seiner Aufgabe: Da er nur hinzugezogen wird, um einen sehr kleinen, aber extrem schwierigen Teil des Eingriffs zu vollziehen, ist er gewöhnlich an mehreren Operationen gleichzeitig beteiligt. Er bewegt sich von einem Fall zum nächsten und muß darauf achten, daß er seine Kollegen nicht aufhält, die für die vorangehenden Phasen der Operation verantwortlich sind. Über eine ähnliche Fähigkeit sollen auch Ausübende anderer Aktivitäten verfügen, bei denen Zeit eine Rolle spielt, etwa Sprinter oder Langstreckenläufer. Um bei einem Wettbewerb eine genaue Strategie zu verfolgen, müssen sie sehr aufmerksam auf das Verstreichen von Sekunden und Minuten achten. Dabei wird die Fähigkeit, die Zeit im Kopf zu behalten, eine der notwendigen Voraussetzungen, um in der Disziplin gut abzuschneiden, und trägt zur Freude an der Erfahrung bei, statt davon abzulenken.

Die meisten *flow*-Erfahrungen hängen aber nicht von der Uhr ab; wie beim Baseball haben sie ihr eigenes Tempo und eigene Abfolgen, die den Übergang von einer Phase in eine andere festlegen, ohne das Spiel in gleiche Teile aufzuspalten. Es ist nicht ganz klar, ob diese

Dimension des *flow* nur ein Nebenprodukt der intensiven Konzentration ist, die man für die jeweilige Aktivität braucht, oder etwas, das an sich zur positiven Qualität dieser Aktivität beiträgt. Zwar scheint es so, daß die Zeit aus dem Auge zu verlieren kein Hauptaspekt für Freude ist, doch die Freiheit von der Tyrannei der Zeit trägt zu der Erregung bei, die man bei etwas verspürt, mit dem man vollständig eins ist.

Die autotelische Erfahrung

Schlüsselelement einer optimalen Erfahrung ist, daß sie um der Sache selbst willen geschieht. Auch wenn man aus anderen Gründen beginnt, wird die Aktivität, die einen fesselt, an sich lohnend. Chirurgen beschreiben ihre Arbeit: „Operieren ist so angenehm, daß ich es auch tun würde, wenn ich nicht müßte." Segler sagen: „Ich verschwende eine Menge Geld und Zeit mit diesem Boot, aber es ist die Sache wert – denn nichts kommt dem Gefühl gleich, wenn ich draußen auf See bin."

Der Begriff „autotelisch" leitet sich von zwei griechischen Worten ab: *autos* bedeutet Selbst, *telos* Ziel. Er bezeichnet eine sich selbst genügende Aktivität, eine, die man ohne Erwartung künftiger Vorteile ausübt, sondern einfach, weil sie an sich lohnend ist. An der Börse spekulieren, um Geld zu machen, ist keine autotelische Erfahrung, aber sein Glück mit Aktien wagen, um die Fähigkeit unter Beweis zu stellen, künftige Trends vorherzusagen, ist eine solche – auch wenn das Resultat in Mark und Pfennig haargenau das gleiche ist. Kinder unterrichten, damit aus ihnen anständige Bürger werden, ist nicht autotelisch, doch wenn man lehrt, weil man den Umgang mit Kindern genießt, ist es das. Der Ausgang beider Situationen ist offenkundig der gleiche; bei einer autotelischen Erfahrung schenkt man jedoch der Sache um ihrer selbst willen Aufmerksamkeit. Wenn dies nicht der Fall ist, zentriert sich die Aufmerksamkeit auf deren Folgen.

Die meisten Dinge, die wir tun, sind weder rein autotelisch noch rein exotelisch (so nennen wir Handlungen, die wir ausschließlich aus anderen Gründen ausüben), sondern eine Kombination aus beidem. Chirurgen beginnen gewöhnlich ihre lange Ausbildung aus exotelischen Erwartungen: um Menschen zu helfen, um Geld zu verdienen oder Ruhm zu erlangen. Mit ein wenig Glück haben sie nach einer Weile Spaß an ihrer Arbeit. Dann wird das Operieren vorwiegend autotelisch.

Manche Dinge, zu denen man anfänglich gezwungen wird, stellen sich im Laufe der Zeit als an sich lohnenswert heraus. Ein Freund, mit dem ich vor vielen Jahren zusammenarbeitete, hatte ein großes Talent. Immer, wenn die Arbeit besonders langweilig wurde, blickte er mit leicht glasigen Augen auf und summte ein Musikstück – einen Choral von Bach, ein Mozart-Konzert, eine Symphonie von Beethoven. Doch das Wort Summen bezeichnet nur sehr unzureichend das, was er tat. Er reproduzierte das ganze Stück und imitierte mit seiner Stimme die Hauptinstrumente jeder einzelnen Passage: Nun jaulte er wie eine Geige, dann dröhnte er wie ein Baß oder trompetete wie eine Barockposaune. Alle anderen in diesem Büro lauschten ihm verzückt und gingen erfrischt wieder an die Arbeit. Seltsam aber ist, wie mein Freund dieses Talent entwickelte. Seit er drei war, hatte ihn sein Vater in klassische Konzerte geführt. Seiner Erinnerung nach hat er sich dort immer schrecklich gelangweilt. Manchmal schlief er auf seinem Sitz ein und wurde mit einem kräftigen Klaps wieder geweckt. Er haßte diese Konzerte allmählich, haßte klassische Musik und vermutlich auch seinen Vater – doch Jahr für Jahr wurde er zu diesen unangenehmen Erlebnissen gezwungen. Eines Abends jedoch, bei der Ouvertüre zu einer Mozartoper, hatte er seinen Worten zufolge eine ekstatische Einsicht: Er entdeckte plötzlich die melodische Struktur des Stücks und war überwältigt von dem Gefühl, daß sich ihm eine völlig neue Welt öffnete. Drei Jahre höchst unangenehmen Zuhörens hatten ihn auf diese Offenbarung vorbereitet und ermöglichten ihm nun, die Herausforderungen zu begreifen, die Mozart in seine Musik eingebaut hat.

Natürlich hatte er Glück. Viele Kinder kommen nie zu dem Punkt, an dem sie die Möglichkeiten der Aktivität entdecken, zu der sie gezwungen wurden, und können sie für den Rest ihres Lebens nicht leiden. Wie viele Kinder hassen klassische Musik, weil ihre Eltern sie zwangen, ein Instrument zu lernen. Oft brauchen Kinder – und Erwachsene – äußere Anregungen, um die ersten Schritte in einer Aktivität zu unternehmen, zu der man seine Aufmerksamkeit auf schwierige Weise neu strukturieren muß. Die meisten erfreulichen

Aktivitäten sind nicht natürlich; man muß sich dabei anstrengen, und dazu ist man anfangs nur zögernd bereit. Doch wenn die Interaktion zum ersten Mal Rückmeldung für die Fähigkeiten der Person bietet, beginnt sie gewöhnlich, an sich wertvoll zu werden.

Autotelische Erfahrungen unterscheiden sich stark von den Gefühlen, die wir im normalen Leben erfahren. So viel von dem, was wir tun, hat keinen Wert an sich, und wir machen es bloß, weil wir müssen oder weil wir einen künftigen Vorteil davon erwarten. Viele Menschen meinen, die bei der Arbeit verbrachte Zeit sei grundsätzlich verschwendet – sie sind entfremdet, und die psychische Energie, die sie in die Arbeit stecken, stärkt ihr Selbst nicht. Für eine ganze Reihe von Menschen gilt auch die Freizeit als verschwendete Zeit. Freizeit stellt eine entspannende Unterbrechung der Arbeit dar, doch gewöhnlich besteht sie aus passiver Konsumierung von Informationen, ohne daß Fähigkeiten eingesetzt oder neue Handlungsmöglichkeiten erforscht werden. Daher verstreicht das Leben als Abfolge langweiliger und verunsichernder Erfahrungen, über die man nur wenig Kontrolle hat.

Die autotelische Erfahrung, der *flow,* bringt das Leben auf eine höhere Ebene. Aus Entfremdung wird Engagement, Freude ersetzt Langeweile, Hilflosigkeit verwandelt sich in ein Gefühl von Kontrolle, und die psychische Energie hilft dem Selbst, sich zu stärken, statt sich im Dienst äußerer Ziele zu verlieren. Wenn eine Erfahrung intrinsisch lohnend wird, ist das Leben in der Gegenwart gerechtfertigt, statt zur Geisel für einen vermuteten zukünftigen Vorteil zu werden.

Aber wir haben bereits im Abschnitt über das Gefühl der Kontrolle gesehen, daß man sich der möglicherweise süchtig machenden Kräfte des *flows* bewußt sein muß. Man sollte sich mit der Tatsache abfinden, daß nichts in der Welt ausschließlich positiv ist; jede Macht kann mißbraucht werden. Liebe kann zu Grausamkeit führen, Wissenschaft Zerstörung schaffen, unkontrollierte Technologie führt zur Umweltverschmutzung. Optimale Erfahrung ist eine Form der Energie, und Energie kann genutzt werden, um zu helfen oder zu zerstören. Feuer wärmt oder verbrennt, Atomkraft kann Strom erzeugen oder die Welt auslöschen. Energie ist Kraft, aber Kraft ist nur ein Mittel zum Zweck. Die Ziele, auf die man sie richtet, können das Leben reichhaltiger oder leidvoller machen.

Der Marquis de Sade perfektionierte das Zufügen von Schmerz zu einer Art Lust, und Grausamkeit ist in der Tat eine universelle Quelle der Freude für viele Menschen, die keine differenzierteren Fähigkeiten entwickelt haben. Die Menschen werden selbst in solchen Gesellschaften von Gewalt angezogen, die wir „zivilisiert" nennen, weil man dort versucht, das Leben angenehm zu gestalten, ohne sich in das Wohlergehen des einzelnen einzumischen. Die Gladiatorenkämpfe amüsierten Rom, Viktorianer zahlten Geld, um zuzusehen, wie Ratten von Terriern zerrissen wurden, und der Boxkampf ist ein wichtiges Thema in unserer eigenen Kultur.

Heimkehrer aus Vietnam oder anderen Kriegen sprechen nostalgisch über ihre Fronterlebnisse und beschreiben sie als *flow*-Erfahrung. Wenn man neben einem Raketenabschußgerät im Graben sitzt, ist das Leben recht einfach. Ziel ist, den Feind zu vernichten, ehe er einen selbst vernichtet; gut und böse werden offensichtlich, die Mittel zur Kontrolle stehen zur Verfügung, Ablenkungen sind ausgeschaltet. Auch wenn man den Krieg haßt, kann diese Erfahrung erregender sein als alles, was einem im Zivilleben begegnet ist.

Kriminelle sagen oft Sätze wie: „Zeig mir was, das ebensoviel Spaß macht, wie nachts in ein Haus einzubrechen und den Schmuck zu klauen, ohne jemanden zu wecken, und ich würde es tun." Ein Großteil der sogenannten Jugendkriminalität – Autodiebstahl, Vandalismus, Rowdytum – wird von dem gleichen Bedürfnis angeregt, *flow*-Erfahrungen zu erleben, die im Alltagsleben nicht geboten werden. Solange ein bedeutsamer Teil der Gesellschaft nur wenig Möglichkeiten hat, sich sinnvollen Herausforderungen zu stellen, nur wenige Gelegenheiten, Fähigkeiten zu entwickeln, die notwendig sind, um Gewinn daraus zu ziehen, müssen wir davon ausgehen, daß Gewalt und Verbrechen diejenigen Menschen anzieht, die sonst keinen Weg zu komplexeren autotelischen Erfahrungen finden können. Das Thema wird noch komplizierter, wenn wir überlegen, daß Aktivitäten mit Renommee im Bereich der Wissenschaft und der Technologie, die später einen äußerst zweischneidigen und vielleicht sogar schrecklichen Charakter annehmen, ursprünglich recht erfreulich waren. Robert Oppenheimer nannte seine Arbeit an der Atombombe ein „süßes Problemchen", und es besteht gar keine Frage, daß die Herstellung von Nervengas oder die Planung des „Kriegs der Sterne" für die daran Beteiligten sehr lohnend sein kann.

Die *flow*-Erfahrung ist, wie alles andere, nicht im absoluten Sinne „gut“. Sie ist nur insofern gut, als sie die Möglichkeit umfaßt, das Leben reich, intensiv und sinnvoll zu machen. Sie ist gut, weil sie die Kraft und Komplexität des Selbst stärkt. Doch ob die Folgen eines bestimmten *flow*-Ereignisses in weiterem Sinne gut sind, müßte nach umfassenderen sozialen Kriterien diskutiert und beurteilt werden. Das gleiche trifft jedoch auf alle menschlichen Aktivitäten zu, ob in Wissenschaft, Religion oder Politik. Ein bestimmter religiöser Glaube kann einer Person oder einer Gruppe nützen, aber viele andere unterdrücken. Das Christentum half, die auseinanderfallenden ethnischen Gruppierungen des Römischen Reiches wieder zusammenzubringen, wirkte aber bei der Auflösung vieler Kulturen mit, mit denen es später in Kontakt geriet. Ein gegebener Vorteil kann für die Wissenschaft und wenige Wissenschaftler nützlich sein, aber schlecht für die Menschheit als Ganzes. Es ist eine Illusion zu glauben, daß irgendeine Lösung allen Menschen auf ewig nützen könnte; es gibt keine menschliche Errungenschaft, über die das letzte Wort gesprochen ist. Jeffersons mahnender Satz „Ständige Wachsamkeit ist der Preis der Freiheit“ trifft auch auf andere Bereiche als die Politk zu; er bedeutet, daß wir stets neu einschätzen müssen, was wir tun, sonst machen uns die Gewohnheit und vergangene Weisheiten blind für neue Möglichkeiten.

Es wäre jedoch sinnlos, eine Energiequelle zu ignorieren, weil sie mißbraucht werden kann. Wenn die Menschheit versucht hätte, das Feuer zu verbannen, weil man damit Dinge verbrennen kann, hätten wir uns kaum vom Primatendasein weiterentwickelt. Demokrit sagte sehr treffend vor vielen Jahrhunderten: „Wasser kann gut wie schlecht sein, nützlich und gefährlich. Gegen die Gefahren gibt es jedoch ein Mittel: Schwimmen lernen.“ Schwimmen bedeutet in unserem Fall, nützliche und schädliche Formen des *flow* unterscheiden zu lernen und den ersteren das Beste abzugewinnen, während man letzteren Grenzen setzt. Die Aufgabe heißt zu lernen, wie man das Alltagsleben genießt, ohne die Chancen anderer zu beeinträchtigen, das ihre zu genießen.

IV Die Grundbedingungen für *flow*

Wir haben nun die allgemeinen Eigenschaften für optimale Erfahrungen beschrieben: ein Gefühl, daß die eigenen Fähigkeiten ausreichen, eine gegebene Herausforderung in einem zielgerichteten, regelgebundenen Handlungssystem zu bewältigen, das deutliche Rückmeldung bietet, wie gut man dabei abschneidet. Die Konzentration ist dabei so intensiv, daß keine Aufmerksamkeit übrig bleibt, um an andere, unwichtige Dinge zu denken oder sich um Probleme zu sorgen. Das Selbstgefühl verschwindet, und das Zeitgefühl wird verzerrt. Eine Aktivität, die solche Erfahrungen herbeiführt, ist so lohnend, daß man gewillt wird, sie um ihrer selbst willen auszuführen, ohne an mögliche Vorteile zu denken, auch wenn sie schwierig oder gefährlich ist.

Aber wie kommt es zu solchen Erfahrungen? Gelegentlich tritt *flow* zufällig, aufgrund eines glücklichen Zufalls äußerer und innerer Bedingungen ein. Ein paar Freunde etwa treffen sich zu einem Essen, und jemand bringt ein Thema auf, das jeden in der Runde interessiert. Oder sie machen Witze und erzählen einander Geschichten, und sehr bald haben alle Spaß und fühlen sich wohl. Solche Ereignisse können spontan geschehen, doch *flow* tritt zuverlässiger ein, entweder aus einer strukturierten Aktivität oder aus der Fähigkeit des einzelnen, *flow* herbeizuführen, oder aus beidem.

Warum ist Spielen so angenehm, während die meisten Dinge, die man jeden Tag tun muß – arbeiten oder zu Hause herumsitzen – oft so langweilig sind? Und warum erlebt der eine selbst in einem Konzentrationslager Freude, während einen anderen im Urlaub an einem schönen Ort die große Langeweile überkommt? Die Beantwortung dieser Fragen erleichtert das Verständnis, wie Erfahrungen gestaltet werden können, um die Lebensqualität zu verbessern. In diesem Kapitel werden jene besonderen Aktivitäten, die am wahrscheinlichsten *flow*-Erfahrungen auslösen, und die persönlichen Eigenschaften unter die Lupe genommen, die einem helfen, *flow* leicht zu erreichen.

Flow-Aktivitäten

Bisher haben wir in diesem Buch, wenn wir optimale Erfahrungen beschrieben, Beispiele angeführt wie Musizieren, Bergsteigen, Tanzen, Segeln, Schachspielen usw. Diese Aktivitäten lösen *flow* leicht aus, weil sie *angelegt* sind, um optimale Erfahrungen leichter erreichbar zu machen. Sie richten sich nach Regeln, die man lernen muß, sie bieten Ziele, geben Rückmeldung und ermöglichen Kontrolle. Sie erleichtern die Konzentration und Vertiefung, indem sie die Aktivität so unterschiedlich wie möglich von der sogenannten „übergeordneten Realität" der Alltagsexistenz gestalten. Bei allen Sportarten kleiden sich die Ausübenden zum Beispiel in auffallende Uniformen und betreten besondere Enklaven, die sie vorübergehend von den übrigen Sterblichen abgrenzen. Für die Dauer des Ereignisses verhalten sich Spieler und Zuschauer nicht nach den Regeln des gesunden Menschenverstandes und konzentrieren sich statt dessen auf die seltsame Realität des Spiels.

Solche *flow*-Aktivitäten dienen primär dazu, positive Erlebnisse hervorzubringen. Spiele, Kunst, Pomp, Rituale und Sport sind Beispiele dafür. Aufgrund ihrer Konstruktion helfen sie Teilnehmern und Zuschauern, ein geordnetes Bewußtsein zu erreichen, einen Zustand, der sehr angenehm ist.

Roger Caillois, der französische Psychoanthropologe, hat die Spiele der Welt (er benutzt den Begriff Spiele im weitesten Sinne und schließt alle Arten angenehmer Handlungen ein) je nach der Erfahrung, die sie bieten, in vier große Klassen eingeteilt. Zur Klasse *Agon* gehören Spiele, die Wettbewerb als Hauptaspekt enthalten, wie fast alle Sportarten. *Alea* ist die Klasse der Glücksspiele, vom Würfelspiel bis zum Bingo. *Ilinx* oder Schwindel ist seine Bezeichnung für Aktivitäten, die das Bewußtsein verändern, indem sie die normale Wahrnehmung verzerren, wie etwa beim Karussellfahren und Fallschirmspringen, und *Mimikri* umfaßt die Gruppe von Aktivitäten, in denen andere Realitäten erschaffen werden, wie bei Tanz, Theater und den Künsten im allgemeinen.

Nach diesem Schema kann man sagen, daß Spiele Gelegenheiten bieten, auf vier verschiedene Arten über die Grenzen gewöhnlicher Erfahrung hinauszugehen. Bei agonistischen Spielen muß der Teilnehmer sich anstrengen, um die Herausforderung, die Fähigkeiten des Gegners, zu bewältigen. Die Wurzel des englischen Wortes „competition“ (Wettbewerb) bilden die lateinischen Wörter *con petire,* was soviel wie „zusammen suchen“ bedeutet. Jeder sucht sein Potential zu verwirklichen, und dies wird leichter, wenn andere einen zwingen, das Beste zu geben. Natürlich verbessert der Wettbewerb eine Erfahrung nur, solange die Aufmerksamkeit vornehmlich auf die Aktivität selbst zentriert ist. Wenn äußere Ziele - wie das Besiegen des Gegners, das Publikum beeindrucken oder ein Vertrag als Profi – dahinterstehen, wird der Wettbewerb vermutlich eher zu einer Ablenkung statt zu einem Anreiz, das Bewußtsein auf das zu richten, was gerade abläuft.

Aleatorische Spiele sind erfreulich, weil sie einem die Illusion verleihen, die unerforschliche Zukunft zu kontrollieren. Die Indianer mischten bestimmte Rippenknochen von Büffeln, um den Ausgang der nächsten Jagd vorherzusagen. Die Chinesen deuteten das Muster, in dem kleine Stäbchen fielen, und die Azande aus Zentralafrika lesen die Zukunft daraus, wie ihre Opferhühner gestorben sind. Wahrsagung ist ein universelles Kennzeichen für eine Kultur, ein Versuch, aus den Grenzen der Gegenwart auszubrechen und eine Ahnung zu erlangen, was geschehen wird. Glücksspiele stützen sich auf das gleiche Bedürfnis. Die Büffelrippen werden zu Würfeln, die Stöckchen des I Ging zu Spielkarten und das Ritual der Weissagung zum Glücksspiel - zu einer säkularen Aktivität, bei der Menschen versuchen, einander auszustechen oder das Schicksal zu übertölpeln.

Schwindel ist der direkteste Weg, das Bewußtsein zu verändern. Kleine Kinder drehen sich gern im Kreis, bis ihnen schwindlig wird; die wirbelnden Derwische des Ostens versetzen sich mit der gleichen Methode in einen ekstatischen Zustand. Jede Handlung, die verändert, wie wir die Realität wahrnehmen, ist erfreulich, eine Tatsache, die die Anziehungskraft aller „bewußtseinserweiternden Drogen“ beweist, von Visionen erzeugenden Pilzen bis zu Alkohol und der Pandorabüchse der halluzinatorischen Chemikalien der Gegenwart. Doch das Bewußtsein kann nicht erweitert werden; wir können nur seinen Inhalt durcheinanderbringen, und das vermittelt einem den Eindruck, es irgendwie erweitert zu haben. Der Preis der meisten künstlich herbeigeführten Veränderungen ist jedoch, daß man die

Kontrolle über das Bewußtsein verliert, das man eigentlich erweitern wollte. *Mimikri* gibt einem das Gefühl, durch Phantasie, Verstellung und Verkleidung mehr zu sein, als man eigentlich ist. Unsere Ahnen identifizierten sich beim Tanz in Göttermasken mit den Kräften, die das Universum beherrschen. Indem sich Yaqui-Tänzer wie ein Reh kleideten, fühlten sie sich eins mit dem Geist des dargestellten Tiers. Der Sängerin, deren Stimme mit der Harmonie eines Chors verschmilzt, läuft ein kalter Schauder über den Rücken, weil sie sich eins mit dem wunderschönen Ton fühlt, den hervorzubringen sie geholfen hat. Das kleine Mädchen, das mit seiner Puppe spielt, und der kleine Bruder, der tut, als sei er ein Cowboy, weiten die Grenzen ihrer gewöhnlichen Erfahrung ebenfalls aus, damit sie vorübergehend zu etwas anderem, Mächtigerem werden – und lernen dabei die geschlechtstypischen Erwachsenenrollen ihrer Gesellschaft.

Wir haben in unseren Studien herausgefunden, daß jede *flow*-Aktivität, ob dazu eine Wettbewerbssituation oder eine andere Dimension der Erfahrung gehört, etwas gemeinsam hatte: Es wird ein Gefühl einer Entdeckung geschaffen, ein kreatives Gefühl, das das Individuum in eine andere Realität versetzt. Es treibt die Person zu höherer Leistung an und führt zu einem vorher ungeahnten Zustand des Bewußtseins. Kurz, es verändert das Selbst und macht es komplexer. Dieses Wachstum des Selbst stellt den Schlüssel zu *flow*-Aktivitäten dar.

Eine einfache Darstellung hilft vielleicht, dies zu erklären. Nehmen wir an, daß das Bild unten eine bestimmte Aktivität darstellt – etwa ein Tennisspiel. Die beiden theoretisch wichtigsten Dimensionen der Erfahrung – Herausforderung und Fähigkeiten – sind auf den beiden Achsen des Diagramms dargestellt. Der Buchstabe A steht für Alex, einen Jungen, der gerade Tennisspielen lernt. Am Anfang hat Alex (A_1) praktisch keine Fähigkeiten, und seine einzige Herausforderung besteht darin, den Ball über das Netz zu schlagen. Das ist nicht sehr schwierig, aber Alex hat vermutlich Spaß daran, weil der Schwierigkeitsgrad für seine rudimentären Fähigkeiten gerade richtig ist. An diesem Punkt gerät er vermutlich in *flow*. Aber lange kann er dort nicht bleiben. Nach einer Weile und einiger Übung verbessern sich seine Fähigkeiten, und er langweilt sich, wenn er nur den Ball übers Netz schlägt (A_2). Vielleicht trifft er auch auf einen geübteren Gegner und merkt, daß es größere Herausforderungen für ihn gibt, als nur den Ball zu treffen – hier wird er einige Unsicherheit spüren (A_3) und sich um seine schlechte Leistung sorgen.

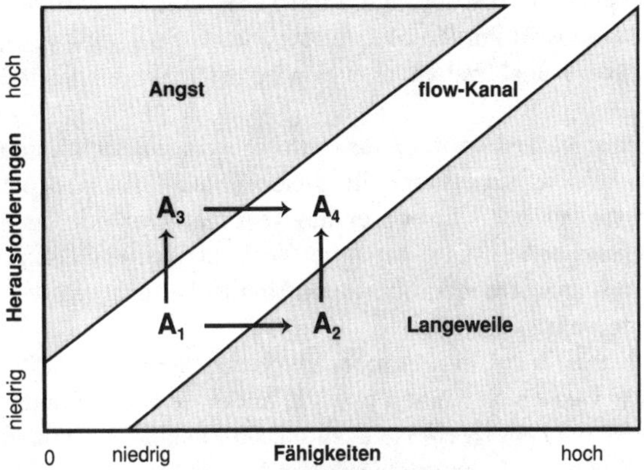

Warum die Komplexität des Bewußtseins durch die *flow*-Erfahrung zunimmt

Weder Langeweile noch Unsicherheit sind positive Erfahrungen. Daher wird Alex motiviert sein, in den *flow*-Zustand zurückzugelangen. Aber wie stellt er das an? Wir schauen wieder auf die Abbildung und sehen, daß Alex nur eine Möglichkeit hat, wenn er gelangweilt ist (A_2) und wieder in *flow* geraten will. (Er hat noch eine andere, nämlich Tennis ein für allemal aufzugeben – in diesem Fall würde A einfach aus der Abbildung verschwinden.) Er setzt sich ein neues, schwierigeres Ziel, das seinen Fähigkeiten entspricht – zum Beispiel, einen Gegner zu schlagen, der nur ein wenig geübter ist als er – und Alex wäre wieder im *flow* (A_4).

Wenn Alex unsicher ist, besteht der Weg zurück zum *flow* darin, seine Fähigkeiten zu verbessern. Theoretisch könnte er auch seine Herausforderungen verringern und in den gleichen *flow*-Zustand zurückkehren, in dem er begann (A_1), aber in der Praxis ist es schwierig, Herausforderungen nicht anzunehmen, wenn man weiß, daß es sie gibt.

Das Diagramm zeigt, daß A_1 und A_4 Situationen beschreiben, in denen Alex sich im *flow* befindet. Beide Zustände sind recht erfreulich, doch sie unterscheiden sich darin, daß A_4 eine *komplexere* Erfahrung darstellt als A_1. Sie ist komplexer, weil eine größere Herausforderung dazugehört und dem Spieler größere Geschicklichkeit abverlangt.

Auch wenn A_4 komplex und erfreulich ist, stellt es doch keine stabile Situation dar. Wenn Alex weiterspielt, werden ihn entweder die immer gleichen Möglichkeiten auf dieser Ebene langweilen, oder er wird unsicher und frustriert aufgrund seiner relativ geringen Fähigkeiten. Daher wird ihn die Motivation, wieder Spaß zu haben, zurück in den *flow*-Kanal treiben, aber nun mit *höherer* Komplexität als bei A_4.

Diese Dynamik erklärt, warum *flow*-Aktivitäten zu Wachstum und Entdeckungen führen. Man kann die gleiche Sache auf gleicher Ebene nicht lange genießen. Entweder langweilt man sich, oder man wird frustriert, und dann drängt einen der Wunsch, wieder Spaß zu haben, dazu, sich anzustrengen oder neue Möglichkeiten zu finden, seine Fähigkeiten anzuwenden.

Man sollte jedoch nicht in den mechanistischen Irrtum verfallen und erwarten, nur weil sich jemand objektiv mit einer *flow*-Aktivität befaßt, erlebe er notwendigerweise auch diesen Zustand. Es zählen nicht nur die „echten" Herausforderungen, die die Situation stellt, sondern auch jene, derer sich die Person bewußt ist. Nicht die Fähigkeiten, über die man tatsächlich verfügt, bestimmen, wie man sich fühlt, sondern jene, die man vermeintlich hat. Einer reagiert vielleicht auf die Herausforderung eines Berggipfels, bleibt aber ungerührt bei der Möglichkeit, ein Musikinstrument lernen zu können. Ein anderer ergreift vielleicht die Chance, ein Instrument zu lernen, und für ihn ist der Berg völlig ohne Reiz. Wie man sich in jedem einzelnen Augenblick einer *flow*-Aktivität fühlt, wird stark von den objektiven Bedingungen beeinflußt, aber das Bewußtsein ist immer frei, den Fall selbst einzuschätzen. Die Spielregeln sollen die psychische Energie in positive Bahnen lenken, aber ob sie dies tun oder nicht, liegt letztendlich an einem selbst. Ein Profisportler „spielt" vielleicht ohne ein einziges Tüpfelchen *flow* Fußball: Er langweilt sich vielleicht, ist unsicher oder sorgt sich mehr um die Bedingungen seines Vertrages als um das Spiel. Das Gegenteil ist sogar noch wahrscheinlicher, daß jemand großen Spaß an Aktivitäten hat, die eigentlich zu anderen Zwecken begonnen wurden: Für viele Menschen ist die Arbeit mit Kindern oder einfach Kinder haben viel *flow*-erzeugender als ein Spiel oder das Malen eines Bildes, weil sie gelernt haben, in recht gewöhnlichen Tätigkeiten Aspekte zu sehen, die andere nicht bemerken.

Im Verlauf der Evolution hat jede Kultur Aktivitäten entwickelt, die vornehmlich darauf abzielten, die Lebensqualität zu verbessern. Selbst in den technologisch rückständigsten Gesellschaften findet sich irgendeine Form von Kunst, Musik, Tanz und eine Reihe von Spielen für Kinder und Erwachsene. Eingeborene auf Neuguinea verbringen mehr Zeit damit, im Dschungel nach bunten Federn zu suchen, die sie bei ihren rituellen Tänzen als Schmuck tragen, als mit der Nahrungsbeschaffung. Und das ist keineswegs ein ausgefallenes Beispiel. Kunst, Spiel und Rituale nehmen in den meisten Kulturen vermutlich mehr Zeit in Anspruch als die Arbeit. Diese Aktivitäten können auch anderen Zwecken dienen, aber die Tatsache, daß sie Spaß machen, ist der Hauptgrund für ihr Überleben. Die Menschen begannen vor mindestens dreißigtausend Jahren, ihre Höhlen auszuschmücken. Diese Bilder hatten mit Sicherheit religiöse und praktische Bedeutung. Vermutlich aber war der Hauptgrund für Kunst im paläolithischen Zeitalter der gleiche wie heute – *flow* für den Maler und den Betrachter.

Flow und Religion sind in der Tat seit den frühesten Zeiten eng miteinander verknüpft. Viele optimale Erfahrungen der Menschheit fanden im Kontext religiöser Rituale statt. Nicht nur die Kunst, sondern auch Schauspielerei, Musik und Tanz hatten ihre Ursprünge in dem, was wir nun „religiöses Umfeld" nennen würden, das heißt bei Aktivitäten, die darauf abzielten, den Menschen mit übernatürlichen Mächten und Entitäten zu verbinden. Das gleiche gilt für Spiele; eines der frühesten Ballspiele, eine Art Basketball, das die Maya spielten, gehörte zu deren religiösen Feiern. Das gleiche gilt für die ursprünglichen Olympischen Spiele. Diese Verbindung überrascht nicht, denn das, was wir Religion nennen, stellt eigentlich den ältesten und ehrgeizigsten Versuch dar, Ordnung im Bewußtsein zu schaffen. Daher ergibt es einen Sinn, wenn religiöse Rituale eine wichtige Quelle für Freude darstellen.

In modernen Zeiten haben die Künste, Spiele und das Leben im allgemeinen ihre Verankerung im Übernatürlichen verloren. Die kosmische Ordnung, die früher half, der menschlichen Geschichte Sinn und Bedeutung zu geben, hat sich in unverbundene Fragmente aufgelöst. Viele Ideologen ringen nun um die beste Erklärung dafür, wie wir uns verhalten: Die Gesetze von Angebot und Nachfrage und die „unsichtbare" Hand, die den freien Markt reguliert, wollen unsere rationalen wirtschaftlichen Entscheidungen rechtfertigen; das Gesetz des Klassenkonflikts, das dem historischen Materialismus zugrunde liegt, versucht, unsere irrationalen politischen Entscheidungen zu erklären; das Prinzip der genetischen Auslese, auf der die Soziobiologie beruht, will erklären, warum wir einigen Menschen helfen und andere vernichten; das behavioristische Wirkungsgesetz bietet eine Erklärung, wie wir lernen, angenehmes Verhalten zu wiederholen, auch wenn wir uns ihrer nicht bewußt sind. Das sind nur einige der modernen „Religionen", die in den Sozialwissenschaften verwurzelt sind. Keine – mit gewisser Ausnahme des historischen Materialismus, der allerdings ebenfalls im Niedergang begriffen ist – genießt größere Popularität, und keine hat ästhetische Visionen oder erfreuende Rituale geschaffen wie die früheren Modelle für kosmische Ordnung.

Da zeitgenössische *flow*-Aktivitäten immer weltlicher werden, verbinden sie den Teilnehmer daran vermutlich kaum mit einem mächtigen Sinnsystem, wie die Olympischen Spiele oder das erwähnte Maya-Ballspiel. Ihre Inhalte sind allgemein rein hedonistisch: Wir erwarten, daß sie unser körperliches oder geistiges Befinden verbessern, aber nicht, eine Verbindung mit den Göttern herzustellen. Dennoch sind die Schritte, die wir unternehmen, um die Erfahrungsqualität zu verbessern, für die Kultur insgesamt sehr wichtig. Man hat schon vor langer Zeit erkannt, daß die produktiven Tätigkeiten einer Gesellschaft eine nützliche Methode darstellen, ihren Charakter zu beschreiben. Wir sprechen daher von Jäger-, Sammler-, Hirten-, Ackerbau- und technologischen Gesellschaften. Doch da *flow*-Aktivitäten frei gewählt werden und enger mit den Quellen dessen verbunden sind, was letztendlich sinnvoll ist, gibt es vielleicht noch genauere Indikatoren dafür, wer wir sind.

Flow und Kultur

Ein Hauptelement des amerikanischen Demokratieexperiments war, das Streben nach Glück zum bewußten politischen Ziel zu erklären – sogar zur Verantwortung der Regierung. Die Unabhängigkeitserklärung war zwar vielleicht das erste politische Dokument, das dieses Ziel ausdrücklich formulierte, doch vermutlich hat kein Gesellschaftssystem jemals lange überlebt, wenn das Volk nicht zumindest ein wenig Hoffnung hatte, die Regierung würde ihm helfen, glücklich zu werden. Natürlich hat es immer repressive Kulturen gegeben, in denen die Bevölkerung bereit war, äußerst unangenehme Regeln zu erdulden. Wenn die Sklaven, die die Pyramiden bauten, nur selten rebellierten, dann vermutlich aufgrund mangelnder Alternativen – als Sklaven für einen despotischen Pharao hatten sie immer noch eine etwas größere Hoffnung auf Zukunft.

In den letzten Jahrzehnten zögern Sozialwissenschaftler immer mehr, Werturteile über Kulturen zu fällen. Jeder Vergleich, der nicht strikt auf Tatsachen beruht, geht das Risiko ein, als wertend gedeutet zu werden. Es gilt als schlechter Stil, wenn man sagt, die Praktiken, Glaubensrichtungen oder Institutionen einer Kultur seien besser als die einer anderen. Dies ist „kulturelle Relativität", eine Haltung, die Anthropologen seit Beginn dieses Jahrhunderts als Reaktion auf überhebliche und ethnozentrische Aussagen der kolonialen viktorianischen Epoche einnehmen, als die westlichen Industrienationen sich als Säulen der Evolution betrachteten, in jeder Hinsicht besser als die technologisch unterentwickelten Nationen. Dieses naive Gefühl von Überlegenheit gehört der Vergangenheit an. Wir haben zwar immer noch etwas dagegen, wenn ein junger Araber einen Lastwagen mit Sprengstoff in eine Botschaft fährt und sich dabei selbst in die Luft jagt, aber wir können uns nicht mehr überlegen fühlen und seinen Glauben verdammen, das Paradies biete eine Sonderabteilung für Selbstmordkommandos. Nach diesem neuen Dogma ist es nicht mehr zulässig, ein System von Werten mit einem anderen zu vergleichen. Und da zu jeder interkulturellen Einschätzung zwangsläufig ein Wertsystem gehört, das dem Beobachter fremd ist, wird die bloße Möglichkeit eines Vergleiches ausgeschaltet.

Wenn wir jedoch annehmen, das Hauptziel eines jeden Menschen sei es, optimale Erfahrungen zu erlangen, werden die mit dem kulturellen Relativismus verbundenen Probleme weniger schwerwiegend. Jedes Gesellschaftssystem kann dann daraufhin untersucht werden, wieviel psychische Entropie es verursacht, indem man die Unordnung nicht mit Blick auf eine ideale Ordnung des einen oder anderen Systems vergleicht, sondern hinsichtlich der Ziele der jeweiligen Gesellschaft. Man könnte beginnen, indem man sagt, eine Gesellschaft sei „besser" als eine andere, wenn ein größerer Teil des

Volkes Zugang zu Erfahrungen hat, die mit seinen Zielen übereinstimmen. Ein zweites wichtiges Kriterium würde spezifizieren, daß diese Erfahrungen auf individueller Ebene zum Wachstum des Selbst führen sollten, indem so vielen Menschen wie möglich zugestanden wird, immer komplexere Fähigkeiten zu entwickeln.

Es scheint klar, daß sich Kulturen im Hinblick auf das „Glückspotential", das sie ermöglichen, voneinander unterscheiden. In manchen Gesellschaften und bestimmten historischen Perioden ist die Lebensqualität besser als in anderen. Gegen Ende des achtzehnten Jahrhunderts erging es dem durchschnittlichen Engländer vermutlich viel schlechter als zuvor oder hundert Jahre später. Beweise legen den Schluß nahe, daß die industrielle Revolution nicht nur die Lebenserwartung der Menschen über viele Generationen hinweg verkürzte, sondern das Leben auch unangenehmer und brutaler machte. Man kann sich kaum vorstellen, daß die Weber, die von den „Fabriken des Satans" schon im Alter von fünf Jahren verschluckt wurden, siebzig Stunden pro Woche arbeiteten, bis sie vor Erschöpfung tot umfielen, dem Leben trotz gemeinsamer Werte und Überzeugungen abgewannen, was sie wollten.

Um ein weiteres Beispiel zu nennen: In der Kultur der Dobu-Insulaner, die der Anthropologe Reo Fortune beschreibt, wird ständige Furcht vor Zauberei, Mißtrauen sogar unter engsten Verwandten und rachsüchtiges Verhalten gefördert. Schon das Austreten wird zum Problem, weil es bedeutet, in den Busch zu gehen, denn jeder erwartet, allein unter Bäumen von schwarzer Magie angegriffen zu werden. Die Dobuaner schienen diese Eigentümlichkeiten, die ihre Alltagserfahrung durchdrangen, nicht zu *mögen,* aber sie kannten keine Alternative. Sie waren in einem Netz von Überzeugungen und Praktiken gefangen, die sich im Laufe der Zeit entwickelt hatten und die es ihnen sehr schwer machten, psychische Harmonie zu empfinden. Viele ethnographische Berichte lassen den Schluß zu, daß natürliche psychische Entropie in präliterarischen Kulturen verbreiteter ist, als man beim Mythos des „edlen Wilden" denken mag. Die Ik in Uganda, die mit den sich verschlechternden Umweltbedingungen nicht fertig werden, weil sie nicht mehr genug Nahrung zum Überleben finden, haben Eigennutz institutionalisiert, und zwar jenseits der wildesten Vorstellungen vom Kapitalismus. Die Yonomamo in Venezuela verehren, wie viele andere Kriegerstämme,

Gewalt in stärkerem Maße als unsere militaristischen Supermächte und finden nichts so schön wie einen anständigen blutigen Überfall auf ein Nachbardorf. Lachen und Lächeln sind in einem nigerianischen Stamm, den Laura Bohannaw studierte, fast unbekannt, weil die Menschen von Zauberei und Intrigen heimgesucht werden.

Es gibt keinen Beweis, daß diese Kulturen sich *aussuchten,* selbstsüchtig, gewalttätig oder ängstlich zu sein. Ihr Verhalten macht sie nicht glücklicher, im Gegenteil, es schafft Leid. Solche Praktiken und Überzeugungen, die dem Glück im Weg stehen, sind weder unvermeidlich noch notwendig; sie entwickelten sich per Zufall, als Folge zufälliger Reaktionen auf zufällige Bedingungen. Doch sobald sie zum Bestandteil der Normen und Gewohnheiten einer Kultur werden, nehmen die Menschen an, so müßten die Dinge sein. Sie gelangen zu der Überzeugung, sie hätten keine andere Wahl.

Glücklicherweise gibt es aber auch viele Beispiele für Kulturen, denen es entweder aus Glück oder Voraussicht gelungen ist, eine Umwelt zu schaffen, in der man relativ leicht *flow* erfahren kann. Die Pygmäen des Ituri-Waldes, die Colin Turnbull beschrieb, leben in Harmonie miteinander und ihrer Umwelt. Ihr Leben ist voll von nützlichen und herausfordernden Aktivitäten. Wenn sie nicht auf der Jagd sind oder das Dorf ausbauen, singen und tanzen sie, spielen Instrumente oder erzählen einander Geschichten. Wie in vielen sogenannten „primitiven" Kulturen erwartet man von jedem Erwachsenen in einer Pygmäengesellschaft, Schauspieler, Sänger, Tänzer und Geschichtenerzähler zu sein, aber auch ein geschickter Arbeiter. Ihrer Kultur würde man nach materiellen Leistungen wohl keine gute Note erteilen, aber wenn es um die Schaffung optimaler Erfahrungen geht, scheint ihre Lebenweise extrem erfolgreich zu sein.

Ein weiteres gutes Beispiel, wie eine Kultur *flow* in den Lebensstil integrieren kann, wird uns von dem kanadischen Ethnographen Richard Kool gegeben, der einen Indianerstamm in British Columbia (Kanada) beschreibt:

> „Die Shushwap-Region wurde und wird von den Indianern als ein guter Ort bezeichnet: reich an Lachs und Wild, an Bodenfrüchten wie Wurzeln und Knollen – ein üppiges Land. In diesem Gebiet leben die Menschen in festen Dörfern und erkunden die Umgebung nach notwendigem Bedarf. Sie haben komplizierte Techniken, um die

gegebenen Ressourcen geschickt zu nutzen, und halten ihr Leben für gut und reich. Doch die Älteren sagten, manchmal würde die Welt zu absehbar, und es gäbe nicht mehr genügend Herausforderungen. Ohne Herausforderung habe das Leben keinen Sinn.

Daher beschließen die Älteren in ihrer Weisheit, das gesamte Dorf solle umziehen, und diese Umzüge finden etwa alle 25 bis 30 Jahre statt. Die gesamte Bevölkerung zieht dann in einen anderen Teil des Shushwap-Landes und findet dort neue Herausforderungen.

Es gibt neue Flüsse zu erkunden, neue Wildwechsel zu finden, neue Gebiete, in denen die Balsawurzel gut gedeiht. Nun gewinnt das Leben wieder einen Sinn und wird lebenswert. Alle fühlen sich verjüngt und gesund. Übrigens ermöglicht es auch den ausgebeuteten Ressourcen in einem Gebiet, sich nach Jahren der Nutzung zu erholen ...“

Eine interessante Parallele bietet der große Schrein in Ise südlich von Kyoto. Der Ise-Schrein wurde vor etwa fünfzehnhundert Jahren auf zwei benachbarten Feldern erbaut. Etwa alle zwanzig Jahre wurde er abgebaut und auf dem Nachbarfeld neu errichtet. 1973 wurde er zum sechzigsten Mal neu gebaut. (Im vierzehnten Jahrhundert unterbrach ein Konflikt zwischen rivalisierenden Kaisern diese Praxis vorübergehend.)

Die Strategie der Shushwap und der Mönche von Ise ähnelt derjenigen, von der mehrere Staatsmänner nur geträumt haben. Sowohl Thomas Jefferson als auch Mao Tse-tung glaubten, daß jede Generation ihre eigene Revolution vollziehen müsse, damit die Menschen aktiv am politischen System beteiligt blieben, das ihr Leben regiert. In Wirklichkeit haben nur wenige Kulturen ein gutes Verhältnis zwischen ihren psychologischen Bedürfnissen und den ihnen zur Verfügung stehenden Möglichkeiten erreicht. Die meisten schaffen es nicht, weil sie das Überleben entweder zu schwierig gestalten oder indem sie sich in starre Muster einbinden, die die Handlungsmöglichkeiten für die nachfolgende Generation ersticken.

Kulturen sind Verteidigungswerke gegen das Chaos, angelegt, um den Einfluß des Zufalls auf die Erfahrung zu vermindern. Es handelt sich um angepaßte Reaktionen, genau wie Federn bei Vögeln und Fell bei Säugetieren. Kulturen schreiben Normen vor, entwickeln Ziele, bauen Überzeugungen auf, die einem helfen, mit den Herausforderungen der Existenz fertig zu werden. Dabei müssen sie viele alternative Ziele und Überzeugungen ausschalten und so die Möglichkeiten einengen, doch die Kanalisierung der Aufmerksamkeit auf eine bestimmte Anzahl von Zielen und Mitteln ermöglicht müheloses Handeln innerhalb selbstgeschaffener Grenzen.

In dieser Hinsicht lassen sich Spiele hervorragend mit Kulturen vergleichen. Beide bestehen mehr oder minder aus zufälligen Zielen und Regeln, die es dem Menschen ermöglichen, sich an einem Prozeß zu beteiligen und mit einem Minimum an Zweifeln und Ablenkungen zu handeln. Der Unterschied ist lediglich quantitativ. Kulturen sind allumfassend: Sie bestimmen, wie ein Mensch geboren wird, wie er aufwächst, heiratet, Kinder hat und stirbt. Spiele füllen die Zwischenräume der kulturellen Vorlage aus. Sie verbessern das Handeln und die Konzentration in der „Freizeit", wenn kulturelle Instruktionen wenig Anleitung geben, und die Aufmerksamkeit droht in die unbezeichneten Regionen des Chaos abzuwandern. Wenn es einer Kultur gelingt, ein so zwingendes Muster von Zielen und Regeln zu entwickeln, das den Fähigkeiten der Bevölkerung sehr gut angepaßt ist, können die in ihr Lebenden ungewöhnlich häufig und intensiv *flow* erfahren, und die Analogie zwischen Spiel und Kultur wird noch enger. In einem solchen Fall kann man sagen, daß die Kultur als Ganzes zu einem „großen Spiel" wird. Einigen klassischen Zivilisationen ist es vielleicht gelungen, diesen Zustand zu erreichen. Athener Bürger, Römer, deren Handlungen durch *virtus* geprägt waren, chinesische Intellektuelle oder indische Brahmanen bewegten sich mit ausgeklügelter Anmut durchs Leben und gewannen vielleicht aus der Harmonie ihrer Handlungen die gleiche Freude wie aus einem komplizierten Tanz. Die athenische *polis,* das römische Gesetz, die göttlich begründete Bürokratie Chinas und die allumfassende spirituelle Ordnung Indiens sind erfolgreiche und dauerhafte Beispiele, wie eine Kultur *flow* fördern kann – zumindest für jene, die das Glück hatten, zu den Hauptdarstellern zu gehören.

Eine Kultur, die *flow* fördert, ist nicht notwendigerweise im moralischen Sinne „gut". Die Regeln Spartas scheinen vom heutigen Standpunkt aus unnötig grausam, obwohl sie gewiß erfolgreich jene motivieren konnten, die sie befolgten. Die Freude am Kampf und an den Schlachtereien, die die tatarischen Horden oder die türkischen Janitscharen beflügelten, sind legendär. Sicher trifft es zu, daß das faschistische Nazi-Regime und seine Ideologie für große Teile der europäischen Bevölkerung, verwirrt durch die entwurzelnden wirtschaftlichen und kulturellen Schocks der zwanziger Jahre, einen attraktiven Spielplan darstellten. Die Nazis boten einfache Ziele, deutliches Feedback und ermöglichten ein neues Engagement im Leben, das viele nach vorausgegangenen Unsicherheiten und Frustrationen als erleichternd empfanden.

Flow kann zwar eine starke Motivation darstellen, doch er garantiert nicht, daß jene, die ihn erleben, auch gut sind. Wenn alle anderen Bedingungen gleich sind, könnte man *die* Kultur als „besser" bezeichnen, in der *flow* leicht möglich gemacht wird. Doch wenn eine Gruppe von Menschen Ziele und Normen annimmt, die ihre Freude am Leben vergrößern, besteht immer die Möglichkeit, daß dies auf Kosten einer anderen Gruppe geschieht. Der *flow* Athener Bürger wurde durch die Sklaven ermöglicht, die auf ihren Anwesen schufteten, ebenso wie der elegante Lebensstil auf den Plantagen des amerikanischen Südens auf der Arbeit der eingeführten Sklaven beruhte.

Wir sind noch weit davon entfernt, mit einiger Genauigkeit messen zu können, wie viele optimale Erfahrungen verschiedene Kulturen ermöglichen. Nach einer groß angelegten Gallup-Umfrage von 1976 behaupteten 40% aller Nordamerikaner, sie seien „sehr glücklich", verglichen mit 20% der Europäer, 18% der Afrikaner und nur 7% der Befragten aus dem Fernen Osten. Dagegen wies eine andere Studie auf, die nur zwei Jahre zuvor durchgeführt worden war, daß die persönliche Glückseinschätzung der US-Bürger die gleiche ist wie die der Kubaner und Ägypter, deren Bruttosozialprodukt pro Kopf fünf- bzw. zehnmal geringer war als das der Amerikaner. Westdeutsche und Nigerianer wiesen die gleichen Werte für Glück auf, trotz fünfzehnfachen Unterschieds im Bruttosozialprodukt. Diese Diskrepanzen beweisen bisher nur, daß unsere Meßinstrumente für optimale Erfahrung noch sehr primitiv sind. Doch die Tatsache, daß Unterschiede existieren, scheint unbestritten.

Trotz zweifelhafter Ergebnisse stimmen alle umfassenden Untersuchungen darin überein, daß Bürger von Nationen, die wohlhabender, besser ausgebildet und unter stabileren Regierungen leben, in höherem Maße von Glück und Zufriedenheit mit dem Leben berichten. Großbritannien, Australien, Neuseeland und die Niederlande scheinen zu den glücklichsten Ländern zu gehören, und die Vereinigten

Staaten liegen trotz einer hohen Scheidungsrate, Alkoholismus, Verbrechen und Sucht nicht weit dahinter. Das sollte uns nicht überraschen, wenn man die Zeit und Mittel bedenkt, die wir bei Dingen verbringen, deren Hauptzweck es ist, uns Spaß zu machen. Durchschnittliche amerikanische Erwachsene arbeiten nur dreißig Stunden in der Woche (zusätzliche zehn Stunden verrichten sie unwichtige Dinge am Arbeitsplatz, wie Tagträumen, Plaudern usw.). Etwas weniger Zeit – etwa zwanzig Stunden pro Woche – verbringen sie mit Freizeitbeschäftigungen: sieben Stunden aktives Fernsehen, drei Stunden Lesen, zwei bei aktiveren Tätigkeiten wie Joggen, Musizieren, Bowling und sieben Stunden bei gesellschaftlichen Aktivitäten wie Partys, Kino, Zusammensein mit Familie und Freunden. Die verbleibenden fünfzig bis sechzig Stunden pro Woche, die ein Amerikaner wach ist, verbringt er mit reproduktiven Tätigkeiten, wie Essen, auf dem Weg zum Arbeitsplatz, Einkaufen, Kochen, Abwaschen und Reparieren oder unstrukturiert, wie einfach allein dasitzen und in den Raum starren.

Zwar haben Durchschnittsamerikaner viel Muße und guten Zugang zu Freizeitaktivitäten, doch sie erleben deshalb nicht oft *flow*. Das Potential stimmt nicht mit dem, was ist, überein, und Quantität heißt nicht Qualität. Fernsehen ist zum Beispiel die häufigste Freizeitaktivität in den Vereinigten Staaten, doch es führt nur sehr selten zu *flow*-Zuständen. Arbeitende Menschen erreichen *flow* – hohe Konzentration, starke, ausgewogene Herausforderungen und Fähigkeiten, ein Gefühl von Kontrolle und Befriedigung – im Beruf etwa viermal häufiger als beim Fernsehen.

Eine der merkwürdigsten Paradoxien unserer Zeit ist die große Auswahl an Freizeitaktivitäten, die auf irgendeine Weise nicht zu mehr Freude führen. Verglichen mit Menschen vor nur wenigen Generationen haben wir entschieden mehr Möglichkeiten, es uns schön zu machen, doch es gibt keine Anzeichen dafür, daß wir tatsächlich das Leben mehr genießen als unsere Vorfahren. Die Gelegenheiten allein reichen nicht aus. Wir brauchen zusätzlich die Fähigkeiten, sie zu nutzen, und wir müssen lernen, wie man das Bewußtsein kontrolliert – eine Fähigkeit, über die die meisten Menschen nicht verfügen. Umgeben von einer erstaunlichen Vielfalt an Erholungsmöglichkeiten sind die meisten Menschen weiterhin gelangweilt und leicht frustriert.

Diese Tatsache führt uns zur zweiten Bedingung, die dazu beiträgt, ob eine optimale Erfahrung stattfindet oder nicht: Die Fähigkeit des Individuums, das Bewußtsein so zu strukturieren, daß *flow* möglich wird. Manche Menschen haben Spaß, wo auch immer sie sind, andere langweilen sich auch angesichts der verrücktesten Möglichkeiten. Wir müssen also zusätzlich zu den äußeren Bedingungen der Struktur von *flow*-Aktivitäten die inneren Bedingungen miteinbeziehen, die *flow* ermöglichen.

Die autotelische Persönlichkeit

Es ist nicht leicht, gewöhnliche Erfahrungen in *flow* umzuwandeln, doch fast jeder kann seine Fähigkeit dazu verbessern. Wir werden im weiteren Verlauf dieses Buches das Phänomen der optimalen Erfahrung erforschen, um den Leser damit vertraut zu machen, doch nun wollen wir uns einem anderen Thema zuwenden: Ob alle Menschen das gleiche Potential haben, ihr Bewußtsein zu steuern, und wenn nicht, was jene, denen dies leicht gelingt, von denen unterscheidet, denen es schwerfällt.

Manche Menschen sind von ihrer Veranlagung her nicht fähig, *flow* zu erleben. Psychiater beschreiben Schizophrene als unfähig zur Freude; sie leiden unter *Anhedonie.* Wörtlich bedeutet es: „Mangel an Vergnügen". Dieses Symptom scheint mit Reizüberflutung verwandt zu sein. Dies bedeutet, daß Schizophrene dazu verdammt sind, irrelevante Reize zu bemerken und, ob sie wollen oder nicht, als Informationen zu verarbeiten. Die tragische Unfähigkeit des Schizophrenen, bestimmte Dinge aus dem Bewußtsein herauszuhalten, wird von Patienten eindrucksvoll beschrieben: „Die Dinge geschehen einfach mit mir, und ich habe keine Kontrolle darüber. Ich scheine einfach keine Macht mehr über die Dinge zu haben. Manchmal kann ich nicht einmal kontrollieren, was ich denke." „Alles kommt zu schnell auf mich zu. Ich verliere die Übersicht und verstricke mich. Ich kümmere mich gleichzeitig um alles und kann mich daher keiner Sache richtig widmen."

Es überrascht nicht, daß Patienten, die unfähig zur Konzentration sind und unterschiedslos allem ihre Aufmerksamkeit schenken, am Ende keine Freude erleben können. Aber was verursacht diese Reizüberflutung?

Teilweise sind vermutlich angeborene genetische Gründe dafür verantwortlich. Manche Menschen sind vom Temperament her weniger fähig als andere, ihre psychische Energie zu konzentrieren. Man hat bei Schulkindern eine große Anzahl von Lernschwierigkeiten unter die Rubrik „Aufmerksamkeitsstörung" eingeordnet, weil ein gemeinsames Merkmal darin besteht, daß sie wenig Kontrolle über ihre Aufmerksamkeit haben. Aufmerksamkeitsstörungen beruhen vermutlich auf einem chemischen Ungleichgewicht, doch es ist zusätzlich recht wahrscheinlich, daß die Qualität der Kindheitserfahrungen einen Einfluß darauf hat. Unserer Meinung nach haben Aufmerksamkeitsstörungen nicht nur Lernschwierigkeiten zur Folge, sondern schließen auch wirksam die Möglichkeit einer *flow*-Erfahrung aus. Wenn jemand seine psychische Energie nicht steuern kann, ist weder Lernen noch echte Freude möglich.

Ein weniger schwerwiegendes Hindernis für *flow* ist übertriebene Schüchternheit. Wenn sich jemand ständig Sorgen macht, wie er von anderen wahrgenommen wird, ob er etwas Unangemessenes tut oder einen falschen Eindruck erweckt, ist er ebenfalls dauerhaft zu Freudlosigkeit verdammt. Das gleiche gilt für Menschen, die extrem egozentrisch sind. Ein egozentisches Individuum ist gewöhnlich nicht schüchtern, sondern bewertet vielmehr jede kleinste Information danach, wie sie mit seinen Wünschen zusammenhängt. Für einen solchen Menschen ist an sich alles wertlos. Eine Blume ist keinen zweiten Blick wert, es sei denn, man kann sie zu etwas benutzen. Ein Mann oder eine Frau, die unseren Interessen nicht nutzen, verdienen keine weitere Aufmerksamkeit. Das Bewußtsein ist vollständig auf die eigenen Ziele ausgerichtet, und es darf nichts darin existieren, was sich nicht diesen Zielen anpaßt.

Ein schüchterner Mensch unterscheidet sich zwar in vielerlei Hinsicht von einem egozentrischen, doch beide üben nicht genügend Kontrolle über ihre psychische Energie aus, um leicht *flow*-Erfahrungen erleben zu können. Bei beiden fehlt der Aufmerksamkeit die Flexibilität, die man zu Aktivitäten um ihrer selbst willen benötigt; zu viel psychische Energie ist mit dem Selbst beschäftigt, die freie Aufmerksamkeit ist starr von dessen Bedürfnissen geleitet. Unter diesen Bedingungen ist es schwierig, sich für intrinsische Ziele zu interessieren, sich in einer Tätigkeit zu verlieren, die außer der Interaktion selbst keinen Vorteil bietet. Aufmerksamkeitsstörungen und Reizüberflutung verhindern *flow*, weil die psychische Energie zu flexibel und sprunghaft ist. Extreme Schüchternheit und Egozentrik verhindern ihn aus entgegengesetzten Gründen: Die Aufmerksamkeit ist zu starr und eng begrenzt. Beide Extreme erlauben es dem Menschen nicht, sie zu kontrollieren. Menschen mit diesen Extremzuständen können sich nicht freuen; sie lernen nur schwer und vergeuden Gelegenheiten zum Wachstum des Selbst. Paradoxerweise kann ein auf sich zentriertes Selbst nicht komplexer werden, weil alle vorhandene psychische Energie dazu verwendet wird, unmittelbare Ziele zu erfüllen, statt etwas über neue zu lernen.

Die bisher beschriebenen Hindernisse für *flow* liegen in einer Person selbst. Aber es gibt auch vieles in der Umwelt, das der Freude entgegensteht. Einiges ist natürlichen, anderes gesellschaftlichen Ursprungs. Man könnte etwa annehmen, daß Menschen, die unter den äußerst harten Bedingungen der Polargebiete oder in der Kalahariwüste leben, nur wenig Gelegenheiten haben, ihr Leben zu genießen. Doch auch die feindseligsten natürlichen Bedingungen können *flow* nicht vollständig ausschalten. Die Eskimos in ihren öden, unwirtlichen Ländern lernten singen, tanzen, scherzen, wunderschöne Objekte schnitzen und eine ausgeklügelte Mythologie erfinden, um ihrem Leben Ordnung und Sinn zu verleihen. Vermutlich gaben die Einwohner der Polargebiete und die der Sandwüsten, die keine Freude in ihr Leben bringen konnten, schließlich auf und starben aus. Aber die Tatsache, daß einige überlebten, zeigt, daß die Natur allein *flow*-Erfahrungen nicht verhindern kann.

Die gesellschaftlichen Bedingungen, die *flow* entgegenstehen, sind vermutlich schwieriger zu überwinden. Eine der Folgen von Sklaverei, Unterdrückung, Ausbeutung und der Vernichtung kultureller Werte ist die Ausrottung der Freude. Als die spanischen Eroberer die heute ausgestorbenen Eingeborenen der karibischen Inseln zur Arbeit in den Plantagen zwangen, wurde ihr Leben so leidvoll und sinnlos, daß sie das Interesse am Überleben verloren und sich schließlich nicht mehr fortpflanzten. Möglicherweise starben viele Kulturen auf ähnliche Weise aus, weil sie nicht mehr in der Lage waren, Freude zu vermitteln.

Zwei Begriffe, die gesellschaftliche Krankheitszustände beschreiben, passen auch auf Bedingungen, die *flow* zur schwierigen Erfahrung machen: *Anomie* und *Entfremdung.* Anomie – wörtlich: Mangel an Regeln – ist der Name, den der französische Soziologe Emile Durkheim einem Zustand in der Gesellschaft gab, bei dem die Verhaltensnormen verwischt wurden. Wenn nur noch undeutlich erkennbar ist, was erlaubt ist und was nicht, wenn unsicher ist, was die öffentliche Meinung schätzt, wird das Verhalten ziel- und sinnlos. Menschen, die von den Regeln einer Gesellschaft abhängen, um ihrem Bewußtsein Ordnung zu geben, werden unsicher. Anomische Situationen entstehen vielleicht, wenn eine Wirtschaft zusammenbricht oder wenn eine Kultur von einer anderen vernichtet wird, aber sie können sich auch ergeben, wenn rasch Wohlstand erreicht wird und alte Werte, wie Sparsamkeit und Fleiß, nicht mehr so wichtig sind wie zuvor.

Entfremdung ist in vieler Hinsicht das Gegenteil: Es handelt sich um einen Zustand, bei dem die Menschen von dem Gesellschaftssystem gezwungen werden, sich gegen ihre Ziele zu verhalten. Ein Arbeiter, der, um sich und seine Familie zu ernähren, am Fließband die gleiche sinnlose Aufgabe hundertfach verrichten muß, ist vermutlich entfremdet. In sozialistischen Ländern ist einer der unangenehmsten Gründe für Entfremdung die Notwendigkeit, einen Großteil der Freizeit beim Schlangestehen nach Nahrung, Kleidung oder Unterhaltung zu verbringen, oder aber bei endlosen bürokratischen Prozeduren. Wenn eine Gesellschaft unter Anomie leidet, wird *flow* schwierig, weil nicht deutlich wird, was es wert ist, psychische Energie einzusetzen. Wenn sie unter Entfremdung leidet, ist das Problem, daß man keine psychische Energie in das stecken kann, was deutlich wünschenswert ist.

Es ist interessant, daß diese beiden gesellschaftlichen Hindernisse für *flow*, Anomie und Entfremdung, funktional gleichzusetzen sind mit den beiden persönlichen Pathologien, Aufmerksamkeitsstörung und Egozentrik. Auf beiden Ebenen, der individuellen und der kollektiven, ist das, was *flow* verhindert, entweder die Zerstückelung des Aufmerksamkeitsprozesses (bei Anomie und Aufmerksamkeitsstörung) oder die extreme Starrheit (wie bei Entfremdung und Egozentrik). Auf individueller Ebene entspricht Anomie der Unsicherheit, Entfremdung der Langeweile.

Neurophysiologie und *flow*

Genau wie manche Menschen mit besserer Muskelkoordination geboren werden, ist es möglich, daß andere mit dem genetischen Vorteil auf die Welt kommen, ihr Bewußtsein steuern zu können. Solche Menschen leiden vermutlich weniger an Aufmerksamkeitsstörungen und erfahren *flow* viel leichter.

Jean Hamiltons Forschungen über die visuelle Wahrnehmung und die Aktivierungsmuster der Großhirnrinde unterstützen eine solche Hypothese. Ihre Beweise beruhen zum Teil auf einem Test, bei dem die Teilnehmer eine mehrfach deutbare Figur betrachten mußten (sowie beim Necker-Würfel oder bei einer Grafik von Escher, die an einem Punkt dem Blatt Papier zu entspringen und auf den Betrachter zuzukommen und im nächsten Moment wieder hinter dem Blatt zu verschwinden scheint), um sie dann umgekehrt wahrzunehmen, das heißt, die Gegenstände positiv statt negativ zu sehen. Hamilton fand heraus, daß Studenten, die über wenig intrinsische Motivation in ihrem Alltagsleben berichtet hatten, im Schnitt den Blick auf mehrere Punkte richten mußten, ehe sie die Figur umkehren konnten, während Studenten, die ihr Leben im ganzen als an sich lohnend empfanden, weniger Punkte, manchmal nur einen einzigen betrachten mußten, um die Figur umgekehrt zu sehen.

Diese Ergebnisse deuten an, daß Menschen unterschiedlich viele äußere Reize brauchen, um die gleiche geistige Aufgabe zu lösen. Menschen, die sehr viele Außeninformationen brauchen, um im Bewußtsein Bilder der Realität zu entwickeln, sind vielleicht, wenn sie ihren Verstand gebrauchen, von der Umwelt abhängiger. Sie haben weniger Kontrolle über ihre Gedanken, was es ihnen wiederum erschwert, Freude zu erleben. Im Gegensatz dazu sind Menschen, die nur wenige äußere Erkennungspunkte benötigen, um im Bewußtsein Ereignisse darzustellen, von der Umgebung unabhängiger. Sie verfügen über eine flexiblere Aufmerksamkeit, was ihnen ermöglicht, Erfahrungen leichter umzustrukturieren, und sie erleben daher häufiger optimale Erfahrungen.

Bei weiteren Experimenten wurden Studenten, die von häufigen oder seltenen *flow*-Erfahrungen berichteten, gebeten, sich in einer Laborumgebung auf Lichtblitze oder Töne zu konzentrieren. Bei dieser Aufmerksamkeitsübung wurde die Aktivierung ihrer Großhirnrinde als Reaktion auf die Reize gemessen und Mittelwerte errechnet (man nennt dies „evozierte Potentiale"). Hamiltons Ergebnisse zeigten, daß die Teilnehmer, die angegeben hatten, nur selten *flow* zu erleben, wie erwartet reagierten: Als Reaktion auf die Lichtblitze ging ihre Aktivierung deutlich über die Grundlinie hinaus. Doch die Ergebnisse der Studenten, die von häufigen *flow*-Erlebnissen berichtet hatten, überraschten: Die Aktivierung *nahm ab,* wenn sie sich konzentrierten. Statt mehr Mühe zu verursachen, schien der Einsatz von Aufmerksamkeit die geistige Anstrengung tatsächlich zu verringern. Eine unabhängig davon vorgenommene Messung aufmerksamen Verhaltens bestätigte, daß diese Gruppe bei einer Aufgabe, die längere Aufmerksamkeit erforderte, auch genauer arbeitete.

Die wahrscheinlichste Erklärung für dieses ungewöhnliche Ergebnis ist wohl, daß die Gruppe, die von mehr *flow*s berichtet hatte, fähig war, die geistige Aktivität in allen Informationskanälen herunterzufahren, bis auf den einen, der die Lichtblitze verarbeitete. Das wiederum heißt, daß Menschen, die sich in einer Vielzahl von Situationen freuen können, die Fähigkeit haben, Reize auszuschließen und sich nur auf das zu konzentrieren, was sie in dem Moment für wichtig halten. Aufmerksamkeit einsetzen bedeutet gewöhnlich, zusätzliche Informationsverarbeitung über die Grundleistung hinaus, doch für Menschen, die gelernt haben, ihr Bewußtsein zu steuern, ist die Zentrierung der Aufmerksamkeit relativ mühelos, denn sie können alle anderen geistigen Prozesse abschalten. Genau diese Flexibilität der Aufmerksamkeit, die in starkem Gegensatz zur hilflosen Reizüberflutung des Schizophrenen steht, bildet die neurologische Grundlage der autotelischen Persönlichkeit.

Der neurologische Nachweis belegt jedoch nicht, daß manche Individuen aufgrund ererbter Gene wissen, wie man Aufmerksamkeit kontrolliert und *flow* erlebt. Man könnte die Ergebnisse eher auf Lernen als auf Vererbung zurückführen. Die Verbindung zwischen Konzentrationsfähigkeit und *flow* ist eindeutig, doch es bedarf noch weiterer Forschung, um zu belegen, welches was bewirkt.

Einflüsse der Familie auf die autotelische Persönlichkeit

Neurologisch bedingte Vorteile bei der Verarbeitung von Informationen sind vielleicht nicht der einzige Schlüssel für das Problem, warum manche Menschen schon beim Warten an der Bushaltestelle Spaß haben, während andere stets gelangweilt sind, wie unterhaltsam ihre Umwelt auch sein mag. Frühe Kindheitseinflüsse sind vermutlich ebenfalls verantwortlich, ob jemand leicht *flow* erlebt oder nicht.

Es gibt genügend Beweise für die Behauptung, daß die Art der Interaktion zwischen Eltern und Kind dauerhafte Wirkung darauf hat, zu welcher Art Person es heranwächst. In einer unserer Studien an der Universität von Chicago beobachtete Kevin Rathunde, daß Teenager, die eine bestimmte Beziehung zu ihren Eltern hatten, in den meisten Lebenssituationen eindeutig glücklicher, zufriedener und stärker waren als ihre Altersgenossen, die keine solche Beziehung hatten. Der Familienkontext, der optimale Erfahrungen fördert, wies fünf Eigenschaften auf. Die erste ist *Klarheit:* Kinder glauben zu wissen, was die Eltern von ihnen erwarten – Ziele und Feedback innerhalb des Familiensystems sind eindeutig. Das zweite Kennzeichen ist *Zentrierung,* daß in der Wahrnehmung des Kindes die Eltern an dem, was es tut, an seinen konkreten Gefühlen und Erfahrungen interessiert sind, statt sich zu stark darauf zu konzentrieren, ob es etwa einen Studienplatz oder eine gute Stelle bekommt. Das nächste Merkmal ist die *Wahlmöglichkeit:* Kinder haben dabei das Gefühl, eine Reihe von Möglichkeiten zu haben, aus denen sie auswählen können, darunter auch, ob sie eine elterliche Regel brechen – solange sie bereit sind, die Konsequenzen zu tragen. Die vierte Eigenschaft ist *Bindung,* das Vertrauen, das es dem Kind erlaubt, sich wohl genug zu fühlen, um seine Verteidigungsbarrieren zu senken und sich ohne Scheu in das zu vertiefen, wofür es sich interessiert. Und schließlich gibt es eine *Herausforderung,* die Verpflichtung der Eltern, den Kindern zunehmend komplexere Handlungsmöglichkeiten zur Verfügung zu stellen.

Diese fünf Bedingungen ermöglichen den sogenannten „autotelischen Familienkontext“, weil sie ein ideales Training für Freude am Leben darstellen. Die fünf Eigenschaften bilden eindeutige Parallelen zur *flow*-Erfahrung. Kinder, die in Familiensituationen groß werden, die eindeutige Ziele, Feedback, das Gefühl von Kontrolle, Konzentration auf gegebene Aufgaben, intrinsische Motivationen und Herausforderungen bieten, werden allgemein eine bessere Chance haben, ihr Leben so zu ordnen, daß *flow* möglich wird.

Darüber hinaus erhalten Familien, die einen autotelischen Kontext bieten, einen Großteil psychischer Energie für ihre Mitglieder und ermöglichen so ein Mehr an Freude. Kinder, die wissen, was sie tun können und was nicht, die nicht ständig um Regeln und Kontrolle streiten müssen, die sich nicht um die elterlichen Erwartungen an ihre Zukunft sorgen müssen, stehen nicht vor so vielen Aufmerksamkeitsanforderungen wie in chaotischeren Haushalten. Sie haben die Freiheit, Interesse für Dinge zu entwickeln, die ihr Selbst ausweiten. In weniger geordneten Familien wird ständig viel Energie für Verhandlungen und Streit verschwendet sowie mit dem Versuch der Kinder, ihr empfindliches Selbst vor den Zielen anderer zu verteidigen.

Es überrascht nicht, daß der Unterschied zwischen Teenagern, deren Familien einen autotelischen Kontext gaben, und jenen, deren Familien dies nicht taten, am stärksten hervortrat, wenn die Kinder zu Hause waren: Hier waren jene in einem autotelischen Kontext glücklicher, stärker, fröhlicher und zufriedener als ihre weniger begünstigten Altersgenossen. Doch der Unterschied war auch sichtbar, wenn die Teenager allein für sich oder in der Schule arbeiteten. Auch hier war Kindern aus autotelischen Familien optimale Erfahrung leichter zugänglich. Nur beim Zusammensein mit Freunden verschwanden die Unterschiede: Hier fühlten sich beide Gruppen gleich positiv, ob die Familien nun autotelisch waren oder nicht.

Vermutlich gibt es auch bestimmte Methoden des elterlichen Umgangs mit Säuglingen, die diese dafür prädisponiert, Freude leichter oder schwerer zu finden. Auf diesem Gebiet gibt es jedoch noch keine Langzeitstudien, die Ursache-Wirkungsbeziehungen über einen längeren Zeitraum hinweg untersucht haben. Es leuchtet jedoch ein, daß ein Kind, das mißhandelt wurde oder dem man oft mit dem Entzug der elterlichen Liebe gedroht hat – leider wird zunehmend deutlich, in welch verstörendem Ausmaß Kinder in unserer Gesellschaft auf diese Weise mißhandelt werden –, sich solche Sorgen macht, sein Selbst zerbreche, daß es nur wenig

Energie übrig hat, um intrinsische Ziele zu verfolgen. Statt die Komplexität von Freude zu suchen, wird ein mißhandeltes Kind vermutlich zu einem Erwachsenen heranreifen, der zufrieden ist, dem Leben so viel Vergnügen wie möglich abzugewinnen.

Flow-Menschen

Die Züge, die eine autotelische Persönlichkeit kennzeichnen, werden deutlich bei Menschen sichtbar, die an Situationen Freude haben, welche gewöhnliche Menschen unerträglich finden. In der Antarktis verloren oder in eine Gefängniszelle eingesperrt gelingt es einigen Menschen, ihre schrecklichen Bedingungen in einen machbaren und sogar erfreulichen Kampf zu verwandeln, während viele andere daran zerbrechen würden. Richard Logan, der viele Berichte von Menschen in schwierigen Situationen untersucht hat, schließt daraus, daß sie überlebten, indem sie Wege fanden, die objektiv schlechten Bedingungen in subjektiv kontrollierbare Erfahrungen zu verwandeln. Sie folgten dem Grundmuster von *flow*-Aktivitäten. Zunächst schenkten sie noch den winzigsten Einzelheiten ihrer Umgebung Aufmerksamkeit und entdeckten darin verborgene Möglichkeiten zum Handeln, die ihren eingeschränkten Fähigkeiten unter diesen Bedingungen entsprachen. Dann setzten sie sich Ziele, die der schwierigen Situation angemessen waren, und beobachteten ihren Fortschritt durch die eingehende Rückmeldung sorgfältig. Immer wenn sie ein Ziel erreichten, verschärften sie die Regeln und setzten sich zunehmend komplexere Herausforderungen.

Christopher Burney, der als Gefangener der Nazis im Zweiten Weltkrieg lange in Einzelhaft saß, gibt uns ein recht typisches Beispiel für diesen Prozeß:

> „Wenn die Grenzen der Erfahrung plötzlich eingeschränkt werden und wir nur wenig Nahrung für Gedanken und Gefühle übrig haben, neigen wir dazu, die wenigen Objekte zu ergreifen, die sich bieten, und einen ganzen Katalog absurder Fragen über sie zu stellen. Funktioniert das? Wer hat es und woraus hat er es gemacht? Und parallel dazu: ‚Wo und wann habe ich so etwas zuletzt gesehen, und an was erinnert es mich?' ... *So setzen wir einen wunderbaren Fluß von*

Kombinationen und Assoziationen in Gang, dessen Länge und Komplexität bald den bescheidenen Ausgangspunkt vergessen läßt ... mein Bett zum Beispiel konnte gemessen und grob mit Schul- oder Armeebetten verglichen werden ... Als ich mit dem Bett fertig war, das zu schlicht war, um mich lange zu beschäftigen, faßte ich die Decken an, schätzte ab, wie warm sie waren, untersuchte, ob das Fenster funktionierte, inspizierte die Mängel der Toilette ... berechnete die Länge und Breite, die Himmelsrichtung und Höhe der Zelle." (Kursiv v. Verf.)

Grundsätzlich die gleiche Genialität im Aufspüren von Gelegenheiten für geistige Beweglichkeit und Zielsetzungen wird von allen Überlebenden einer Einzelhaft berichtet, von Diplomaten, die von Terroristen gefangen wurden, oder von älteren Damen, die von den chinesischen Kommunisten verhaftet wurden. Eva Zeisel, die Porzellanmalerin, die über ein Jahr lang von Stalin im Moskauer Ljubjanka-Gefängnis gefangengehalten wurde, bewahrte ihren Verstand, indem sie überlegte, wie sie aus vorhandenen Materialien einen Büstenhalter anfertigen konnte, oder indem sie im Kopf gegen sich selbst Schach spielte, sich im Geiste auf französisch unterhielt, gymnastische Übungen machte und Gedichte, die sie sich ausdachte, auswendig lernte. Alexander Solschenizyn beschreibt, wie einer seiner Mitgefangenen im Lefortowo-Gefängnis die Weltkarte auf den Boden der Zelle malte und sich dann vorstellte, wie er über Asien und Europa nach Amerika reiste und jeden Tag ein paar Kilometer zurücklegte. Das gleiche „Spiel" wurde von vielen Gefangenen entdeckt: Albert Speer etwa, Hitlers Lieblingsarchitekt, beschäftigte sich über Monate hinweg im Spandauer Gefängnis, indem er imaginär eine Wanderung von Berlin nach Jerusalem machte und sich alle Ereignisse und Sehenswürdigkeiten auf dieser Strecke ausmalte.

Ein Bekannter, der für die amerikanische Luftwaffe bei der Aufklärung arbeitete, erzählte mir die Geschichte eines Piloten, der viele Jahre in Nordvietnam gefangen gehalten wurde. Er verlor in einem Dschungellager achtzig Pfund und seine Gesundheit. Als er freigelassen wurde, bat er als erstes, Golf spielen zu dürfen. Zum großen Erstaunen seiner Offizierskollegen war er trotz seines ausgemergelten Zustands zu einem ausgezeichneten Spiel in der Lage. Auf ihre Fragen antwortete er, daß er sich jeden Tag seiner Gefangenschaft vorgestellt hatte, achtzehn Loch zu spielen, wobei er sorgfältig seine

Schläger auswählte und den Kurs systematisch abwandelte. Diese Disziplin hielt nicht nur seinen Verstand, sondern auch seine körperlichen Fähigkeiten intakt.

Tollas Tibor, ein Dichter, der während der schlimmsten Phasen des ungarischen Kommunismus mehrere Jahre in Einzelhaft verbrachte, erzählte, daß die Insassen des Višegrad-Gefängnisses, in dem Hunderte von Intellektuellen eingekerkert waren, sich über ein Jahr mit einem Wettkampf beschäftigten, wer ein Gedicht am besten übersetzte. Zuerst mußten sie sich auf ein Gedicht einigen. Es dauerte Monate, bis die Vorschläge von Zelle zu Zelle gewandert waren, und viele weitere Monate, bis nach erfinderischen Geheimbotschaften die Stimmen ausgezählt waren. Man einigte sich schließlich darauf, Walt Whitmans *Captain, My Captain!* ins Ungarische zu übersetzen, weil es das einzige englische Gedicht war, das die meisten Gefangenen auswendig kannten. Nun begann erst die wirkliche Arbeit: alle setzten sich nieder und überlegten ihre Version des Gedichtes. Da es weder Papier noch Schreibzeug gab, strich Tollas eine Seifenschicht auf seine Schuhsohlen und ritzte die Buchstaben mit einem Zahnstocher ein. Wenn er eine Zeile auswendig gelernt hatte, legte er eine neue Seifenschicht auf. Die verschiedenen Zeilen wurden vom Übersetzer an die Nachbarzelle weitergegeben. Nach einer Weile kreisten Dutzende von Versionen durch das Gefängnis, und über jede stimmten die Insassen ab. Nach dem Whitman-Wettbewerb nahmen sich die Gefangenen ein Gedicht von Schiller vor.

Wenn widrige Umstände drohen, einen zu lähmen, muß man sich seine Kontrolle bestätigen, indem man eine neue Richtung findet, in die man psychische Energie einsetzen kann, eine Richtung, die außerhalb des Bannkreises der äußeren Kräfte liegt. Auch wenn jede Hoffnung enttäuscht wird, muß man sich ein sinnvolles Ziel suchen, nach dem man sein Bewußtsein ausrichten kann. Und selbst wenn dieser Mensch objektiv ein Sklave ist, bleibt er subjektiv frei. Solschenizyn beschreibt recht genau, wie selbst die degradierendste Situation in ein *flow*-Experiment verwandelt werden kann: „Manchmal in einer Schlange gebeugter Gefangener, unter den Rufen der Wachen mit ihren Maschinengewehren, spürte ich einen solchen Ansturm von Rhythmen und Bildern, daß ich über ihnen zu schweben schien ... in solchen Momenten war ich zugleich frei und glücklich ... manche Gefangene versuchten zu entkommen, indem sie sich durch den Stacheldraht warfen. Für mich gab es keinen Stacheldraht. Beim Appell stimmte zwar die Zahl, aber ich war weit fort auf einem fernen Flug."

Doch nicht nur Gefangene berichten von solchen Strategien, wieder Kontrolle über ihr eigenes Bewußtsein zu erlangen. Forscher wie Admiral Byrd, der einmal vier kalte, dunkle Monate allein in einer winzigen Hütte nahe dem Südpol verbrachte, oder Charles Lindbergh, der sich auf seinem Transatlantikflug allein den feindlichen Elementen stellte, bedienten sich der gleichen Methode, um ihre persönliche Integrität zu wahren. Aber was befähigt manche Menschen, diese innere Beherrschung zu erlangen, während die meisten anderen von äußeren Schwierigkeiten einfach hinweggefegt werden?

Richard Logan schlägt eine Antwort vor, die auf den Schriften vieler Überlebender beruht, darunter auch Viktor Frankl und Bruno Bettelheim, die über ihre Energiereserven unter extremer Härte nachgedacht haben. Er schließt daraus, daß die wichtigste Eigenschaft von Überlebenden ein Individualismus sei, der sich des Selbst nicht bewußt ist, eine starke Zielstrebigkeit, die nicht das Selbst im Auge hat. Menschen mit dieser Eigenschaft sind entschlossen, unter allen Umständen ihr Bestes zu geben, doch sie sind nicht vornehmlich damit befaßt, den eigenen Interessen zu dienen. Da sie bei allen Handlungen von innen heraus motiviert sind, lassen sie sich nicht leicht durch äußere Dinge bedrohen. Da sie genügend psychische Energie übrig haben, um ihre Umgebung objektiv zu beobachten und zu analysieren, haben sie eine bessere Chance, dort neue Handlungsmöglichkeiten zu entdecken. Wenn wir ein Kernelement der autotelischen Persönlichkeit nennen müßten, dann wäre es dieses. Narzißtische Individuen, die vorwiegend mit der Verteidigung des Selbst befaßt sind, zerbrechen, wenn die äußeren Bedingungen bedrohlich werden. Die darauf folgende Panik hindert sie, das zu tun, was sie tun müssen. Sie richten ihre Aufmerksamkeit nach innen, um Ordnung im Bewußtsein zu schaffen, und es bleibt nicht genügend übrig, um mit der Außenrealität fertig zu werden.

Ohne Interesse an der Welt, ohne den Wunsch, aktiv mit ihr verbunden zu sein, wird man in sich isoliert. Bertrand Russell, einer der größten Philosophen dieses Jahrhunderts, beschrieb, wie er persönliches Glück erreichte: „Ich lernte allmählich, gleichgültig gegenüber mir selbst und meinen Mängeln zu werden. Ich konzentrierte meine Aufmerksamkeit immer mehr auf äußere Objekte: den Zustand der Welt, die verschiedenen Wissenszweige, Individuen, denen gegenüber ich Zuneigung empfand.“ Es könnte keine bessere Kurzbeschreibung geben, wie man sich selbst eine autotelische Persönlichkeit aufbaut. Teilweise ist eine solche Persönlichkeit ein Geschenk, ein biologisches Erbe und Folge der frühen Erziehung. Manche Menschen kommen mit zentrierterer, flexibler neurologischer Ausstattung auf die Welt oder haben glücklicherweise Eltern, die unbewußt Individualität fördern. Doch es ist eine Fähigkeit, die sich zur Kultivierung anbietet, eine Fähigkeit, die man durch Training und Disziplin perfektionieren kann. Nun ist es an der Zeit, weitere Wege zu erkunden, wie dies geschehen kann.

V Der Körper im *flow*-Zustand

„Ein Mensch besitzt seinen Körper nur als kurzfristige Leihgabe", schrieb J.B. Cabell, „aber der Körper des Menschen ist zu vielen seltsamen Vergnügungen fähig." Wenn wir unglücklich, deprimiert oder gelangweilt sind, haben wir leichte Abhilfe zur Hand: den Körper in allen seinen Möglichkeiten zu nutzen. Die meisten Menschen sind sich heutzutage der Bedeutung von Gesundheit und körperlicher Fitneß bewußt. Doch das fast unbegrenzte Potential des Körpers, Freude zu schaffen, bleibt oft unangezapft. Nur wenige lernen, sich mit der Anmut eines Akrobaten zu bewegen, mit dem wachen Auge des Künstlers zu sehen, den Jubel eines Sportlers zu empfinden, der seinen eigenen Rekord bricht, mit der Feinsinnigkeit eines Gourmets zu schmecken oder mit einer Geschicklichkeit zu lieben, die den Sex zur Kunst erhebt. Da diese Möglichkeiten in der Reichweite eines jeden liegen, besteht der erste Schritt zur Verbesserung der Lebensqualität darin, die Beherrschung des Körpers und seiner Sinne zu erlernen.

Wissenschaftler amüsieren sich manchmal mit Berechnungen, wieviel der menschliche Körper wert sei. Chemiker haben mühsam den Marktwert von Haut, Fleisch, Knochen und Haar und den darin enthaltenen Mineralien und Spurenelementen addiert. Dann warteten sie mit der lächerlichen Summe von ein paar Mark auf. Andere Wissenschaftler haben die komplizierteren Funktionen der Informationsverarbeitung und Lernfähigkeit des Geist-Körper-Systems betrachtet und gelangten zu einem ganz anderen Schluß: Sie rechneten aus, daß es eine Riesensumme von mehreren hundert Millionen Dollar kosten würde, eine derart komplizierte Maschine zu bauen.

Keine dieser Methoden, den Wert des Körpers zu berechnen, ergibt viel Sinn. Sein Wert ist nicht durch seine chemischen Bestandteile oder seine Nervenverknüpfungen begründet, die Informationsverarbeitung möglich machen. Was uns über alle Maßen hinaus kostbar macht, ist die Tatsache, daß es ohne ihn keine Erfahrungen geben würde und daher auch keine Lebensaufzeichnung, wie wir sie kennen. Der Versuch, den Marktwert des Körpers und seiner Funktionen zu berechnen, ist das gleiche, wie dem Leben ein Preisschild anzuhängen. Aber nach welchem Maßstab können wir dessen Wert berechnen?

Alles, was der Körper vermag, ist prinzipiell angenehm. Doch viele Menschen ignorieren diese Fähigkeit und benutzen ihre körperliche Ausstattung so wenig wie möglich. Sie lassen seine Kapazität ungenutzt, *flow* auszulösen. Wenn die Sinne unterentwickelt bleiben, geben sie uns chaotische Informationen: Ein untrainierter Körper bewegt sich zufällig und unbeholfen, ein unsensibles Auge bietet uns häßliche oder uninteressante Dinge, das unmusikalische Ohr hört nur verzerrte Geräusche, der grobe Gaumen kennt nur langweilige Geschmacksrichtungen. Wenn man die Körperfunktionen der Abstumpfung überläßt, wird die Lebensqualität ähnlich und für manche sogar schrecklich. Doch wenn man Kontrolle über das gewinnt, was der Körper vermag, und lernt, körperliche Gefühle zu ordnen, weicht die Entropie einem Gefühl erfreulicher Harmonie im Bewußtsein.

Der menschliche Körper ist zu Hunderten einzelner getrennter Funktionen fähig – Sehen, Hören, Berühren, Rennen, Schwimmen, Werfen, Fangen, Bergsteigen, Höhlen Erforschen, um nur ein paar zu nennen –, und zu jeder gibt es die entsprechenden *flow*-Erfahrungen. Jede Kultur hat angenehme Aktivitäten erfunden, die dem Potential des Körpers angepaßt waren. Wenn eine normale Körperfunktion wie Laufen in einer gesellschaftlich bestimmten, zielgerichteten Umgebung unter Regeln vollzogen wird, die Herausforderungen bieten und Fähigkeiten erfordern, wird sie zu einer *flow*-Aktivität. Ob beim Joggen allein, gegen die Uhr, beim Rennen in Wettbewerben oder, wie bei den Tarahumara-Indianern in Mexiko, die bei bestimmten Festen Hunderte von Kilometern durch die Berge laufen – wenn man der Aktivität eine ausgeklügelte rituelle Dimension verleiht, wird der einfache Akt, den Körper durch den Raum zu bewegen, zu einer Quelle komplexer Rückkopplung, die optimale Erfahrung bringt und das Selbst stärkt. Jedes Sinnesorgan, jede motorische Funktion kann gezähmt werden, um *flow* auszulösen.

Ehe wir weiter erkunden, wie körperliche Aktivität zur optimalen Erfahrung beiträgt, sollte betont werden, daß der Körper nicht allein aufgrund seiner Bewegungen *flow* auslöst. Der Verstand ist immer daran beteiligt. Um am Schwimmen Spaß zu gewinnen, muß man eine Reihe entsprechender Fähigkeiten entwickeln, die eine Konzentration der Aufmerksamkeit erfordern. Ohne sinnvolle Gedanken,

Motive und Gefühle wäre es unmöglich, die notwendige Disziplin zu erreichen, um gut genug schwimmen zu lernen, damit man Spaß daran hat. Da Freude darüber hinaus im Kopf des Schwimmers stattfindet, kann *flow* kein rein körperlicher Prozeß sein. Muskeln und Gehirn müssen gleichermaßen einbezogen sein.

Auf den folgenden Seiten werden wir einige Methoden untersuchen, wie die Qualität der Erfahrung durch die stärkere Beachtung körperlicher Prozesse verbessert werden kann. Dazu gehören körperliche Aktivitäten wie Sport und Tanz, die Kultivierung der Sexualität und die verschiedenen fernöstlichen Disziplinen, mit denen man durch Körpertraining den Verstand kontrolliert. Beschrieben wird auch die gezielte Anwendung der Sinne des Sehens, Hörens und Schmeckens. Jede dieser Modalitäten bietet fast unbegrenzte Freude, doch nur jenen Menschen, die sich Mühe geben, die dazu notwendigen Fähigkeiten zu entwickeln. Für die anderen bleibt der Körper wirklich ein bloßer Klumpen billigen Fleisches.

Höher, schneller, stärker

Das lateinische Motto der Olympischen Spiele der Neuzeit – *altius, citius, fortius* – ist eine gute, wenngleich unvollständige Zusammenfassung dessen, wie der Körper *flow* erleben kann. Es umfaßt die Grundbedingung aller Sportarten, die lautet, etwas besser zu machen als zuvor. Die reinste Form der Leichtathletik und des Sports im allgemeinen heißt, die Grenzen des Körpers zu überschreiten.

Einem Außenseiter mag das sportliche Ziel uninteressant erscheinen, doch es wird zu einer ernsten Angelegenheit, wenn es mit der Absicht demonstriert wird, eine Fähigkeit zu perfektionieren. Werfen zum Beispiel ist eine triviale Fähigkeit; selbst kleine Kinder können es, wie die Spielsachen rund um den Laufstall aller Babys bezeugen. Doch wie weit ein Mensch ein Objekt von bestimmtem Gewicht zu werfen vermag, kann zum Stoff von Legenden werden. Die Griechen erfanden den Diskus, und die größten Diskuswerfer der Antike wurden von den besten Bildhauern unsterblich gemacht. Die Schweizer versammelten sich an Festtagen auf den Bergwiesen, um herauszufinden, wer einen riesigen Steinbrocken am weitesten schleudern konnte. Die Schotten taten das gleiche mit Baumstämmen. Beim heutigen Baseball werden die Spieler reich und berühmt, wenn sie Bälle mit großer Geschwindigkeit und Präzision werfen können, beim Basketball, wenn die Spieler Bälle in einen Ring werfen können. Manche Athleten schleudern Speere, andere Hämmer, Bumerangs oder Angelschnüre. Jede Variation der Grundfähigkeit des Werfens bietet fast unbegrenzte Möglichkeiten zur Befriedigung.

Altius – höher – ist das erste Wort des olympischen Mottos, und über dem Boden schweben ist eine weitere, weltweit anerkannte Herausforderung. Die Grenzen der Schwerkraft aufzuheben ist einer der ältesten Träume der Menschheit. Der Mythos von Ikarus, der sich Flügel fertigte, um die Sonne zu erreichen, wird schon lange als Parabel für die Ziele der Zivilisation selbst angesehen – gleichzeitig edel und fehlgeleitet. Höher springen, die luftigsten Höhen erklimmen, hoch über der Erde fliegen gehört zu den schönsten Aktivitäten, zu denen Menschen fähig sind. Doch einige Forscher haben kürzlich eine besondere seelische Krankheit entdeckt, den sogenannten Ikarus-Komplex, der für dieses Bedürfnis, sich von der Schwerkraft zu befreien, verantwortlich sein soll. Wie alle Erklärungen, die versuchen, Freude auf einen defensiven Schachzug gegen verdrängte Ängste zu reduzieren, geht dies an der Sache vorbei. Natürlich kann man alles zielgerichtete Handeln als eine Verteidigung gegen das drohende Chaos deuten. Aber in dieser Hinsicht bringt es mehr, Handlungen, die Spaß machen, als Zeichen für Gesundheit zu betrachten und nicht für Krankheit.

Flow-Erfahrungen aufgrund körperlicher Fähigkeiten werden nicht nur bei hervorragenden athletischen Leistungen erlebt. Olympia-Kämpfer sind nicht die einzigen Begnadeten, die Freude daran finden, über die Grenzen ihrer Leistungsfähigkeit hinauszugehen. Jeder Mensch, wie fit oder untrainiert er auch sein mag, kann ein wenig höher steigen, ein wenig schneller gehen, ein bißchen stärker werden. Die Freude, die Grenzen des Körpers zu überschreiten, steht allen zur Verfügung.

Schon der einfachste körperliche Akt macht Spaß, wenn er so verändert wird, daß er *flow* erzeugt. Die wichtigen Schritte bei diesem Prozeß sind (a) sich ein Gesamtziel zu setzen und so viele Unterziele, wie realistischerweise möglich sind, (b) Methoden zur Messung des Fortschritts im Hinblick auf das gesetzte Ziel zu finden, (c) sich auf das zu konzentrieren, was man tut, und die mit der

Tätigkeit verbundenen Herausforderungen immer feiner zu differenzieren, (d) die notwendigen Fähigkeiten für die zur Verfügung stehenden Gelegenheiten zu entwickeln und (e) die Meßlatte höher zu setzen, wenn die Aktivität langweilig wird.

Ein gutes Beispiel für diese Methode ist der Akt des Gehens, eine so einfache Körperfunktion, wie man sich nur vorstellen kann, die jedoch zu einer komplexen *flow*-Aktivität werden kann, fast zu einer Kunstform. Man kann sich beim Gehen eine große Anzahl verschiedener Ziele setzen. Es kann sich zum Beispiel um die Gesamtstrecke handeln, um Stellen, an denen man rastet, um bestimmte Sehenswürdigkeiten. Ein weiteres Ziel könnte persönlicher Stil sein, wie man den Körper leicht und effizient bewegt. Sparsamkeit der Bewegung, die das körperliche Wohlbefinden maximiert, ist ein weiteres offensichtliches Ziel. Das Feedback für die Messung könnte darin bestehen, wie schnell und leicht die beabsichtigte Distanz zurückgelegt wurde, wie viele interessante Dinge man gesehen hat und wie viele neue Ideen und Gefühle man auf der Strecke erlebte.

Die Herausforderungen einer Aktivität zwingen uns zur Konzentration. Die Herausforderungen bei einem Spaziergang unterscheiden sich stark je nach Umgebung. In Großstädten erleichtern die flachen Gehsteige und die rechtwinkligen Straßenmuster den körperlichen Akt des Gehens. Auf einem Bergpfad wandern ist eine andere Sache: Für einen erfahrenen Wanderer stellt jeder Schritt eine neue Herausforderung dar, die angenommen wird, indem er die optimalen Standorte auswählt, die die beste Hebelwirkung erzielen, wobei er gleichzeitig Schwung und Schwerpunkt des Körpers und die verschiedenen Materialien miteinbezieht – Schlamm, Fels, Wurzeln, Äste –, auf denen der Fuß landen kann. Auf einem schwierigen Pfad geht der erfahrene Wanderer mit größter Ökonomie und Leichtigkeit, und die ständige Anpassung der Schritte an das Terrain spiegelt einen sehr komplizierten Prozeß, für ständig wechselnde komplexe Gleichungen aus Masse, Geschwindigkeit und Reibung die beste Lösung auszuwählen. Natürlich geschehen diese Berechnungen gewöhnlich automatisch und vermitteln den Eindruck, rein intuitiv zu sein, fast instinktiv, doch wenn der Wanderer nicht die richtigen Informationen über das Terrain verarbeitet und seinen Gang nicht anpaßt, wird er stolpern und bald ermüden. Diese Art von Gehen mag zwar völlig unbewußt geschehen, doch es handelt sich tatsächlich um eine höchst intensive Aktivität, die ständige konzentrierte Aufmerksamkeit erfordert.

In der Stadt stellt das Terrain an sich keine Herausforderung dar, doch es gibt andere Möglichkeiten, Fähigkeiten zu entwickeln. Die soziale Anregung durch andere Menschen, die historischen und architektonischen Aspekte des städtischen Milieus können dem Gang ungeheure Vielfalt schenken. Es gibt Schaufenster zu betrachten, Menschen und deren Interaktionen zu beobachten, über die man nachdenken kann. Einige Spaziergänger spezialisieren sich auf den kürzesten Weg, andere auf den interessantesten, andere bevorzugen, den gleichen Weg mit der Präzision einer Uhr zurückzulegen, andere ziehen es vor, den ihren immer neu zu gestalten. Im Winter achtet man darauf, so lange wie möglich auf der Sonnenseite der Straße zu gehen, im Sommer auf der schattigen Seite. Manche überqueren eine Straße nur, wenn die Ampel gerade auf Grün steht. Natürlich muß man diese Gelegenheiten zur Freude kultivieren. Sie ergeben sich nicht automatisch. Wenn man seinen Weg nicht kontrolliert, wenn man sich keine Ziele setzt oder Fähigkeiten entwickelt, bleibt das Gehen einfach nur langweilige Mühsal.

Gehen ist die trivialste vorstellbare körperliche Aktivität, doch sie kann grundsätzliche Freude bringen, wenn man sich Ziele setzt und Kontrolle über den Prozeß übernimmt. Doch die zahlreichen komplizierten Sportarten und Körperkulturen, die uns gegenwärtig zur Verfügung stehen – von Lacrosse bis Joga, von Radfahren bis Shiatsu – sind vielleicht überhaupt nicht erfreulich, wenn man sie mit der Haltung angeht, man *müsse* daran teilnehmen, weil sie gerade in Mode sind oder als gesund gelten. Viele Menschen sind in der Tretmühle körperlicher Aktivitäten befangen, über die sie nur wenig oder gar keine Kontrolle haben. Sie fühlen sich dem Training verpflichtet, ziehen aber keinen Spaß daraus. Sie haben den üblichen Fehler begangen, Form und Inhalt zu verwechseln, und nehmen an, die konkreten Handlungen und Ereignisse seien die einzige „Realität“, die ihre Erfahrung bestimmt. Für solche Individuen ist der Beitritt in einen modischen Sportverein schon fast eine Garantie, Spaß zu haben. Doch Freude hängt, wie wir gesehen haben, nicht davon ab, *was* man tut, sondern eher, *wie* man etwas tut.

In einer unserer Untersuchungen stellten wir die folgende Frage: „Sind Menschen glücklicher, wenn sie bei ihren Freizeitaktivitäten mehr materielle Dinge zur Verfügung haben? Oder sind sie glücklicher, wenn sie sich selbst mehr einbringen?" Wir versuchten, diese Fragen mit der ESM zu beantworten, jener Prozedur, die ich an der Universität von Chicago entwickelte, um die Qualität von Erfahrungen zu messen. Wie zuvor beschrieben, besteht diese Methode darin, den Teilnehmern einen kleinen elektronischen Empfänger zu geben, sowie ein Notizbüchlein. Ein Radiosender wird programmiert, eine Woche lang etwa achtmal am Tag in unregelmäßigen Abständen ein Signal auszusenden. Bei jedem Zeichen füllt der Teilnehmer eine Seite in seinem Buch aus. Er gibt an, wo er ist, was er tut und mit wem, und schätzt seinen seelischen Zustand auf einer Reihe von Skalen ein, wie etwa nach einer Sieben-Punkte-Skala zwischen „sehr glücklich" bis „sehr traurig".

Wir fanden heraus, daß Menschen bei Freizeitaktivitäten, deren äußeres Zubehör oder Ausrüstung teuer waren, bei der Strom oder eine andere Energie benutzt wurde, wie Motorbootfahren, Autofahren oder Fernsehen, deutlich weniger glücklich waren als bei einer unaufwendigen Tätigkeit. Am glücklichsten waren sie, wenn sie einfach mit einem anderen Menschen redeten, bei Gartenarbeit, Stricken oder bei einem Hobby. Zu all diesen Tätigkeiten braucht man kaum materielle Hilfen, doch sie fordern einen relativ hohen Einsatz an psychischer Energie. Bei Freizeittätigkeiten, zu denen bestimmte äußere Bedingungen gehören, braucht man gewöhnlich weniger Aufmerksamkeit und gewinnt als Folge allgemein weniger Belohnungen, an die man sich später noch erinnert.

Die Freuden der Bewegung

Sport und Fitness sind nicht die einzigen Wege zu Erfahrungen, die den Körper als Quelle für Freude nutzen, denn eigentlich hängen eine ganze Reihe von Aktivitäten von rhythmischen oder harmonischen Bewegungen ab, damit *flow* entsteht. Darunter ist das Tanzen vermutlich die älteste und bedeutsamste, sowohl aufgrund seiner weltweiten Anziehungskraft als auch wegen seiner potentiellen Komplexität. Von den isoliertesten Stämmen in Guinea bis zu den raffinierten Ensembles des Bolschoi-Balletts wird die Reaktion des Körpers auf Musik weithin als eine Methode benutzt, um die Erfahrungsqualität zu verbessern.

Ältere Menschen empfinden das Tanzen in einer Disco vielleicht als bizarr und sinnlos, aber viele Teenager halten es für eine wichtige Quelle für Freude. Hier einige Beschreibungen von Tänzern, wie sie das Gefühl, sich zu bewegen, empfinden: „Sobald ich drin bin, gleite ich einfach dahin, habe Spaß daran, fühle einfach, wie ich mich bewege ... Ich erlebe dabei eine Art von physischem *flow*-Zustand ... ich gerate ins Schwitzen, werde fiebrig oder gewissermaßen ekstatisch, wenn alles wirklich gut läuft." „Man bewegt sich und versucht, sich durch diese Bewegungen auszudrücken. Darum geht es. Es ist wie ein Kommunikationsmedium für die Körpersprache ... wenn es gut geht, kann ich mich wirklich gut ausdrücken in bezug auf die Musik und auf die Leute, die zugegen sind."

Die Freude am Tanzen ist oft so stark, daß Menschen viele andere Dinge dafür aufgeben. Hier eine typische Aussage von einer der Tänzerinnen, die Professor Massimini interviewte: „Ich wollte immer schon professionelle Ballerina werden. Es war schwer: Wenig Geld, viel unterwegs sein, und meine Mutter hat sich ständig darüber beklagt. Aber die Liebe zum Tanz hat mich immer bei der Stange gehalten. Nun ist es Teil meines Lebens, ein Teil, ohne den ich nicht leben möchte." In dieser Gruppe aus sechzig professionellen Tänzerinnen im heiratsfähigen Alter waren nur drei verheiratet, und nur eine hatte ein Kind. Schwangerschaften wurden als ein zu großer Einschnitt in die Karriere betrachtet.

Doch genau wie im Sport braucht man nicht zum Profi zu werden, um Freude an dem expressiven Potential seines Körpers zu haben. Amateure können ebensoviel Spaß daran haben, ohne alles andere dafür aufgeben zu müssen, sich harmonisch bewegen zu können.

Es gibt auch andere Formen des Ausdrucks, die den Körper als Instrument benutzen: Schauspielen etwa und Pantomime. Die Beliebtheit von Scharaden als Salonspiel beruht auf der Tatsache, daß man eine Weile seine Alltagsidentität ablegen und andere Rollen spielen kann. Selbst die albernste und ungeschickteste Darstellung kann eine vergnügliche Befreiung aus der Begrenztheit des Alltagsverhaltens bedeuten, eine Ahnung von alternativen Daseinsformen.

Sex als *flow*

Wenn Menschen an Erfreuliches denken, kommt ihnen gewöhnlich als erstes Sex in den Sinn. Das überrascht nicht, denn die Sexualität ist gewiß eine der weltweit lohnendsten Erfahrungen, die an Stärke vielleicht nur von den Trieben zu überleben, zu essen und zu trinken übertroffen wird. Der Sexualtrieb ist so stark, daß er psychische Energie von anderen notwendigen Zielen ableiten kann. Daher muß jede Kultur große Anstrengungen unternehmen, ihn zu kanalisieren und einzugrenzen, und viele komplexe gesellschaftliche Institutionen existieren nur, um diesen Trieb zu regulieren. Das Sprichwort, alles in der Welt drehe sich um die Liebe, ist eine höfliche Deutung der Tatsache, daß die meisten unserer Handlungen direkt oder indirekt von sexuellen Bedürfnissen geleitet sind. Wir waschen uns, kleiden uns und kämmen das Haar, um attraktiv zu sein; viele Menschen gehen nur zur Arbeit, um sich einen Partner und einen Haushalt leisten zu können; wir ringen um Status und Macht, um bewundert und geliebt zu werden.

Aber ist Sex immer erfreulich? Inzwischen kann der Leser schon erraten, daß es davon abhängt, was sich im Bewußtsein der Beteiligten abspielt. Der gleiche sexuelle Akt kann als schmerzhaft, abstoßend, angsterregend, neutral, angenehm, lustvoll, Genuß oder Ekstase betrachtet werden – abhängig von den Zielen der jeweiligen Person. Eine Vergewaltigung kann körperlich vielleicht nicht von einer liebevollen Umarmung unterschieden werden, doch es liegen Welten zwischen den psychologischen Wirkungen.

Man kann mit Sicherheit behaupten, daß sexuelle Stimulation im allgemeinen angenehm ist. Daß wir genetisch vorprogrammiert sind, aus der Sexualität Freude zu gewinnen, ist eine raffinierte Methode der Evolution, um zu garantieren, daß Individuen dieser Tätigkeit nachgehen, damit Nachwuchs erzeugt und das Überleben der Art gesichert wird. Um Vergnügen an Sex zu haben, braucht man bloß willig und gesund zu sein; man benötigt keine besonderen Fähigkeiten, und bald nach den ersten Erfahrungen gibt es nur wenige körperliche Herausforderungen. Aber wie andere Erfahrungen wird auch Sex leicht langweilig, wenn man ihn nicht in eine vergnügliche Tätigkeit verwandelt. Er verkommt von einer wirklich positiven

Erfahrung entweder zu einem bedeutungslosen Ritual oder zu einer Sucht. Glücklicherweise gibt es viele Methoden, Sex erfreulich zu gestalten.

Erotik ist eine Form, die Sexualität zu kultivieren, die auf der Entwicklung körperlicher Fähigkeiten beruht. In gewissem Sinne verhält sich Erotik zum Sex wie Sport zur körperlichen Aktivität: Das *Kama Sutra* und andere Sexlehrbücher zielen darauf ab, Erotik zu fördern, indem sie Vorschläge machen und Ziele angeben, die die sexuelle Aktivität vielfältiger, interessanter und herausfordernder machen. Die meisten Kulturen haben komplizierte Systeme erotischer Ausbildung und Praxis, die oft von religiösen Bedeutungen überlagert sind. Frühe Fruchtbarkeitsriten, die dionysischen Mysterien Griechenlands und die immer wieder auftauchende Verbindung zwischen weiblicher Priesterschaft und Prostitution sind nur ein paar Formen dieses Phänomens. Es ist, als ob in den frühen Stadien von Religion Kulturen die offensichtliche Anziehung der Sexualität nutzten und als Grundlage nahmen, auf der man komplexere Ideen und Verhaltensmuster aufbauen konnte.

Aber die wahre Kultivierung der Sexualität beginnt erst, wenn die psychologische Dimension zur rein körperlichen hinzukommt. Historikern zufolge ist die Kunst der Liebe eine neuere Erfindung des Westens. Mit sehr wenigen Ausnahmen gab es in den sexuellen Praktiken der Griechen und Römer keine Romantik. Die Werbung, das Austauschen von Gefühlen bei Liebenden, Versprechen und Verführungsrituale, die heute zu unentbehrlichen Bestandteilen einer intimen Beziehung geworden sind, wurden erst im späten Mittelalter von den Troubadouren erfunden, die die Burgen und Schlösser Südfrankreichs belagerten. Dann wurde es als der „neue, süße Stil“ von den wohlhabenden Klassen des restlichen Europas angenommen. Romantik – die Werberituale, die zuerst im Süden Frankreichs entwickelt wurden – bietet Liebenden eine ganz neue Herausforderung. Wenn man die dazu notwendigen Fähigkeiten lernt, wird Sex nicht nur angenehm, sondern schenkt auch Freude.

Eine ähnliche Verfeinerung der Sexualität fand auch in anderen Kulturen statt, ebenfalls mehr oder minder in der nicht allzu fernen Vergangenheit. Die Japaner schufen eine äußerst verfeinerte Gruppe von Profis der Liebe, die Geishas, und erwarteten von ihnen, vollendete Musikerinnen, Tänzerinnen, Schauspielerinnen sowie in

Dichtung und Kunst bewandert zu sein. Chinesische und indische Kurtisanen und türkische Odalisken waren ähnlich bewandert. Bedauerlicherweise bewirkte dieser Professionalismus, der die potentielle Komplexität der Sexualität auf große Höhen brachte, nur wenig, um die Qualität der Erfahrung der meisten Menschen direkt zu verbessern. Historisch gesehen scheint die Romantik auf die Jugend und jene beschränkt gewesen zu sein, die Zeit und Geld hatten, sich damit zu beschäftigen. Die große Mehrheit in allen Kulturen scheint ein sehr eintöniges Sexualleben gehabt zu haben. „Anständige" Leute in der ganzen Welt verschwenden nicht allzuviel Energie auf die Aufgabe der sexuellen Reproduktion oder auf die Praktiken, die man darauf aufbaute. Auch in dieser Hinsicht ähnelt die Romantik dem Sport: Statt es persönlich zu tun, sind die meisten Menschen zufrieden, darüber zu hören oder einigen Experten dabei zuzusehen.

Eine dritte Dimension der Sexualität taucht auf, wenn der Liebende zusätzlich zum körperlichen Vergnügen und der Freude an einer romantischen Beziehung echte Zuneigung zum Partner spürt. Dann entdeckt man wieder neue Herausforderungen: Man genießt den Partner als einzigartiges Wesen, versteht ihn, hilft ihm, seine Ziele zu erfüllen. Mit dem Auftauchen dieser dritten Dimension wird die Sexualität zu einem sehr komplexen Prozeß, der das ganze Leben lang *flow*-Erfahrungen auslösen kann.

Anfangs ist es leicht, Lust und sogar Freude in der Sexualität zu erfahren. Jeder Narr kann sich in der Jugend verlieben. Die erste Verabredung, der erste Kuß, der erste Verkehr stellen schwindelerregende neue Herausforderungen dar, die einen jungen Menschen wochenlang im *flow* halten können. Doch für viele gibt es diesen ekstatischen Zustand nur ein einziges Mal; nach der „ersten Liebe" sind alle anderen Beziehungen nicht mehr so aufregend. Besonders schwer ist es, jahrelang mit dem gleichen Partner Freude an der Sexualität zu bewahren. Vermutlich stimmt es, daß Menschen, wie die Mehrheit aller Säugetiere, nicht von Natur aus monogam sind. Es ist unmöglich, daß Partner nicht langweilig füreinander werden, es sei denn, beide arbeiten daran, neue Herausforderungen in der Gesellschaft des anderen zu entdecken und angemessene Fähigkeiten zu entwickeln, die Beziehung zu bereichern. Anfangs reichen körperliche Herausforderungen aus, um den *flow* aufrechtzuerhalten, aber wenn sich nicht Romantik und echte Zuneigung entwickeln, wird die Beziehung schal.

Wie kann man die Liebe frisch halten? Die Antwort ist die gleiche wie bei vielen anderen Aktivitäten. Um Freude zu schaffen, muß eine Beziehung immer komplexer werden. Um komplexer zu werden, müssen die Partner neue Potentiale in sich selbst und einander entdecken – so daß sie lernen, welche Gedanken und Gefühle, welche Träume im Kopf des anderen leben. Wenn man wirklich einen anderen Menschen kennenlernt, werden viele gemeinsame Abenteuer möglich: zusammen reisen, das gleiche Buch lesen, Kinder großziehen, Pläne schmieden und verwirklichen – alles wird erfreulicher und sinnvoller. Die speziellen Einzelheiten sind dabei unwichtig. Jeder muß herausfinden, welche in seiner Situation bedeutsam sind. Wichtig ist nur das allgemeine Prinzip: daß Sexualität wie viele andere Aspekte des Lebens erfreulich gestaltet werden kann, wenn man gewillt ist, die Kontrolle darüber zu übernehmen und sie in Richtung auf größere Komplexität zu kultivieren.

Die absolute Kontrolle: Joga und Kampfsportarten

Verglichen mit den großen fernöstlichen Kulturen stecken wir noch in den Kinderschuhen, wenn es darum geht, zu lernen, Kontrolle über den Körper und seine Erfahrungen zu erlangen. Was dem Westen bei der Nutzbarmachung materieller Energie gelang, entspricht in vieler Hinsicht dem, was man in Indien und dem Fernen Osten bei der direkten Kontrolle des Bewußtseins erreichte. Daß keiner dieser Wege für sich allein ein ideales Programm für die Lebensführung darstellt, wird durch die Tatsache verdeutlicht, daß die indische Faszination von hochentwickelten Techniken zur Selbstkontrolle auf Kosten des Lernens geht, wie man die materiellen Herausforderungen der Umwelt bewältigt. Dies hat zu Apathie und Unvermögen in einem Großteil des Volkes beigetragen, das unter einem Mangel an Ressourcen und Überbevölkerung leidet. Die westliche Beherrschung der materiellen Energien hingegen riskiert, alles, was man berührt, in eine Ressource zu verwandeln, die so rasch wie möglich konsumiert werden muß und so die Umwelt erschöpft. Die vollkommene Gesellschaft würde ein gesundes Gleichgewicht zwischen der spirituellen und der materiellen Welt herstellen, doch da wir weit von Perfektion entfernt sind, können wir die östlichen Religionen als Anleitungen betrachten, wie man Kontrolle über das Bewußtsein erlangen kann.

Eine der ältesten und verbreitetsten fernöstlichen Methoden der Körperbeherrschung ist unter dem Namen *Hatha Joga* bekannt. Es lohnt sich, einige der wichtigsten Punkte näher zu betrachten, denn in mehreren Bereichen entspricht Joga dem, was wir über die Psychologie des *flow* wissen, und stellt von daher ein nützliches Modell für jeden dar, der besser mit seiner psychischen Energie umgehen will. Zu keiner Zeit wurde im Westen etwas geschaffen, das dem Joga vergleichbar war. Die frühen mönchischen Lebensformen, die vom heiligen Benedikt und heiligen Dominikus geschaffen wurden, besonders die „geistlichen Übungen" des Ignatius von Loyola, kommen dem vermutlich am nächsten, weil sie eine Methode darstellen, die Aufmerksamkeit durch geistige und körperliche Verfahren zu steuern. Doch selbst diese erreichen nicht die strenge Disziplin des Joga.

Joga bedeutet in Sanskrit „verbinden", was sich auf das Ziel dieser Methode bezieht, das Einzelwesen mit Gott zu verbinden, indem zuerst die verschiedenen Körperteile miteinander in Beziehung gesetzt werden und dann der Körper mit dem Bewußtsein als Teil eines geordneten Systems koordiniert wird. Um dies zu erreichen, schreibt der Grundtext des Joga, etwa vor fünfzehnhundert Jahren von Patanjali zusammengetragen, acht Stadien vor. Die ersten beiden Schritte der „moralischen Vorbereitung" zielen darauf ab, die Einstellung des Menschen zu ändern. Man könnte es als „das Ausrichten des Bewußtseins" bezeichnen. Sie versuchen, psychische Entropie so weit wie möglich zu reduzieren, ehe die eigentlichen Versuche der geistigen Kontrolle beginnen. In der Praxis heißt der erste Schritt *yama,* bei dem man sich von Handlungen und Gedanken befreit, die anderen schaden können – Falschheit, Diebstahl, Lust und Neid. Der zweite Schritt, *niyama,* heißt „Gehorsam" oder das Befolgen der vorgeschriebenen Prozeduren in Sauberkeit, Fleiß und Gehorsam gegenüber Gott; dies hilft dabei, die Aufmerksamkeit in vorhersehbare Kanäle zu lenken und sie so leichter zu beherrschen.

Die nächsten beiden Schritte beinhalten körperliche Vorbereitung, die Entwicklung von Gewohnheiten, die den Übenden oder Jogi befähigen, die Ansprüche seiner Sinne zu überwinden und sich zu konzentrieren, ohne müde oder abgelenkt zu werden. Das dritte Stadium besteht aus der Übung verschiedener *asana,* Sitzpositionen oder Haltungen über einen längeren Zeitraum, ohne Anspannung oder Ermüdung nachzugeben. Dies ist das Jogastadium, das im Westen bekannt ist, dargestellt von einem Burschen, der aussieht, als trüge er eine Windel, der auf dem Kopf steht und die Schenkel im Nacken gekreuzt hat. Das vierte Stadium ist *pranayama* oder Atemkontrolle, die den Körper entspannen und den Atemrhythmus stabilisieren soll.

Das fünfte Stadium, der Angelpunkt zwischen den vorbereitenden Übungen und dem eigentlichen Joga, wird *pratyahara* genannt („Rückzug"). Hier lernt man, seine Aufmerksamkeit den äußeren Objekten zu entziehen, indem man die Sinnesorgane steuert und nur sieht, hört und fühlt, was man ins Bewußtsein einlassen will. Schon an diesem Stadium erkennen wir, wie ähnlich das Ziel des Joga dem der *flow*-Aktivitäten ist, die wir in diesem Buch beschreiben – Kontrolle über das zu erreichen, was im Kopf geschieht.

Die restlichen drei Stadien passen eigentlich nicht in dieses Kapitel – es geht dabei um die Kontrolle des Bewußtseins durch rein geistige Operationen statt körperliche Techniken. Wir wollen sie hier der Vollständigkeit halber besprechen, aber auch, weil diese geistigen Übungen fest mit den vorhergehenden körperlichen verbunden sind. *Dharana,* das „Beharren", ist die Fähigkeit, sich über lange Perioden hinweg auf einen einzigen Reiz zu konzentrieren. Es bildet daher das Spiegelbild des vorangegangenen *pratyahara.* Zuerst lernt man, Dinge aus dem Bewußtsein herauszuhalten, dann, sie zu behalten. Intensive Meditation, *dhyana,* heißt der nächste Schritt. Hier lernt man, das Selbst bei ununterbrochener Konzentration zu vergessen, die nicht mehr die äußeren Reize der vorherigen Phase erfordert. Schließlich erreicht der Jogi *samadhi,* den letzten Zustand von „Selbstversammeltheit", wenn der Meditierende und das Objekt seiner Meditation eins werden. Jene, die *samadhi* erreicht haben, beschreiben es als die größte Freude ihres Lebens.

Die Ähnlichkeiten zwischen Joga und *flow* sind außerordentlich; es ist sogar sinnvoll, sich Joga als eine sehr sorgfältig geplante *flow*-

Aktivität vorzustellen. Beide zielen darauf ab, ein freudiges, sich selbst vergessendes Einssein durch Konzentration zu erreichen, die wiederum durch Körperdisziplin ermöglicht wird. Einige Kritiker jedoch weisen lieber auf die Unterschiede zwischen *flow* und Joga hin. Ihr Hauptargument lautet, daß *flow* versucht, das Selbst zu stärken, während das Ziel von Joga und vielen anderen fernöstlichen Techniken darin besteht, es aufzulösen. *Samadhi,* das letzte Stadium des Joga, ist die Schwelle zum *nirwana,* wo das individuelle Selbst mit den universellen Kräften verschmilzt, wie ein Fluß mit dem Ozean. Daher könnte man behaupten, Joga und *flow* strebten zu diametral entgegengesetzten Zielen.

Aber dieser Gegensatz ist eher künstlicher Art. Immerhin fordern sieben der acht Schritte des Joga, immer höhere Fähigkeiten zur Kontrolle des Bewußtseins aufzubauen. *Samadhi,* die Befreiung, die darauf folgen soll, ist vielleicht letztendlich nicht so bedeutsam. Man könnte es in gewissem Sinne als Rechtfertigung der Aktivität betrachten, die in den vorherigen sieben Stadien stattfindet, als Gipfel des Berges, der nur wichtig ist, weil er den Aufstieg rechtfertigt, als echtes Ziel dieses Unterfangens. Ein weiteres Argument betont die Ähnlichkeit der beiden Prozesse, weil der Jogi selbst im letzten Zustand der Befreiung die Kontrolle über sein Bewußtsein aufrechterhalten muß. Er kann sein Selbst nicht aufgeben, wenn er sich nicht im Moment der Aufgabe völlig beherrscht. Die Aufgabe des Selbst mit seinen Instinkten, Gewohnheiten und Wünschen ist ein so unnatürlicher Akt, daß nur jemand, der äußerste Kontrolle darüber ausübt, dazu fähig ist.

Daher ist es nicht unsinnig, Joga als einen der ältesten und systematischsten Wege zur *flow*-Erfahrung zu beschreiben. *Wie* diese Erfahrungen im einzelnen entstehen, ist für Joga ebenso einzigartig wie für jede andere *flow*-Aktivität, vom Angeln bis zum Formel I-Rennen. Als Produkt kultureller Kräfte, die sich nur einmal in der Geschichte bildeten, trägt Joga den Stempel seiner Zeit und Herkunft. Ob Joga eine „bessere“ Methode ist, optimale Erfahrungen zu fördern, kann nicht aufgrund der ihm eigenen Vorteile entschieden werden. Man muß die Kosten einer solchen Möglichkeit in Betracht ziehen und mit alternativen Möglichkeiten vergleichen. Die Kontrolle, die Joga ermöglicht, ist vermutlich den Aufwand an psychischer Energie wert, die zum Lernen dieser Disziplin notwendig ist.

Eine weitere fernöstliche Disziplin, die in der letzten Zeit im Westen an Beliebtheit gewann, sind die sogenannten Kampfsportarten. Es gibt hier viele Variationen, und jedes Jahr scheint eine neue Sportart hier Fuß zu fassen. Dazu gehören Judo, Jiu-Jitsu, Kung-fu, Karate, Tae Kwon Do, Aikido, T'ai Chi ch'uan – sämtlich Formen unbewaffneten Kampfes, die ihren Ursprung in China haben. Kendo (Fechten), Kyudo (Bogenschießen) und Ninjutsu sind eher mit Japan verbunden. Diese Kampfsportarten wurden vom Taoismus und Zen-Buddhismus beeinflußt und betonen daher ebenfalls bewußtseinskontrollierende Fähigkeiten. Statt sich ausschließlich auf die körperliche Leistung zu konzentrieren wie die westlichen Kampfsportarten, richten sich die fernöstlichen Varianten auf die Verfeinerung des geistigen und spirituellen Zustands. Der Krieger strebt zu dem Punkt, an dem er mit blitzartiger Geschwindigkeit den Gegner schlagen kann, ohne zu denken oder zu überlegen, welches der beste defensive oder offensive Zug sei. Jene, die dies gut beherrschen, behaupten, daß der Kampf zu einer erfreulichen künstlerischen Leistung wird, bei der die alltägliche Dualität zwischen Geist und Körper zu einem harmonischen Einssein des Geistes verwandelt wird. Auch bei den Kampfsportarten erscheint es angemessen, sie als besondere Art des *flows* zu betrachten.

Flow mit den Sinnesorganen: Die Freude des Sehens

Man kann leicht einsehen, wie Sport, Sex und Joga Freude bringen. Aber nur wenige Menschen gehen über diese körperlichen Aktivitäten hinaus, um die fast unbegrenzten Kapazitäten der anderen Körperorgane zu erkunden, obwohl jede Information, die das Nervensystem erkennen kann, sich für reiche, vielfältige *flow*-Erfahrungen anbietet.

Das Sehen zum Beispiel wird meistens einfach als Fernspürsystem benutzt, damit man nicht auf die Katze tritt oder den Autoschlüssel findet. Gelegentlich hält man inne, um „mit den Augen zu schwelgen", wenn zufällig ein besonders angenehmer Anblick auftaucht, aber man kultiviert nicht bewußt das Potential der Sehfähigkeit. Visuelle Fähigkeiten können einem jedoch stets einen Zugang zu erfreulichen Erfahrungen eröffnen. Menander, der antike Dichter, beschrieb das Vergnügen, das wir beim Beobachten der Natur erfahren: „Die Sonne, die uns alle bescheint, die Sterne, das Meer, Wolkenzüge, Feuerfunken – ob man hundert Jahre lebt oder nur einige wenige, man erblickt niemals etwas Höheres als jene.“ Die bildende Kunst ist eines der besten Übungsfelder für diese Fähigkeiten. Hier einige Schilderungen von Menschen, die sich hier auskennen, über das Gefühl, wie man tatsächlich sehen kann: „Im Museum von Philadelphia hängt dieses wunderbare Bild von Cézanne ‚Die Badenden‘ . . ., das einem auf einen Blick ein starkes Gefühl von Planung vermittelt, nicht unbedingt eines rationalen Vorhabens, aber wie die Dinge zusammengehören . . . So erlaubt einem ein Kunstwerk, die Welt unvermittelt zu schätzen, zu begreifen. Das kann bedeuten, man erkennt seinen Platz darin, oder, wobei es beim Baden an einem Sommertag in einem Fluß geht . . . vielleicht auch die Fähigkeit, sich selbst unvermutet fallenzulassen und die Verbindung zur Welt zu begreifen.“ Ein anderer Betrachter beschreibt die verstörende körperliche Dimension der ästhetischen *flow*-Erfahrung, die dem Schock ähnelt, den der Körper beim Eintauchen in eiskaltes Wasser erfährt:

> „Wenn ich ein Kunstwerk sehe, das mein Herz berührt, das ich für wirklich gut halte, erlebe ich die seltsamste Reaktion: Es ist nicht immer angenehm, sondern irgendwie, als würde ich in die Magengrube geboxt. Mir wird sogar ein wenig schlecht. Es ist ein völlig überwältigendes Gefühl, aus dem ich dann wieder herausfinden muß, um es wissenschaftlich anzugehen, nicht wenn all meine Nervenenden bloß liegen . . . und wenn man es anschließend gelassen betrachtet, nachdem man wirklich jede Nuance und jede kleinste Faser begutachtet hat, erlebt man die Gesamtwirkung. Wenn man vor einem wirklich großen Kunstwerk steht, weiß man es einfach, und es berührt alle Sinne, nicht nur visuell, sondern auch sinnlich und intellektuell.“

Nicht nur große Kunstwerke rufen solche intensiven *flow*-Erfahrungen hervor. Für das geübte Auge können auch die gewöhnlichsten Anblicke erhebend sein. Ein Mann, der in einem Vorort Chicagos lebt und jeden Morgen mit der Schwebebahn zur Arbeit fährt, sagte:

„An Tagen, wenn die Luft kristallklar ist, sitze ich einfach nur im Zug und blicke über die Dächer, weil es ein so faszinierender Anblick ist, die Stadt so zu betrachten, darüber zu schweben, aber nicht dazu zu gehören, diese Formen und Farben zu sehen, diese wunderbaren alten Gebäude, von denen einige völlig zerfallen sind. Ich finde das einfach faszinierend, seltsam ... dann komme ich an und sage: ‚Mein Weg zur Arbeit war heute morgen, als wäre ich durch ein Sheeler-Gemälde gelaufen.‘ Der hat nämlich Dachlandschaften und solche Dinge in sehr knappem und klarem Stil gemalt ... Ich finde oft, daß jemand, der völlig von einem Anblick befangen ist, die Welt unter diesem Blickwinkel sieht. Wie ein Photograph, der in den Himmel sieht und sagt: ‚Das ist ein Kodachrom-Himmel. Aber du hast noch einiges vor dir, Herrgottnochmal. Du bist noch nicht ganz so gut wie Kodak.‘“

Natürlich braucht man einiges Training, um diese Art sinnlichen Entzückens durch das Sehen zu erreichen. Man muß ziemlich viel psychische Energie in das Betrachten schöner Dinge und guter Kunst stecken, ehe man die Sheeler-Qualität in einer Dachlandschaft erkennen kann. Aber dies trifft auf alle *flow*-Aktivitäten zu: Ohne die Kultivierung notwendiger Fähigkeiten kann man nicht erwarten, bei einer Tätigkeit wahre Freude zu finden. Verglichen mit anderen Aktivitäten ist das Sehen aber stets unmittelbar zugänglich (obwohl einige Künstler behaupten, manche Menschen seien mit „Tomaten auf den Augen“ zur Welt gekommen), und daher ist es besonders schade, wenn man sie unentwickelt läßt.

Es scheint auf den ersten Blick ein Gegensatz, daß wir im letzten Teil beschrieben haben, wie Joga *flow* auslösen kann, indem man die Augen zwingt, nicht zu sehen, während wir nun dafür plädieren, die Augen zu gebrauchen, um *flow* eintreten zu lassen. Das ist aber nur für diejenigen ein Gegensatz, die glauben, das Verhalten sei wichtig, und nicht die Erfahrung, zu der es führt. Es spielt keine Rolle, ob wir sehen oder nicht, solange wir Kontrolle über das haben, was mit uns geschieht. Der gleiche Mensch kann am Morgen meditieren und alle sinnliche Erfahrung ausschalten; am Nachmittag betrachtet er ein großes Kunstwerk und kann durch beides vom gleichen Gefühl des Entzückens verändert werden.

Flow in der Musik

In jeder bekannten Kultur wurde die Anordnung von Tönen in einer Weise, die für das Ohr angenehm ist, ausgiebig genutzt, um die Lebensqualität zu verbessern. Eine der ältesten und vielleicht beliebtesten Funktionen von Musik ist es, die Aufmerksamkeit des Hörers auf die einer gewünschten Stimmung angemessenen Muster zu zentrieren. Es gibt daher Musik zum Tanzen, für Hochzeiten, Begräbnisse, für religiöse und patriotische Anlässe, Musik, die Romantik fördert, und jene, die Soldaten hilft, in Reih und Glied zu marschieren.

Wenn die Pygmäen im Ituru-Wald schlechte Zeiten erleben, nehmen sie an, ihr Unglück beruhe darauf, daß der wohltätige Wald eingeschlafen sei, der gewöhnlich alle ihre Bedürfnisse befriedigt. Dann graben die Anführer die heiligen Hörner aus ihren Erdlöchern und blasen sie Tag und Nacht, um den Wald zu wecken, damit er alles wiedergutmacht.

Wie Musik im Ituru-Wald genutzt wird, ist beispielhaft für ihre Funktion überall. Die Hörner wecken die Bäume vielleicht nicht, aber ihr vertrauter Klang beruhigt die Pygmäen, daß Hilfe unterwegs ist, und so können sie optimistischer in die Zukunft blicken. Die meiste Musik aus Walkman und Stereoanlagen erfüllt heutzutage ähnliche Bedürfnisse. Teenager, die sich tagtäglich mehrfach von einer Bedrohung ihrer sich entwickelnden Persönlichkeit zur anderen schwingen, sind besonders von beruhigenden Lautmustern abhängig, um Ordnung im Bewußtsein zu schaffen. Doch das gilt auch für viele Erwachsene. Ein Polizist sagte mir: „Wenn ich nach einem Tag der Verhaftungen und Angst, erschossen zu werden, auf dem Heimweg nicht das Radio anstellte, würde ich vermutlich verrückt."

Musik, organisierte auditive Information, hilft dem Verstand, der sich ihr zuwendet, sich zu organisieren, und reduziert daher psychische Entropie oder die Unordnung, die wir erleben, wenn zufällige Informationen mit unseren Zielen in Konflikt geraten. Musik hören wehrt Langeweile und Unsicherheit ab, und wenn man sich ihr ernsthaft widmet, kann sie *flow* auslösen.

Manche Leute behaupten, die technologische Entwicklung habe die Lebensqualität entscheidend verbessert, weil Musik so leicht zugänglich geworden sei. Transistorradios, Compact Discs oder

Kassettengeräte lassen vierundzwanzig Stunden am Tag die neueste Musik in kristallklarer Qualität erschallen. Der ständige Zugang zu guter Musik soll das Leben angeblich reicher machen. Doch dieses Argument unterliegt der üblichen Verwechslung von Verhalten und Erfahrung. Wenn man tagelang aufgezeichneter Musik zuhört, ist das nicht unbedingt erfreulicher als ein einstündiges Konzert, auf das man sich wochenlang gefreut hat. Nicht das *Hören* verbessert das Leben, sondern das *Zuhören.* Wir hören Unterhaltungsmusik, aber hören nur selten richtig zu, und nur wenige Menschen können dadurch in *flow* geraten.

Wie bei allem anderen muß man sich auf die Musik konzentrieren, um sich daran zu freuen. In dem Ausmaß, wie die Schallplattenindustrie Musik leicht zugänglich macht und man sie daher als gegeben hinnimmt, kann sie die Fähigkeit verringern, Freude daraus zu gewinnen. Vor der ersten Schallplattenaufnahme strahlte eine musikalische Vorstellung etwas von der Ehrfurcht aus, wie Musik, als sie noch völlig mit religiösen Ritualen verschwistert war. Selbst eine dörfliche Tanzkapelle, ganz zu schweigen von einem Symphonieorchester, war ein sichtbares Überbleibsel der geheimnisvollen Fähigkeiten, harmonische Klänge zu produzieren. Man ging mit erhöhter Erwartung zu einem solchen Ereignis, mit dem Bewußtsein, daß man achtgeben mußte, weil die Vorstellung einzigartig war und nicht wiederholt werden würde.

Das Publikum bei heutigen Live-Vorstellungen, etwa Rock-Konzerten, erlebt in gewissem Ausmaß diese rituellen Elemente. Es gibt nur wenige andere Gelegenheiten, bei denen so viele Menschen sich an einem Ort versammeln, das gleiche denken und fühlen und die gleiche Information verarbeiten. Derartige gemeinsame Aktivitäten rufen im Publikum einen Zustand hervor, den Emile Durkheim „kollektives Sprudeln" nannte, das Gefühl, man gehöre zu einer Gruppe mit konkreter, wirklicher Existenz. Dieses Gefühl war nach Durkheim die Wurzel religiöser Erfahrungen. Die Bedingungen einer Live-Vorstellung helfen, die Aufmerksamkeit auf die Musik zu konzentrieren, und machen *flow* daher bei einem Konzert wahrscheinlicher als beim Abspielen einer Schallplatte.

Doch die Behauptung, Originalmusik sei an sich erfreulicher als aufgezeichnete, wäre ebenso falsch wie das Gegenteil. Jede Tonfolge kann zur Quelle von Freude werden, wenn man die Aufmerksamkeit auf sie richtet. Der Yaqui-Zauberer brachte Carlos Castaneda bei, daß selbst die Pausen zwischen Tönen erhebend sein können, wenn man auf sie lauscht.

Viele Leute haben eindrucksvolle Schallplattensammlungen mit der exquisitesten Musik, die jemals aufgenommen wurde, doch sie haben keine Freude daran. Sie hören sich ein paar Mal ihre Anlage an, staunen über den klaren Ton und vergessen dann, wieder zu hören, bis es an der Zeit ist, ein neues System zu kaufen. Menschen, die hingegen aus dem Potential das meiste machen, was in der Musik verborgen ist, haben bestimmte Strategien, die Erfahrung in *flow* zu verwandeln. Sie beginnen damit, daß sie bestimmte Stunden Musik hören. Dann verstärken sie ihre Aufmerksamkeit, indem sie das Licht dämpfen und sich in einen Lieblingssessel setzen, oder sie vollziehen ein anderes Ritual, das die Aufmerksamkeit zentriert. Sie wählen sorgfältig die Stücke aus und setzen sich bestimmte Ziele für die Sitzung.

Musik hören beginnt gewöhnlich mit einer *sinnlichen* Erfahrung. Auf dieser Stufe reagiert man auf die Tonqualitäten, die angenehme körperliche Reaktionen auslösen, die genetisch in unser Nervensystem eingebaut sind. Wir reagieren auf bestimmte Harmonien, die weltweit als angenehm empfunden zu werden scheinen, auf den klagenden Ton der Flöte, den erhebenden Schall von Trompeten. Wir reagieren besonders empfindlich auf die Rhythmen von Trommeln und Baß, den Beat der Rockmusik. Manche behaupten, es erinnere die Hörer an den Herzschlag der Mutter während der Schwangerschaft.

Die nächste Stufe an Herausforderungen in der Musik stellt die *analoge* Art des Zuhörens dar. Hierbei entwickelt man die Fähigkeit, Gefühle und Bilder aufgrund der Lautmuster zu empfinden. Die klagende Saxophonpassage erinnert einen an die Ehrfurcht, die man angesichts von sich zusammenballenden Sturmwolken über der Prärie empfindet, das Tschaikowski-Stück vermittelt einem das Bild eines Schlittens in einem schneeüberladenen Wald. Popsongs beuten die Analogie-Methode aus, indem sie dem Hörer Stichworte geben, welche Stimmung oder Geschichte die Musik darstellen soll.

Der komplexeste Zustand des Musikhörens ist der *analytische*. Dabei verlagert sich die Aufmerksamkeit auf die Strukturelemente der Musik statt auf die *sinnlichen* oder *erzählenden*. Hörfähigkeit auf dieser Ebene bedeutet die Fähigkeit, die dem Werk zugrundeliegende Ordnung zu erkennen sowie die Mittel, mit denen die Harmonie erzielt wurde. Dazu gehört die Fähigkeit, die Vorstellung und die Akustik kritisch einzuschätzen, das Opus mit früheren und späteren Stücken des Komponisten oder mit dem Werk anderer zeitgenössischer Komponisten zu vergleichen, das Orchester mit anderen, den Dirigenten, die Band mit früheren oder späteren Aufnahmen oder mit den Interpretationen anderer. Analytische Hörer vergleichen oft verschiedene Versionen des gleichen Blues oder setzen sich mit einem Vorhaben nieder, das vielleicht lautet: „Schauen wir mal, wie sich Karajans Aufnahme von 1975 vom zweiten Satz der Siebten Symphonie von dieser Aufnahme aus dem Jahre 1963 unterscheidet." Oder: „Ich frage mich, ob die Blechbläser des Chicagoer Symphonieorchesters wirklich besser sind als die Berliner Bläser." Mit solchen Zielen gewinnt der Hörer eine aktive Erfahrung, die ständige Rückkopplung bietet (zum Beispiel „Karajan hat hier verlangsamt", „Die Berliner Blechbläser sind akzentuierter, aber nicht so weich.") Wenn man analytische Hörfähigkeiten entwickelt, nehmen die Gelegenheiten, an Musik Freude zu gewinnen, in geometrischem Umfang zu.

Bislang haben wir nur betrachtet, wie *flow* beim Zuhören entsteht, doch wie viele Belohnungen bieten sich denjenigen, die ein Instrument erlernen! Die mäßigende Kraft des Apollo beruhte auf der Tatsache, daß er die Lyra spielen konnte. Pan trieb seine Zuhörer mit seiner Flöte zum Wahnsinn, und Orpheus gelang es mit seiner Musik, selbst den Tod zu bezwingen. Diese Legenden weisen auf die Verbindung zwischen der Fähigkeit hin, harmonische Töne zu erzeugen, und der allgemeineren und abstrakteren Harmonie, die der gesellschaftlichen Ordnung zugrunde liegt, welche wir Kultur nennen. Plato, der sich dieser Verbindung bewußt war, vertrat, daß man Kindern vor allem anderen Musik beibringen sollte; wenn sie lernten, schönen Rhythmen und Harmonien Aufmerksamkeit zu schenken, würde ihr gesamtes Bewußtsein geordnet werden.

Unsere Kultur scheint immer weniger Wert darauf zu legen, Kinder musikalisch auszubilden. Immer wenn die Mittel für Schulen gekürzt werden, fallen die Musikstunden (ebenso wie die für Kunst und Sport) als erstes fort. Es ist deprimierend, wie diese drei Grundfähigkeiten, die so wichtig sind, um die Lebensqualität zu verbessern, im gegenwärtigen Klima des Erziehungswesens allgemein als überflüssig betrachtet werden. Ohne eine ernsthafte Einführung in die Musik werden aus Kindern Teenager, die die Mängel der ersten Jahre wieder gutzumachen versuchen, indem sie unangemessen viel psychische Energie in die eigene Musik investieren. Sie bilden Rockgruppen, kaufen Kassetten und Schallplatten, werden allgemein zu Gefangenen einer Subkultur, die nicht viele Gelegenheiten bietet, das Bewußtsein komplexer zu machen.

Wenn man Kinder jedoch in Musik unterrichtet, taucht oft das gleiche Problem auf: Man legt zu viel Wert auf die Leistung und zu wenig darauf, was sie dabei erleben. Eltern, die ihre Kinder drängen, sich mit der Geige auszuzeichnen, haben im allgemeinen kein Interesse, daß die Kinder Spaß an dem Spiel erleben. Sie wollen, daß das Kind gut genug spielt, um Aufmerksamkeit zu erregen, Preise zu gewinnen und auf der Bühne zu landen. Damit gelingt es ihnen, die Musik zum Gegenteil dessen zu verkehren, was sie eigentlich sein will: Sie verwandeln sie in eine Quelle psychischer Unordnung. Die Erwartungen der Eltern an musikalisches *Verhalten* bewirken oft einen ausgeprägten Streß und manchmal einen vollständigen Zusammenbruch.

Lorin Hollander, der ein Wunderkind am Klavier war und dessen perfektionistischer Vater in Toscaninis Orchester die erste Violine spielte, erzählt uns, wie er sich in Ektase verlor, wenn er allein Klavier spielte, doch vor nacktem Entsetzen zitterte, wenn seine anspruchsvollen erwachsenen Lehrer dabei waren. Als er in jungen Jahren ein Konzert gab, erstarrten seine Finger, und er konnte die klauenartig verkrümmten Hände mehrere Jahre nicht strecken. Ein unbewußter Mechanismus hatte beschlossen, ihm den ständigen Schmerz der elterlichen Kritik zu ersparen. Heute verbringt Hollander, von der seelisch bedingten Lähmung befreit, viel Zeit damit, anderen jungen, begabten Instrumentalisten zu helfen, Spaß an der Musik zu haben und sie so zu genießen, wie sie genossen werden sollte.

Es ist zwar am besten, früh anzufangen, wenn man ein Instrument spielen will, doch es ist nie zu spät dafür. Manche Musiklehrer spezialisieren sich auf Erwachsene, und manch ein erfolgreicher Geschäftsmann beschließt mit fünfzig, Klavierspielen zu lernen. Das Singen im Chor und die Teilnahme an einem Amateurstreichquartett sind zwei wunderbare Methoden, seine Fähigkeiten mit denen anderer Menschen zu verschmelzen. Es gibt heute Computerprogramme, die das Komponieren erleichtern und mit denen man die Orchestrierung unmittelbar abhören kann. Harmonien zu produzieren ist nicht nur eine Quelle ungeheurer Freude, sondern hilft, wie die Beherrschung anderer komplexer Gebiete, das Selbst zu stärken.

Freude am Schmecken

Gioacchino Rossini, Komponist des *Wilhelm Tell* und vieler anderer Opern, hat die Beziehung zwischen Musik und Essen gut erkannt: „Was die Liebe für das Herz, ist der Appetit für den Magen. Der Magen ist der Dirigent, der das große Orchester unserer Gefühle leitet und belebt." Wenn die Musik unsere Gefühle beeinflußt, so auch das Essen; alle feinen Küchen dieser Welt beruhen auf dieser Erkenntnis. Der Vergleich mit der Musik wird auch von Maier-Leibniz betont, dem deutschen Physiker, der kürzlich mehrere Kochbücher schrieb: „Die Freude, zu Hause zu kochen", sagt er, „verhält sich zu einem Mahl in einem guten Restaurant wie ein Streichquartett, das man zu Hause spielt, zu einem großen Konzert."

In den ersten zweihundert Jahren der amerikanischen Geschichte betrachtete man die Essenszubereitung eher nüchtern. Noch vor fünfundzwanzig Jahren hieß die allgemeine Einstellung, daß „die Augen zwar mitessen", aber zuviel Aufhebens davon zu machen galt irgendwie als dekadent. In den letzten zwei Jahrzehnten hat sich dieser Trend jedoch so stark ins Gegenteil verkehrt, daß die früheren Vorurteile gegenüber gastronomischen Exzessen fast gerechtfertigt erscheinen. Jetzt haben wir Eß- und Weinfreaks, die Gaumenfreuden so ernst nehmen wie die Riten einer brandneuen Religion. Gourmetmagazine schießen wie Pilze aus dem Boden, die Tiefkühlabteilungen der Supermärkte quellen über vor kulinarischen Exotika, und alle möglichen Chefköche haben ihre eigene Fernsehshow. Vor nicht allzu langer Zeit galten die italienische und griechische Küche als der Gipfel der Exotik, nun findet man vietnamesische, marokkanische und peruanische Restaurants in Landesteilen, in denen man noch vor einer Generation in einem Umkreis von hundert Meilen nur Kartoffeln und Steak zu essen bekommen hätte. Von den vielen Veränderungen des Lebensstils, die in den letzten Jahrzehnten in den Vereinigten Staaten stattgefunden haben, ist wohl keine so erstaunlich wie die Kehrtwende beim Essen.

Das Essen ist wie der Sex ein Urvergnügen, das in das Nervensystem eingebaut ist. Die ESM-Studien mit dem elektronischen Empfänger haben ergeben, daß die Menschen sich selbst in unserer hochtechnisierten städtischen Gesellschaft bei den Mahlzeiten immer noch am glücklichsten und entspanntesten fühlen. Bei Tisch fehlen zwar die anderen Aspekte der *flow*-Erfahrung, wie hohe Konzentration und ein Gefühl von Stärke und Selbstachtung, doch in jeder Kultur ist der einfache Prozeß der Nahrungsaufnahme mit der Zeit in eine Kunstform verwandelt worden, die Vergnügen wie Freude schafft.

Die Essenszubereitung hat sich im Verlauf der Geschichte nach den gleichen Prinzipien entwickelt wie alle anderen *flow*-Aktivitäten. Zunächst ergriffen die Menschen Gelegenheiten zum Handeln (in diesem Fall, die verschiedenen eßbaren Substanzen in ihrer Umgebung) und konnten, weil sie sorgfältig achtgaben, immer feinere Unterscheidungen zwischen den einzelnen Nahrungsmitteln treffen. Sie entdeckten, daß Salz Fleisch konserviert, daß Eier gut zum Bestreichen und Andicken waren, daß Knoblauch, der zwar scharf schmeckt, Heilkräfte hat und vorsichtig verwendet vielen Mahlzeiten einen feinen Geschmack verleiht. Als man sich dieser Eigenschaften erst bewußt war, konnte man experimentieren und Regeln aufstellen, wie man die verschiedenen Substanzen auf angenehme Weise zusammenstellt. Diese Regeln entwickelten sich zu den verschiedenen Küchen. Ihre Vielfalt veranschaulicht gut die fast unbegrenzte Anzahl von *flow*-Erfahrungen, die man mit einer relativ begrenzten Menge eßbarer Zutaten erreichen kann.

Ein Großteil dieser kulinarischen Kreativität wurde von den verwöhnten Gaumen der Herrscher angeregt. Xenophon schreibt über Kyros den Großen, der vor etwa zweitausendfünfhundert Jahren Persien regierte, vielleicht ein wenig übertrieben:

„... viele Menschen reisen im Dienste des Königs von Persien durch die Welt, auf der Suche nach Dingen, die vielleicht angenehm für ihn zum Trinken wären; zehntausend Männer sind ständig damit beschäftigt, etwas Feines für ihn zu kochen." Doch die Experimente mit dem Essen beschränkten sich keineswegs auf die herrschenden

Klassen. Bauersfrauen in Osteuropa beispielsweise wurden erst für heiratsfähig erklärt, wenn sie jeden Tag des Jahres eine andere Suppe kochen konnten.

In unserer Kultur bemerken viele Menschen trotz des plötzlichen Auflebens der Gourmetküche kaum, was sie sich in den Mund schieben, und versäumen daher viele Möglichkeiten, sich zu freuen. Um die biologische Notwendigkeit der Nahrungsaufnahme zu einer *flow*-Erfahrung zu machen, muß man damit beginnen, dem Aufmerksamkeit zu schenken, was man ißt. Es ist erstaunlich – und entmutigend –, wenn Gäste liebevoll zubereitetes Essen ohne ein Zeichen der Anerkennung hinunterschlingen. Was für eine Mißachtung vielleicht neuer Erfahrungen, welche Unsensibilität! Um einen feinen Gaumen zu entwickeln, muß man wie bei allen anderen Kenntnissen psychische Energie einsetzen. Doch die so verbrauchte Energie wird mehrfach durch eine komplexere Erfahrung wieder wettgemacht. Menschen, die wirklich gern essen, entwickeln mit der Zeit Interesse an einer bestimmten Küche und lernen ihre Geschichte und Besonderheiten kennen. Sie lernen in dieser Sprache zu kochen, nicht bloß einzelne Gerichte, sondern ganze Mahlzeiten, die das kulinarische Ambiente der Region spiegeln. Wenn sie sich auf nahöstliches Essen spezialisieren, wissen sie, wie man den besten Hummus zubereitet, wo man gutes Tahini findet oder frische Auberginen. Wenn ihre Vorliebe der Küche Venetiens gilt, lernen sie, welche Wurst am besten zu Polenta paßt und welche Krabben am besten *scampi* ersetzen.

Doch wie alle anderen Voraussetzungen für körperlichen *flow* – Sport, Sex und ästhetische, visuelle Erfahrungen – führt die Kultivierung des Geschmacks nur zu Freude, wenn man die Aktivität steuert. Solange man anstrebt, zum Gourmet oder Weinkenner zu werden, weil es gerade modisch ist und man eine von außen kommende Herausforderung meistern will, wird einem der Geschmack leicht verdorben. Ein kultivierter Gaumen hingegen schafft viele Gelegenheiten zu *flow*, wenn man das Essen und Kochen mit gewissem Abenteuergeist und Neugier angeht und die Möglichkeiten, die in den Nahrungsmitteln stecken, aus Experimentierfreude untersucht, nicht als Schaubühne für besondere Kenntnisse.

Die andere Gefahr der Überbetonung des Geschmacks – auch hier sind die Parallelen zum Sex offensichtlich – besteht darin, daß man süchtig nach kulinarischen Köstlichkeiten werden kann. Nicht zufällig gehörten Völlerei und Lüsternheit zu den sieben Todsünden. Die Kirchenväter begriffen sehr gut, daß die Freuden des Fleisches leicht psychische Energie von anderen Zielen ablenken können. Das Mißtrauen der Puritaner dem Genuß gegenüber beruht auf der begründeten Angst, daß die Menschen, wenn sie erst von dem geschmeckt haben, was zu genießen sie genetisch vorprogrammiert sind, immer mehr wollen. Die Befriedigung der Lüste würde den notwendigen Verrichtungen des Alltagslebens Zeit rauben.

Doch Unterdrückung ist kein Weg zur Tugend. Wenn man sich aus Angst zurückhält, wird das Leben unweigerlich begrenzter. Man wird starr und trotzig, und das Selbst wächst nicht weiter. Nur mit frei gewählter Disziplin kann das Leben genossen werden und doch innerhalb vernünftiger Grenzen bleiben. Wenn man lernt, seine instinktiven Triebe zu beherrschen, nicht weil man *muß,* sondern weil man *will,* kann man sich freuen, ohne abhängig zu werden. Ein fanatischer Anhänger der Kochkunst ist für sich selbst ebenso langweilig wie der Asket, der sich weigert, seinem Geschmack nachzugeben. Zwischen diesen beiden Extremen gibt es ziemlich viel Spielraum, die Lebensqualität zu verbessern.

In der metaphorischen Sprache mehrerer Religionen wird der Körper „Tempel Gottes“ oder „Gefäß Gottes“ genannt. Dies sind Bilder, die auch ein Asket begreifen können sollte. Die integrierten Zellen und Organe, die den menschlichen Organismus ausmachen, sind ein Instrument, das uns erlaubt, in Kontakt mit dem Rest des Universums zu treten. Der Körper ist wie eine Sonde mit empfindlichen Geräten, die versucht, so viel Informationen wie möglich aus dem Ehrfurcht heischenden Weltraum zu erhalten. Durch den Körper sind wir miteinander und mit dem Rest der Welt verbunden. Diese Verbindung tritt zwar eigentlich offen zutage, doch wir neigen dazu, zu vergessen, wie erfreulich sie sein kann. Unser psychischer Apparat hat sich so entwickelt, daß immer, wenn wir seine Sinnesorgane benutzen, ein positives Gefühl ausgelöst wird und der gesamte Organismus in Harmonie klingt. Es ist relativ leicht, das Potential des Körpers zum *flow* zu erkennen. Dazu braucht man weder besondere Talente noch große Summen Geld. Jeder kann seine Lebensqualität stark verbessern, indem er eine oder mehrere zuvor ignorierte Aspekte seiner körperlichen Fähigkeiten erkundet. Natürlich ist es für die meisten Menschen sehr schwierig, in mehr als einem körperlichen Bereich einen hohen Grad an Komplexität zu erreichen. Die notwendigen Fähigkeiten zu einem guten Sportler, Tänzer oder Kenner von Bildern, Tönen oder Geschmack nehmen so viel in Anspruch, daß das Einzelwesen in seiner Wachzeit nicht genug psychische Energie hat, um mehr als nur einige wenige zu meistern. Doch es ist gewiß möglich, in all diesen Bereichen zum Dilettanten zu werden – im besten Sinne des Wortes –, anders ausgedrückt, genügend Kenntnisse und Fähigkeiten zu erlangen, um Entzücken an dem zu empfinden, was der Körper vermag.

VI *Flow* der Gedanken

Die guten Dinge des Lebens berühren uns nicht nur durch die Sinne. Einige der erhebenden Erfahrungen, die wir erleben, werden im Kopf hervorgebracht, ausgelöst von Informationen, die unsere Denkfähigkeit herausfordern, statt durch die sinnliche Wahrnehmung. Francis Bacon bemerkte vor fast vierhundert Jahren, daß Staunen – der Keim allen Wissens – die reinste Form des Vergnügens darstelle. Ebenso wie manche *flow*-Aktivitäten mit dem entsprechenden physischen Potential des Körpers korrespondieren, kann jede geistige Operation ihre eigene, besondere Form von Freude schaffen.

Unter den vielen zur Verfügung stehenden intellektuellen Tätigkeiten ist das Lesen vermutlich zur Zeit die am meisten erwähnte *flow*-Aktivität der Welt. Rätsellösen ist eine der ältesten Formen erfreulicher Aktivitäten, Vorfahre der Philosophie und der modernen Wissenschaften. Manche Menschen können so flüssig Noten interpretieren, daß sie den eigentlichen Tönen gar nicht zu lauschen brauchen, um ein Musikstück zu genießen, und sie lesen lieber die Partitur einer berühmten Symphonie, statt sie zu hören. Die imaginären Töne, die ihnen durch den Kopf tanzen, sind perfekter, als es eine tatsächliche Aufführung jemals sein könnte. Auch Menschen, die sich viel mit Kunst befassen, genießen die affektiven, historischen und kulturellen Aspekte der betrachteten Werke manchmal mehr als den tatsächlichen Anblick. Ein Kunstexperte drückte das so aus: „Hinter Kunstwerken, auf die ich persönlich reagiere . . . stehen zahlreiche konzeptuelle, politische und intellektuelle Aktivitäten . . . die visuellen Darstellungen sind in Wirklichkeit Signale einer wunderbaren, einzigartigen, konstruierten Maschine, nicht bloß eine Zusammenstellung visueller Elemente, sondern vielmehr eine neue Gedankenmaschine, die ein Künstler mit visuellen Mitteln, aus der Verbindung seiner Augen und seiner Wahrnehmung geschaffen hat."

Ein solcher Mensch sieht in einem Gemälde nicht nur ein Bild, sondern eine „Gedankenmaschine", zu der die Emotionen, Hoffnungen und Ideen des Künstlers gehören – wie auch der Geist der Kultur und die historische Periode, in der er lebte. Mit gezielter Aufmerksamkeit kann man in körperlich erfreulichen Aktivitäten, wie Sport,

Essen oder Sex, ähnliche geistige Dimensionen finden. Man könnte einwenden, daß der Unterschied zwischen *flow*-Aktivitäten aufgrund von Körperfunktionen und jenen, zu denen man den Verstand einsetzt, in gewissem Grade spitzfindig sei, denn zu allen körperlichen Aktivitäten gehöre eine geistige Komponente, um sie erfreulich zu machen. Sportler wissen sehr gut, daß sie, um über eine bestimmte Grenze hinauszugelangen, den Verstand einsetzen müssen. Und zu ihren intrinsischen Belohnungen gehört viel mehr als nur körperliches Wohlbefinden; sie erfahren ein Gefühl persönlicher Leistung und größerer Selbstachtung. Umgekehrt stützen sich die meisten geistigen Aktivitäten auf körperliche Aspekte. Schach beispielsweise ist eine der intellektuellsten Tätigkeiten, doch gute Schachspieler trainieren Joggen und Schwimmen, weil ihnen klar ist, daß sie die für ein Turnier nötige Konzentration nicht aufrechterhalten können, wenn sie körperlich nicht fit sind. Beim Joga bereitet man sich auf die Kontrolle des Bewußtseins vor, indem man die körperlichen Prozesse beherrschen lernt, und ersteres verschmilzt nahtlos mit dem letzteren.

Zum *flow* wird einerseits immer der Einsatz von Muskeln und Nerven gehören, andererseits der von Willen, Gedanken und Gefühlen, doch es ist sinnvoll, eine Klasse von erfreulichen Aktivitäten zu unterscheiden, weil sie den Verstand direkt ordnen und nicht indirekt durch Meditation und Körpergefühle. Diese Aktivitäten sind ihrem Wesen nach vornehmlich *symbolisch,* weil sie auf Sprachen, Mathematik und anderen abstrakten Konnotationssystemen wie der Computersprache beruhen, um die ordnende Wirkung im Bewußtsein zu erzielen. Ein symbolisches System ist wie ein Spiel, das eine abgelöste Realität darstellt, eine eigene Welt, in der man Handlungen vornehmen kann, die in jener Welt zugelassen sind, aber anderswo nicht viel Sinn ergeben würden. Bei symbolischen Systemen ist die „Handlung“ gewöhnlich auf die geistigen Manipulationen von Vorstellungen beschränkt.

Um eine geistige Aktivität zu genießen, muß man die gleichen Bedingungen erfüllen, die körperliche Aktivitäten erfreulich machen. Man braucht Fähigkeiten im symbolischen Bereich, Regeln, Ziele und eine Methode, um Rückkopplung zu erhalten. Man muß fähig sein, sich zu konzentrieren und mit den Gegebenheiten auf einer Ebene zu interagieren, die den Fähigkeiten entsprechen.

In Wirklichkeit ist ein so geordneter geistiger Zustand nicht so leicht zu erreichen, wie es klingt. Im Gegensatz zur allgemeinen Annahme ist der Normalzustand des Geistes chaotisch. Ohne Übung und ohne ein Ziel in der Außenwelt, das Aufmerksamkeit fordert, kann sich kaum jemand länger als ein paar Minuten konzentrieren. Konzentration ist relativ leicht, wenn die Aufmerksamkeit durch Reize von außen strukturiert wird, wie bei einem Film oder beim Autofahren in dichtem Verkehr. Beim Lesen eines aufregenden Buches geschieht das gleiche, aber bei den meisten Lesern nimmt die Konzentration nach ein paar Seiten ab, und ihre Gedanken schweifen ab. An diesem Punkt muß man sich, wenn man weiterlesen will, Mühe geben, die Aufmerksamkeit wieder auf das Buch zu lenken. Gewöhnlich fällt uns nicht auf, wie wenig Kontrolle wir über unser Bewußtsein haben, weil Gewohnheiten die psychische Energie so gut kanalisieren, daß Gedanken ohne sprunghafte Veränderungen einander folgen. Nach dem Schlaf erlangen wir am Morgen beim Wecken wieder das Bewußtsein, gehen ins Badezimmer und putzen uns die Zähne. Die gesellschaftlich vorgeschriebenen Rollen übernehmen die Prägung unserer Gedanken, und gewöhnlich fahren wir bis zum Tagesende mit einer Art Autopilot. Dann ist es wieder an der Zeit, das Bewußtsein im Schlaf zu verlieren. Doch sich selbst überlassen, ohne Anforderungen an die Aufmerksamkeit, enthüllt sich die grundsätzliche Unordnung des Geistes. Ohne etwas zu tun, folgt er zufälligen Mustern und denkt allgemein über etwas Schmerzliches oder Verstörendes nach. Wenn man nicht weiß, wie man seinen Gedanken Befehle erteilen kann, wird die Aufmerksamkeit von dem angezogen, was momentan am problematischsten erscheint; sie konzentriert sich auf einen echten oder vermeintlichen Schmerz, alten oder frischen Groll oder hartnäckige Frustrationen. Der Normalzustand des Bewußtseins ist Entropie – ein Zustand, der weder nützlich noch angenehm ist.

Um diesen Zustand zu vermeiden, sind die Menschen gewöhnlich darauf bedacht, ihre Gedanken mit allen möglichen zur Verfügung stehenden Informationen zu füllen, so lange diese die Aufmerksamkeit vom Inneren und den negativen Gefühlen ablenken. Das erklärt, warum so ungeheuer viel Zeit beim Fernsehen verbracht wird, obwohl man es nur selten genießt. Verglichen mit anderen Reizen – wie Lesen, Gespräche mit anderen Menschen, Hobbys – stellt einem das Fernsehen ständig leicht zugängliche Informationen zur Verfügung, die die Aufmerksamkeit des Zuschauers mit nur geringen Kosten an psychischer Energie strukturieren. Wenn man fernsieht, braucht man keine Angst zu haben, daß die abschweifenden Gedanken einen zwingen, sich dringlichen persönlichen Problemen zu stellen. Es ist verständlich, daß man diese Gewohnheit kaum noch aufgeben kann, wenn man sie einmal als Strategie für die Überwindung psychischer Entropie entwickelt hat.

Der bessere Weg, das Chaos im Bewußtsein zu vermeiden, besteht natürlich in Gewohnheiten, die einem Kontrolle über geistige Prozesse verleihen, statt sich auf eine Außenquelle der Stimulierung zu verlassen, wie beim Fernsehen. Doch man braucht Training, diese Gewohnheiten zu entwickeln, und Ziele und Regeln wie bei *flow*-Aktivitäten. Einer der einfachsten Wege, den Verstand einzuschalten, besteht im Tagträumen. Man stellt sich eine oder mehrere Szenen vor dem inneren Auge vor. Doch selbst dieser augenscheinlich leichte Weg, die Gedanken zu ordnen, geht über das Vermögen vieler Menschen hinaus. Jerome Singer, Psychologe in Yale, der sich intensiv mit Tagträumen und imaginären Bildern beschäftigt hat, stellte fest, daß Tagträumen eine Fähigkeit ist, die viele Kinder niemals lernen. Doch das Tagträumen hilft nicht nur, emotionale Ordnung zu schaffen, indem man sich in der Phantasie für die unangenehme Realität entschädigt und Frustration und Aggression gegen jemanden abbauen kann, der einem wehgetan hat, indem man sich eine Situation vorstellt, in der der Aggressor bestraft wird. Es ermöglicht Kindern (und Erwachsenen) zudem, imaginäre Situationen zu erproben, um die beste Strategie für eine Konfrontation herauszufinden, alternative Möglichkeiten in Betracht zu ziehen und unvorhergesehene Folgen zu entdecken – allesamt Methoden, die helfen, die Komplexität des Bewußtseins zu steigern. Und mit diesen Fähigkeiten kann das Tagträumen natürlich recht angenehm werden.

Wir werden uns bei dem Überblick über die Bedingungen, die uns unterstützen, Ordnung im Bewußtsein zu schaffen, zunächst die wichtige Rolle des Gedächtnisses vornehmen, dann, wie Worte benutzt werden können, um *flow*-Erfahrungen auszulösen. Als nächstes betrachten wir drei symbolische Systeme, die leicht Freude schaffen, wenn man ihre Regeln kennt: Geschichte, Naturwissenschaft und Philosophie. Man hätte noch viele andere Fächer erwähnen können, aber diese drei dienen als Beispiele für die anderen. Diese geistigen „Spiele“ sind jedem zugänglich, der sie spielen will.

Die Mutter der Wissenschaften

Die Griechen stellten sich die Erinnerung als Frauengestalt Mnemosyne vor. Als Mutter der neun Musen, so glaubte man, habe sie allen Künsten und Wissenschaften das Leben geschenkt. Man kann sich die Erinnerung gut als älteste geistige Fähigkeit vorstellen, von der alle anderen abstammen, denn ohne Gedächtnis könnte man auch den Regeln nicht folgen, die alle anderen geistigen Operationen ermöglichen. Weder Logik noch Dichtkunst existierten, und die Grundlagen aller Wissenschaften müßten von jeder Generation neu entdeckt werden. Die Vorherrschaft der Erinnerung ist begründet, wenn es um die Geschichte der Art geht. Vor der Entwicklung schriftlicher Aufzeichnungen mußte jegliche erlernte Information vom Gedächtnis eines Menschen an andere übermittelt werden. Die Vorherrschaft der Erinnerung gilt auch im Hinblick auf die Geschichte des Einzelwesens. Ein Mensch, der sich nicht erinnern kann, ist vom Wissen früherer Erfahrungen abgeschnitten, unfähig, Bewußtseinsmuster aufzubauen, die Ordnung in den Verstand bringen. Buñuel sagte einmal: „Ein Leben ohne Erinnerung ist kein Leben . . . unsere Erinnerung ist unser Zusammenhalt, unser Geist, unsere Gefühle, selbst unsere Handlungen. Ohne sie wären wir nichts.“

Alle Formen geistigen *flows* hängen direkt oder indirekt von der Erinnerung ab. Historiker glauben, daß die älteste Form, Informationen zu organisieren, darin bestand, sich an die Vorfahren zu erinnern, die Abstammungslinie, die einer jeden Person die Identität als Mitglied eines Stammes oder einer Familie gab. Nicht zufällig enthält das Alte Testament, besonders die frühen Bücher, viel an genealogischer Information (etwa Moses I, 10:26-29: „Und Joktan zeugte Almodad, Adaleph, Hazarmavetz, Jarah, Hadoram, Usal, Dikla, Obal, Abimal, Saba, Ophir, Hevila und Jobab . . .“). Seine Abstammung zu kennen und zu wissen, mit wem man verwandt war, galt als unerläßlich bei der Schaffung von gesellschaftlichen Ordnungen, als noch keine andere Basis für eine solche Ordnung existierte. In Kulturen ohne Schriftsprache ist noch heute das Aufsagen der Namen der Ahnen eine wichtige Aktivität, eine, die die Menschen, die dazu imstande sind, sehr genießen. Erinnern ist erfreulich, weil es bedeutet, ein Ziel zu erfüllen und Ordnung ins Bewußtsein zu bringen. Jeder kennt den kleinen Funken Befriedigung, wenn man sich erinnert, wo man die Autoschlüssel oder irgendein anderes Objekt finden kann, das man vorübergehend verlegt hatte. Sich an eine lange Liste von Vorfahren zu erinnern, ein Dutzend Generationen zurückzugehen ist besonders erfreulich, weil es das Bedürfnis befriedigt, einen Platz im fortlaufenden Strom des Lebens zu finden. Diese Erinnerung an die Ahnen macht den Aufzählenden zu einem Glied in einer Kette, die in der mythischen Vergangenheit beginnt und in der unergründlichen Zukunft endet. Obwohl in unserer Kultur Stammbäume jede praktische Bedeutung verloren haben, denken viele Menschen immer noch gern an ihre Herkunft und reden darüber.

Unsere Ahnen mußten sich nicht nur an ihre Ursprünge erinnern, sondern auch an alle anderen Faktoren, die für die Fähigkeit nützlich waren, ihre Umwelt zu beherrschen. Listen eßbarer Früchte und Kräuter, Gesundheitsregeln, Verhaltensmuster und Erbschaftsprozeduren, Gesetze, geographisches Wissen, erste Ansätze zur Technologie und Perlen an Weisheit wurden zu leicht erinnerbaren Sprichwörtern oder Versen geschmiedet. Ehe die Druckkunst vor ein paar hundert Jahren allgemein zugänglich wurde, war ein Großteil des Wissens in Formen kondensiert, ähnlich dem „Alphabetlied“, das die Puppen in Kindersendungen wie der „Sesamstraße“ singen. Nach Jan Huizinga, dem großen holländischen Kulturhistoriker, gehörten Rätselspiele zu den wichtigsten Vorläufern systematischen Wissens. In den frühen Kulturen forderten die Ältesten eines Stammes einander zu Wettbewerben heraus, bei denen einer einen Text voller verborgener Bedeutungen sang. Der nächste mußte diese Bedeutungen entziffern. Ein Wettkampf zwischen den besten Rätselstellern war oft das anregendste intellektuelle Ereignis für die kleinen Gemeinschaften. Die Formen der Rätsel nahmen die Regeln der Logik vorweg, und der Inhalt wurde benutzt, um faktisches Wissen zu vermitteln, das die Ahnen bewahren wollten. Einige Rätsel waren schlicht und einfach, wie der folgende Reim, den alte walisische Barden sangen.

„Entdecke dies:
Ein starkes Wesen schon vor der Flut
Ohne Fleisch, ohne Knochen,
Ohne Adern, ohne Blut,
Ohne Kopf und ohne Füße ...
In Wald und Feld ...
Ohne Hand, ohne Fuß
doch ist es breit
wie die Erde selbst
aber nie geboren
noch jemals gesehen ..."

Die Antwort lautet: Der Wind.

Andere Rätsel, die die Druiden und Barden der Erinnerung anvertrauten, waren viel länger und komplexer und enthielten wichtige geheime Kenntnisse, die man in listige Verse kleidete. Robert Graves glaubte beispielsweise, daß die Weisen im alten Irland und Wales ihr Wissen zu Gedichten formten, die man leicht auswendig lernen konnte. Oft benutzten sie komplizierte Geheimcodes, etwa, wenn die Namen von Bäumen für Buchstaben standen, und die Liste der Bäume Worte ergab. Zeilen 67–70 der „Schlacht der Bäume", eines seltsamen, langen Gedichts, das von walisischen Barden gesungen wurde, lauten so:

„Die Ulmen in vorderster Linie
begannnen die Attacke
Weide und Eberesche
stellten sich schwerfällig auf."

Sie bedeuten den Buchstaben F, der im geheimen druidischen Alphabet durch die Ulme dargestellt wurde, S (Weide) und L (Eberesche). So konnten die wenigen Druiden, die die Buchstaben kannten, ein Lied singen, das augenscheinlich von einem Kampf der Waldbäume handelte, aber in Wirklichkeit eine Botschaft vermittelte, die nur Eingeweihte verstehen konnten. Natürlich hängt die Lösung von Rätseln nicht allein vom Gedächtnis ab; man braucht auch Spezialistenwissen, viel Phantasie und Fähigkeiten zur Problemlösung. Aber ohne ein gutes Gedächtnis konnte man auch kein guter Rätselmeister sein noch Leistungen in irgendeiner anderen geistigen Disziplin erreichen.

Solange es Aufzeichnungen über menschliche Intelligenz gibt, war das höchstgeschätzte Talent immer ein gutes Gedächtnis. Mein Großvater konnte mit siebzig immer noch ganze Passagen aus den dreitausend Zeilen der Ilias rezitieren, die er für seinen Hochschulabschluß in Griechisch auswendig lernen mußte. Wenn er deklamierte, überflog seine Miene immer ein wenig Stolz, während sein Blick über den Horizont hinausschweifte. Bei jeder Kadenz kehrten seine Gedanken zu den Jugendjahren zurück. Die Worte ließen Ereignisse wieder aufleben, die geschahen, als er sie zuerst lernte. Die Erinnerung an das Gedicht war für ihn eine Art Reise in die Vergangenheit. Für Menschen seiner Generation war Wissen immer noch identisch mit Auswendiglernen. Erst im letzten Jahrhundert, als schriftliche Aufzeichnungen billiger und leichter zugänglich wurden, nahm die Bedeutung des Erinnerns dramatisch ab. Heute betrachtet man ein gutes Gedächtnis als nutzlos, es sei dann, man nimmt an Quizsendungen teil oder spielt *Trivial Pursuit*.

Wenn Menschen nichts haben, an das sie sich erinnern können, ist ihr Leben sehr verarmt. Diese Möglichkeit wurde von den Reformern des Erziehungswesens Anfang des Jahrhunderts völlig übersehen, die, gewappnet mit Forschungsergebnissen, bewiesen, daß Auswendiglernen keine wirksame Methode sei, Informationen zu erlernen und zu speichern. Aufgrund ihrer Bemühungen wurde das Auswendiglernen in den Schulen allmählich abgeschafft. Die Reformer hätten recht gehabt, wenn es beim Auswendiglernen nur darum ginge, praktische Probleme zu lösen. Doch wenn man die Kontrolle des Bewußtseins für zumindest ebenso wichtig hält wie die Fähigkeit, Dinge zu erledigen, dann ist das Auswendiglernen komplexer Informationsmuster keineswegs eine nutzlose Mühe. Ein Verstand mit einem stabilen Inhalt ist viel reicher als einer ohne. Die Annahme, Kreativität und Auswendiglernen seien unvereinbar, ist falsch. Einige der genialsten Wissenschaftler zum Beispiel haben Musik, Gedichte und historische Fakten in größerem Umfang auswendig gelernt.

Jemand, der sich an Geschichten, Gedichte, Liedtexte, Fußballstatistiken, chemische Formeln, mathematische Operationen, historische Daten, biblische Verse und kluge Zitate erinnern kann, hat

Vorteile gegenüber jenen, die diese Fähigkeit nie entwickelt haben. Das Bewußtsein eines solchen Menschen ist unabhängig von der Ordnung, die von der Umwelt zur Verfügung gestellt wird. Er kann sich stets beschäftigen und im Inhalt des Bewußtseins Sinn finden. Andere brauchen externe Stimulierung – durch Fernsehen, Lesen, Gespräche oder Drogen, um ihre Gedanken vor dem Abschweifen ins Chaos abzuhalten, doch der Mensch mit einem Vorrat an Informationsmustern im Gedächtnis ist autonom und selbstgenügsam. Darüber hinaus ist ein solcher Mensch ein viel beliebterer Gefährte, denn er kann die Informationen in seinem Bewußtsein mitteilen und anderen, mit denen er interagiert, helfen, Ordnung in ihr Bewußtsein zu bringen. Wie lernt man, sein Gedächtnis besser zu nutzen? Der natürlichste Weg ist, zu entscheiden, an welchem Thema man wirklich interessiert ist – Dichtung, feine Küche, die Geschichte des amerikanischen Bürgerkriegs oder Fußball –, und sich dann auf die Schlüsseldaten und -zahlen in dem gewählten Gebiet konzentriert. Wenn man über sein Thema einigermaßen Bescheid weiß, erkennt man leichter, was der Erinnerung wert ist und was nicht. Wichtig ist hier, daß man nicht glaubt, Fakten absorbieren oder eine Liste streng auswendig lernen zu *müssen.* Wenn man beschließt, was man gern im Gedächtnis haben *möchte,* wird die Information unter Kontrolle sein und der Prozeß des Auswendiglernens erfreulich statt zu einer von außen auferlegten schweren Aufgabe. Ein Experte zum Thema „Amerikanischer Bürgerkrieg" braucht sich nicht gezwungen zu fühlen, die Daten aller größeren Schlachten in chronologischer Folge auswendig zu wissen; wenn er sich zum Beispiel mehr für die Rolle der Artillerie interessiert, dann beschäftigt er sich nur mit den Schlachten, in denen Kanonen eine wichtige Rolle spielten. Manche Menschen tragen immer ihre Lieblingsgedichte oder Zitate auf einem Stück Papier bei sich, um sie zu überfliegen, wenn ihnen langweilig wird oder wenn sie bedrückt sind. Es ist erstaunlich, was für ein Gefühl von Kontrolle es einem verleiht, wenn man weiß, daß Lieblingsfakten oder Texte immer zur Hand sind. Wenn sie erst im Gedächtnis verankert sind, wird dieses Gefühl des Besitzens – besser, des *Verbundenseins* mit dem Inhalt – noch intensiver.

Natürlich besteht immer die Gefahr, daß Menschen, die ein gewisses Gebiet beherrschen, es stets vorführen und zu absoluten

Langweilern werden. Jeder kennt wohl Leute, die nicht widerstehen können, mit ihrem Gedächtnis anzugeben. Aber das kommt nur vor, wenn jemand nur auswendig lernt, um andere zu beeindrucken. Langeweile ist weniger wahrscheinlich, wenn man von innen heraus motiviert ist und den Wunsch hat, das Bewußtsein und nicht seine Umgebung zu kontrollieren.

Die Regeln von Gedankenspielen

Die Erinnerung ist nicht das einzige Instrument, das wir brauchen, um zu formen, was sich im Verstand abspielt. Es nützt nichts, sich an Tatsachen zu erinnern, wenn sie nicht in bestimmte Raster passen, wenn man unter ihnen keine Ähnlichkeiten und Regelmäßigkeiten findet. Das einfachste Ordnungssystem ist, den Dingen Namen zu geben; die Worte, die wir erfinden, transformieren private Ereignisse in universale Kategorien. Die Macht des Wortes ist ungeheuer. Im 1. Buch Mose gibt Gott dem Tag, der Nacht, der Erde, dem Meer und allen Lebewesen Namen und vervollständigt somit den Akt der Schöpfung. Das Evangelium des Johannes beginnt mit den Worten: „Am Anfang war das Wort . . .“, und Heraklit beginnt sein nun fast gänzlich verlorenes Werk mit: „Dieses Wort *(logos)* ist ewigwährend, doch die Menschen verstehen es nach dem ersten Hören ebensowenig wie zuvor . . .“ All diese Hinweise deuten auf die Bedeutsamkeit von Worten bei der Kontrollerfahrung hin. Als Bausteine der meisten symbolischen Systeme machen Worte abstraktes Denken möglich, vergrößern die Kapazität des Verstandes und speichern die Reize, denen er sich zugewandt hat. Ohne Systeme, um Informationen zu ordnen, würde selbst das beste Gedächtnis das Bewußtsein als Chaos empfinden.

Nach den Worten kamen die Zahlen und Ideen, dann die Grundregeln, wie man sie auf berechenbare Weise miteinander kombiniert. Im sechsten Jahrhundert vor Christi Geburt begaben sich Pythagoras und seine Schüler an die ungeheure, ordnende Aufgabe, gemeinsame numerische Gesetze zu finden, die Astronomie, Geometrie, Musik und Arithmetik miteinander verbanden. Es überrascht nicht, daß ihre Arbeit von einer Religion nur schwer zu unterscheiden war, da diese ähnliche Ziele zu erreichen versucht: einen Weg zu finden, um die Struktur des Universums auszudrücken. Zweitausend Jahre später befanden sich Kepler und Newton immer noch auf der gleichen Suche.

Theoretisches Denken hat nie recht die phantasievolle, puzzleartige Qualität der ersten Rätsel verloren. Archytas zum Beispiel, der Philosoph des vierten Jahrhunderts vor Christi Geburt, Kommandierender des Stadtstaates Tarent (im heutigen Süditalien), bewies, daß das Universum keine Grenzen habe, indem er sich fragte: „Wenn ich hier an der Außengrenze des Universums stünde und einen Stock werfen würde, was würde ich finden?“ Archytas glaubte, daß der Stock in den Raum hinausfliegen würde. Aber dann gab es Raum jenseits der Grenzen des Universums, was bedeutete, es hatte keine Grenzen. Wenn Archytas' Logik primitiv erscheint, müssen wir uns in Erinnerung rufen, daß die intellektuellen Experimente, mit denen Einstein verdeutlichte, was Relativität ist – es ging dabei um Uhren, die man aus mit verschiedener Geschwindigkeit fahrenden Zügen betrachtet – nicht viel anders waren. Abgesehen von Geschichten und Rätseln entwickelten alle Kulturen allmählich systematischere Regeln für die Kombination von Informationen in Form geometrischer Darstellungen und formeller Beweise. Mit Hilfe solcher Formeln wurde es möglich, die Bewegungen der Sterne zu beschreiben, genau die Jahreszeiten vorherzusagen und die Erde exakt zu kartographieren. Abstraktes Wissen und schließlich das, was wir als experimentelle Wissenschaft kennen, entstanden nach diesen Regeln.

Man muß hier etwas erwähnen, was man allzuoft aus den Augen verliert: Die Philosophie und die Wissenschaften wurden erfunden und blühten auf, weil Denken angenehm ist. Wenn Denker nicht das Gefühl von Ordnung genössen, das die Benutzung von Syllogismen und Zahlen im Bewußtsein schafft, hätten wir heute wohl kaum die Disziplinen der Mathematik und Physik.

Diese Behauptung widerspricht jedoch den neuesten Theorien über kulturelle Entwicklungen. Historiker, durchdrungen von den verschiedenen Lehren des materiellen Determinismus, behaupten, das Denken werde durch das geprägt, was die Menschen tun müssen, um ihren Lebensunterhalt zu verdienen. Die Entstehung der Arithmetik wird beispielsweise fast ausschließlich mit dem Bedürfnis erklärt, genaue astronomische Kenntnisse zu erlangen, die der

Geometrie als unerläßlich für die Bewässerungstechnologie, Grundlage der großen „hydraulischen Kulturen“ entlang der Ströme Tigris, Euphrat, Indus, Jangtsekiang und Nil. Für diese Historiker wird jeder kreative Schritt als Produkt äußerer Kräfte gedeutet, ob von Kriegen, demographischem Druck, Gebietsansprüchen, Marktbedingungen, technologischen Notwendigkeiten oder dem Klassenkampf.

Äußere Bedingungen sind bei der Entscheidung wichtig, welche neue Idee man aus mehreren vorhandenen auswählt, aber sie können nicht deren Entstehung erklären. Die Entwicklung und Anwendung der Atomenergie wurde durch den gnadenlosen Kampf zwischen Deutschland auf der einen Seite und England und den Vereinigten Staaten auf der anderen zwar stark beschleunigt, doch die wissenschaftlichen Grundlagen für die Kernspaltung verdankten dem Krieg nur wenig; sie wurden durch Kenntnisse ermöglicht, die in friedlicheren Zeiten entstanden waren – etwa durch den jahrelangen freundschaftlichen Ideenaustausch europäischer Wissenschaftler im Biergarten, den eine Kopenhagener Brauerei Niels Bohr und seinen Kollegen zur Verfügung gestellt hatte.

Große Denker sind immer eher vom Spaß am Denken angeregt worden und nicht durch mögliche materielle Belohnungen. Demokrit, ieiner der originellsten Geister der Antike, stand bei seinen Landsleuten, den Abderiten, in hohem Ansehen. Sie hatten allerdings keine Ahnung, um was es Demokrit ging. Als er einmal tagelang in Gedanken versunken herumsaß, nahmen sie an, er verhielte sich unnatürlich und sei krank. Sie schickten also nach Hippokrates, dem großen Arzt, der untersuchen sollte, was ihren Weisen befallen hatte. Hippokrates zufolge, der nicht nur ein guter Arzt war, sondern auch sehr klug, diskutierte er mit Demokrit über die Absurditäten des Lebens und versicherte seinen Mitbürgern, ihr Philosoph sei, wenn überhaupt irgendetwas, zu vernünftig. Er verlöre nicht den Verstand, sondern sei im Strom seiner Gedanken versunken.

Die verbliebenen Fragmente von Demokrits Schriften veranschaulichen, wie erfreulich er die Ausübung von Denken fand: „Es ist göttlich, an etwas Schönes oder Neues zu denken“, „Glück beruht nicht auf Stärke oder Geld, sondern auf Rechtmäßigkeit und Vielseitigkeit“, „Ich möchte lieber einen einzigen wahren Grund entdecken, als das Königreich von Persien gewinnen.“ Es verwundert daher nicht, daß die meisten seiner Zeitgenossen Demokrit für einen fröhlichen Menschen hielten und sagten, er „bezeichne Frohsinn und Zuversicht, das heißt, einen Verstand ohne Furcht, als das höchste Gut." Mit anderen Worten, er freute sich am Leben, weil er gelernt hatte, sein Bewußtsein zu kontrollieren. Demokrit war weder der erste noch der letzte Denker, der sich im Strom von Gedanken verlor. Man hat Philosophen oft als „geistesabwesend" bezeichnet, was natürlich nicht bedeutet, ihre Gedanken seien abwesend, sondern daß sie sich vorübergehend von der Alltagsrealität abgewandt hatten, um sich mit den symbolischen Formen ihres Lieblingswissensgebietes zu beschäftigen. Als Kant angeblich seine Uhr in das kochende Wasser legte und das Ei in der Hand behielt, um die Zeit zu messen, war seine gesamte psychische Energie vermutlich darauf gerichtet, abstrakte Gedanken harmonisch zu ordnen, und er hatte keine Aufmerksamkeit übrig, um sich mit den zufälligen Ansprüchen der konkreten Welt zu befassen.

Gemeint ist, daß das Spielen mit Ideen äußerst erfreulich ist. Nicht nur die Philosophie, sondern auch das Auftauchen neuer wissenschaftlicher Gedanken wird von der Freude angeregt, die man gewinnt, wenn man einen neuen Weg zur Beschreibung der Wirklichkeit findet. Die Instrumente, die den Fluß der Gedanken ermöglichen, sind Allgemeingut und bestehen aus dem in Büchern aufgezeichneten, in Schulen und Bibliotheken erhältlichem Wissen. Wenn man sich mit den Regeln der Dichtkunst oder der Rechenarten vertraut macht, wird man unabhängig von äußeren Anregungen. Man kann ungeachtet dessen, was in der äußeren Realität vorgeht, geordnete Gedankenströme erzeugen. Wenn man ein symbolisches System gut genug gelernt hat, um es zu nutzen, hat man eine sich selbst genügende Welt im Geiste geschaffen, die man immer bei sich trägt.

Manchmal kann einem die Kontrolle über ein verinnerlichtes Symbolsystem das Leben retten. Man hat zum Beispiel behauptet, es gäbe in Island verhältnismäßig mehr Dichter als in jedem anderen Land der Welt, weil das Rezitieren von Sagen das Bewußtsein der Isländer in einer extrem feindseligen Umwelt geordnet gehalten habe. Seit Jahrhunderten haben die Isländer die Epen über die Taten ihrer Vorfahren nicht nur in Erinnerung behalten, sondern auch neue Verse hinzugefügt. In eisigen Nächten kauerten sie allein in ihren primitiven Hütten um das Feuer und sangen Lieder, während draußen die Stürme des unendlich langen arktischen Winters tobten. Wenn die Isländer diese Nächte allein und schweigend beim Lauschen auf den spöttischen Wind zugebracht hätten, wären sie bald von Verzweiflung und Furcht erfüllt gewesen. Indem sie die Kadenzen von Reim und Rhythmen beherrschten und die Ereignisse des eigenen Lebens in Bilder und Worte kleideten, übernahmen sie die Kontrolle über ihre Erfahrungen. Sie schufen Lieder mit Form und Sinn in chaotischen Schneestürmen. In welchem Maße halfen diese Sagen den Isländern zu überleben? Hätten sie es auch ohne sie geschafft? Wir können diese Fragen nicht mit absoluter Sicherheit beantworten. Aber wer würde es wagen, dies zu beweisen?

Ähnliche Bedingungen herrschen, wenn ein Einzelwesen unvermittelt aus seiner Welt gezerrt und in eine solche Extremsituation geworfen wird. Wenn die Außenwelt keine Gnade mit einem hat, kann ein inneres symbolisches System zur Rettung werden. Jeder, der einen Satz von Regeln für das Bewußtsein zur Verfügung hat, genießt große Vorteile. Unter extrem harten Bedingungen stellten sich Dichter, Mathematiker, Musiker, Historiker und Bibelexperten immer als Inseln der Vernunft heraus, umgeben von Wogen des Chaos. In bestimmtem Maße haben Bauern, die das Leben draußen kennen, und Waldarbeiter, die ihre Umgebung verstehen, ein ähnliches Stützsystem, aber da ihr Wissen weniger abstrakt kodiert ist, müssen sie mehr mit der tatsächlichen Umwelt interagieren, um in Kontrolle zu bleiben.

Hoffen wir, daß keiner von uns gezwungen wird, sich auf seine symbolischen Fähigkeiten zu berufen, um ein Konzentrationslager oder eine arktische Notlage zu überleben. Doch ein verinnerlichter Satz von Regeln, mit denen der Verstand arbeiten kann, ist auch im Normalleben von Vorteil. Menschen ohne ein internalisiertes symbolisches System werden allzuleicht zu Gefangenen der Medien. Sie werden leicht von Demagogen manipuliert, von Unterhaltung eingelullt und von jedem ausgenutzt, der etwas zu verkaufen hat. Wenn man zu abhängig von Fernsehen, Drogen oder oberflächlichen Versprechungen politischer oder religiöser Rettung wird, dann nur, weil man sich bloß auf wenig stützen kann, nicht viele innere Regeln hat, um die Gedanken von jenen fernzuhalten, die behaupten, alle Antworten zu kennen. Ohne die Fähigkeit, sich eigene Informationen zu geben, schweift der Verstand in den Zufall ab. Es liegt in der Macht eines jeden, zu entscheiden, ob Ordnung von außen hergestellt wird, über die man keine Kontrolle hat, oder ob Ordnung aufgrund innerer Raster entsteht, die organisch aus Fähigkeiten und Wissen entstanden sind.

Das Spiel mit Worten

Wie stellt man es an, ein symbolisches System zu beherrschen? Das hängt natürlich von dem Wissensgebiet ab, für das man sich interessiert. Wir haben gesehen, daß das älteste und vielleicht grundlegendste Regelsystem die Benutzung von Worten festlegt. Und auch heute eröffnen Worte immer noch viele Möglichkeiten verschiedenster Komplexität, in *flow* zu geraten. Ein etwas triviales, aber dennoch anschauliches Beispiel ist das Lösen von Kreuzworträtseln. Man kann vieles zugunsten dieser beliebten Freizeitbeschäftigung sagen, denn in ihrer entwickeltsten Form ähnelt sie alten Rätselwettbewerben. Das Lösen von Kreuzworträtseln verusacht keine Kosten und kann überall gemacht werden; die Herausforderungen können fein abgestimmt werden, so daß Neulinge wie Experten Spaß daran haben, und die Lösung schenkt einem ein Gefühl erfreulicher Ordnung und die Befriedigung, etwas geleistet zu haben. Es bietet vielen Menschen Gelegenheit zu einem leichten *flow*-Zustand, wenn sie etwa in der Wartehalle eines Flughafens ausharren, auf dem Weg zur Arbeit sind, im Zug sitzen, oder einfach als Zeitvertreib an einem Sonntagmorgen. Doch wenn man sich darauf beschränkt, das Kreuzworträtsel nur zu lösen, bleibt man von äußeren Reizen abhängig: von der Herausforderung, die einem ein Experte in der Sonntagsbeilage oder einem Rätselmagazin stellt. Um auf diesem Gebiet wirklich autonom zu werden, besteht die bessere Alternative darin, das Rätsel selbst zu erfinden. Dann besteht kein Bedarf mehr nach einem von außen auferlegten Muster, und man ist völlig frei. Die Freude wird dadurch intensiver. Es ist nicht schwer, ein Kreuzworträtsel aufzustellen; ich kenne eine Achtjährige, die sich an ein paar Kreuzworträtseln versuchte und dann ihre eigenen, ziemlich komplizierten schrieb. Natürlich gilt auch hier, was für alle Fähigkeiten gilt, die es wert sind, entwickelt zu werden, daß man man anfangs einige psychische Energie hineinstecken muß.

Ein unabhängigeres Potential, durch die Benutzung von Worten das Leben zu bereichern, liegt in der verlorengegangenen Kunst der Unterhaltung. Utilitaristische Ideologien in den letzten zwei Jahrhunderten haben uns überzeugt, Hauptzweck einer Unterhaltung sei es, nützliche Informationen zu übermitteln. Daher schätzen wir nun knappe Kommunikation, in der praktisches Wissen übermittelt wird, und bezeichnen alles andere als Zeitverschwendung. Als Folge davon sind die meisten Menschen nun unfähig, miteinander zu reden, außer über eng begrenzte, spezialisierte Themen oder solche von unmittelbarem Interesse. Nur wenige können die Begeisterung eines Kalifen Ali ben Ali verstehen, der schrieb: „Eine feinsinnige Unterhaltung ist der Garten Eden." Das ist schade, weil man behaupten könnte, die Hauptfunktion der Unterhaltung sei nicht, etwas zu erreichen, sondern die Qualität der Erfahrung zu verbessern.

Peter Berger und Thomas Luckmann, einflußreiche phänomenologisch orientierte Soziologen, haben geschrieben, daß unser Verständnis des Universums, in dem wir leben, von der Unterhaltung zusammengehalten sei. Wenn ich zu einem Bekannten, den ich morgens treffe, sage: „Schöner Tag heute", tue ich dies nicht vornehmlich, um eine meteorologische Information mitzuteilen – die ohnehin überflüssig wäre, da er die gleichen Informationen hat wie ich, sondern um eine Vielfalt ansonsten unausgesprochener Ziele auszudrücken. Indem ich ihn anspreche, erkenne ich beispielsweise seine Existenz an und drücke meine Bereitschaft aus, freundlich zu sein. Zweitens bestätige ich eine Grundregel für Interaktion in unserer Kultur, nämlich daß ein Gespräch über das Wetter ein sicherer Weg ist, Kontakt zwischen Menschen herzustellen. Und schließlich, indem ich betone, das Wetter sei „schön", deute ich den gemeinsamen Wert an, daß „schön" etwas Wünschenswertes sei. Die lässige Bemerkung wird also zu einer Botschaft, die hilft, den Inhalt des Bewußtseins meines Bekannten in seiner gewohnten Ordnung zu halten. Seine Antwort: „Ja, wunderbar, nicht?" hilft mir, meine beizubehalten. Ohne ständige Bemerkungen über das Offensichtliche, meinen Berger und Luckmann, würden die Menschen bald an der Realität der Welt, in der sie leben, zweifeln. Die offensichtlichen Phrasen, die wir austauschen, die trivialen Gespräche, die aus

Radios und Fernsehern plätschern, versichern uns, alles sei in Ordnung und die normalen Existenzbedingungen blieben so, wie sie sind.

Schade ist nur, daß so viele Gespräche da schon enden. Denn gut gewählte und geordnete Worte erzeugen eine angenehme Erfahrung für den Partner. Nicht allein aus nützlichen Erwägungen schätzt man ein umfangreiches Vokabular und Beredtsamkeit bei Geschäftsleuten als wichtigste Eigenschaft für Erfolg. Gut reden können bereichert jede Interaktion; es ist eine Fähigkeit, die jeder erlernen kann.

Kinder kann man schon früh mit diesem Potential vertraut machen, indem man mit Worten spielt. Wortspiele und Doppelbedeutungen sind für intellektuelle Erwachsene vielleicht die niedrigste Form von Humor, aber sie geben ein gutes Übungsfeld für Kinder ab, um die Sprache beherrschen zu lernen. Man braucht bei der Unterhaltung mit einem Kind nur auf eine Gelegenheit zu achten – das heißt, wenn man ein unschuldiges Wort oder einen Ausdruck auf mehrere Weisen deuten kann. Dann schaltet man um und tut so, als verstünde man dieses Wort in einem anderem Sinn.

Das erste Mal, wenn Kinder erkennen, daß „Oma ist zum Essen da" bedeuten kann, sie kommt als Gast oder als Gericht, werden sie verwirrt reagieren, wie auch auf den Ausdruck „einen Frosch verschluckt haben". Die gewohnte Ordnung der Wortbedeutungen zu durchbrechen kann sogar traumatisch wirken, aber Kinder nehmen rasch auf und erwidern dies bald auf gleiche Weise. Sie lernen, Unterhaltungen zu biegen und zu formen wie Kuchenteig. Dabei lernen sie, sich an der Beherrschung von Worten zu freuen, und wie Erwachsene helfen sie vielleicht, die verlorene Kunst des Gespräches neu zu beleben.

Wie schon mehrfach erwähnt ist die Dichtung eine der besten kreativen Nutzungen von Sprache. Da Verse dem Verstand ermöglichen, Erfahrungen in kondensierter und veränderter Form zu bewahren, sind sie ideal, um das Bewußtsein zu formen. Jeden Abend in einem Gedichtband lesen ist für den Geist das gleiche wie eine Fitneßübung für den Körper. Es ist nicht einmal nötig, ein ganzes Gedicht zu lesen. Wichtig ist, mindestens eine Zeile oder einen Vers zu finden, der zu klingen beginnt. Manchmal reicht schon ein Wort aus, um ein Fenster auf eine neue Perspektive von der Welt zu öffnen, die Gedanken auf eine innere Reise zu schicken.

Wiederum gibt es keinen Grund, dabei stehen zu bleiben, passiv zu konsumieren. Jeder kann mit ein wenig Disziplin und Hartnäckigkeit lernen, persönliche Erfahrungen in Verse zu kleiden. Wie Kenneth Koch, der New Yorker Dichter und Gesellschaftsreformer gezeigt hat, sind auch Ghettokinder und nahezu analphabetische alte Frauen in Heimen fähig, mit einem Minimum an Übung wunderbare, bewegende Gedichte zu schreiben. Es besteht überhaupt kein Zweifel, daß die Beherrschung dieser Fähigkeit ihre Lebensqualität verbesserte. Sie hatten daran nicht nur Spaß, sondern verstärkten damit auch ihre Selbstachtung beträchtlich.

Das Verfassen von Prosa bietet ähnliche Vorteile. Obwohl hier die offensichtliche Ordnung fehlt, die Versmaß und Reim fordern, ist sie leichter zugänglich. (Große Prosa hingegen ist vermutlich ebenso schwierig zu schreiben wie große Gedichte.)

In der heutigen Welt vernachlässigen wir allgemein die Gewohnheit des Schreibens, weil so viele andere Medien dessen Platz eingenommen haben. Telephone und Tonkassetten, Computer und Faxgeräte sind bei der Nachrichtenübermittlung effektiver. Wenn es beim Schreiben nur darum ginge, Nachrichten zu übermitteln, würde es verdienen, bald überflüssig zu werden. Hauptpunkt beim Schreiben ist jedoch, Informationen zu schaffen, nicht nur, sie weiterzutragen. Früher benutzten gebildete Menschen Tagebücher und persönliche Korrespondenz, um ihre Erfahrungen in Worte zu kleiden, was ihnen erlaubte, über das Tagesgeschehen nachzudenken. Die ausführlichen Briefe von Viktorianern sind ein Beispiel dafür, wie es vielen Menschen gelang, aus den vorwiegend zufälligen Ereignissen, die in ihr Bewußtsein drangen, Ordnungsmuster zu schaffen. Das Material, das wir in Tagebüchern und Briefen aufzeichnen, existiert vor dem Aufschreiben nicht. Der langsame, organisch wachsende Prozeß des Denkens beim Schreiben läßt die Ideen zum ersten Mal entstehen.

Vor nicht allzu langer Zeit galt es als akzeptabel, ein Amateurdichter oder -essayist zu sein. Heute betrachtet man diese Tätigkeiten als Zeitverschwendung, wenn man nicht Geld damit verdient (auch wenn es nur jämmerlich wenig wäre). Man findet es bei einem Menschen über zwanzig geradezu als schimpflich, sich schreibend mit Poesie zu befassen, wenn er nicht einen Scheck dafür erhält. Und außer bei großem Talent ist es in der Tat nutzlos, in der Hoffnung auf

Profit oder Ruhm zu schreiben. Doch aus inneren Gründen zu schreiben ist niemals eine Verschwendung. Zunächst einmal gibt das Schreiben dem Verstand eine disziplinierte Ausdrucksform. Es ermöglicht einem, Ereignisse und Erfahrungen aufzuzeichnen, damit man sich leicht an sie erinnern und in der Zukunft noch einmal durchleben kann. Man kann so Erfahrungen analysieren und begreifen und mittels dieser Selbstkommunikation einordnen.

Man hat in der letzten Zeit häufig über die Tatsache geredet, daß Dichter und Schriftsteller als Gruppe ungewöhnlich stark an Depressionen und anderen affektiven Störungen leiden. Vielleicht ist einer der Gründe, warum sie hauptberuflich zu Schreibern wurden, daß ihr Bewußtsein ungewöhnlich starker Entropie ausgesetzt ist. Das Schreiben wird zur Therapie, um Ordnung unter den verwirrenden Gefühlen herzustellen. Es ist möglich, daß Schriftsteller nur *flow* erlangen können, indem sie Welten aus Worten schaffen, mit denen sie hingebungsvoll spielen und die Existenz einer störenden Realität aus den Gedanken verbannen. Wie bei jeder anderen *flow*-Aktivität ist Schreiben, das zur Sucht wird, gefährlich: Es zwingt den Schreibenden, sich nur einer begrenzten Reihe von Erfahrungen zu stellen, und schließt alle anderen Möglichkeiten zum Umgang mit Ereignissen aus. Doch wenn das Schreiben benutzt wird, um Erfahrungen zu kontrollieren, ohne den Verstand davon beherrschen zu lassen, wird es zum Instrument unendlich subtiler und reichhaltiger Belohnungen.

Freundschaft mit Clio

Wenn die Erinnerung die Mutter der Kultur war, dann galt Clio, ihre älteste Tochter, als „Verkünderin". In der griechischen Mythologie galt sie als Schutzpatronin der Geschichte, verantwortlich für die ordentliche Aufzeichnung vergangener Ereignisse. Dem Fach Geschichte fehlt es zwar an den eindeutigen Regeln, die andere geistige Aktivitäten, wie Logik, Dichtkunst oder Mathematik, so erfreulich machen, aber sie hat ihr eigene unzweifelhafte Struktur, die von der nicht umkehrbaren Abfolge von Ereignissen in der Zeit bestimmt wird. Beobachten, Aufzeichnen und Bewahren der Erinnerung an sowohl große wie kleine Ereignisse des Lebens ist eine der ältesten und befriedigendsten Methoden, Ordnung ins Bewußtsein zu bringen.

Jedes Individuum ist in gewissem Sinne ein Historiker seiner oder ihrer persönlichen Existenz. Kindheitserinnerungen werden aufgrund ihrer emotionalen Kraft zu entscheidenden Elementen bei der Bestimmung, zu was für einer Art Erwachsenem man heranwächst und wie der Verstand funktionieren wird. Die Psychoanalyse ist vorwiegend der Versuch, Ordnung in der verwirrten Geschichte der Kindheit zu schaffen. Diese Aufgabe, Sinn in der Vergangenheit zu stiften, wird im Alter wichtig. Erik Erikson vertritt die Auffassung, daß das letzte Stadium im menschlichen Lebenszyklus darin besteht, „Integrität“ zu erreichen, das, was man geleistet hat und was man im Verlauf seines Lebens versäumte, zu einer sinnvollen Geschichte zusammenzufassen, die man als seine eigene annehmen kann. „Geschichte“ schrieb Thomas Carlyle, „ist die Essenz unzähliger Biographien.“

Die Erinnerung an die Vergangenheit ist nicht nur hilfreich bei der Schaffung und Bewahrung der persönlichen Identität, sondern kann auch zum sehr erfreulichen Prozeß werden. Menschen führen Tagebücher, bewahren Schnappschüsse auf, knipsen Dias und drehen Filme, sammeln Souvenirs und Erinnerungsstücke, um ein Museum des Familienlebens zu schaffen, auch wenn ein zufälliger Besucher die unzähligen historischen Beziehungen nicht wahrnimmt. Er kann nicht wissen, daß das Bild an der Wohnzimmerwand wichtig ist, weil die Besitzer des Hauses es auf ihrer Hochzeitsreise kauften, daß der Teppich im Flur wertvoll ist, weil er ein Geschenk einer geliebten Großmutter war, und daß das schäbige Sofa auf dem Speicher aufbewahrt wird, weil auf ihm die Kinder gestillt wurden, als sie noch klein waren.

Mit der Aufzeichung der Vergangenheit kann man die Lebensqualität erheblich verbessern. Es befreit einen von der Tyrannei der Gegenwart und ermöglicht dem Bewußtsein, frühere Zeiten aufzusuchen. Es ermöglicht, Ereignisse aus dem Gedächtnis auszuwählen und zu bewahren, die besonders angenehm und bedeutend waren, und kann so eine Vergangenheit „erschaffen“, die einem hilft, die Zukunft zu bewältigen. Natürlich muß eine solche Vergangenheit nicht absolut wahr sein. Aber in der Erinnerung ist das ohnehin niemals möglich; sie muß ständig revidiert werden, und die Frage ist nur, ob wir selbst die kreative Kontrolle für diese Abwandlungen übernehmen oder nicht.

Die meisten Menschen halten sich für Amateurhistoriker. Doch wenn man sich klar wird, daß die Einordnung von Ereignissen im Zeitverlauf notwendige Aufgabe eines bewußten Wesens ist, mehr noch, daß es eine erfreuliche Sache darstellt, können wir es viel besser bewerkstelligen. Man kann Geschichte als *flow*-Aktivität auf mehreren Ebenen üben. Die persönlichste heißt, Tagebuch zu führen, die nächste, eine Familienchronik zu schreiben und so weit wie möglich in die Vergangenheit zurückgehen. Aber es gibt keinen Grund, hier aufzuhören. Manche Menschen weiten ihr Interesse auf die ethnische Gruppe aus, zu der sie gehören, und sammeln entsprechende Bücher und Memorabilia. Mit einem bißchen Mühe kann man die eigenen Eindrücke von der Vergangenheit aufzeichnen und so zu einem echten Amateurhistoriker werden.

Andere entwickeln Interesse an der Geschichte der Gemeinschaft, in der sie leben, ob es sich um die Nachbarschaft oder den Staat handelt – indem sie Bücher lesen, Museen besuchen oder historischen Vereinigungen beitreten. Sie konzentrieren sich vielleicht auf einen besonderen Aspekt der Vergangenheit. Ein Freund von mir, der in den menschenleeren Weiten Westkanadas lebt, wird von „früher Industriearchitektur" in jenem Teil der Welt angezogen und hat inzwischen genug gelernt, um sich über Reisen zu abgelegenen Sägemühlen, Gießereien und verfallenden Eisenbahndepots zu freuen, wo ihm seine Kenntnisse ermöglichen, die Feinheiten dessen einzuschätzen und zu werten, was alle anderen als Haufen unkrautüberwucherten Gerümpels abtun würden.

Zu oft neigen wir dazu, Geschichte als langweilige Aneinanderreihung von Daten zu betrachten, die man auswendig lernen muß, als Chronik, die uralte Gelehrte zur eigenen Belustigung aufstellten. Das ist ein Gebiet, das wir vielleicht tolerieren, aber nicht lieben. Es ist ein Fach, das wir lernen, um als gebildet zu gelten, aber dieses Lernen geschieht unwillig. Wenn das der Fall ist, kann die Geschichte nur wenig zur Lebensqualität beitragen. Wissen, das als von außen kontrolliert wahrgenommen wird, wird nur zögernd erworben und macht keinen Spaß. Doch sobald ein Mensch entscheidet, welche Aspekte der Vergangenheit ihn reizen, wenn er beschließt, sich damit zu befassen, und sieh auf die Quellen und die für ihn persönlich bedeutsamen Einzelheiten konzentriert, wird das Lernen der Geschichte zur vollen *flow*-Aktivität.

Die Freuden der Naturwissenschaften

Nach dem Lesen des vorangegangenen Abschnittes findet man es vielleicht kaum einleuchtend, daß man zum Amateurhistoriker werden könnte. Doch wenn wir die Argumente auf ein anderes Gebiet übertragen, können wir uns dann besser vorstellen, wie ein Laie zum Amateurwissenschaftler wird? Immerhin hat man uns oft gesagt, daß die Naturwissenschaften in diesem Jahrhundert zu einer stark institutionalisierten Aktivität geworden sind, daß ihre Hauptstränge sich auf wenige berühmte Namen konzentrieren. Man braucht verschwenderisch ausgerüstete Labors, riesige Geldmengen und große Forschungsteams, um an der vordersten Front der Biologie, der Chemie oder der Physik zu überleben. Wenn das Ziel der Naturwissenschaften darin besteht, den Nobelpreis zu bekommen, oder man in diesen stark wettbewerbsorientierten Disziplinen die Anerkennung der Berufskollegen sucht, besteht die einzige Möglichkeit tatsächlich darin, Naturwissenschaften auf diese extrem spezialisierte und teure Weise zu betreiben.

Dieses kapitalintensive Szenarium nach dem Modell des Fließbandes beschreibt aber in Wirklichkeit nur ungenau, was in den „professionellen" Naturwissenschaften zum Erfolg führt. Obwohl uns die Fürsprecher der Technologie dies immer wieder vortragen, stimmt es nicht, daß Durchbrüche in den Naturwissenschaften ausschließlich von Teams hochspezialisierter Experten erzielt werden, denen die kompliziertesten Labors mit den neuesten Einrichtungen zur Verfügung stehen, um neue Ideen auszuprobieren. Noch stimmt es, daß die großen Entdeckungen nur in Zentren geschehen, die die meisten Mittel erhalten. Diese Bedingungen helfen vielleicht, neue Theorien auszuprobieren, aber sie sind eigentlich unwichtig, wenn es darum geht, kreative Ideen zum Fließen zu bringen. Neue Entdeckungen fallen immer noch Menschen wie Demokrit ein, als er gedankenverloren auf dem Marktplatz saß. Sie fallen Menschen auf, die so viel Spaß am Spiel mit Ideen haben, daß sie schließlich über die Grenzen des Bekannten hinausschweifen und neue Gebiete erkunden.

Selbst das Betreiben der „normalen" (im Gegensatz zur „revolutionären" oder kreativen) Wissenschaft wäre so gut wie unmöglich, wenn der Wissenschaftler keine Freude daran hätte. Thomas Kuhn stellt in seinem Buch *Die Struktur der wissenschaftlichen Revolution* mehrere Gründe vor, warum die Naturwissenschaften faszinierend sind. Erstens, wenn man seine Aufmerksamkeit auf einen kleinen Bereich relativ esoterischer Probleme richte, zwinge das Paradigma (oder die theoretische Annahme) den Wissenschaftler, einen Teil der Natur mit einer Detailliertheit und Tiefe zu ergründen, die ansonsten unvorstellbar wäre. Diese Konzentration werde durch Regeln ermöglicht, die sowohl das Wesen der annehmbaren Lösungen begrenzen als auch die Schritte, mit denen diese erlangt werden. Kuhn behauptet, daß „normale" Wissenschaft nicht von der Hoffnung motiviert ist, das Wissen zu revolutionieren, die Wahrheit zu finden oder die Lebensbedingungen zu verbessern. Die Herausforderung bestehe statt dessen in der Überzeugung, daß der Wissenschaftler, wenn er nur geschickt genug vorginge, schließlich ein Rätsel lösen würde, das niemand zuvor löste oder so elegant meisterte. Die Faszination des normalen Forschungsparadimas, obwohl dessen Ergebnis vorhergesagt werden könne, beruhe darauf, daß der Weg dahin recht fragwürdig sei. Der in dieser Hinsicht erfolgreiche Mensch erweise sich als ausgezeichneter Rätsellöser, und die Herausforderung dieses Puzzles sei wichtiger Bestandteil dessen, was ihn gewöhnlich antreibt. Kein Wunder, daß Wissenschaftler sich oft fühlen wie P.A.M. Dirak, der Physiker, der in den zwanziger Jahren die Entwicklung der Quantenmechanik so beschrieb: „Es war ein Spiel, ein sehr interessantes Spiel, das nun möglich wurde." Kuhns Beschreibung von der Anziehungskraft der Naturwissenschaften ähnelt deutlich Beschreibungen, warum Rätsellösen, Bergsteigen, Segeln und Schach oder irgend eine andere *flow*-Aktivität, so lohnend sind.

Wenn „normale" Wissenschaftler bei ihrer Arbeit durch die Herausforderung intellektueller Puzzles motiviert werden, auf die sie bei ihrer Arbeit stoßen, werden „revolutionäre" Wissenschaftler – diejenigen, die aus den bestehenden theoretischen Paradigmen ausbrechen, um neue aufzustellen – noch stärker von Spaß angetrieben. Ein schönes Beispiel bietet Subrahhmanyan Chandrasekhar, der Astrophysiker, dessen Leben bereits jetzt mythische Eigenschaften angenommen hat. Als er in jungen Jahren 1933 Indien verließ und mit dem Dampfer von Kalkutta nach England fuhr, beschrieb er ein Modell der stellaren Evolution, das mit der Zeit zur Grundlage der Theorie der Schwarzen Löcher wurde. Aber seine Ideen waren so seltsam, daß die wissenschaftliche Welt sie lange Zeit nicht akzeptierte. Schließlich wurde er von der Universität Chicago angestellt, wo er seine Studien in relativer Unbekanntheit fortsetzte. Es gibt eine Anekdote über ihn, die seine Bindung an die Arbeit sehr gut beschreibt. In den fünfziger Jahren lebte Chandrasekhar in Williams Bay im US-Bundesstaat Wisconsin, wo sich das astronomische Observatorium der Universität befindet. Es liegt etwa achtzig Meilen vom Universitätsgelände entfernt. In diesem Winter sollte er ein Seminar über Astrophysik für Fortgeschrittene abhalten. Nur zwei Studenten schrieben sich ein, und man erwartete, daß Chandrasekhar das Seminar absagte, statt die unbequeme Reise für zwei Hörer zu machen. Aber das tat er nicht, er fuhr statt dessen zweimal in der Woche nach Chicago, um diese beiden Studenten zu unterrichten. Ein paar Jahre später wurde erst dem einen, dann dem anderen dieser beiden Studenten der Nobelpreis für Physik verliehen. Wann immer diese Geschichte erzählt wurde, schloß man sie mit dem Ausdruck des Bedauerns ab, weil der Professor selbst nie diesen Preis bekam. Dieses Bedauern ist nicht mehr nötig, denn 1983 wurde auch Chandrasekhar der Nobelpreis für Physik verliehen.

Sehr oft geschieht ein solcher Durchbruch in der Denkweise unter ähnlich unauffälligen Umständen, in denen ein Mensch bloß hingegeben mit Ideen spielte. Eine der glanzvollsten Entdeckungen der letzten Jahre betrifft die Theorie über Supraleitfähigkeit. Zwei ihrer Vertreter, K. Alex Müller und J. Georg Bednorz, erarbeiteten die Prinzipien und führten die ersten Experimente im IBM-Labor in Zürich durch, nicht gerade eine wissenschaftliche Provinz, aber auch kein Zentrum. Mehrere Jahre lang weihten die Forscher keinen anderen in ihre Arbeit ein, nicht weil sie fürchteten, ihre Ideen würden ihnen gestohlen, sondern aus Angst, ihre Kollegen würden über ihre scheinbar verrückten Ideen lachen. 1987 erhielten sie den Nobelpreis für Physik. Susumu Tonegawa, der im gleichen Jahr den Nobelpreis für Biologie bekam, wurde von seiner Frau als „Person, die ihre eigenen Wege geht", beschrieben; er ginge gern zum Sumo-Ringen, weil man dazu individuelle Anstrengung und keine Mannschaftsleistung braucht, um erfolgreich zu sein, genau wie bei seiner eigenen Arbeit. Die Notwendigkeit von hochtechnisierten Labors und großen Forschungsteams wurde eindeutig übertrieben. Durchbrüche in den Naturwissenschaften hängen überwiegend immer noch von den Ressourcen eines einzigen Geistes ab.

Aber wir sollten uns nicht vornehmlich damit befassen, was sich in der Welt der professionellen Naturwissenschaften abspielt. Die Wissenschaftsgrößen können sich selbst überlassen bleiben; zumindest sollten sie alle Unterstützung erhalten, die sie bekommen, seit sich die Kernspaltung als solcher Hit erwies. Uns interessiert hier eher die Amateurwissenschaft, das Entzücken, das ganz normale Menschen empfinden, wenn sie die Gesetze von Naturphänomenen beobachten und aufzeichnen. Wir müssen im Auge behalten, daß große Wissenschaftler seit Jahrhunderten ihr Werk als Hobby betrieben, weil sie von den von ihnen entdeckten Methoden fasziniert waren. Sie hatten keine feste Stelle oder reichlich staatliche Mittel zur Verfügung.

Nikolaus Kopernikus vervollständigte seine epochemachende Beschreibung der planetarischen Bewegungen, als er Domherr am Domkapitel von Frauenburg in Ostpreußen (heute Polen) war. Die astronomische Arbeit war seiner Karriere in der Kirche sicher nicht förderlich, und den größten Teil seines Lebens waren seine Belohnungen rein ästhetischer Natur: die Freude an der schlichten Schönheit seines Systems im Vergleich zu dem schwerfälligeren ptolemäischen System. Galilei war ausgebildeter Mediziner, und was ihn zu immer brisanteren Experimenten führte, war sein Entzücken, als er etwa den Schwerpunkt verschiedener fester Objekte entdeckte. Isaak Newton formulierte seine größeren Entdeckungen kurz nach seiner Abschlußprüfung in Cambridge im Jahre 1665, als die Universität wegen der Pest geschlossen wurde. Newton mußte zwei Jahre in der Sicherheit und Langeweile eines Landsitzes verbringen, und er füllte seine Zeit, indem er mit Ideen über eine universelle Theorie der Schwerkraft spielte. Antoine Laurent Lavoisier, den man für den Begründer der modernen Chemie hält, war ein Finanzbeamter im vorrevolutionären Frankreich. Er war darüber hinaus an der Agrarreform und gesellschaftlichen Planungen beteiligt, aber am meisten genoß er seine eleganten, klassischen Experimente. Luigi Galvani, der bis zum Ende seines Lebens als Arzt tätig war, erforschte die Grundlagen dazu, wie Muskeln und Nerven Elektrizität leiten; dies wiederum führte zur Erfindung der elektrischen Batterie. Gregor Mendel ist ein weiterer Kirchenmann, und seine Experimente, die die Grundlagen der Genetik bilden, waren Folge seiner Hobbygärtnerei.

Als Albert A. Michelson, der als erster Amerikaner einen Nobelpreis in den Naturwissenschaften erhielt, am Ende seines Lebens befragt wurde, warum er so viel Zeit damit zugebracht habe, die Geschwindigkeit des Lichts zu messen, soll er geantwortet haben: „Es hat so viel Spaß gemacht." Und ehe wir es vergessen, Einstein schrieb seine bedeutendsten Artikel als Angestellter im Schweizer Patentamt. Diese und viele andere große Wissenschaftler, die man noch aufführen könnte, ließen sich in ihrem Denken nicht behindern, weil sie nicht zu den „Experten" gehörten, keine anerkannten Persönlichkeiten mit regelmäßig fließenden, staatlichen Mitteln waren. Sie taten es einfach, weil sie Spaß daran hatten.

Ist die Lage heute wirklich so anders? Stimmt es wirklich, daß jemand ohne einen Doktortitel, der nicht in einem der größeren Forschungszentren arbeitet, keine Chance hat, zum Fortschritt der Wissenschaft beizutragen? Oder ist dies bloß einer der vorwiegend unbewußten Versuche einer Mystizifizierung, der alle erfolgreichen Institutionen schließlich erliegen? Es ist schwer, diese Fragen zu beantworten, teils weil das, was die „Wissenschaften" ausmacht, natürlich durch genau diese Institutionen definiert wird, die wiederum von ihrem Monopol profitieren.

Es herrscht kein Zweifel, daß ein Laie mit einem Hobby nicht zu der Art Forschung beitragen kann, die mit mehreren Milliarden Dollars finanziert wird oder von einem atommagnetischen Resonanzspektroskop abhängt. Aber diese stellen ja nicht die einzigen Zweige der Naturwissenschaften dar. Der geistige Rahmen, der die Wissenschaften so erfreulich macht, ist jedem zugänglich. Dazu gehören Neugier, sorgfältige Beobachtung, disziplinierte Aufzeichnungen und Methoden, um die Regelmäßigkeiten in dem, was man lernt, herauszuarbeiten. Man braucht dazu auch Demut, die Bereitschaft, aus den Ergebnissen früherer Forscher zu lernen, verbunden mit genügend Skepsis und Offenheit, um Überzeugungen zurückzuweisen, die nicht durch Tatsachen gestützt werden.

In diesem breiten Sinne gibt es mehr Amateurwissenschaftler, als man denkt. Einige konzentrieren sich auf Aspekte der Gesundheit und versuchen alles mögliche über eine Krankheit herauszufinden, die sie selbst oder einen Angehörigen bedroht. Andere treten in Mendels Fußstapfen und lernen alles, was sie können, über die Züchtung von Haustieren oder Pflanzen. Andere wiederholen fleißig mit dem Fernrohr auf dem Balkon die Beobachtungen der frühen Astronomen. Es gibt heimliche Geologen, die auf der Suche nach Mineralien die Gegend durchstöbern, Kaktussammler, die die Wüsten nach neuen Arten durchsuchen, und vermutlich Hunderttausende von Menschen, die ihre mechanischen Fertigkeiten bis zu dem Punkt entwickelt haben, daß es an wirklich wissenschaftliches Verständnis grenzt.

Doch diese Menschen werden durch die Überzeugung von der Weiterentwicklung ihrer Fähigkeiten abgehalten, daß sie niemals zu „echten" Wissenschaftlern werden können und man ihr Hobby daher nicht ernst nehmen sollte. Doch es gibt keinen besseren Grund, Naturwissenschaften zu betreiben, als das Gefühl von Ordnung, das es dem Suchenden bringt. Wenn *flow,* statt Erfolg und Anerkennung, der Maßstab ist, nach dem man ihren Wert beurteilt, können die Naturwissenschaften erheblich zur Verbesserung der Lebensqualität beitragen.

Liebende Weisheit

„Philosopie" bedeutete ursprünglich „Liebe zur Weisheit", und manche Menschen gaben aus diesem Grund ihr Leben für sie hin. Heutzutage wäre es professionellen Philosophen peinlich, eine so naive Vorstellung von ihrem Gewerbe zu akzeptieren. Heute ist ein Philosoph vielleicht Spezialist für Konstruktivismus oder Logischen Positivismus, ein Experte für den frühen Kant oder den späten Hegel, ein Epistomologe oder ein Existentialist, aber kommen Sie ihm bitte nicht mit Weisheit. Es ist allgemein Schicksal menschlicher Institutionen, als eine Reaktion auf ein universelles Problem ihren Ausgang zu nehmen, bis nach vielen Generationen die speziellen Probleme der Institutionen selbst Vorrang haben vor dem ursprünglichen Ziel. Moderne Nationen schaffen etwa Armeen zur Verteidigung gegen Feinde. Bald jedoch entwickelt die Armee eigene Bedürfnisse und eine eigene Politik, bis der erfolgreichste Soldat nicht mehr notwendigerweise derjenige ist, der sein Land am besten verteidigen kann, sondern der, der am meisten Geld für die Armee herausschlägt.

Amateurphilosophen brauchen sich, im Gegensatz zu ihren professionellen Kollegen, nicht um historische Machtkämpfe zwischen konkurrierenden Schulen, um die Politik ihrer Zeitschriften und die Eifersüchteleien ihrer Anhänger zu sorgen. Sie können sich mit den Grundfragen befassen. Wie diese lauten, ist die erste Aufgabe des Amateurphilosophen. Ist er an dem interessiert, was die besten Denker der Vergangenheit über das „Sein" annahmen? Oder interessiert ihn mehr, was das „Gute" oder „Schöne" ausmacht?

Wie in allen anderen Wissensgebieten heißt der erste Schritt, nachdem man sich für ein Teilgebiet entschieden hat, zu erfahren, was andere darüber gedacht haben. Durch Lesen, Gespräche und selektives Zuhören kann man sich eine Meinung über den neuesten Stand in diesem Gebiet bilden. Wiederum kann nicht genug betont werden, wie wichtig es ist, von den ersten Schritten an persönliche Kontrolle über die Richtung des Lernens zu übernehmen. Wenn man sich gezwungen fühlt, ein bestimmtes Buch zu lesen oder einem vorgeschriebenen Kurs zu folgen, weil „man" es so macht, geht einem das Lernen gegen den Strich. Doch wenn man entscheidet, den gleichen Weg aus einem inneren Gefühl heraus anzutreten, daß er richtig sei, wird das Lernen relativ mühelos und erfreulich.

Auch der Amateur, der bei sich eine Vorliebe für die Philosophie entdeckt, sieht sich zur Spezialisierung gezwungen. Jemand, der sich für die Grundeigenschaften der Realität interessiert, wird vermutlich zur Ontologie neigen und Wolf, Kant, Husserl und Heidegger lesen. Andere beschäftigen vielleicht die Fragen um Gut und Böse, und sie wenden sich der Ethik zu und studieren die Moralphilosophie eines Aristoteles, Thomas von Aquin, Spinoza und Nietzsche. Ein Interesse an allem Schönen führt einen vielleicht dazu, die Gedanken ästhetizistischer Philosophen wie Baumgarten, Croce, Santayana und Collingswood nachzuvollziehen. Spezialisierung ist zwar notwendig, um die Komplexität eines jeden gedanklichen Musters zu entdecken, doch das Verhältnis zwischen Mitteln und Zielen muß immer im Auge behalten werden. Spezialisierung dient dem besseren Denken und ist nicht ein Ziel an sich. Leider verschwenden viele ernsthafte Denker alle geistigen Anstrengungen darauf, zu bekannten Gelehrten zu werden, und vergessen ihre ursprüngliche Motivation zur Gelehrsamkeit. In der Philospophie kommt, wie bei anderen Disziplinen, ein Punkt, an dem man bereit ist, vom passiven Konsumenten zum aktiven Produzenten zu werden. Wenn man seine eigenen Einsichten in der Erwartung aufschreibt, daß sie eines Tages von der Nachwelt mit Ehrfurcht gelesen werden, stellt dies wohl in den meisten Fällen einen Akt von Hochmut dar, von „überwältigender Anmaßung", die in menschlichen Angelegenheiten schon viel Unheil verursacht hat. Doch wenn man seine Ideen als Reaktion auf eine innere Herausforderung aufzeichnet, um deutlich die größeren Fragen auszudrücken und neue Antworten zu entwerfen, die einem helfen, seinen Erfahrungen einen Sinn zu verleihen, dann hat der Amateurphilosoph gelernt, Freude an einer der schwierigsten und lohnendsten Aufgaben des Lebens zu finden.

Amateure und Professionelle

Manche Menschen ziehen es vor, sich zu spezialisieren und sämtliche Energie auf eine einzige Aktivität zu richten, mit dem Ziel, darin fast professionelle Leistungen zu erreichen. Sie blicken manchmal auf jeden herab, der nicht so geschickt und begeistert ist wie sie. Andere wiederum beschäftigen sich mit einer ganzen Reihe von Aktivitäten und gewinnen aus jeder einzelnen so viel Freude wie möglich, ohne notwendigerweise auch nur in einem Gebiet zum Experten zu werden.

Es gibt zwei Worte, die unsere etwas verzerrte Haltung zu verschiedenen Ebenen des Engagements widerspiegeln, für geistige wie körperliche Tätigkeiten: Es sind die Bezeichnungen Amateur und Dilettant. Heutzutage werden beide Begriffe leicht abwertend benutzt. Ein Amateur oder ein Dilettant ist jemand, der nicht ganz den Ansprüchen genügt, jemand, den man nicht sehr ernst nimmt, dessen Leistungen weit hinter professionelle Maßstäbe zurückfallen. Ursprünglich bezog sich „Amateur", vom lateinischen *amare,* „lieben", abgeleitet, auf einen Menschen, der liebt, was er tut. Ein Dilettant ist, abgeleitet vom lateinischen *delectare,* „sich an etwas erfreuen", jemand, der eine Aktivität genießt. Die frühesten Bedeutungen dieser Worte lenkten daher die Aufmerksamkeit auf Erfahrungen statt Leistungen; sie beschrieben die subjektiven Belohnungen, die Individuen aus der Tätigkeit bestimmter Dinge gewinnen, und nicht, wie gut sie dabei abschneiden. Doch immer mehr hat sich die Betonung dahingehend verschoben, Verhalten zu bewerten statt subjektive Zustände. Was man bewundert, ist Erfolg, Leistung, die

Qualität des Erreichten und nicht die der Erfahrung. Daher ist es peinlich geworden, als Dilettant bezeichnet zu werden, auch wenn man dabei das erreicht, was am höchsten zählt – Freude an den eigenen Handlungen.

Sicher kann diese Art dilettantischen Lernens, das hier vertreten wird, viel schneller untergraben werden als professionelle Gelehrsamkeit, wenn der Lernende das Ziel aus den Augen verliert, das ihn motiviert. Laien, die mit jemandem abrechnen wollen, wenden sich manchmal an eine Pseudowissenschaft, die ihren Interessen dienen soll, und oft sind deren Bemühungen von denen intrinsisch motivierter Amateure nicht zu unterscheiden.

Interesse an der Geschichte ethnischer Ursprünge kann etwa leicht zu einer Suche nach Beweisen für die Überlegenheit der eigenen Gruppe verkehrt werden. Die Nazibewegung stützte sich auf Anthropologie, Geschichte, Anatomie, Sprache, Biologie und Philosophie und braute daraus ihre Theorie von der Überlegenheit der arischen Rasse. Auch professionelle Gelehrte wurden in dieses zweifelhafte Unterfangen verstrickt, doch angeregt wurde es von Amateuren, und die Regeln, nach denen gespielt wurde, waren politischer Natur, nicht wissenschaftlicher.

Die sowjetische Biologie wurde um eine ganze Generation zurückgeworfen, als die Behörden verfügten, die Regeln der kommunistischen Ideologie auf den Kornanbau anzuwenden, statt sich nach experimentell erzielten Beweisen zu richten. Lysenkos Idee, daß Getreide, das man in kalten Klimazonen anbaut, widerstandsfähiger würde und noch widerstandsfähigere Samen erzeuge, klang für Laien gut, besonders im Zusammenhang mit der Leninschen Doktrin. Leider verhält es sich jedoch mit Politik und Getreide nicht immer gleich, und Lysenkos Bemühungen hatten Jahrzehnte des Hungers zur Folge.

Der negative Beigeschmack, den sich die Begriffe *Amateur* und *Dilettant* im Laufe der Jahre zugelegt haben, basiert vorwiegend auf der Verwischung von intrinsischen und extrinsischen Zielen. Ein Amateuer, der vorgibt, ein Experte zu sein, hat vermutlich unrecht und richtet Schaden an. Hauptsache für den Amateurwissenschaftler ist es nicht, mit Experten auf deren eigenem Gebiet zu konkurrieren, sondern eine symbolische Disziplin zu nutzen, um seine geistigen Fähigkeiten auszubauen und Ordnung im Bewußtsein zu schaffen.

Auf dieser Ebene besteht das Amateurgelehrtentum zu Recht und kann sogar erfolgreicher sein als ihr professionelles Gegenstück. Doch in dem Moment, wenn der Amateur sein Ziel aus den Augen verliert und das Wissen vornehmlich benutzt, um sein Ego zu stützen oder einen materiellen Vorteil zu gewinnen, wird er zur Karikatur des Gelehrten. Ohne Übung in der Disziplin der Skepsis und der gegenseitigen Kritik, die jeder wissenschaftlichen Methode zugrunde liegt, können Laien, die sich mit Vorurteilen auf das Feld des Wissens wagen, gnadenloser und sorgloser mit der Wahrheit umgehen als selbst die korruptesten Gelehrten.

Die Herausforderung lebenslangen Lernens

Ziel dieses Kapitels ist es, einen Überblick zu geben, auf welche Weisen geistige Aktivitäten Freude erzeugen können. Wir haben gesehen, daß der Verstand uns mindestens ebenso viele und intensive Möglichkeiten zum Handeln gibt wie der Körper. Genau wie die Benutzung der Gliedmaßen und der Sinne jedem zur Verfügung steht, unabhängig von Geschlecht, Rasse, Bildung oder gesellschaftlicher Klasse, so sind auch die Erinnerung, die Sprache, die Logik und die Regeln der Kausalität für jeden da, der Kontrolle über seinen Verstand übernehmen will.

Viele Menschen hören mit dem Lernen auf, sobald sie die Schule verlassen, weil dreizehn oder zwanzig Jahre extrinsisch motivierter Bildung immer noch ein Born unangenehmer Erinnerungen sind. Ihre Aufmerksamkeit wurde lange genug von Lehrbüchern und Lehrern manipuliert, und sie halten den Tag der Abschlußprüfung für den ersten in Freiheit.

Doch jemand, der die Nutzung seiner symbolischen Fähigkeiten aufgibt, ist niemals wirklich frei. Sein Denken wird von den Meinungen seiner Nachbarn diktiert, von den Leitartikeln in Zeitungen und den Aufrufen im Fernsehen. Er wird den „Experten“ ausgeliefert bleiben. Idealerweise sollte am Ende der extrinsischen Ausbildung der Beginn einer Bildung stehen, die intrinsisch motiviert ist. Dann geht es nicht mehr darum, einen Abschluß oder ein Diplom zu erreichen und eine gute Stelle zu bekommen, sondern verstehen zu lernen, was um einen herum vorgeht, ein persönlich sinnvolles Gefühl dafür zu entwickeln, um was es bei den eigenen Erfahrungen geht. Daraus entsteht die tiefe Freude des Denkers, die von den Anhängern des Sokrates erfahren wurde, wie Plato es in Philebos beschreibt. „Der junge Mann, der zum ersten Mal aus dieser Quelle getrunken hat, ist so glücklich, als habe er einen Schatz von lauter Weisheiten gefunden; er ist wahrhaft hingerissen. Er wird sich an jedem Gespräch beteiligen, alle seine Ideen zusammensuchen, um sie zu einer zu formen, sie dann auseinandernehmen und in Stücke zerreißen. Zuerst wird er sich selbst, dann andere verwirren, jeden belästigen, der ihm zu nahe kommt, ob jung oder alt, und nicht einmal seine Eltern verschonen, noch irgend jemanden, der bereit ist, ihm zuzuhören . . ."

Dieses Zitat ist etwa zweitausendvierhundert Jahre alt, aber ein Zeitgenosse könnte nicht lebhafter beschreiben, was geschieht, wenn man zum ersten Mal seinen Verstand im *flow* erlebt.

VII Arbeit als *flow*

Wie alle Lebewesen müssen wir einen großen Teil unserer Existenz damit zubringen, uns das Leben erst möglich zu machen: Die Kalorien, die den Köper nähren, erscheinen nicht durch Zauber auf dem Tisch, und Häuser und Autos setzen sich auch nicht von selbst zusammen. Es gibt jedoch keine strengen Regeln, wieviel Zeit man tatsächlich arbeiten muß. Es scheint zum Beispiel, daß die frühen Jäger und Sammler, die wie ihre heutigen Abkömmlinge in unwirtlichen Wüsten Afrikas und Australiens lebten, täglich nur drei bis fünf Stunden mit dem verbrachten, was wir Arbeit nennen – Nahrung suchen und zubereiten, Obdach, Kleider und Werkzeuge erstellen. Den Rest des Tages unterhielten sie sich, ruhten oder tanzten. Das andere Extrem bilden die Industriearbeiter des neunzehnten Jahrhunderts, die oft gezwungen waren, sechs Tage in der Woche zwölf Stunden lang in schmutzigen Fabriken oder gefährlichen Gruben zu schuften.

Nicht nur der Umfang der Arbeit, sondern auch die Qualität ist recht unterschiedlich. Es gibt ein altes italienisches Sprichwort: *„Il lavoro nobilita l'uomo, e lo rende simile alle bestie"*, – „Arbeit macht den Menschen edel, aber auch zum Tier." Diese ironische Redewendung könnte als Kommentar zum Wesen aller Arbeit gesehen werden, doch man kann sie auch so interpretieren, daß Arbeit, zu der man ausgeprägte Fähigkeiten braucht und die freiwillig geschieht, die Komplexität des Selbst vergrößert, andererseits, daß nur wenige Dinge so entropisch sind wie ungelernte Arbeit unter Zwang. Der Gehirnchirurg, der in dem bestausgestatteten Krankenhaus operiert, und der Sklave, der unter einer schweren Last durch den Schlamm stapft, sie arbeiten beide. Aber der Chirurg hat eine Chance, jeden Tag etwas Neues zu lernen, und jeden Tag erfährt er, daß er Kontrolle ausübt und schwierige Leistungen erbringen kann. Der Arbeiter ist gezwungen, immer wieder die gleichen, erschöpfenden Bewegungen zu wiederholen, und er erfährt vorwiegend seine eigene Hilflosigkeit.

Da Arbeit so universal ist, jedoch so unterschiedlich, hängt die Zufriedenheit dabei stark davon ab, ob das, was man für den

Lebensunterhalt tut, erfreulich ist oder nicht. Thomas Carlyle hatte nicht unrecht, als er schrieb: „Gesegnet sei der, der seine Arbeit fand; er sollte um keinen anderen Segen bitten." Sigmund Freud erweiterte diesen etwas schlichten Rat. Als man ihn nach seinem Rezept zum Glücklichsein fragte, gab er eine kurze, aber vernünftige Antwort: „Arbeit und Liebe." Es stimmt, daß man seine Lebensqualität insgesamt stark verbessert, wenn man *flow* bei der Arbeit und in Beziehungen mit anderen Menschen findet. In diesem Kapitel werden wir erkunden, wie Arbeit *flow* erzeugen kann, im folgenden werden wir Freuds anderes Hauptthema aufnehmen – wie man die Gesellschaft anderer Menschen genießt.

Autotelische Arbeiter

Adam wurde zur Strafe für seine Neugier von Gott verurteilt, sich die Erde im Schweiße seines Angesichts zu verdienen. Dieser Text aus dem Ersten Buch Moses, Kapitel 3, Vers 17 spiegelt, wie die meisten Kulturen, besonders diejenigen, die die Komplexität einer „Zivilisation" erreicht haben, Arbeit einstufen – als Fluch, der unter allen Umständen vermieden werden sollte. Da das Universum nur unzureichend funktioniert, bedarf es einiger Energie, um die Grundbedürfnisse und Hoffnungen der Menschen zu erfüllen. Solange es uns nicht schert, wieviel wir essen, ob wir in festen, gut ausgestatteten Häusern leben oder ob wir uns die neuesten Errungenschaften der Technologie leisten können, würde die Notwendigkeit, arbeiten zu müssen, uns so wenig berühren wie die Nomaden der Kalahari-Wüste. Doch je mehr psychische Energie wir in materielle Ziele stecken und je unerreichbarer diese Ziele werden, um so schwerer wird es, sie zu erlangen. Dann müssen wir zunehmend mehr arbeiten, geistig wie körperlich, und mehr natürliche Ressourcen aufwenden, um die immer größer werdenden Erwartungen zu erfüllen. Einen Großteil unserer Geschichte mußte die Mehrheit der Bevölkerung in den Randzonen der „zivilisierten" Gesellschaften alle Hoffnungen auf den Genuß des Lebens aufgeben, um die Träume der wenigen zu verwirklichen, die eine Methode gefunden hatten, sie auszubeuten. Die Errungenschaften, die die zivilisierten Nationen von den primitiveren unterschied – wie die Pyramiden, die große Mauer in China, das Tadsch Mahal und die Tempel, Paläste und Dämme der Antike – wurden gewöhnlich mit der Energie von Sklaven erbaut, die gezwungen wurden, den Ehrgeiz ihrer Herrscher in die Tat umzusetzen. Es überrascht nicht, daß Arbeit einen recht schlechten Ruf genoß.

Mit allem Respekt vor der Bibel scheint jedoch nicht wahr zu sein, daß alle Arbeit unweigerlich unangenehm sein muß. Sie ist vielleicht immer schwer, zumindest schwerer als Nichtstun. Aber es gibt genügend Beweise, daß Arbeit erfreulich sein kann und daß sie tatsächlich oft zu den erfreulichsten Seiten des Lebens gehört.

Manchmal entwickeln sich Kulturen, die die alltäglichen Pflichten der Reproduktion so weit wie möglich zu *flow*-Aktivitäten gestalten. Es gibt Gruppen, in denen Arbeit und Familienleben anspruchsvoll, aber harmonisch miteinander verbunden sind. In den hochgelegenen Bergtälern der Alpen, die von der industriellen Revolution verschont blieben, existieren heute noch solche Gemeinschaften. Wie dort Arbeit erfahren wird, kommt einem seltsam vor. In einer „traditionellen" Umgebung, die bäuerliche Lebensstile spiegelt, wie sie vor ein paar Jahrhunderten noch verbreitet waren, interviewte ein Team italienischer Psychologen unter Fausto Massimini und Antonella delle Fave die Bewohner. Großzügig haben sie diese Protokolle anderen zur Nutzung überlassen.

Das Auffallendste an solchen Orten ist, daß jene, die dort leben, nur selten die Arbeit von ihrer Freizeit unterscheiden können. Man könnte sagen, sie arbeiteten jeden Tag sechzehn Stunden, aber ebensogut könnte man behaupten, daß sie überhaupt nicht arbeiteten. Eine der Dorfbewohnerinnen, Serafina Vinon, eine sechsundsiebzigjährige Frau aus dem winzigen Dörfchen Pont Trentaz im Aostatal der italienischen Alpen, steht immer noch jeden Morgen um fünf Uhr auf, um ihre Kühe zu melken. Danach bereitet sie ein umfangreiches Frühstück zu, macht das Haus sauber und bringt, je nach Wetter, entweder die Herde auf die Weiden unterhalb des Gletschers und pflegt ihren Obstgarten oder kämmt Wolle. Im Sommer verbringt sie Wochen auf den Almen und mäht die Wiesen. Die riesigen Heuballen bringt sie mehrere Kilometer hinab in die Scheune. Sie könnte diese Scheune in der Hälfte der Zeit erreichen, wenn sie den direkten Weg benutzte, aber sie zieht es vor, unerkennbaren, winzigen Pfaden zu folgen, damit die Hänge nicht erodieren. Abends liest sie, erzählt ihren Enkeln Geschichten oder spielt

Akkordeon für Freunde und Verwandte, die sich mehrere Male in der Woche in ihrem Haus versammeln.

Serafina kennt jeden Baum, jeden Fels, jede Linie des Bergkammes, als seien dies ihre Freunde. Für sie sind mit der Landschaft Familienlegenden verbunden, die viele Jahrhunderte zurückreichen. Auf dieser alten Steinbrücke traf eines Nachts, als die Pest von 1473 langsam abklang, eine der letzten überlebenden Frauen aus Serafinas Dorf mit einer Fackel in der Hand den letzten Überlebenden aus dem tiefergelegenen Dorf. Sie halfen einander, heirateten und wurden so zu den Ahnen ihrer Familie. Auf jenem Himbeerhang verirrte sich ihre Großmutter einmal als kleines Mädchen. Auf diesem Fels stand, mit der Mistgabel in der Hand, der Teufel und bedrohte Onkel Andreas in dem schrecklichen Schneesturm von 1924.

Als man Serafina fragte, was ihr im Leben am meisten Spaß macht, hatte sie keine Schwierigkeiten mit der Antwort: die Kühe melken, sie auf die Weide bringen, die Obstbäume ausdünnen, Wolle kämmen . . . in der Tat war das, was sie am meisten genoß, genau das, was sie ihr ganzes Leben lang getan hatte. Sie schilderte das so: „Das gibt mir große Befriedigung. Draußensein, mit den Leuten reden, bei meinen Tieren sein . . . ich rede mit allen, Pflanzen, Vögeln, Blumen und Tieren. Die ganze Natur ist eine große Gemeinschaft; man sieht jeden Tag, wie sich in der Natur etwas verändert. Man fühlt sich rein und glücklich, nur schade, daß man müde wird und nach Hause muß . . . auch wenn man viel arbeiten muß, ist es sehr schön."

Als sie gefragt wurde, was sie tun würde, wenn sie genügend Zeit und Geld hätte, lachte Serafina – und wiederholte die gleiche Liste an Aktivitäten: Sie würde die Kühe melken, sie auf die Weide bringen, den Obstgarten pflegen, Wolle kämmen. Der Grund ist nicht, daß Serafina die Alternativen des Stadtlebens fremd sind. Sie sieht gelegentlich fern und liest Zeitungen, und viele ihrer jüngeren Verwandten leben in Großstädten und haben ein bequemes Leben mit Auto, Haushaltsgeräten und exotischen Ferien. Aber dieses modischere, moderne Leben übt keine Anziehungskraft auf Serafina aus. Sie ist absolut gelassen und zufrieden mit der Rolle, die sie im Universum spielt.

Zehn der ältesten Einwohner von Pont Trenaz, zwischen sechsundsechzig und zweiundachtzig Jahre alt, wurden ebenfalls interviewt.

Alle gaben ähnliche Antworten wie Serafina. Keiner traf eine deutliche Unterscheidung zwischen Arbeit und Freizeit, und keiner wollte weniger arbeiten, auch wenn er die Chance dazu bekäme.

Die meisten ihrer Kinder, die ebenfalls interviewt wurden, wiesen die gleiche Einstellung zum Leben auf. Unter den Enkeln jedoch (zwischen zwanzig und dreiunddreißig) herrschten die für unsere Gesellschaft typischeren Einstellungen gegenüber der Arbeit vor. Wenn sie könnten, würden sie weniger arbeiten und mehr Freizeit genießen – Lesen, Sport, Reisen, Kino und Theater. Dieser Unterschied hat teilweise mit dem Alter zu tun. Junge Menschen sind gewöhnlich weniger zufrieden, drängen mehr auf Abwechslung und sind unduldsamer gegenüber einschränkenden Pflichten. Doch in diesem Fall spiegelt die Abweichung auch den Abbau der traditionellen Lebensweise wider, bei der die Arbeit in sinnvollem Zusammenhang mit der Identität des Menschen und seinen Zielen stand. Die jungen Leute von Pont Trenaz erreichen vielleicht im Alter die gleiche Einstellung zur Arbeit wie Serafina, die Mehrheit aber vermutlich nicht. Statt dessen wird sich der Abstand zwischen notwendigen, aber unangenehmen Arbeiten und Freizeitaktivitäten vergrößern, die angenehm, aber nur wenig komplex sind.

Das Leben in diesen Alpendörfern ist nie leicht gewesen. Um von einem Tag auf den anderen zu überleben, muß sich jeder einer großen Bandbreite schwieriger Herausforderungen stellen, von schlicht schwerer Arbeit zu speziellen Fähigkeiten, wie Erhaltung und Entwicklung einer bestimmten Sprache, von Liedern, Kunstwerken und komplexen Traditionen. Doch irgendwie hat sich die Kultur auf eine Weise entwickelt, daß die Menschen ihre Aufgaben als angenehm empfinden. Statt sich von den Notwendigkeiten der schweren Arbeit unterdrückt zu fühlen, teilen sie die Meinung von Giuliana B., einer Vierundsiebzigjährigen: „Ich bin frei bei meiner Arbeit, weil ich tue, was ich will. Wenn ich etwas heute nicht erledige, mache ich es morgen. Ich habe keinen Chef. Ich bin mein eigener Chef. Ich habe mir meine Freiheit erhalten und ich habe dafür gekämpft."

Sicher waren nicht alle vorindustriellen Kulturen so idyllisch. In vielen Jäger- oder Bauerngesellschaften war das Leben hart, brutal und kurz. Einige der Alpendörfer unweit von Pont Trenaz wurden sogar von Reisenden des letzten Jahrhunderts als von Hunger,

Krankheiten und Dummheit bevölkert beschrieben. Die Perfektion eines Lebensstils, der menschliche Ziele harmonisch mit den Mitteln der Umwelt in Beziehung bringt, ist ebenso selten wie der Bau einer großen Kathedrale, die alle Besucher mit Ehrfurcht erfüllt. Wir können von einem erfolgreichen Beispiel nicht auf alle vorindustriellen Kulturen schließen. Doch jedes erfolgreiche Beispiel reicht aus, um den Gedanken zu widerlegen, daß Arbeit immer weniger erfreulich sein muß als frei gewählte Muße.

Doch was ist mit dem städtischen Arbeiter, dessen Arbeit nicht deutlich an seinen Lebensunterhalt gebunden ist? Serafinas Haltung ist nicht typisch für traditionelle Bauerngemeinschaften. Gelegentlich finden wir sie mitten im Chaos des industriellen Zeitalters. Ein gutes Beispiel dafür ist Joe Kramer, ein Mann, den wir bei unseren ersten Untersuchungen über *flow*-Erfahrungen interviewten. Joe war Anfang sechzig und Schweißer in einer Fabrik im Süden Chicagos, in der man Eisenbahnwaggons baute. Etwa zweihundert Menschen arbeiteten in drei riesigen, dunklen, hangarartigen Bauten, in denen mehrere Tonnen schwere Stahlplatten an Kränen durch die Luft schwebten und unter einem Funkenregen an die Achsen der Waggons geschweißt wurden. Im Sommer herrscht hier Gluthitze, im Winter heulen die eisigen Winde der Prärie durch die Hallen. Das Metallklirren ist immer derart laut, daß man einander ins Ohr schreien muß, um sich verständlich zu machen.

Joe kam mit fünf Jahren in die Vereinigten Staaten und verließ die Schule nach der sechsten Klasse. Er arbeitet seit dreißig Jahren in dieser Fabrik, wollte aber nie Vorarbeiter werden. Er lehnte mehrere Beförderungen mit der Begründung ab, er sei gern ein einfacher Schweißer und fühle sich unwohl, wenn er irgend jemandes Vorgesetzter sein sollte. Er stand zwar auf der niedrigsten Stufe der Fabrikhierarchie, doch alle kannten Joe und stimmten darin überein, daß er die wichtigste Person in der ganzen Fabrik sei. Der Leiter meinte, wenn er fünf weitere Männer wie Joe hätte, wäre seine Fabrik wohl die beste des Landes. Seine Kollegen meinten, ohne Joe könne man den Laden gleich schließen.

Der Grund für seinen Ruhm war einfach. Joe hatte offensichtlich jede Phase der Produktion bis in die kleinste Einzelheit kennengelernt und konnte nun für jeden einspringen. Darüber hinaus konnte er jede Maschine reparieren, von den riesigen Kränen bis zu winzigsten

Elektromotoren. Doch am meisten erstaunte die Leute, daß Joe diese Dinge nicht nur leisten konnte, sondern sogar Spaß hatte, wenn man ihn herbeirief. Als man ihn fragte, wie er gelernt habe, mit komplexen Maschinen und Werkzeugen umzugehen, ohne jemals dazu ausgebildet worden zu sein, gab Joe eine sehr entwaffnende Antwort: Seit der Kindheit hätten ihn Maschinen fasziniert. Besonders habe er sich immer von Dingen angezogen gefühlt, die nicht funktionierten. „Wenn zum Beispiel der Toaster meiner Mutter nicht mehr ging, fragte ich mich, wenn ich der Toaster wäre und nicht funktionierte, was wäre wohl nicht in Ordnung?“ Dann nahm er das Gerät auseinander, fand den Fehler und setzte es wieder zusammen. Seitdem hat er diese Methode einfühlender Identifikation bei immer komplexeren mechanischen Systemen angewendet, um sie kennenzulernen und zu reparieren. Und die Faszination der Entdeckung hat nie aufgehört. Joe, der kurz vor der Pensionierung stand, hatte immer noch jeden Tag Spaß an der Arbeit.

Joe ist nie ein Workaholic gewesen, jemand, der vollständig von den Herausforderungen der Fabrik abhängig war, um sich wohlzufühlen. Was er zu Hause tat, war vielleicht noch bemerkenswerter als seine Umwandlung eines seelenlosen Routinejobs zu einer komplexen, *flow*-erzeugenden Aktivität. Joe und seine Frau wohnten in einem bescheidenen Bungalow am Stadtrand. Im Lauf der Jahre hatten sie zwei leere Grundstücke zu beiden Seiten des Hauses aufgekauft. Darauf hatte Joe einen komplizierten Steingarten mit Terrassen, Pfaden und mehreren hundert Blumen- und Sträuchersorten angelegt. Als er unterirdische Berieselungsanlagen installierte, hatte er eine Idee: Wenn sie nun Regenbogen erzeugten? Er suchte Sprühköpfe, die einen feinen Wassernebel ausstäubten, aber keiner befriedigte ihn. Also plante er selbst einen und baute ihn auf seiner Drehbank im Keller. Jetzt konnte er nach der Arbeit auf seiner Veranda sitzen und mit einem einzigen Schalter ein Dutzend Berieselungsköpfe anstellen, die ebensoviele Regenbogen zauberten.

Aber in Joes kleinem Paradies gab es ein Problem. Da er an den meisten Tagen arbeitete, stand die Sonne gewöhnlich schon zu tief über dem Horizont, um das Wasser mit kräftigen Farben zu verschönern. Joe ging also wieder ans Reißbrett und wartete mit einer bewundernswerten Lösung auf. Er fand ein Flutlicht, das genug Spektralkraft hatte, um Regenbogen zu bilden. Diese Lichtquellen baute er unauffällig um die Sprühköpfe ein. Jetzt ging es erst wirklich los. Selbst mitten in der Nacht konnte er, wenn er zwei Schalter betätigte, sein Haus mit Bögen aus Wasser, Licht und Farben umgeben.

Joe ist ein seltenes Beispiel dafür, was es bedeutet, eine autotelische Persönlichkeit zu haben, die Fähigkeit, selbst in der ödesten Umgebung *flow*-Erfahrungen zu schaffen – an einem fast unmenschlichen Arbeitsplatz, in einer unkrautüberwucherten Gegend. In der gesamten Waggonfabrik schien Joe der einzige zu sein, der die Kraft hatte, herausfordernde Handlungsmöglichkeiten zu entdecken. Die anderen Schweißer, die wir interviewten, betrachteten ihren Job als Belastung, der man so rasch wie möglich zu entkommen suchte, und jeden Tag nach der Arbeit strömten sie in die Kneipen, die in dem Straßennetz um die Fabrik strategisch an jeder dritten Ecke plaziert waren, um dort die Eintönigkeit des Tages bei einem Bier und in Gesprächen mit Kollegen zu vergessen. Dann gingen sie nach Hause, um mehr Bier vor dem Fernseher zu trinken, hatten einen kurzen Streit mit der Frau, und der Tag – in jeder Hinsicht dem vorangegangenen ähnlich – war vorbei.

Man könnte hier einwenden, daß Joes Lebensstil im Vergleich zu dem seiner Kollegen unangenehm elitär ist. Die Jungs in der Kneipe haben schließlich auch ihren Spaß, und wer kann beweisen, daß die Plackerei in einem Garten, um Regenbogen zu erzeugen, eine bessere Art ist, seinen Feierabend zu verbringen? Nach den Gesetzen des kulturellen Relativismus wäre diese Kritik gerechtfertigt. Doch wenn man versteht, daß Freude von zunehmender Komplexität abhängt, ist es nicht mehr möglich, einen derart radikalen Relativismus ernst zu nehmen. Die Qualität der Erfahrung von Menschen wie Joe, die mit den Möglichkeiten ihrer Umwelt spielen und sie transformieren, ist deutlich entwickelter wie auch erfreulicher als die von Menschen, die sich in die Einschränkungen ihrer kargen Umgebung fügen, die sie vermeintlich nicht ändern können. Die Ansicht, daß Arbeit, die man als *flow*-Aktivität angeht, das menschliche Potential am besten erfüllt, wurde in der Vergangenheit von den verschiedenen religiösen und philosophischen Systemen oft genug vertreten. Für Menschen mit der christlichen Weltsicht des Mittelalters war die Aussage sinnvoll, daß Kartoffelschälen ebenso wichtig ist wie der Bau eines Doms, sofern beide zum größeren

Ruhm Gottes geschahen. Für Karl Marx konstruierten Männer und Frauen ihr Sein durch produktive Aktivität; es gäbe keine „menschliche Natur", meinte er, außer der, die man durch Arbeit erschaffe. Die Arbeit verwandle nicht nur die Umwelt, indem man Brücken über Flüsse baut und öde Weiten kultiviert, sie verwandle auch den Arbeiter von einem Tier, das durch Instinkte geleitet wird, zu einer bewußten, zielgerichteten, geschickten Person.

Eines der interessantesten Beispiele, wie das Phänomen des *flow* von den Denkern früherer Zeiten begriffen wurde, ist das Konzept des *Yu,* das vor etwa 2300 Jahren in den Schriften des taoistischen Gelehrten Chuang Tzu beschrieben wird. *Yu* ist ein Synonym für die richtige Art und Weise, einem Pfad zu folgen, und wurde als „wandern", „gehen, ohne den Boden zu berühren", „schwimmen", „fliegen" oder *„fließen"* beschrieben. Chuang Tzu glaubte, daß *Yu* die angemessene Lebensweise sei – ohne Sorge um äußere Belohnungen, spontan, mit totaler Bindung – kurz die autotelische Erfahrung.

Als Beispiel, wie man mit *Yu* lebt – oder *flow* erfährt –, beschreibt Chuang Tzu in den inneren Kapiteln des Werkes, das uns unter seinem Namen überliefert wurde, die Parabel des demütigen Arbeiters. Diese Persönlichkeit ist Ting, ein Koch, dessen Aufgabe darin besteht, das Fleisch am Hof des Hui in Wen zu zerlegen. Schulkinder in Hongkong und Taiwan müssen immer noch Chuang Tzus Beschreibung auswendig lernen: „Ting zerlegte einen Ochsen für Wen-Hui. Mit jeder Berührung seiner Hand, jeder Anspannung seiner Schulter, jeder Bewegung seines Fußes, jedem Stoß seines Knies – schnipp-schnapp! Er ließ das Messer hindurchgleiten, und alles geschah in perfektem Rhythmus, als tanze er oder halte den Takt der Ching-Shou-Musik ein."

Wen-Hui war fasziniert, wieviel *flow* (oder *Yu*) Ting bei seiner Arbeit fand, und so machte er ihm über seine Geschicklichkeit ein Kompliment. Aber Ting stritt ab, daß es sich um Geschicklichkeit handele. „Was mich beschäftigt, ist das, was über Geschicklichkeit hinausgeht." Dann beschrieb er, wie er diese ausgezeichnete Leistung erreichte: Es war eine Art mystisches, intuitives Verständnis der Anatomie des Ochsen, das ihm ermöglichte, ihn mit vermeintlich automatischer Anmut in Stücke zu zerlegen. „Wahrnehmung und Verständnis erreichen ihr Ende, und der Geist geht, wohin er will."

Tings Erklärung scheint zu bedeuten, daß *Yu* und *flow* Folge verschiedener Prozesse sind. Einige Kritiker haben sogar die Unterschiede betont: *flow* sei das Ergebnis eines bewußten Versuchs, eine Herausforderung zu meistern. *Yu* finde statt, wenn das Individuum die bewußte Beherrschung aufgebe. In diesem Sinne sehen sie *flow* als eine Art „westlicher" Suche nach der optimalen Erfahrung, die ihnen zufolge auf der Veränderung der objektiven Bedingungen beruht (etwa indem man einer Herausforderung mit Geschicklichkeit begegnet), während *Yu* ein Beispiel für die „östliche" Methode sei, die die objektiven Bedingungen mißachtet, um spirituell zu spielen und die Wirklichkeit zu transzendieren.

Aber wie kann man diese transzendentale Erfahrung und spirituelle Spielerei erreichen? In der gleichen Parabel bietet Chuang Tzu eine wichtige Einsicht für die Beantwortung dieser Frage, eine Einsicht, die völlig entgegengesetzte Interpretationen auslöste. Nach Watsons Übersetzung ins Englische lautet sie folgendermaßen: „Wenn ich jedoch an eine komplizierte Stelle gerate, schätze ich die Schwierigkeiten ab, rate mir, aufzupassen und vorsichtig zu sein, halte den Blick auf das gerichtet, was ich tue, arbeite sehr langsam und bewege das Messer mit größter Umsicht – bis das Ganze auseinanderfällt wie ein Erdklumpen, der auf dem Boden zerbröselt. Ich stehe da mit dem Messer, völlig zufrieden und zögere weiterzumachen; dann wische ich das Messer ab und stecke es fort."

Einige frühere Gelehrte haben diese Passage als Beschreibung der Arbeitsmethode eines mittelmäßigen Fleischers gedeutet, der keine Ahnung von *Yu* hat. Neuere Deutungen, wie die von Watson oder Graham, nehmen an, daß sie sich auf Tings eigene Arbeitsmethode bezieht. Aufgrund meiner Kenntnisse über die *flow*-Erfahrung halte ich diese letzte Interpretation für die richtige. Sie zeigt, daß auch, wenn alle offensichtlichen Ebenen an Geschicklichkeit und Fähigkeit beherrscht werden, *Yu* immer noch von der Entdeckung neuer Herausforderungen („komplizierten Stellen" oder „Schwierigkeiten") und der Entwicklung neuer Fähigkeiten abhängt („passe ich auf und bin vorsichtig, halte den Blick auf das gerichtet, was ich tue ... und bewege das Messer mit größter Umsicht").

Mit anderen Worten, die mystischen Gipfel des *Yu* werden nicht durch einen übermenschlichen Quantensprung erreicht, sondern einfach durch die allmähliche Zentrierung der Aufmerksamkeit auf

Handlungsmöglichkeiten in der Umgebung, die in der Perfektionierung der Fähigkeiten resultiert, welche mit der Zeit so völlig automatisch werden, daß sie spontan und überirdisch wirken. Der Auftritt eines berühmten Geigers oder die Leistungen eines großen Mathematikers scheinen ähnlich unheimlich, auch wenn sie durch die unaufhörliche Verschärfung der Herausforderungen und verbesserte Fähigkeiten erklärt werden können. Wenn meine Interpretation stimmt, treffen sich in der *flow*-Erfahrung (oder im *Yu*) Ost und West: In beiden Kulturen entsteht Ekstase aus den gleichen Quellen. Wen-Huis Koch ist ein ausgezeichnetes Beispiel, wie man *flow* an den unwahrscheinlichsten Orten finden kann, bei den niedrigsten Arbeiten des täglichen Lebens. Außerdem ist bemerkenswert, daß die Dynamik dieser Erfahrung schon vor über zweitausenddreihundert Jahren so gut bekannt war.

Die alte Bäuerin in den Alpen, der Schweißer in Süd-Chicago und der mythische Koch im alten China haben dies gemeinsam: Ihre Arbeit ist schwer und wenig glanzvoll, und die meisten Menschen würden sie langweilig, eintönig und unwichtig nennen. Doch diese Personen verwandelten ihre Jobs, die sie tun mußten, zu komplexen Aktivitäten. Dies gelang ihnen, indem sie Handlungsmöglichkeiten erkannten, die andere nicht wahrnahmen, indem sie Fähigkeiten entwickelten, sich auf ihre Tätigkeit konzentrierten und sich erlaubten, sich in dem Prozeß zu verlieren, so daß ihr Selbst gestärkt daraus hervorgehen konnte. Derart transformiert kann Arbeit erfreulich werden, und als Folge des persönlichen Einsatzes psychischer Energie verleiht sie einem das Gefühl, sie sei frei gewählt.

Autotelische Berufe

Serafina, Joe und Ting sind Beispiele für Menschen, die eine autotelische Persönlichkeit entwickelt haben. Sie konnten die starken Beschränkungen in ihrer Umgebung zu Möglichkeiten umwandeln, ihre Freiheit und Kreativität auszudrücken. Ihre Methoden zeigen einen Weg, wie man eine Tätigkeit genießt, indem man sie reichhaltiger macht. Die andere Methode besteht darin, den Beruf selbst zu verändern, bis dessen Bedingungen auch für Menschen, die keine autotelische Persönlichkeit haben, geeigneter sind, *flow* zu erzeugen.

Je mehr eine Tätigkeit innerlich einem Spiel ähnelt – mit Vielfalt, angemessenen, flexiblen Herausforderungen, deutlichen Zielen und unmittelbarer Rückmeldung – um so erfreulicher wird sie, ungeachtet der persönlichen Entwicklung dessen, der sie ausübt.

Jagen etwa ist ein gutes Beispiel für „Arbeit", die grundsätzlich alle Eigenschaften des *flow* aufweist. Seit Hunderttausenden von Jahren ist das Jagen von Wild eine der am häufigsten ausgeübten, produktiven Tätigkeiten des Menschen. Doch das Jagen hat sich als so erfreulich erwiesen, daß viele es immer noch als Hobby betreiben, nachdem es keine Lebensnotwendigkeit mehr ist. Das gleiche gilt für das Angeln. Das Leben eines Hirten umfaßt ebenfalls die Freiheit und *flow*artige Struktur früher „Arbeit". Viele junge Navajos in Arizona heutzutage behaupten, daß das Reiten hinter der Herde über die Tafelberge eine der angenehmsten Tätigkeiten für sie sei. Verglichen mit dem Jagen oder Hüten von Tieren ist dem Ackerbau schwieriger eine positive Seite abzugewinnen. Dabei handelt es sich um eine regelmäßige, sich wiederholende Tätigkeit, bei der man die Wirkung erst viel später sieht. Die im Frühjahr gepflanzten Samen brauchen Monate, um Früchte zu tragen. Um die Landwirtschaft zu genießen, muß man mit viel größeren Zeitrahmen rechnen als beim Jagen; der Jäger kann mehrere Male am Tag seine Beute und sein Vorgehen auswählen, der Bauer beschließt nur ein paarmal im Jahr, welche Früchte er in welcher Menge anbauen will. Um dabei Erfolg zu haben, muß er ausgedehnte Vorbereitungen treffen und riskante Warteperioden aushalten, in denen er hilflos hofft, daß das Wetter mitspielt. Es überrascht nicht, wenn man hört, daß nomadische Stämme oder Jäger, die gezwungen wurden, Bauern zu werden, eher zum Aussterben neigten, statt sich einer so offensichtlich langweiligen Existenz zu unterwerfen. Doch viele Bauern haben schließlich gelernt, die eher subtilen Möglichkeiten ihres Berufes zu schätzen.

Das Handwerk und die Heimarbeit, die vor dem achtzehnten Jahrhundert die meiste freie Zeit der Bauern in Anspruch nahmen, waren ziemlich genau auf *flow* angelegt. Englische Weber beispielsweise hatten ihre Webstühle zu Hause und arbeiteten mit der gesamten Familie nach einem selbstauferlegten Plan. Sie setzten sich ihre eigenen Produktionsziele und änderten sie entsprechend ab. Wenn das Wetter gut war, hörten sie mit dem Weben auf, um im

Obst- oder Gemüsegarten zu arbeiten. Wenn ihnen danach zumute war, sangen sie ein paar Balladen, und wenn ein Stück Tuch fertig war, feierten sie es mit einem Umtrunk.

Dieses Arrangement funktioniert in manchen Teilen der Welt noch, wo es gelungen ist, ein menschlicheres Arbeitstempo beizubehalten. Fausto Massimini und sein Team haben zum Beispiel Weber in der Provinz Biella in Norditalien interviewt, deren Arbeitsplan dem der berühmten englischen Weber vor über zweihundert Jahren ähnelt. Jede dieser Familien besitzt zwei bis zehn mechanische Webstühle, die von einer einzigen Person bedient werden können. Der Vater verbringt vielleicht den frühen Morgen an den Webstühlen und ruft dann seinen Sohn herbei, damit er ihn ablöst, während er im Wald Pilze suchen oder eine Forelle angeln geht. Der Sohn bedient die Maschinen, bis ihm langweilig wird, und dann übernimmt die Mutter seinen Platz.

Bei den Interviews führten alle Familienmitglieder das Weben als ihre erfreulichste Tätigkeit auf – besser als Reisen, in die Disco gehen, besser als Angeln und ganz gewiß besser als Fernsehen. Der Grund, warum ihnen die Arbeit so viel Spaß machte, war, daß sie ständig neue Herausforderungen bot. Die Familien entwarfen ihre eigenen Muster, und wenn sie von einem genug hatten, wechselten sie zu einem anderen über. Jede Familie entschied, welche Art von Tuch sie weben wollte, wo sie das Zubehör kaufte, wieviel sie produzierte und wo sie es verkaufte. Einige Familien hatten Kunden in Japan und Australien. Die einzelnen Mitglieder der Familie reisten häufig in die Manufakturzentren, um sich über den neuesten technischen Stand auf dem laufenden zu halten oder das erforderliche Material so billig wie möglich zu erstehen.

Doch in der gesamten westlichen Welt wurden diese angenehmen Bedingungen, die *flow* erzeugten, brutal durch die Erfindung des maschinell betriebenen Webstuhls und des zentralisierten Fabriksystems unterbrochen, das diese Art der Produktion voraussetzt. Mitte des achtzehnten Jahrhunderts konnten die Familienbetriebe in England gewöhnlich nicht mehr mit der Massenproduktion mithalten. Die Familien zerbrachen, die Arbeiter mußten ihre Häuschen verlassen und zogen massenhaft in die häßlichen, ungesunden Fabriken. Man erzwang starre Arbeitszeiten, vom Morgengrauen bis zur Dunkelheit. Bereits siebenjährige Kinder mußten für gleichgültige und ausbeuterische Fremde bis zur Erschöpfung arbeiten. Wenn Freude an der Arbeit schon zuvor wenig Glaubwürdigkeit besaß, so wurde sie im ersten Rausch der Industrialisierung wirksam vernichtet.

Nun stehen wir in einem neuen, postindustriellen Zeitalter, und die Arbeit soll wieder wohltuend werden: Der typische Arbeiter sitzt nun vor einem Schaltpult und überwacht in einem freundlichen Kontrollraum einen Computerbildschirm, während eine Gruppe geschickter Roboter am Fließband die „echte“ Arbeit verrichtet. Die Masse ist in der Tat nicht mehr in der Produktion beschäftigt; sie arbeitet im sogenannten „Dienstleistungsbereich“, in Berufen, die Bauern und Fabrikarbeitern vor nur wenigen Generationen als angenehme Muße erschienen wären. Über ihnen stehen Manager und Experten, die große Freiheit haben, alles, was sie wollen, zu ihrer Arbeit zu erklären.

Arbeit kann also brutal oder langweilig sein, oder aber erfreulich und aufregend. Innerhalb nur weniger Jahrzehnte können sich relativ angenehme Arbeitsbedingungen in einen Alptraum verwandeln. Technologische Neuentwicklungen wie das Wasserrad, der Pflug, die Dampfmaschine, die Elektrizität oder der Silikonchip können einen ungeheuren Unterschied bewirken, ob Arbeit erfreulich ist oder nicht. Auch Gesetze, die die Urbarmachung der Allmende, die Abschaffung der Sklaverei, die Abschaffung von Lehrlingen, die Einführung der Vierzigstundenwoche und Mindestgehälter festlegen, haben ebenfalls große Wirkung. Je früher wir erkennen, daß die Qualität der Arbeitserfahrung bewußt verändert werden kann, um so schneller können wir diese so wichtige Dimension des Lebens verbessern. Doch die meisten Menschen glauben immer noch, daß Arbeit auf ewig „Adams Fluch“, bleiben wird.

Theoretisch könnte man jeden Beruf so abändern, daß er erfreulicher wird, wenn man den Regeln des *flow*-Modells folgt. Gegenwärtig ist die Frage, ob Arbeit etwas Positives ist oder nicht, bei jenen nicht sonderlich wichtig, die die Macht haben, das Wesen eines bestimmten Berufes oder einer bestimmten Stelle zu beeinflussen. Die Geschäftsleitung kümmert sich in erster Linie um die Produktivität, und die Gewerkschaftsbosse müssen vornehmlich an Sicherheit, soziale Absicherung und Kompensationen denken. Kurz, diese Prioritäten können *flow*-erzeugende Bedingungen stark behindern. Dies ist bedauerlich, denn wenn Arbeiter wirklich Spaß an ihrem Beruf hätten, würden sie nicht allein persönlich profitieren, sondern früher oder später sicher effektiver produzieren und alle anderen Ziele erreichen, die heute Vorrang haben.

Zugleich stellt es aber einen Irrtum dar, anzunehmen, daß alle Jobs erfreulich seien, wenn man sie nur wie ein Spiel organisierte. Selbst die günstigsten äußeren Bedingungen garantieren nicht, daß jemand in *flow* gerät. Da optimale Bedingungen von der subjektiven Einschätzung der gegebenen Handlungsmöglichkeiten und den eigenen Fähigkeiten abhängen, geschieht es ziemlich oft, daß jemand auch in einem potentiell angenehmen Beruf unzufrieden ist.

Nehmen wir das Beispiel eines Professors für Chirurgie. Nur wenige Berufe bieten so viel Verantwortung oder verleihen so großen Status. Sicher müssen Chirurgen ihre Arbeit faszinierend finden, wenn Herausforderungen und Fähigkeiten bedeutsame Faktoren dazu sind. Und viele Chirurgen behaupten auch, nach ihrer Arbeit süchtig zu sein und daß nichts in ihrem Leben ihr an Freude gleichkäme, daß alles, was sie aus dem Krankenhaus führt – ob ein Urlaub in der Karibik oder eine Opernpremiere – für sie Zeitverschwendung sei.

Doch nicht jeder Chirurg geht seinem Beruf so begeistert nach. Manche werden dadurch so gelangweilt, daß sie zu trinken, spielen oder einen hektischen Lebensstil anfangen, um der Plackerei zu entgehen. Wie kann es möglich sein, daß ein- und derselbe Beruf so unterschiedlich eingeschätzt wird? Ein Grund ist, daß Chirurgen, die eine gutbezahlte, aber eintönige Stelle annehmen, bald an Langeweile zu leiden beginnen. Es gibt Chirurgen, die nur Blinddärme oder Mandeln herausschneiden; ein paar spezialisieren sich sogar auf das Durchstechen von Ohrläppchen. Solche Spezialisierungen sind sehr lukrativ, aber sie erschweren den Genuß der Arbeit. Das andere Extrem bilden ehrgeizige Superchirurgen, die immer neue Herausforderungen brauchen, die immer wieder spektakuläre neue Operationstechniken ausprobieren müssen, bis sie schließlich die selbstgesetzten Erwartungen nicht mehr erfüllen können. Pioniere auf diesem Gebiet brennen aus dem entgegengesetzten Grund aus wie die Routinespezialisten: Sie haben das Unmögliche einmal erreicht, aber nicht den Weg gefunden, es zu wiederholen.

Chirurgen, die Freude an ihrer Arbeit haben, praktizieren gewöhnlich an einem Krankenhaus, das Vielfältigkeit und ein gewisses Maß an Experimenten mit den neuesten Techniken bietet und wo Forschung wie auch Lehre zu ihren Aufgaben gehören. Wenn ihnen ihre Arbeit gefällt, sind ihnen Geld, Ruhm und die Heilung von Menschen wichtig, aber ihre größte Begeisterung gilt den intrinsischen Aspekten des Berufs. Das Gefühl, das sie durch die Tätigkeit selbst gewinnen, macht die Chirurgie für sie so zu etwas Besonderem. Und sie beschreiben dieses Gefühl bis in die kleinsten Einzelheiten, wie Sportler, Künstler oder der Koch, der das Fleisch für Hui-Wen zerlegte, ihre *flow*-Erfahrung schilderten.

Die Erklärung hierfür ist, daß Operationen alle Eigenschaften aufweisen, die *flow*-Aktivitäten haben sollten. Chirurgen erwähnen beispielsweise, wie klar definiert ihre Ziele sind. Ein Internist befaßt sich mit weniger eindeutigen und lokalisierten Problemen, ein Psychiater mit noch verschwommeneren und flüchtigeren Symptomen und Lösungen. Im Gegensatz dazu ist die Aufgabe des Chirurgen kristallklar umrissen. Er muß den Tumor herausschneiden, den Knochen zurechtrücken oder ein Organ reparieren. Wenn diese Aufgaben erledigt sind, näht er den Schnitt zu und wendet sich mit Befriedigung über die getane Arbeit dem nächsten Patienten zu.

Die Chirurgie liefert auch ein unmittelbares, ständiges Feedback. Wenn sich kein Blut in der Wunde befindet, verläuft die Operation gut; die abgestorbenen Gewebe werden entfernt, der Knochen wird gerichtet, die Nähte halten (oder auch nicht), aber während des gesamten Prozesses wissen Chirurgen genau, wie erfolgreich sie arbeiten, und wenn nicht, warum. Allein aus diesem Grund halten die meisten Chirurgen das, was sie tun, für so viel erfreulicher als die anderen Zweige der Medizin oder überhaupt jeden Job der Welt.

Auch auf einer anderen Ebene herrscht in der Chirurgie kein Mangel an Herausforderungen. Mit den Worten eines Standesvertreters: „Ich erlebe eine intellektuelle Freude – wie der Schachspieler oder der Forscher, der alte mesopotamische Zahnstücke untersucht. Die Berufstätigkeit macht Freude – wie etwa das Schreinern in sich selber Vergnügen bereitet ... Die Befriedigung, ein äußerst schwieriges Problem anzugehen und zu lösen ...“ Ein anderer meinte: „Es ist sehr befriedigend, und wenn es auch etwas schwierig wird, so bringt es doch Anregung. Es gefällt mir sehr, Dinge wieder ‚in Gang zu bringen‘, sie wieder an den richtigen Ort zu versetzen, so daß die Sache wieder paßt und aussieht, wie sie aussehen sollte. Dies gefällt mir sehr, besonders wenn die Gruppe gut und effizient zusammenarbeitet: Dann ist die ganze Sache auch ästhetisch befriedigend."

Das zweite Zitat verdeutlicht, daß die Herausforderung einer Operation nicht auf das begrenzt ist, was der Chirurg persönlich leisten muß, sondern auch die Koordinierung eines Ereignisses einbezieht, zu dem eine Reihe anderer Spieler gehören. Viele Chirurgen erwähnen, wie anregend es ist, Teil eines gut funktionierenden Teams zu sein, das glatt und effizient arbeitet. Und natürlich besteht immer die Möglichkeit, etwas besser zu machen, seine Fähigkeiten zu entwickeln. Ein Augenchirurg bemerkte: „Man verwendet feine und genaue Instrumente. Es ist eine Kunstübung... Alles hängt davon ab, wie genau und kunstvoll man die Operation durchführt." Dazu ein anderer Chirurg: „Es ist wichtig, auf die Einzelheiten zu achten, sauber und technisch effizient zu arbeiten. Ich mache nicht gerne überflüssige Bewegungen und versuche deshalb, die Operation so gut durchzudenken und zu planen wie möglich. Ich achte speziell darauf, wie die Nadel gehalten wird, wo die Stiche gesetzt werden, wie die Naht aussieht, etc. – es sollte alles möglichst gut und leicht aussehen."

Die Art, wie Chirurgie ausgeübt wird, blendet alle Ablenkungen aus und konzentriert sämtliche Aufmerksamkeit auf die Prozedur. Der Operationssaal ist wie eine Bühne, auf der Scheinwerfer Handlung und Schauspieler beleuchten. Vor der Operation durchläuft der Chirurg die einzelnen Schritte der Vorbereitung: Waschen und das Anlegen bestimmter Gewänder – wie Sportler vor einem Wettkampf oder Priester vor einer Zeremonie. Diese Rituale haben praktische Bedeutung, aber sie dienen auch dazu, die Ausübenden von den Sorgen des Alltagslebens zu befreien und ihre Gedanken auf das bevorstehende Ereignis zu lenken. Manche Chirurgen meinen, daß sie am Morgen vor einer wichtigen Operation auf „Autopilot" stellen, indem sie ein bestimmtes Frühstück zu sich nehmen, immer die gleichen Kleider anlegen und auf dem gleichen Weg ins Krankenhaus fahren. Das tun sie nicht, weil sie abergläubisch sind, sondern weil sie spüren, daß gewohntes Verhalten es ihnen erleichtert, ihre ungeteilte Aufmerksamkeit auf die vor ihnen liegende Herausforderung zu richten.

Chirurgen haben Glück. Sie werden nicht nur gut bezahlt, sondern sonnen sich zudem in Respekt und Bewunderung. Trotz all dieser

Vorteile gibt es Chirurgen, die fast verrückt werden vor Langeweile oder weil sie vergeblich Macht und Ruhm hinterherjagen. Dies deutet darauf hin, daß, so wichtig die Struktur eines Berufes auch sein mag, er an und für sich nicht bestimmt, ob jemand daran Freude findet. Zufriedenheit mit einem Beruf hängt auch davon ab, ob man eine autotelische Persönlichkeit hat. Joe, der Schweißer, freute sich über Aufgaben, die nur wenige als *flow*-erzeugend betrachten würden. Zugleich gelingt es vielen Chirurgen, ihren Beruf zu hassen, der eigentlich wie dazu geschaffen scheint, Spaß zu machen.

Um die Lebensqualität durch die Arbeit zu verbessern, sind zwei sich ergänzende Strategien notwendig. Einerseits müßten die Berufe neu ausgelegt werden, um so stark wie möglich einer *flow*-Aktivität zu ähneln – wie Jagen, Weben als Heimarbeit und Chirurgie. Aber es ist auch notwendig, den Menschen zu helfen, eine autotelische Persönlichkeit zu entwickeln, wie Serafina, Joe und Ting, indem man sie trainiert, Handlungsmöglichkeiten zu erkennen, ihre Fähigkeiten zu verbessern und sich erreichbare Ziele zu setzen. Keine dieser Strategien allein wird die Arbeit an sich viel erfreulicher machen; doch zusammen genommen sollten sie eindeutig zu optimalen Erfahrungen beitragen.

Das Paradox der Arbeit

Wenn man die Weitwinkelperspektive einnimmt und sich mit Menschen in anderen Zeiten und Kulturen vergleicht, begreift man leichter, wie Arbeit die Lebensqualität beeinflußt. Doch irgendwann muß man auch genauer unter die Lupe nehmen, was hier und jetzt geschieht. Chinesische Köche des Altertums, Bauern in den Alpen, Chirurgen und Schweißer helfen, die Möglichkeiten zu veranschaulichen, die die Arbeit bietet, doch sie sind schließlich nicht sehr typisch für die Berufe, die Menschen heutzutage ausüben. Wie sieht die Arbeit etwa für den heutigen Amerikaner aus?

Wir sind bei unseren Umfragen oft auf einen seltsamen inneren Konflikt gestoßen, wenn es darum ging, wie die Befragten ihren Lebensunterhalt verdienten. Einerseits gaben sie an, bei der Arbeit einige der positivsten Gefühle zu erleben. Aus diesen Reaktionen würde folgen, daß sie gern arbeiteten und stark motiviert waren.

Doch selbst wenn sie sich dabei wohlfühlen, geben die Leute allgemein an, lieber nicht zu arbeiten und nur wenig motiviert zu sein. Auch das Gegenteil trifft zu: Wenn sie angeblich ihre schwer verdiente Freizeit genießen, berichten die Befragten allgemein von gedrückter Stimmung. Trotzdem wünschen sie sich mehr Freizeit.

In einer Untersuchung benutzten wir unsere ESM-Methode zur Registrierung von Erfahrungen, um die folgenden Fragen zu beantworten: Erleben die Menschen mehr *flow* bei der Arbeit oder während der Freizeit? Die Teilnehmer, über hundert Männer und Frauen, die in einer Vielzahl von Berufen ganztags beschäftigt waren, trugen eine Woche lang einen elektronischen Empfänger bei sich, und immer wenn dieser auf ein bestimmtes Signal hin acht Mal am Tag in unregelmäßigen Abständen piepte, trugen sie in einen Fragebogen ein, was sie taten und wie sie sich dabei fühlten. Unter anderem wurden sie gebeten, nach einer Zehnpunkteskala anzugeben, wie viele Herausforderungen sie in diesem Moment erkannten und wie viele Fähigkeiten sie ihrer Meinung nach nutzten.

Als *flow*-Zustand wurde definiert, wenn die Anzahl der Herausforderungen und Fähigkeiten über dem Durchschnitt dieser Woche lag. In dieser speziellen Untersuchung wurden über 4800 Reaktionen zusammengetragen – ein Durchschnitt von 44 pro Person und Woche. Nach unseren Kriterien waren 33% dieser Reaktionen im *flow*-Zustand, das heißt, Herausforderungen und Fähigkeiten lagen über dem persönlichen Wochendurchschnitt. Natürlich ist diese Methode, den *flow*-Zustand zu definieren, ziemlich großzügig. Wenn man nur äußerst komplexe *flow*-Erfahrungen einbeziehen würde – etwa jene mit dem höchsten Grad an Herausforderungen und Fähigkeiten – würden vermutlich weniger als 1% der Situationen als *flow* bezeichnet. Die hier angewendete Methodologie definiert *flow*-Funktionen wie ein Mikroskop: je nach Vergrößerung werden sehr unterschiedliche Einzelheiten sichtbar.

Wie erwartet war die Qualität der geschilderten Erfahrung um so besser, je mehr Zeit jemand insgesamt pro Woche im *flow* zubrachte. Menschen, die sich häufiger im *flow* befanden, fühlten sich sehr wahrscheinlich „stark", „aktiv", „kreativ", „konzentriert" und „motiviert". Unerwartet jedoch war, wie häufig Menschen von *flow*-Situationen bei der Arbeit berichteten und wie selten in der Freizeit.

Wenn die Teilnehmer das Signal während der Arbeit erhielten, (was nur auf drei Viertel der Zeit zutraf, denn das letzte Viertel verbrachten sie mit Tagträumen, Schwatzen oder mit persönlichen Dingen), war der Anteil an *flow*-Reaktionen bis zu 54%. Mit anderen Worten, etwa die Hälfte der Arbeitszeit glaubten sie, sich mit überdurchschnittlichen Herausforderungen zu befassen und überdurchschnittliche Fähigkeiten anzuwenden. Bei Freizeitaktivitäten hingegen, beim Lesen, Fernsehen, mit Freunden oder beim Restaurantbesuch, erlebten nur 18% *flow*. Die Freizeitreaktionen lagen typischerweise in einem Bereich, den wir inzwischen Apathie nennen, gekennzeichnet durch unterdurchschnittliche Herausforderungen und Fähigkeiten. In diesem Zustand neigen die Menschen dazu, sich als passiv, gelangweilt und unzufrieden zu bezeichnen. Bei der Arbeit lagen 16% der Reaktionen in diesem Apathiebereich, bei der Freizeit über die Hälfte (52%).

Wie zu erwarten, befanden sich Manager und andere Vorgesetzte deutlich häufiger im *flow*-Zustand (64%) als Angestellte (51%) und Arbeiter (47%). Arbeiter berichteten von mehr *flow* bei der Freizeit (20%) als Angestellte (16%) und Manager (15%). Doch selbst Fließbandarbeiter gaben an, bei der Arbeit doppelt so oft im *flow* zu sein wie in der Freizeit (47% gegenüber 20%). Hingegen berichteten Arbeiter häufiger über Apathie bei der Arbeit als Manager (23% gegenüber 11%); in der Freizeit war dies bei Managern häufiger als bei Arbeitern (61% gegenüber 46%).

Immer wenn sie sich im *flow* befanden, ob bei der Arbeit oder in der Freizeit, beurteilten sie die Situation als viel positiver verglichen mit der übrigen Zeit. Wenn sowohl die Herausforderungen groß und der Einsatz stark waren, fühlten sie sich glücklicher, fröhlicher, stärker, aktiver, konzentrierter, kreativer und zufriedener. All diese Unterschiede in der Qualität der Erfahrung waren statistisch eindeutig und trafen mehr oder minder auf jede Art von Arbeit zu.

Bei diesem allgemeinen Trend gab es nur eine einzige Ausnahme. In dem Aufzeichnungsbuch wurden die Teilnehmer unter anderem gebeten, auf einer Zehnpunkteskala zwischen „nein" und „ja" die folgende Frage zu beantworten: „Wünschten Sie, etwas anderes getan zu haben?" Das Ausmaß, in dem auf diese Frage mit Nein geantwortet wird, ist generell ein Anzeichen dafür, wie motiviert die betreffende Person im Moment des Signals ist. Die Ergebnisse zeigten, daß die Teilnehmer bei der Arbeit viel häufiger ausdrückten, lieber etwas anderes zu tun als in der Freizeit, und zwar unabhängig davon, ob sie sich im *flow* befanden oder nicht. Da haben wir also eine paradoxe Situation: Bei der Arbeit fühlen sich die Menschen geschickt und herausgefordert und daher glücklicher, stärker, kreativer und zufriedener. In der Freizeit haben sie im allgemeinen nicht viel zu tun, und ihre Fähigkeiten bleiben ungenutzt, daher fühlen sie sich eher traurig, schwach, gelangweilt und unzufrieden. Doch sie wollten trotzdem weniger arbeiten und mehr freie Zeit haben. Was bedeutet dieser Widerspruch? Es gibt mehrere Erklärungen, doch eine Schlußfolgerung scheint unvermeidlich: Wenn es um die Arbeit geht, achten die Menschen nicht darauf, was ihnen die Sinne vermitteln. Sie mißachten die Qualität der unmittelbaren Erfahrung und bauen ihre Motivation eher auf stark verwurzelten, kulturellen Stereotypen auf, wie Arbeit eigentlich zu betrachten sei. Sie halten sie für eine Last, einen Zwang, eine Beeinträchtigung ihrer Freiheit und daher für etwas, das man weitgehend vermeiden sollte.

Man könnte einwenden, daß *flow* bei der Arbeit zwar erfreulich sei, aber man könne nicht ständig starke Herausforderungen aushalten. Der Mensch müsse sich zu Hause erholen, sich in ein Pantoffeltier vor dem Fernseher verwandeln, auch wenn er keinen Spaß daran hat. Doch vergleichende Beispiele scheinen dieses Argument zu widerlegen. Die Bauern in Pont Trenaz arbeiten viel länger und schwerer als der durchschnittliche Amerikaner, und ihre täglichen Herausforderungen nötigen ihnen zumindest ebenso hohe Konzentration und Hingabe ab. Aber sie wünschen sich dabei nicht, etwas anderes zu tun, und anschließend füllen sie ihre Freizeit mit anspruchsvollen Aktivitäten, statt sich zu entspannen.

Diese Ergebnisse legen den Schluß nahe, daß die Apathie so vieler Menschen nicht an ihrer körperlichen oder geistigen Erschöpfung liegt. Das Problem scheint mehr in der Beziehung des modernen Arbeiters zu seinem Beruf zu liegen und wie er seine Ziele im Verhältnis dazu betrachtet.

Wenn man das Gefühl hat, gegen seinen Willen Aufmerksamkeit auf eine Aufgabe zu konzentrieren, ist es, als würde psychische Energie verschwendet. Statt uns dabei zu helfen, unsere Ziele zu erreichen, wird von uns gefordert, die Ziele anderer zu erfüllen. Die bei einer solchen Arbeit verbrachten Stunden werden als Zeit betrachtet, die einem vom Leben abgezogen wird. Viele Menschen halten ihre Arbeit für etwas, das sie tun müssen, eine von außen auferlegte Last, eine Mühe, die ihnen Leben von der Habenseite ihrer Existenz abzieht. Auch wenn die momentanen Arbeitserfahrungen positiv sind, neigen sie dazu, sie zu mißachten, weil sie nicht zu ihren langfristigen Zielen beitragen.

Man muß jedoch betonen, daß „Unzufriedenheit" ein relativer Begriff ist. Nach einer umfassenden Umfrage, die 1972 und 1978 durchgeführt wurde, gaben nur 3% aller Amerikaner an, mit ihrer Arbeit sehr unzufrieden zu sein, während 52% meinten, sehr zufrieden zu sein – eines der besten Ergebnisse unter den Industrienationen. Doch man kann seine Arbeit lieben und trotzdem einige Aspekte mißbilligen und versuchen, das, was nicht pefekt ist, zu verbessern. Wir fanden in unseren Untersuchungen, daß amerikanische Arbeiter drei Gründe für ihre Unzufriedenheit angaben, die allesamt mit der Qualität ihrer Erfahrung zu tun haben – auch wenn diese, wie wir gerade gesehen haben, bei der Arbeit besser ist als zu Hause. (Entgegen der allgemeinen Meinung befinden sich das Gehalt und andere materielle Aspekte nicht unter den dringendsten Sorgen.) Die erste und vielleicht wichtigste Klage betrifft den *Mangel an Abwechslung und Herausforderung.* Dies kann für jeden ein Problem darstellen, besonders aber bei ungelernten Arbeiten, bei denen Routine eine große Rolle spielt. Die zweite Klage betrifft *Konflikte mit Kollegen,* besonders mit Vorgesetzten. Der dritte Grund heißt *Ausgebranntsein:* zu viel Druck, zu viel Streß, zu wenig Zeit für sich, zu wenig Zeit für die Familie. Dieser Faktor betrifft besonders die höheren Chargen, Direktoren und Manager. Solche Beschwerden sind sehr real, weil sie sich auf objektive Bedingungen beziehen, doch sie können durch eine subjektive Veränderung im Bewußtsein bewältigt werden. Abwechslung und Herausforderungen zum Beispiel sind in gewissem Sinne typische Kennzeichen jeden Berufes, aber sie hängen auch stark davon ab, welche Möglichkeiten man erkennt. Ting, Serafina und Joe erkannten Herausforderungen in Berufen, die die meisten Menschen langweilig und abstumpfend finden würden. Ob eine Arbeit Abwechslung bietet oder nicht, hängt letztendlich eher davon ab, wie man sie angeht, als von tatsächlichen Bedingungen.

Das gleiche trifft auf die anderen Gründe für Unzufriedenheit zu. Das Auskommen mit Kollegen und Vorgesetzten kann schwierig sein, aber allgemein kann dieses Problem bewältigt werden, wenn man sich Mühe gibt. Ein Konflikt bei der Arbeit beruht oft auf dem Gefühl, sich aus Angst, das Gesicht zu verlieren, zur Wehr zu setzen. Um sich selbst zu beweisen, setzt man sich bestimmte Ziele, wie andere einen behandeln sollten, und erwartet dann starr, daß die anderen diese Erwartungen erfüllen. Dies läuft nur selten nach Plan, weil die anderen ebenfalls starre Ziele aufgestellt haben, die sie erreichen wollen. Ein solches Patt vermeidet man am besten, indem man sich die Herausforderung setzt, die eigenen Ziele zu verfolgen, während man dem Boß und den Kollegen hilft, die ihren zu erreichen; dies ist weniger direkt und zeitraubender, als in der Verfolgung der eigenen Interessen vorzupreschen, ungeachtet dessen, was mit den anderen geschieht, aber auf lange Sicht scheitert diese Strategie nur selten. Streß und Druck schließlich sind deutlich die subjektivsten Aspekte eines Jobs und daher diejenigen, die am ehesten der Kontrolle durch das Bewußtsein zugänglich sein sollten. Streß existiert bloß, wenn wir ihn erleben; es bedarf äußerst extremer objektiver Bedingungen, um ihn direkt zu bewirken. Der gleiche Druck erschlägt den einen Menschen, während er für den anderen eine willkommene Herausforderung darstellt. Es gibt Hunderte von Wegen, Streß zu mildern, von denen einige auf besserer Organisation basieren, auf Delegierung von Verantwortung, besserer Kommunikation mit den Kollegen und Vorgesetzten. Andere beruhen auf Faktoren außerhalb der Arbeit, wie ein verbessertes Familienleben, erfüllendere Freizeitbeschäftigungen oder eine innere Disziplin, wie etwa transzendentale Meditation.

Diese stückweisen Lösungen helfen vielleicht, aber die einzig wirkliche Methode zur Bewältigung von arbeitsbedingtem Streß besteht darin, sie in eine Strategie zur allgemeinen Verbesserung der Erfahrungsqualität zu integrieren. Natürlich ist dies leichter gesagt als getan. Man muß dazu psychische Energie mobilisieren und sie auf persönlich relevante Ziele richten – trotz der unvermeidlichen Ablenkungen. Wir werden im neunten Kapitel verschiedene Möglichkeiten beschreiben, wie man mit äußerem Streß fertig wird. An dieser Stelle wollen wir lieber ergründen, wie die Nutzung der Freizeit zur Gesamtqualität des Lebens beiträgt – oder nicht.

Die Verschwendung der Freizeit

Wir haben zwar gesehen, daß die Menschen sich allgemein danach sehnen, ihren Arbeitsplatz zu verlassen und nach Hause zu gelangen, bereit, ihre schwer verdiente Freizeit gut zu nutzen, aber nur allzuoft haben sie keine Ahnung, was sie dort anfangen sollen. Ironischerweise ist die Arbeit leichter zu genießen als die Freizeit, weil sie, wie *flow*-Aktivitäten, eingebaute Ziele, Rückmeldung, Regeln und Herausforderungen hat, die darauf hinwirken, daß man sich auf sie konzentriert und sich in ihr verliert. Freizeit hingegen ist unstrukturiert, und es kostet viel mehr Mühe, sie zu etwas zu gestalten, das man genießen kann. Hobbys, die eine gewisse Geschicklichkeit erfordern, Gewohnheiten, die Ziele und Grenzen setzen, persönliche Interessen und besonders Selbstdisziplin helfen, die Freizeit zu dem zu machen, was sie eigentlich sein soll – einer Chance zur *Erholung*. Doch allgemein versäumen die Menschen in der Freizeit die Gelegenheiten zum Genuß noch gründlicher als bei der Arbeit. Vor über sechzig Jahren bemerkte der große amerikanische Soziologe Robert Park: „Ich vermute, daß in der sorglosen Nutzung der Freizeit eine der größten Verschwendungen des amerikanischen Lebens stattfindet."

Die gewaltige Freizeitindustrie, die in den letzten paar Jahrzehnten entstanden ist, zielt darauf ab, die Mußestunden mit erfreulichen Erfahrungen füllen zu helfen. Dennoch verbringen die meisten Menschen, statt ihre körperlichen und geistigen Reserven zu nutzen, um *flow* zu erleben, viele Stunden damit, berühmten Sportlern in riesigen Stadien zuzusehen. Statt zu musizieren, hören wir Schallplatten, die Millionäre aufgenommen haben. Statt Kunst zu produzieren, bestaunen wir Gemälde, die bei der letzten Auktion den höchsten Preis erzielt haben. Wir gehen nicht das Risiko ein, nach unseren Überzeugungen zu handeln, sondern verbringen täglich Stunden damit, Schauspielern zuzusehen, die so tun, als erlebten sie Abenteuer, und die sich mit vermeintlich bedeutungsvollen Situationen abmühen.

Diese stellvertretende Teilnahme kann zumindest vorübergehend die Leere der verschwendeten Zeit füllen. Doch sie ist ein recht blasser Ersatz für Aufmerksamkeit, die man in echte Herausforderungen steckt. *Flow*-Erfahrungen, die aufgrund des Einsatzes von Fähigkeiten eintreten, führen zu Wachstum, passive Unterhaltung führt nirgendwohin. Wir verschwenden kollektiv jedes Jahr den Gegenwert von Millionen von Jahren menschlichen Bewußtseins. Die Energie, die man auf komplexe Ziele richten könnte, um erfreuliches Wachstum zu schaffen, wird an Anregungen verschwendet, die die Realität bloß nachäffen. Massenfreizeit, Massenkultur und sogar die gehobene Kultur sind Parasiten des Geistes, wenn man sich nur passiv und aus äußerlichen Gründen daran beteiligt – wie aus dem Wunsch heraus, mit seinem Status anzugeben. Sie absorbieren psychische Energie, ohne dafür echte Kraft zurückzugeben. Sie machen uns erschöpfter, entmutigter als vorher.

Wenn man nicht die Kontrolle über Arbeit und Freizeit übernimmt, werden beide nur enttäuschen. Die meisten Berufe und viele Freizeitaktivitäten – besonders jene, bei denen man passiv ein Massenmedium konsumiert – sind nicht danach ausgelegt, uns glücklich und stark zu machen. Ihr Sinn besteht darin, für andere Geld zu scheffeln. Wenn wir ihnen das erlauben, können sie uns das Mark aussaugen und nur schwächliche Hüllen zurücklassen. Doch wie alles andere können Arbeit und Freizeit unseren Bedürfnissen angepaßt werden. Menschen, die lernen, ihre Arbeit zu genießen, und die ihre Freizeit nicht vergeuden, bekommen das Gefühl, ihr Leben sei insgesamt wertvoller. „Die Zukunft", schrieb C.K. Brightbill, „gehört nicht nur dem Gebildeten, sondern demjenigen, der so gebildet ist, daß er seine Freizeit klug nutzt."

VIII Freude am Alleinsein und am Zusammensein mit anderen Menschen

Untersuchungen über *flow* haben immer wieder bewiesen, daß die Lebensqualität vorwiegend von zwei Faktoren abhängig ist: wie wir unsere Arbeit erfahren und wie unsere Beziehungen zu anderen Menschen aussehen. Die genauesten Informationen über uns als Individuen stammen von jenen, mit denen wir kommunizieren, und daraus, wie wir unsere Arbeit verrichten. Unser Selbst ist vorwiegend durch das bestimmt, was in diesen beiden Bereichen geschieht. Freud erkannte dies und verschrieb „Liebe und Arbeit" zum Glücklichsein. Im letzten Kapitel haben wir einige *flow*-Potentiale bei der Arbeit untersucht; nun wollen wir uns den Beziehungen zu Familie und Freunden zuwenden, um herauszufinden, wie diese zur Quelle positiver Erfahrungen werden.

Ob wir uns in Gesellschaft anderer Menschen befinden oder nicht, macht für unsere Lebensqualität einen großen Unterschied aus. Wir sind biologisch vorprogrammiert, andere Menschen als die wichtigsten Objekte der Welt zu empfinden. Da sie das Leben entweder sehr interessant und erfüllend oder unendlich unglücklich gestalten können, wird unser Glück stark dadurch bestimmt, wie wir mit Beziehungen umgehen. Wenn wir lernen, den Umgang mit anderen Menschen zu *flow*-Erlebnissen zu machen, verbessert sich unsere Lebensqualität insgesamt.

Andererseits schätzen wir aber auch Ungestörtheit und wünschen oft, allein zu sein. Doch sehr oft stellt sich heraus, daß wir deprimiert werden, sobald diese Situation eintritt. Sehr häufig fühlen sich Menschen dann einsam und meinen, es gäbe keine Herausforderungen und nichts zu tun. Bei manchen erzeugt Alleinsein leichte, aber störende Symptome, wie bei einer Abschottung der Wahrnehmung von Umweltreizen. Doch wenn man nicht lernt, das Alleinsein auszuhalten und sogar zu genießen, kann man nur schwer Aufgaben erfüllen, die einem ungeteilte Konzentration abverlangen. Aus diesem Grund ist es überaus wichtig, Methoden zu entwickeln, das Bewußtsein zu steuern, auch wenn man sich selbst überlassen ist.

Der Konflikt zwischen Alleinsein und Geselligkeit

Eine der Situationen, die uns am meisten Angst machen, ist, aus dem Fluß menschlicher Interaktionen ausgeschlossen zu werden. Es besteht kein Zweifel, daß wir gesellige Wesen sind; nur in Gesellschaft anderer fühlen wir uns erfüllt. In vielen analphabetischen Kulturen gilt Alleinsein als so unerträglich, daß der einzelne sich große Mühe gibt, es zu vermeiden. Nur Hexen und Schamanen fühlen sich ohne einen anderen in der Nähe wohl. In vielen verschiedenen menschlichen Gesellschaften – bei australischen Ureinwohnern, bestimmten Sekten, Kadetten in West Point – ist die schlimmste Strafe der Gemeinschaft der Ausschluß. Der so gemiedene Mensch wird allmählich depressiv und beginnt bald an seiner Existenz selbst zu zweifeln. In manchen Gesellschaften endet die Verstoßung schließlich mit dem Tod. Der Ausgestoßene muß die Tatsache akzeptieren, daß er bereits gestorben sein muß, denn niemand schenkt ihm irgendwelche Aufmerksamkeit. Er kümmert sich immer weniger um seinen Körper und stirbt schließlich. Der lateinische Ausdruck für „lebendig" ist *inter hominem esse,* was wörtlich bedeutet „unter Menschen sein", während „tot sein" *inter hominem esse desinere* ist, oder „aufhören, unter Menschen zu sein". Exil von der Stadt kam für einen römischen Bürger der Todesstrafe am nächsten, der härtesten Bestrafung überhaupt. Aus der Gesellschaft seiner Gefährten verbannt, wurde der städtische Römer zur Unperson, wie luxuriös sein Landsitz auch sein mochte. Das gleiche bittere Schicksal ist New Yorkern heutzutage wohlbekannt, wann immer sie aus irgendwelchen Gründen die Stadt verlassen müssen.

Die Dichte menschlicher Kontakte, die in großen Städten möglich ist, wirkt besänftigend. Menschen in solchen Zentren genießen sie, auch wenn die Interaktion zuweilen unangenehm oder sogar gefährlich ist. In den Menschenmassen, die über die Fifth Avenue strömen, sind vielleicht jede Menge Taschendiebe und seltsame Typen, dennoch sind sie erregend und beruhigend. Jeder fühlt sich lebendiger, wenn er von Menschen umgeben ist.

Sozialwissenschaftliche Untersuchungen haben überall herausgefunden, daß Menschen sich angeblich bei Freunden und in der

Familie oder einfach in Gesellschaft von anderen am glücklichsten fühlen. Aufgefordert, angenehme Tätigkeiten zu nennen, die die Laune für den ganzen Tag verbessern, wird am häufigsten genannt: „mit glücklichen Menschen zusammensein", „wenn Leute Interesse an dem zeigen, was ich sage", „mit Freunden zusammensein" und „als sexuell attraktiv bemerkt zu werden". Eines der Hauptsymptome für depressive und unglückliche Menschen ist, daß sie nur selten von solchen Situationen berichten. Ein gesellschaftliches Auffangnetz mildert darüber hinaus Streß: Eine Krankheit oder ein anderes Unglück führt seltener zu einem Zusammenbruch, wenn der oder die Betroffene sich auf die emotionale Unterstützung anderer verlassen kann.

Es besteht kein Zweifel, daß wir vorprogrammiert sind, die Gesellschaft anderer zu suchen. Wahrscheinlich werden verhaltensorientierte Genforscher früher oder später in unseren Chromosomen die chemischen Informationen finden, aufgrund derer wir uns unwohl fühlen, wenn wir einmal allein sind. Es gibt gute Gründe, warum eine solche Information sich im Laufe der Evolution in unseren Genen entwickelt hat. Tiere, die durch Kooperation einen Vorsprung vor anderen Arten gewonnen haben, überleben besser, wenn sie sich ständig in Sichtweite von Gefährten befinden. Paviane zum Beispiel, die Hilfe von Artgenossen brauchen, um sich gegen die durch die Savanne streunenden Leoparden und Hyänen zu schützen, haben nur eine geringe Überlebenschance, wenn sie sich von der Gruppe entfernen. Die gleichen Bedingungen müssen bei unserer Vorfahren Geselligkeit als einen positiven Überlebenszug herausgepickt haben. Als sich die menschliche Anpassung zunehmend auf Kulturtechniken verließ, wurden natürlich auch andere Gründe für das Zusammenleben wichtig. Je mehr der Mensch zum Beispiel zum Überleben Kenntnisse brauchte statt Instinkte, um so mehr Nutzen zog er aus dem Austausch von Wissen; ein einzelnes Individuum wurde unter solchen Bedingungen zum Idioten, was im Griechischen ursprünglich „alleinstehender Mensch" bedeutet, jemand, der unfähig ist, von anderen zu lernen.

Zugleich gibt es paradoxerweise eine lange Tradition von Weisheiten, die uns warnen, die „Hölle seien die anderen". Der Hindu-Weise und der christliche Eremit suchten Seelenfrieden abseits von der Masse. Und wenn wir uns die negativsten Erlebnisse im Leben durchschnittlicher Menschen ansehen, so finden wir die Kehrseite der glänzenden Medaille Geselligkeit: Die schmerzlichsten Ereignisse stehen ebenfalls im Zusammenhang mit Beziehungen. Ungerechte Vorgesetzte und unhöfliche Kunden machen unserer Berufsleben unglücklich. Zu Hause sind ein liebloser Partner, ein undankbares Kind und sich einmischende Schwiegereltern Hauptquelle von bedrückter Stimmung. Wie kann man nun die beiden Tatsachen miteinander versöhnen, daß Menschen einem sowohl Freude als auch größtes Unbehagen vermitteln können?

Dieser offensichtliche Widerspruch ist eigentlich nicht allzu schwer aufzulösen. Wie alles wirklich Wichtige machen Beziehungen einen äußerst glücklich, wenn sie gut laufen, und sehr bedrückt, wenn sie nicht klappen. Der Mensch ist der flexibelste, veränderlichste Aspekt der Umwelt, die wir bewältigen müssen. Die gleiche Person kann einem den Morgen verzaubern und den Abend verderben. Da wir so stark von der Zuneigung und Bestätigung anderer abhängen, reagieren wir extrem empfindlich darauf, wie wir von anderen behandelt werden.

Wenn man lernt, mit anderen zurechtzukommen, verbessert sich die Lebensqualität insgesamt merklich. Diese Tatsache ist jenen wohlbekannt, die Bücher mit Titeln wie *Wie man Freunde gewinnt und Menschen beeinflußt* schreiben und lesen. Geschäftsleute streben nach besserer Kommunikation, um erfolgreicher zu werden, Teenager lesen Bücher über Manieren, wenn sie von ihren Altersgenossen akzeptiert und bewundert werden wollen. Ein Großteil dieser Sorge spiegelt den extrinsisch motivierten Wunsch, andere zu manipulieren. Doch Menschen sind nicht nur wichtig, weil sie einem helfen können, die eigenen Ziele zu verwirklichen. Wenn man sie als an und für sich wertvoll betrachtet, können sie zu Erfüllung und Glück beitragen. Genau diese Flexibilität von Beziehungen ermöglicht es, unangenehme Begegnungen in erträgliche oder sogar aufregende zu verwandeln. Wie wir eine soziale Situation definieren und deuten, wie Menschen einander behandeln und wie sie sich dabei fühlen, kann einen großen Unterschied ausmachen. Als unser Sohn Mark zwölf war, nahm er auf dem Heimweg von der Schule eines Nachmittags eine Abkürzung durch einen ziemlich verlassenen Park. Plötzlich stand er vor drei kräftigen Jugendlichen aus dem etwas heruntergekommenen Stadtviertel. „Keine Bewegung, sonst trifft's dich", sagte einer und nickte dem dritten zu, der die Hand in der Tasche hielt. Die drei nahmen Mark alles ab, was er bei sich trug – ein wenig Kleingeld und eine abgeschabte Armbanduhr. „Jetzt geh weiter. Aber renn nicht, und dreh dich ja nicht um."

Mark begann in Richtung seines Heimwegs zu gehen, und die drei entfernten sich in der anderen Richtung. Nach ein paar Schritten drehte sich Mark jedoch um und versuchte, sie einzuholen. „Hört mal", rief er, „ich will mit euch reden." „Hau ab", lautete die Antwort. Aber er holte die drei ein und fragte, ob sie sich vielleicht überlegen würden, ihm die Uhr wiederzugeben, die sie ihm abgenommen hatten. Er erklärte, sie sei sehr billig und nur für ihn wertvoll. „Ich habe sie von meinen Eltern zum Geburtstag bekommen." Die drei wurden wütend, beschlossen aber schließlich, darüber abzustimmen. Man entschied zwei zu eins, die Uhr zurückzugeben. Mark kam stolz nach Hause, ohne Geld, aber mit der alten Uhr in der Tasche. Natürlich brauchten seine Eltern viel länger, um sich von diesem Schock zu erholen.

Aus der Erwachsenenperspektive war Mark dumm, vielleicht sein Leben für eine alte Uhr zu riskieren, wie wichtig sie für ihn auch sein mochte. Doch dieser Vorfall beleuchtet einen bedeutsamen allgemeinen Punkt: Daß eine soziale Situation potentiell verändert werden kann, indem man die Regeln ändert. Indem er nicht die Rolle des „Opfers" annahm, die man ihm aufgezwungen hatte, indem er seine Angreifer nicht als „Räuber" behandelte, sondern als vernünftige Leute, die vielleicht Mitleid mit dem Jungen hatten, der an seinem elterlichen Geschenk hing, konnte Mark die Situation von einem Überfall in eine Sachlage verwandeln, die zumindest eine gewisse demokratische Entscheidung zuließ. In diesem Fall hing sein Erfolg vorwiegend von Glück ab: Die Räuber hätten betrunken oder keiner Vernunft zugänglich sein können. Dann wäre er vermutlich ernsthaft verletzt worden. Dennoch gilt: Menschliche Beziehungen sind formbar, und wenn man die entsprechenden Fertigkeiten besitzt, kann man die Regeln dazu ändern.

Doch ehe wir weiter darauf eingehen, wie Beziehungen umgeformt werden können, um optimale Erfahrungen zu erzielen, müssen wir einen Umweg durch das Reich des Alleinseins unternehmen. Erst wenn wir ein wenig besser verstehen, wie Alleinsein das Bewußtsein beeinflußt, können wir deutlicher erkennen, warum menschliche

Gesellschaft für das Wohlbefinden so unerläßlich ist. Der durchschnittliche Erwachsene verbringt etwa ein Drittel seiner Wachzeit allein, doch wir wissen nur sehr wenig über diesen großen Teil unseres Lebens, außer dem, was wir gründlich ablehnen.

Der Schmerz der Einsamkeit

Die meisten Menschen empfinden ein fast unerträgliches Gefühl von Leere, wenn sie allein sind, besonders wenn sie nichts Bestimmtes zu tun haben. Jugendliche, Erwachsene und alte Menschen berichten, daß sie sich am schlimmsten fühlten, wenn sie allein waren. Fast jede Aktivität ist erfreulicher mit einem anderen, weniger schön, wenn man sie allein tut. Die Menschen sind in Gegenwart anderer glücklicher, wacher und fröhlicher als allein, ob sie nun am Fließband arbeiten oder fernsehen. Doch am deprimierendsten ist nicht, allein zu arbeiten oder fernzusehen, die schlimmsten Stimmungen bedrükken einen, wenn man allein ist und nichts getan werden muß. Für unsere Befragten, die allein leben und nicht zur Kirche gehen, war der Sonntagmorgen der Tiefpunkt der Woche, denn ohne irgendwelche Ansprüche an die Aufmerksamkeit ist man unfähig zu entscheiden, was zu tun ist. Während der Woche wird die psychische Energie von äußerlichen Prozeduren geleitet: Einkaufen, Lieblingssendungen im Fernsehen usw. Doch was erwartet einen am Sonntagmorgen, wenn man gefrühstückt und die Zeitung durchgeblättert hat? Für viele ist der Mangel an Struktur in diesen Stunden absolut vernichtend. Gegen Mittag ist allgemein eine Entscheidung getroffen worden: Ich mähe den Rasen, besuche Verwandte oder sehe mir ein Fußballspiel an. Dann kehrt ein Gefühl von Richtung zurück, und die Aufmerksamkeit lenkt sich auf das nächste Ziel.

Warum ist Alleinsein eine so negative Erfahrung? Die letztendliche Antwort lautet, daß es sehr schwierig ist, von innen heraus Ordnung im Bewußtsein zu halten. Wir brauchen äußerliche Ziele, Anregungen von außen, Feedback, um die Aufmerksamkeit gerichtet zu halten. Und wenn äußere Reize fehlen, beginnen die Gedanken abzuschweifen und werden chaotisch – und dann geraten wir in den Zustand, den wir in Kapitel II als „psychische Entropie" bezeichneten.

Sich selbst überlassen beginnt der typische Teenager zu fragen: „Was macht meine Freundin jetzt? Kriege ich einen Pickel? Kann ich meine Mathematikaufgaben allein lösen? Werden mich diese Knakker, mit denen ich mich gestern gestritten haben, demnächst verprügeln?“ Mit anderen Worten, wenn man nichts zu tun hat, kann der Verstand unangenehme Gedanken nicht in Schach halten, und sie schieben sich in den Vordergrund. Wenn man nicht lernt, sein Bewußtsein zu steuern, steht man als Erwachsener vor der gleichen Situation. Sorgen um das Liebesleben, die Gesundheit, Geldprobleme, die Familie und die Arbeit lauern immer am Rand unserer Aufmerksamkeit und warten, bis diese nachläßt. Und sofort stürzen sich diese potentiellen Probleme in den Vordergrund.

Aus diesem Grund ist Fernsehen für so viele Menschen ein solcher Segen. Fernsehen ist zwar keineswegs eine positive Erfahrung – allgemein berichten Fernsehzuschauer, daß sie sich passiv, schwach, eher gereizt und traurig dabei fühlen –, doch der flimmernde Schirm bringt zumindest ein gewisses Maß an Ordnung ins Bewußtsein. Vorhersehbare Handlungen, vertraute Charaktere und selbst die seichtesten Werbespots bieten einem ein beruhigendes Muster von Anregungen. Der Bildschirm bietet einen bewältigbaren, begrenzten Aspekt der Umwelt und lädt zur Aufmerksamkeit ein. Bei der Interaktion mit dem Fernseher ist das Bewußtsein vor persönlichen Sorgen geschützt. Die vorbeiflackernden Informationen halten unangenehme Gedanken in Schach. Natürlich ist es ziemlich verschwenderisch, eine Depression so zu vermeiden, denn man gewinnt trotz des relativ hohen Einsatzes an Aufmerksamkeit nicht viel dabei.

Eine drastischere Methode, mit dem gefürchteten Alleinsein fertig zu werden, ist regelmäßige Anwendung von Drogen oder der Rückzug auf Zwangshandlungen, wie unaufhörlich putzen oder zwanghaft sexuelles Verhalten. Unter dem Einfluß von Chemikalien ist das Selbst von der Verantwortung befreit, seiner psychischen Energie Richtung zu verleihen. Man kann sich zurücklehnen und die Gedankenmuster verfolgen, die die Drogen heraufbeschwören, und was immer auch geschieht, es hat mit uns nichts zu tun. Wie Fernsehen halten Drogen das Bewußtsein ab, sich deprimierenden Gedanken zu stellen. Alkohol und andere Drogen können zwar optimale Erfahrungen ermöglichen, doch sind diese gewöhnlich von sehr geringer Komplexität. Sofern sie nicht in einer hochritualisierten

Umgebung genommen werden, wie in vielen traditionellen Gesellschaften, reduzieren Drogen in Wirklichkeit die Wahrnehmung dessen, was erreicht werden könnte und was man als Individuum tatsächlich leisten kann, es sei denn, die beiden befinden sich im Gleichgewicht. Das ist ein angenehmer Zustand, aber nur ein irreführender Abklatsch jener Freude, die entsteht, wenn man Handlungsmöglichkeiten und Fähigkeiten *verstärkt.*

Manche werden dieser Beschreibung, wie Drogen das Bewußtsein beeinflussen, stark widersprechen. Man hat uns schließlich in den letzten fünfundzwanzig Jahren immer eindeutiger mitgeteilt, daß Drogen „das Bewußtsein erweitern" und ihre Nutzung die Kreativität fördere. Doch alles deutet darauf hin, daß Chemikalien zwar den Inhalt und die Organisation des Bewußtseins verändern, aber sie erweitern oder verstärken nicht die Kontrolle des Selbst über seine Funktionen. Um etwas Kreatives zu schaffen, muß man aber genau diese Kontrolle erreichen. Psychotrope Drogen liefern zwar eine größere Vielfalt seelischer Erfahrungen als unter normalen sensorischen Bedingungen, doch ohne gleichzeitig unsere Fähigkeit zu verbessern, sie wirksam zu ordnen.

Viele zeitgenössische Künstler experimentieren mit Halluzinogenen, in der Hoffnung, Werke zu schaffen, die so geheimnisvoll nachhallend sind wie die Verse des *Kubla Khan,* das Coleridge angeblich unter dem Einfluß von Opium schrieb. Früher oder später erkennen sie allerdings, daß man zur *Komposition* eines Kunstwerks einen nüchternen Verstand braucht. Der Arbeit unter dem Einfluß von Drogen fehlt die Komplexität, die wir von guter Kunst erwarten – sie neigt dazu, offensichtlich und geschmäcklerisch zu sein. Ein chemisch verändertes Bewußtsein bringt uns vielleicht ungewöhnliche Bilder, Gedanken und Gefühle, die später, wenn Klarheit zurückkehrt, vom Künstler genutzt werden können. Die Gefahr besteht jedoch darin, daß man in der Abhängigkeit von der Chemikalie, um das Bewußtsein zu formen, die Fähigkeit verliert, es zu steuern.

Ein Großteil dessen, was wir als Sexualität bezeichnen, ist ebenfalls eine Methode, den Gedanken eine Ordnung von außen aufzuzwingen, um „die Zeit totzuschlagen", ohne sich den Risiken des Alleinseins zu stellen. Es überrascht nicht, wenn Fernsehen und sexueller Verkehr fast zu austauschbaren Aktivitäten werden. Pornographie und entpersönlichter Sex beruhen auf der genetisch einprogrammierten Anziehungskraft von Bildern und Handlungen im Zusammenhang mit der Fortpflanzung. Sie leiten die Aufmerksamkeit auf natürliche und angenehme Weise und helfen, unerwünschte Gedanken fernzuhalten. Doch sie können keine Aufmerksamkeitsmuster entwickeln, die zu größerer Komplexität im Bewußtsein führen. Das gleiche gilt für das, was auf den ersten Blick vielleicht als Gegenteil von Freude erscheint: masochistisches Verhalten, unnötige Risiken, Glücksspiel. Diese Methoden, um sich zu erschrecken oder verletzen, bedürfen keiner großen Geschicklichkeit, aber sie verhelfen zu einer direkten Erfahrung. Selbst Schmerz ist besser als das Chaos, das in das unzentrierte Bewußtsein dringt. Die Verletzung, ob körperlich oder seelisch, versichert einem, daß Aufmerksamkeit auf irgend etwas gerichtet werden kann, das zwar schmerzhaft ist, aber immerhin kontrollierbar – da *wir* diejenigen sind, die sie verursachen.

Der letztendliche Test für die Fähigkeit, die Qualität von Erfahrungen zu kontrollieren, ist, was man allein tut, ohne daß äußere Ansprüche der Aufmerksamkeit Struktur verleihen. Es ist relativ leicht, sich in eine Arbeit zu vertiefen, die Gesellschaft von Freunden zu genießen, sich im Theater oder Konzert unterhalten zu lassen. Doch was geschieht, wenn wir völlig uns selbst überlassen bleiben? Werden wir allein, wenn die dunkle Nacht sich auf die Seele senkt, zu panischen Versuchen gezwungen, die Gedanken abzulenken? Oder sind wir fähig, uns mit Dingen zu beschäftigen, die nicht nur erfreulich sind, sondern auch das Selbst wachsen lassen? Freie Zeit mit Tätigkeiten zu füllen, die Konzentration fordern, die Fähigkeiten verbessern, die zu einer Entwicklung des Selbst führen, ist nicht das gleiche wie die Zeit mit Fernsehen oder entspannenden Drogen totzuschlagen. Beide Strategien könnte man zwar als verschiedene Methoden bezeichnen, wie man das drohende Chaos bewältigt, als Abwehr gegen Daseinsängste, doch das erstere führt zu Wachstum, das letztere verhindert lediglich, daß die Gedanken nicht gänzlich abschweifen. Jemand, der sich nur selten langweilt, der nicht ständig eine perfekte Umgebung braucht, um sich am Augenblick zu erfreuen, besteht den Test für ein kreatives Leben.

Zu lernen, wie man Zeit allein nutzt, statt vor ihr zu fliehen, ist besonders in den frühen Jahren wichtig. Teenager, die Alleinsein nicht ertragen können, verhindern, daß sie später, als Erwachsene, Aufgaben bewältigen können, zu denen man sich ernsthaft geistig vorbereiten muß. Ein vielen Eltern vertrautes Szenarium schildert einen Teenager, der aus der Schule kommt, die Bücher in sein Zimmer wirft, einen Happen aus dem Kühlschrank holt und sich sofort ans Telefon setzt, um sich mit seinen Freunden zu verabreden. Wenn dort nichts läuft, dreht er das Radio oder den Fernseher an. Falls er zufällig in Versuchung gerät, ein Buch zu öffnen, dauert das nicht sehr lange. Studieren bedeutet, sich auf schwierige Informationsraster zu konzentrieren, und früher oder später schweift selbst der disziplinierteste Geist von dem unerbittlichen Lernstoff ab, um sich angenehmeren Gedanken zu widmen. Statt dessen wird der Verstand von seinen üblichen Besuchern heimgesucht: den Schattenphantomen, die ein unstrukturiertes Bewußtsein belagern. Der Teenager macht sich Sorgen um sein Aussehen, seine Beliebtheit, seine Lebenschancen. Um diese Eindringlinge abzuwehren, muß er etwas anderes suchen, das seinen Verstand beschäftigt. Lesen bringt ihn nicht dazu, denn das ist zu schwer. Der Jugendliche ist zu fast allem bereit, um seine Gedanken abzulenken, solange es nicht zuviel psychische Energie kostet. Die übliche Lösung besteht in den vertrauten Bereichen von Musik, Fernsehen oder Freunden, mit denen man die Zeit vertrödeln kann.

Mit jedem verstreichenden Jahrzehnt wird unsere Kultur abhängiger von Informationstechnologie. Um in einer solchen Umwelt zu überleben, muß man sich mit abstrakter symbolischer Sprache vertraut machen. Vor ein paar Generationen hätte jemand, der nicht schreiben und lesen kann, immer noch eine Stelle mit ausreichendem Einkommen und Würde gefunden. Bauern, Schmiede oder Kaufleute konnten die für ihren Beruf erforderlichen Fähigkeiten als Lehrling bei älteren Fachleuten lernen und ohne die Beherrschung eines symbolischen Systems Erfolg haben. Heute hängt noch der einfachste Job von schriftlichen Anweisungen ab, und komplexere Beschäftigungen beruhen auf Spezialwissen, das man nur schwer erringt, nämlich allein.

Jugendliche, die nicht lernen, ihr Bewußtsein zu kontrollieren, werden zu Erwachsenen ohne Disziplin. Ihnen fehlen die komplexen Fähigkeiten, die ihnen helfen, in einer wettbewerbsorientierten, informationsintensiven Umwelt zu überleben. Doch wichtiger ist, daß sie nie lernen, wie sie das Leben genießen können. Sie bilden nicht die Gewohnheit aus, Herausforderungen zu erkennen, die verborgenen Potentiale für Wachstum.

Doch die Jugendjahre sind nicht die einzige Zeit, in der es wichtig ist zu lernen, die Möglichkeiten des Alleinseins zu nutzen. Leider glauben zu viele Erwachsene, daß sie mit zwanzig oder dreißig – sicher aber mit vierzig – Anspruch darauf haben, sich in den Gewohnheitsrastern zu entspannen, die sie für sich aufgebaut haben. Sie haben ihre Schuldigkeit getan, sie haben die Überlebenstricks gelernt, und von nun an können sie einfach weiterkreuzen. Mit einem Minimum an Selbstdisziplin sammeln solche Menschen im Laufe der Jahre unweigerlich Entropie an. Berufliche Enttäuschungen, das Nachlassen der Gesundheit, die üblichen Püffe und Stöße des Schicksals bauen eine Masse an Negativinformationen auf, die ihren Seelenfrieden immer stärker stören. Wie hält man diese Probleme in Schach? Wenn man nicht weiß, wie man allein sein Bewußtsein unter Kontrolle hält, wendet man sich unweigerlich zu den leichten Lösungen von außen: Drogen, seichte Unterhaltung, Kitzel – was immer den Geist betäubt oder ablenkt.

Doch solche Reaktionen sind regressiv – sie führen nicht vorwärts. Wenn man wachsen und sein Leben genießen will, muß man eine höhere Ordnung aus der Entropie schaffen, der unvermeidlichen Bedingung des Lebens. Das bedeutet, jede neue Herausforderung nicht als etwas zu betrachten, das man vermeiden oder verdrängen muß, sondern als Chance zum Lernen und zum Verbessern seiner eigenen Fähigkeiten. Wenn die körperliche Kraft mit dem Alter nachläßt, heißt das zum Beispiel, bereit zu sein, seine Energien von der Beherrschung der äußeren Welt auf eine tiefere Erforschung der inneren zu lenken. Dies bedeutet, man kann endlich Proust lesen, Schach spielen, Orchideen züchten, dem Nachbarn helfen und über Gott nachdenken – wenn das die Dinge sind, für die man sich entschieden hat. Aber es ist schwierig, irgend etwas dabei zu erreichen, wenn man nicht zuvor die Gewohnheit erworben hat, Alleinsein zum Vorteil zu nutzen.

Am besten entwickelt man diese Gewohnheit schon früh, aber es ist nie zu spät dazu. In den vorhergehenden Kapiteln haben wir einige Wege betrachtet, wie Körper und Verstand einen in *flow* bringen können. Wenn man sich solcher Möglichkeiten bewußt bedienen kann, ungeachtet dessen, was um einen herum geschieht, hat man gelernt, die Qualität des Lebens zu beeinflussen.

Wie man die Einsamkeit zähmt

Jede Regel hat ihre Ausnahmen. Zwar fürchten die meisten Menschen das Alleinsein außerordentlich, doch manche leben aus freien Stücken für sich. „Wer die Einsamkeit liebt", lautet ein altes Sprichwort, das Francis Bacon zitierte, „ist entweder ein wildes Tier oder ein Gott." Man braucht nicht wirklich ein Gott zu sein, aber es stimmt schon, daß jemand, der allein leben will, sich seine eigenen inneren Muster aufbauen muß, damit er *flow* ohne die Unterstützung des zivilisierten Lebens erreichen kann – ohne andere Menschen, einen Beruf, Fernsehen, Theater, Restaurants oder Bibliotheken, die seine Aufmerksamkeit auf sich ziehen. Ein interessantes Beispiel für solche Menschen ist Dorothy, die auf einer winzigen Insel in der Wildnis aus Seen und Bergen des nördlichen Minnesota an der kanadischen Grenze lebt. Sie war ursprünglich Krankenschwester in einer großen Stadt, doch nachdem ihr Mann gestorben und die Kinder aus dem Haus waren, zog Dorothy in die Wildnis. In den Sommermonaten machen Fischer, die über ihren See fahren, auf einen Schwatz halt bei Dorothy, doch in den langen Wintermonaten ist sie manchmal wochenlang völlig allein. Dorothy mußte schwere Gardinen vor die Fenster ihrer Hütte hängen, denn sie konnte es nicht ertragen, wenn schon morgens beim Aufstehen ein Wolfsrudel sich die Nase an der Scheibe platt drückte und sie sehnsüchtig anstarrte.

Wie andere Menschen, die allein in der Wildnis leben, versuchte Dorothy, ihre Umgebung in ungewöhnlichem Maße persönlich zu gestalten. Überall stehen oder liegen Blumenkübel, Gartenzwerge und altes Werkzeug herum. An die meisten Bäume sind Schilder mit Versen, Witzen und Karikaturen genagelt, die auf Schuppen und Nebengebäude hinweisen. Für den Besucher aus der Stadt ist die Insel der Inbegriff von Kitsch. Doch als Ausdruck von Dorothys Geschmack schafft dieser „Müll" eine vertraute Umgebung, in der sie sich wohlfühlt. Inmitten der ungezähmten Natur hat sie ihren eigenen unverwechselbaren Stil eingeführt, ihre eigene Zivilisation. Drinnen sind viele Gegenstände, die sie sammelt, ein Abbild von Dorothys Zielen. Sie hat dem Chaos ihren Stempel aufgedrückt. Wichtiger noch als die Strukturierung des Raumes ist die Strukturierung der Zeit. Dorothy hat für jeden Tag des Jahres einen strengen

Plan. Sie steht um fünf Uhr auf, sucht die Hühnernester nach Eiern ab, melkt die Ziege, hackt Holz, bereitet ihr Frühstück, näht, angelt usw. Wie die Engländer in den Kolonien, die sich auf ihren einsamen Vorposten jeden Abend rasierten und makellos kleideten, hat auch Dorothy gelernt, daß man der Wildnis seine eigene Ordnung aufprägen muß, um in der fremden Umgebung die Herrschaft zu behalten. An den langen Abenden liest oder schreibt sie. Bücher über jedes erdenkliche Thema säumen die Wände ihrer beiden Hütten. Manchmal fährt sie weg, um Vorräte zu beschaffen, und im Sommer bringen die Besuche von Anglern eine gewisse Abwechslung. Dorothy scheint Menschen zu mögen, aber sie steuert ihre eigene Welt lieber selbst.

Man kann Alleinsein aushalten, aber nur, wenn man Wege findet, die Aufmerksamkeit zu strukturieren, um Entropie zu vermeiden, die das Bewußtsein zerstören könnte. Susan Butcher, die Hundezüchterin und -ausbilderin, die in der Arktis bis zu elftägige Hundeschlittenrennen fährt, bei denen sie die Angriffe ausgehungerter Elche und Wölfe abwehren muß, zog vor Jahren in eine Hütte in Alaska, vierzig Kilometer vom nächsten Dorf entfernt, das zweiundsechzig Einwohner hat. Vor ihrer Ehe lebte sie allein mit hundertfünfzig Huskys. Sie hat keine Zeit, sich einsam zu fühlen: Die Jagd nach Nahrung, die Versorgung der Hunde, die sechzehn Stunden am Tag, sieben Tage in der Woche ihre Aufmerksamkeit fordern, lassen dies nicht zu. Sie kennt jeden Hund mit Namen, die Namen seiner Eltern und Großeltern. Sie kennt sein Temperament, seine Freßgewohnheiten und seinen Gesundheitszustand. Susan behauptet, sie lebe lieber so als irgendwie anders. Ihr Tagesablauf, den sie frei gewählt hat, fordert, daß ihr Bewußtsein sich unaufhörlich auf die zu bewältigenden Aufgaben konzentriert – und damit macht sie ihr Leben zu einer stetigen *flow*-Erfahrung.

Ein Freund, der gern allein über den Ozean segelt, erzählte mir einmal eine Geschichte, die veranschaulicht, auf welche Ideen Einzelsegler zuweilen kommen, um ihre Gedanken zentriert zu halten. Er näherte sich bei der Ost-West-Überquerung des Atlantiks den Azoren, die etwa achthundert Kilometer vor der portugiesischen Küste liegen. Nach vielen Tagen, an denen er kein einziges Segel gesichtet hatte, erblickte er ein kleines Boot, das in die entgegengesetzte Richtung steuerte. Das war sehr willkommen, und die beiden

Segler setzten Kurs aufeinander zu und lagen schließlich längsseits nebeneinander. Der Mann in dem anderen Boot war dabei, sein Deck zu schrubben, das mit einer stinkenden, klebrigen, gelben Masse überzogen war. „Wie ist Ihr Boot denn so schmutzig geworden?" fragte mein Freund, um eine Unterhaltung in Gang zu bringen. „Nun ..." Der andere zuckte mit den Achseln. „Das sind faule Eier." Mein Freund gab zu, daß ihm schleierhaft sei, wie so viele faule Eier mitten auf dem Meer auf ein Bootsdeck gelangen konnten. „Nun", sagte der Mann wieder, „der Kühlschrank ging kaputt, und die Eier verdarben. Ich hatte schon tagelang keinen Wind, und mir wurde sehr langweilig. Ich dachte mir also, statt die Eier über Bord zu werfen, würde ich sie auf Deck zerschlagen, damit ich es anschließend putzen müßte. Ich ließ sie eine Weile dort ankleben, damit es schwerer würde, aber ich hatte nicht mit diesem fürchterlichen Gestank gerechnet." Unter normalen Umständen haben Segler viel zu tun, um ihre Gedanken zu beschäftigen. Ihr Überleben hängt davon ab, daß sie aufmerksam alle Bedingungen auf dem Boot überwachen. Genau diese ständige Konzentration auf Aufgaben, die bewältigt werden müssen, macht das Segeln so erfreulich. Doch wenn eine Flaute einsetzt, müssen sie sich schon heldenhafte Mühe geben, um eine Herausforderung zu finden.

Besteht nun ein Unterschied, ob man die Einsamkeit mit unnötigen, aber anspruchsvollen Ritualen bewältigt, um das Bewußtsein zu formen, oder ob man dazu Drogen nimmt oder ständig fernsieht? Man könnte einwenden, daß Dorothy und die anderen Einsiedler genauso wirkungsvoll aus der „Realität" fliehen wie Süchtige. In beiden Fällen wird psychische Entropie vermieden, indem man unangenehme Gedanken und Gefühlen aus dem Bewußtsein fernhält. Doch der Unterschied besteht darin, *wie* man mit der Einsamkeit umgeht. Wenn Alleinsein als eine Chance betrachtet wird, ein Ziel zu erreichen, das man in Gesellschaft anderer nicht erreichen kann, wird man es, statt sich einsam zu fühlen, genießen und dabei vielleicht neue Fertigkeiten lernen. Wenn man aber Alleinsein als einen Zustand betrachtet, den es unter allen Umständen zu vermeiden gilt, setzt Panik ein, und man zieht sich auf Ablenkungsmanöver zurück, die nicht zu mehr Komplexität führen. Die Züchtung struppiger Hunde und Schlittenrennen durch arktische Wälder scheinen vielleicht, verglichen mit den Kapriolen eines Playboys oder Kokainrauchers, ein sehr primitives Unterfangen. Doch mit Blick auf die psychische Organsiation sind die zuerst erwähnten Tätigkeiten unendlich komplexer. Ein Lebensstil, der auf Vergnügen beruht, überlebt nur in Symbiose mit einer komplexen Kultur, die auf schwerer Arbeit und Freude basiert. Doch wenn diese Kultur nicht bereit oder fähig ist, einen unproduktiven Hedonisten zu unterstützen, werden die Vergnügungssüchtigen, denen es an Disziplin und Fertigkeiten mangelt, unfähig zum Überleben und enden in Hilflosigkeit und Verwirrung.

Wir wollen damit nicht sagen, daß man nur Kontrolle über das Bewußtsein erlangen kann, wenn man nach Alaska zieht und Elche jagt. Man kann fast in jeder Umgebung *flow*-Aktivitäten beherrschen. Einige Menschen werden immer in der Wildnis leben oder lange Phasen allein auf See verbringen müssen. Die meisten ziehen es jedoch vor, vom beruhigenden Summen und Brummen menschlicher Interaktionen umgeben zu sein. Alleinsein ist jedenfalls ein Problem, mit dem man sich auseinandersetzen muß, ob man in Manhattan lebt oder in Alaska. Wenn man nicht lernt, es zu genießen, wird man einen Großteil seines Lebens verzweifelt versuchen, dessen Nebenwirkungen zu vermeiden.

Flow und die Familie

Einige der intensivsten und bedeutsamsten Erfahrungen im Leben ergeben sich aus Familienbeziehungen. Viele erfolgreiche Männer und Frauen würden Lee Iacoccas Bemerkung bestätigen: „Ich war in meinem Beruf sehr glücklich und erfolgreich. Aber verglichen mit meiner Familie war er nicht sehr wichtig."

Immer schon wurden Menschen in Familien hineingeboren und verbrachten ihr gesamtes Leben in Gruppen von Verwandten. Familien unterscheiden sich stark hinsichtlich ihrer Größe und Zusammensetzung, aber überall empfinden Menschen eine besondere Nähe zu Verwandten, mit denen sie häufiger als mit Außenseitern interagieren. Soziobiologen behaupten, daß diese Familienloyalität in proportionalem Verhältnis zur Anzahl gemeinsamer Gene stehe: Ein Bruder und eine Schwester haben zum Beispiel die Hälfte der Gene gemeinsam, während zwei Kusinen davon nur die Hälfte teilen. Nach dieser These helfen Geschwister einander zweimal so häufig wie

Kusinen. Die besonderen Gefühle für unsere Verwandten sind daher einfach ein angeborener Mechanismus, um die Gene der eigenen Art zu erhalten und weiterzutragen.

Es gibt gewiß wichtige biologische Gründe für die besondere Bindung an Verwandte. Keine langsam reifende Säugetierart könnte ohne einen eingebauten Mechanismus überlebt haben, aufgrund dessen die ausgewachsenen Tiere die Verantwortung für die Jungen übernehmen. Die Jungen wiederum fühlen sich von den Alten abhängig. Aus diesem Grund ist die Bindung des Neugeborenen an seine Bezugspersonen und umgekehrt besonders stark. Doch die tatsächlichen Beziehungen, die Familien zusammenhalten, fallen in verschiedenen Kulturen und verschiedenen Epochen erstaunlich unterschiedlich aus.

Ob die Ehe zum Beispiel polygam oder monogam geführt wird, ob sie patrilinear oder matrilinear ist, hat großen Einfluß auf die alltäglichen Erfahrungen von Männern, Frauen und Kindern. Das gleiche gilt für weniger offenkundige Elemente der Familienstruktur, wie bestimmte Erbregeln. Die vielen kleinen Fürstentümer, in die Deutschland bis vor hundertfünfzig Jahren unterteilt war, hatten Erbgesetze, die entweder auf Erstgeburtsrecht beruhten, wenn der älteste Sohn den gesamten Familienbesitz erbte, oder auf der gleichmäßigen Aufteilung unter allen Söhnen. Welche von diesen Methoden bei der Besitzübertragung verfolgt wurde, scheint fast völlig zufällig festgelegt worden zu sein, doch hatte diese Entscheidung starken Einfluß auf die Wirtschaft des Landes. (Erstgeburtsrecht führte zur Konzentration von Kapital, was wiederum die Industrialisierung begünstigte, während die Erbteilung zur Aufsplitterung von Besitz und zu industrieller Unterentwicklung führte.) Für uns ist hier wichtiger, daß die Beziehungen unter Geschwistern in einer Kultur mit Erstgeburtsrecht völlig anders gewesen sein müssen als in einer Gesellschaft, in der alle Kinder wirtschaftlich gleich profitierten. Die Gefühle, die Brüder und Schwestern füreinander hatten, was sie voneinander erwarteten, ihre Rechte und Verantwortlichkeiten, waren überwiegend in die jeweilige Form des Familiensystems „eingebaut". Wie dieses Beispiel zeigt, kann genetische Vorprogrammierung Zuneigung zu den Angehörigen vorausbestimmen, aber das kulturelle Umfeld beeinflußt in starkem Maße, wie intensiv diese Bindung ausfällt und in welche Richtung sie geht.

Da die Familie unser erstes und in vieler Hinsicht wichtigstes gesellschaftliches Umfeld ist, hängt die Lebensqualität stark davon ab, wie gut es gelingt, die Interaktion mit den Verwandten erfreulich zu gestalten. Wie ausgeprägt die biologischen und kulturellen Bindungen zwischen Familienmitgliedern auch sein mögen, es ist kein Geheimnis, daß Menschen ihre Verwandten sehr unterschiedlich einschätzen. Manche Familien sind herzlich und hilfsbereit, andere herausfordernd und anspruchsvoll, wieder andere bedrohen das Selbst ihrer Mitglieder bei jeder Wendung, andere wiederum sind unerträglich langweilig. Die Häufigkeit von Morden unter Verwandten ist viel höher als unter Fremden. Kindesmißhandlung und Inzest, einst für seltene Abweichungen von der Norm gehalten, kommen offensichtlich öfter vor, als man jemals vermutet hat. Mit John Fletchers Worten: „Wir lieben diejenigen, die die größte Macht haben, uns zu verletzen.“ Es ist klar, daß die Familie einen sehr glücklich machen oder zur unerträglichen Last werden kann. Wie sie ausfällt, hängt in großem Maß davon ab, wieviel psychische Energie die Mitglieder für die gegenseitigen Beziehungen einsetzen, besonders für die Ziele des anderen.

Zu jeder Beziehung gehört eine Umorientierung der Aufmerksamkeit, eine Neusetzung der Ziele. Wenn zwei Menschen eine Beziehung miteinander beginnen, müssen sie bestimmte Grenzen akzeptieren, die man allein nicht hat. Man muß Pläne miteinander koordinieren oder abändern. Schon etwas so Einfaches wie eine Verabredung zum Essen enthält Kompromisse hinsichtlich der Zeit, des Ortes, des Essenstypus etc. In gewissem Grad muß das Paar mit gleichen Emotionen auf die Reize reagieren, die ihnen begegnen – die Beziehung dauert vermutlich nicht lange, wenn der Mann bestimmte Filme gern sieht, die die Frau haßt, und umgekehrt. Wenn zwei Menschen beschließen, ihre Aufmerksamkeit aufeinander zu richten, müssen beide ihre Gewohnheiten abändern, und die Muster ihres Bewußtseins werden sich als Folge davon ebenfalls ändern. Heiraten bedeutet eine radikale und dauerhafte Neuordnung der Aufmerksamkeitsgewohnheiten. Wenn ein Kind dazukommt, müssen sich beide Eltern wieder umorientieren, um den Bedürfnissen des Kleinen gerecht zu werden: Ihr Schlafrhythmus muß sich ändern, sie gehen weniger oft aus, die Frau gibt vielleicht ihren Beruf auf, sie müssen für die Ausbildung des Kindes sparen.

All dies kann sehr schwer oder sogar sehr frustrierend sein. Wenn man zu Beginn einer Beziehung nicht gewillt ist, seine persönlichen Ziele anzupassen, wird vieles von dem, was später geschieht, Unordnung im Bewußtsein hervorrufen, weil neue Interaktionsmuster mit alten Erwartungsmustern in Konflikt geraten. Für einen Junggesellen haben vielleicht schnelle Sportwagen und jeden Winter ein paar Wochen Urlaub in der Karibik hohe Priorität. Irgendwann beschließt er, zu heiraten und ein Kind zu haben. Als er diese Ziele verwirklicht, entdeckt er, daß sie mit den früheren unvereinbar sind. Er kann sich nun keinen Maserati mehr leisten, und die Bahamas sind außerhalb seiner finanziellen Möglichkeiten. Wenn er seine alten Ziele nicht anpaßt, wird er frustriert und erlebt innere Konflikte, die als psychische Entropie bekannt sind. Wenn er seine Ziele ändert, ändert sich auch sein Selbst – als Summe und Organisation seiner Ziele. Auf diese Weise bedeutet das Aufnehmen einer Beziehung eine Transformation des Selbst. Bis vor ein paar Jahrzehnten neigten Familien dazu, zusammenzubleiben, weil Eltern und Kinder gezwungen waren, aus äußeren Gründen die Beziehung aufrecht zu erhalten. Wenn Scheidungen früher seltener vorkamen, dann nicht, weil Mann und Frau sich in den guten alten Zeiten mehr liebten, sondern weil Männer jemanden brauchten, der kochte und das Haus in Ordnung hielt, Frauen jemanden, der das Geld nach Hause brachte. Kinder brauchten beide Eltern, um essen, schlafen und in der Welt weiterkommen zu können. Die „Familienwerte", die die Alten den Jungen mühsam einhämmerten, waren Ausdruck dieser schlichten Notwendigkeit, auch wenn sie durch religiöse und moralische Gedanken verbrämt waren. Natürlich wurden die Familienwerte als wichtig dargestellt. Man lernte, sie ernst zu nehmen, und sie halfen, die Familie vor dem Auseinanderbrechen zu bewahren. Allzuoft aber wurden die moralischen Vorschriften als Einmischung von außen betrachtet, als äußerer Zwang, unter dem Mann, Frau und Kinder litten. In solchen Fällen blieb die Familie äußerlich vielleicht intakt, war aber innerlich von Konflikten und Haß zerrissen. Die gegenwärtige „Desintegration" der Familie ist Folge des allmählichen Verschwindens der materiellen Gründe, in einer Ehe zu leben. Der Anstieg der Scheidungsquote wird vermutlich stärker durch Veränderungen auf dem Arbeitsmarkt beeinflußt, weil die Berufsmöglichkeiten für Frauen verbessert wurden, wie durch die allgemeine

Verbreitung arbeitsersparender Haushaltsgeräte, als durch ein Absinken von Liebe oder moralischer Stärke.

Aber extrinsische Gründe sind nicht die einzigen, warum man heiratet und in einer Familie zusammenlebt. Wichtige Möglichkeiten für Freude und inneres Wachstum können nur in der Familie erlebt werden, und diese intrinsischen Belohnungen sind heute genauso vorhanden wie früher; vermutlich stehen sie heute sogar direkter zur Verfügung als zu jeder anderen Zeit. Wenn der Trend traditioneller Familien abnimmt, vorwiegend aus äußeren Gründen zusammenzubleiben, ist vielleicht die Anzahl derjenigen, die andauern, weil ihre Mitglieder Freude aneinander finden, im Zunehmen begriffen. Natürlich sind äußere Gründe immer noch viel stärker als innere, und daher stehen wir vermutlich letztendlich langfristig vor einer weiteren Fragmentierung des Familienlebens. Doch die Familien, die Bestand haben, werden besser in der Lage sein, ihren Mitgliedern zu helfen, ein reicheres Selbst zu entwickeln, als Familien, die gegen ihren Willen zusammengehalten werden.

Es hat endlose Diskussionen gegeben, ob der Mensch von Natur aus promiskuitiv, polygam oder monogam ist und ob in der kulturellen Evolution die Monogamie als höchste Stufe der familiären Organisation zu betrachten sei. Man muß darauf hinweisen, daß sich diese Fragen lediglich mit den äußeren Bedingungen für eine Ehebeziehung befassen. Unter diesem Aspekt scheinen Ehen grundsätzlich diejenige Form anzunehmen, die am wirksamsten das Überleben garantiert. Selbst Angehörige der gleichen Tierart ändern ihr Beziehungsmuster, um sich bestmöglich an eine gegebene Umwelt anzupassen. Der männliche Sumpfzaunkönig *(Cistothorus palustris)* etwa ist in Washington, wo die Sumpfgebiete von unterschiedlicher Qualität sind, polygam, und Weibchen fühlen sich von Männchen angezogen, die ein großes Gebiet haben, wobei die weniger glücklichen zu einem Junggesellenleben verdammt bleiben. Die gleichen Zaunkönige sind in Georgia monogam, nicht weil die Bibel in diesem Staat viel bedeutet, sondern weil die Sümpfe für alle die gleiche Nahrungsmenge und Deckung bieten; und so kann sich jedes Männchen ein liebevolles Weibchen suchen und an einen angenehmen Nestplatz finden.

Die Form, die menschliche Familien annehmen, ist eine vergleichbare Reaktion auf Umweltbedingungen. Wir sind aus extrinsischen

Gründen monogam, weil sich dieses Arrangement in technologisierten, auf Geld beruhenden Gesellschaften als angemessen erwiesen hat. Doch als Individuum muß man sich nicht mit dem Thema konfrontieren, ob der Mensch von Natur aus monogam ist oder nicht, sondern, ob man monogam sein will oder nicht. Dazu muß man alle Konsequenzen der Entscheidung genau abwägen.

Man hält die Ehe gewöhnlich für das Ende aller Freiheit und nennt sie auch eine „Fessel". Man stellt sich unter Familienleben gewöhnlich Einschränkungen und Verantwortung vor, die mit den eigenen Zielen und Handlungsfreiheiten in Konflikt liegen. Dies stimmt, besonders wenn es sich um eine Zweckehe handelt, doch wir neigen dazu, zu vergessen, daß diese Regeln und Verpflichtungen im Prinzip nicht anders sind als jene, die bei einem Spiel ein Verhalten begrenzen. Wie alle Regeln enthalten sie eine große Bandbreite von Möglichkeiten, damit man sich völlig auf ein ausgewähltes Raster von Chancen konzentriert.

Cicero schrieb, um völlig frei zu sein, müsse man zum Sklaven der Gesetze werden. Mit anderen Worten, das Akzeptieren von Einschränkungen wirkt befreiend. Wenn man sich etwa entscheidet, psychische Energie ausschließlich in eine monogame Ehe zu stekken, ungeachtet der entstehenden Probleme, Hindernisse oder attraktiveren Möglichkeiten, ist man frei von dem ständigen Druck, den emotionalen Tauschwert zu maximieren.

Wenn man die Verpflichtungen einer altmodischen Ehe eingeht und dies bereitwillig tut, statt durch die Tradition dazu gezwungen zu werden, braucht man sich keine Sorgen mehr zu machen, ob man die rechte Wahl getroffen hat oder ob die Kirschen in Nachbars Garten vielleicht besser schmecken. Als Folge davon wird ein großer Teil der Energie zum Leben freigesetzt, statt auf Sorgen verwendet, wie man vielleicht anders leben könnte. Wenn man die traditionelle Familienstruktur und eine monogame Ehe akzeptiert, mit enger Bindung an Kinder, Verwandte und die Gemeinschaft, ist es wichtig, sich vorher zu überlegen, wie man das Familienleben in eine *flow*-Aktivität verwandeln kann. Denn wenn es das nicht ist, werden Langeweile und Frustration unweigerlich einsetzen. Die Beziehung kann auseinanderbrechen, wenn nicht starke äußere Faktoren sie zusammenhalten.

Um *flow* herbeizuführen, muß die Familie ein Ziel für ihre Existenz haben. Äußere Gründe reichen nicht aus: Es ist nicht genug, zu denken: „Alle anderen sind schließlich auch verheiratet", oder: „Es ist nur natürlich, Kinder zu haben", oder: „Zwei leben billiger als einer." Diese Haltungen ermutigen einen zwar, eine Familie zu gründen, und sind vielleicht stark genug, sie aufrechtzuerhalten, aber sie machen das Familienleben nicht gerade angenehm. Man braucht positive Ziele, um die psychische Energie der Eltern und Kinder auf gemeinsame Aufgaben zu richten.

Einige dieser Ziele können recht allgemein und langfristig sein, wie die Planung eines bestimmten Lebensstils – das Traumhaus, die bestmögliche Ausbildung für die Kinder, die Ausübung einer Religion in einer säkularisierten Gesellschaft. Damit diese Ziele in Interaktionen münden, die die Komplexität der Familienmitglieder verstärken, muß eine Familie zugleich *differenziert* und *integriert* sein. Differenzierung bedeutet, daß jeder einzelne ermutigt wird, seine einzigartigen Züge zu entwickeln, persönliche Fähigkeiten zu maximieren und sich individuelle Ziele zu setzen. Integration hingegen garantiert, daß das, was mit einer Person geschieht, auch alle anderen beeinflußt. Wenn ein Kind auf seine Schulleistungen stolz ist, schenkt ihm der Rest der Familie Aufmerksamkeit und ist ebenfalls stolz. Wenn die Mutter müde und deprimiert ist, versucht die Familie, ihr zu helfen und sie aufzuheitern. In einer integrierten Familie sind die Ziele aller den jeweils anderen wichtig.

Zusätzlich zu den langfristigen Zielen muß man auch einen ständigen Vorrat an kurzfristigen Zielen haben. Dazu gehören vielleicht einfache Vorhaben, wie ein neues Sofa, ein Picknick, ein Urlaub oder sonntagsnachmittags Scrabble miteinander zu spielen. Wenn es keine Ziele gibt, an denen sich die gesamte Familie gern beteiligt, ist es für die Mitglieder fast unmöglich, beieinander zu sein, ganz zu schweigen von erfreulichen gemeinsamen Aktivitäten. Auch hier sind Differenzierung und Integration sehr wichtig: die gemeinsamen Ziele sollten die Ziele der einzelnen Mitglieder so weit wie möglich spiegeln. Wenn Richard zu einem Motorradrennen gehen will, Erika lieber in den Zoo, sollte es für alle möglich sein, an einem Wochenende das Rennen zu sehen und am nächsten in den Zoo zu gehen. Das Schöne an diesem Arrangement ist, daß Erika vermutlich einige Aspekte des Rennens gefallen und Richard ein wenig beim Anblick der Tiere gewinnt, was beide nicht entdeckt hätten, wenn man sie sich selbst überlassen hätten.

Wie andere *flow*-Aktivitäten sollten Familienaktivitäten auch ein deutliches Feedback erbringen. In diesem Fall handelt es sich einfach darum, die Kommunikationskanäle offen zu halten. Wenn ein Mann nicht weiß, was seiner Frau Sorgen macht oder umgekehrt, hat keiner die Möglichkeit, die unweigerlich entstehenden Spannungen abzumildern. Wir müssen in diesem Zusammenhang betonen, daß Entropie in Gruppen wie in persönlicher Erfahrung die Grundlage bildet. Wenn die Partner nicht psychische Energie in die Beziehung einbringen, sind Konflikte unvermeidlich, weil jedes Individuum mit Sicherheit Ziele hat, die von denen aller anderen Mitglieder abweichen. Ohne gute Kommunikationskanäle werden alle Mißverständnisse verstärkt, bis die Beziehung auseinanderbricht.

Feedback ist ebenfalls für die Bestimmung dessen wichtig, welche Familienziele man erreicht hat. Meine Frau und ich dachten immer, wenn wir alle paar Monate sonntags mit den Kindern in den Zoo gehen, sei das eine großartige bildende Angelegenheit, an der wir alle Spaß hätten. Als unser Ältester zehn wurde, hörten wir mit dieser Gewohnheit auf, denn ihn störte nun der Gedanke, daß man Tiere in Käfige einsperrt. Es ist wohlbekannt, daß alle Kinder früher oder später der Meinung sind, gemeinsame Familienaktivitäten seien „doof". Es kommt nichts dabei heraus, dann zu versuchen, gemeinsam etwas mit ihnen zu unternehmen. Die meisten Eltern geben hier einfach auf und überlassen ihre Teenager den Gleichaltrigen. Die erfolgreichere, wenngleich schwierigere Strategie ist, neue Arten von Aktivitäten zu finden, die die Familie als Gruppe intakt halten.

Die Entsprechung von Herausforderungen und Fähigkeiten ist ebenfalls ein notwendiger Faktor für die Freude an gesellschaftlichen Beziehungen im allgemeinen, besonders aber am Familienleben. Wenn ein Mann und eine Frau sich zuerst voneinander angezogen fühlen, sind die Handlungsmöglichkeiten gewöhnlich recht deutlich erkennbar. Seit Anbeginn der Zeit lautet die Grundherausforderung für ihn: „Kann ich sie bekommen?" und für sie: „Kann ich ihn einfangen?" Gewöhnlich, je nach Fähigkeiten der Partner, wird auch eine große Anzahl anderer Herausforderungen wahrgenommen: herausfinden, was für ein Mensch der andere wirklich ist, welche Filme ihr gefallen, was sie über Südafrika denkt, oder ob sich die Begegnung zu einer „wichtigen Beziehung" entwickelt. Dann gibt es Dinge zusammen zu tun, die Spaß machen, Ausflüge, Partys,

Gespräche usw. Mit der Zeit lernt man den anderen gut kennen, und die offensichtlichen Herausforderungen erschöpfen sich. Alle gewöhnlichen Spielzüge wurden ausprobiert, die Reaktionen des anderen werden berechenbar. Das sexuelle Spiel hat die erste Erregung verloren. An diesem Punkt steht die Beziehung in Gefahr, in langweilige Routine zu versinken. Man kann sie durch gegenseitige Verpflichtung am Leben halten, doch vermutlich schenkt sie keine weitere Freude und regt kein neues Wachstum und Komplexität an. Die einzige Möglichkeit, *flow* in die Beziehung zu bringen, besteht darin, neue Herausforderungen in ihr zu entdecken.

Das sind vielleicht nur einfache Schritte, wie die Änderung der Eß-, Schlaf- und Einkaufsgewohnheiten. Man versucht vielleicht, über andere Themen zu reden, neue Orte zu besuchen, neue Freunde zu gewinnen. Mehr als alles andere bedeutet es aber, die Aufmerksamkeit auf die Komplexität des Partners zu richten, ihn oder sie besser und auf tieferer Ebene kennenzulernen, als es in den ersten Tagen der Beziehung nötig schien, und ihn oder sie mit Mitgefühl und Mitleid unterstützen, wenn die unvermeidlichen Wechselfälle der Zeit dies erfordern. Eine komplexe Beziehung steht früher oder später vor der großen Frage: Sind die Partner bereit, sich auf ein Leben miteinander zu verpflichten? An diesem Punkt bietet sich ein ganzes Raster neuer Herausforderungen: die Gründung einer Familie, sich mehr an der Gemeinschaft beteiligen, wenn die Kinder erwachsen sind, miteinander arbeiten. Natürlich geschehen diese Dinge nicht ohne große Investition an Energie und Zeit, aber das Ergebnis in punkto Lebensqualität ist es gewöhnlich mehr als wert.

Die gleiche Notwendigkeit, die Herausforderungen und Fähigkeiten zu verstärken, gilt auch für die Beziehung mit Kindern. In den ersten Jahren freuen sich die meisten Eltern spontan an der Entfaltung der Kleinen: das erste Lächeln, das erste Wort, die ersten paar Schritte, die ersten Kritzeleien. Jeder dieser Quantensprünge in den kindlichen Fähigkeiten wird zu einer erfreulichen neuen Herausforderung, auf die die Eltern reagieren, indem sie die Handlungsmöglichkeiten des Kindes erweitern. Von der Krippe in den Laufstall, vom Spielplatz in den Kindergarten – die Eltern passen immer wieder Herausforderungen und Fähigkeiten zwischen Kind und Umwelt an. Doch mit Einsetzen der Pubertät wird es vielen Eltern mit Teenagern einfach zu schwierig. Die meisten Väter und Mütter beginnen an diesem Punkt, das Leben ihrer Kinder zu ignorieren. Sie tun, als sei alles in Ordnung, hoffen entgegen aller Erkenntnis, daß alles gut sein wird.

Teenager sind körperlich reife Wesen, zur sexuellen Reproduktion fähig. In den meisten Gesellschaften (in unserer bis vor einem Jahrhundert ebenfalls) betrachtete man sie als bereit, die Verantwortung von Erwachsenen zu übernehmen, und sie genossen entsprechende Anerkennung. Da unsere gegenwärtigen gesellschaftlichen Bedingungen keine Herausforderungen bieten, die den Fähigkeiten von Teenagern entsprechen, müssen sie Handlungsmöglichkeiten entdecken, die außerhalb der elterlichen Regeln liegen. Die einzigen Ventile sind leider allzuhäufig Vandalismus, Kriminalität, Drogen und freizügiger Sex. Unter den gegenwärtigen Umständen ist es für Eltern sehr schwierig, den Mangel an Möglichkeiten in der Kultur insgesamt auszugleichen. In dieser Hinsicht geht es Familien in reichen Vororten keineswegs besser als in den Slums. Was kann ein kräftiger, vitaler, intelligenter Fünfzehnjähriger in einem typischen Vorort schon unternehmen? Wenn man sich das überlegt, kommt man vermutlich zu dem Schluß, daß das, was vorhanden ist, entweder zu künstlich oder zu einfach oder nicht aufregend genug ist, um die Phantasie des Teenagers zu fesseln. Es ist daher nicht überraschend, daß das Fach Sport in den Vorortschulen so wichtig ist, denn verglichen mit den Alternativen bietet Sport eine der konkretesten Chancen, Fähigkeiten zu üben und anzuwenden. Doch die Familie kann Schritte unternehmen, um diesen Mangel an Möglichkeiten teilweise aufzuheben. Früher gingen die jungen Leute eine Weile als Lehrling auf Wanderschaft, um sich in fremden Städten neuen Herausforderungen zu stellen. Heute gibt es in den Vereinigten Staaten etwas Ähnliches. Man verläßt das Zuhause, um aufs College zu gehen. Das Problem bleibt für die Phase der Pubertät bestehen, die fünf Jahre zwischen zwölf und siebzehn: Welche sinnvollen Aktivitäten kann man für junge Menschen dieser Altersgruppe finden? Die Situation ist leichter, wenn die Eltern selbst zu Hause mit verständlichen und komplexen Aktivitäten beschäftigt sind: Wenn die Eltern gern musizieren, kochen, lesen, gärtnern, schreinern oder Motoren reparieren, werden die Kinder vermutlich diese Tätigkeiten ebenfalls herausfordernd finden und genügend Aufmerksamkeit investieren, um sich daran zu freuen, was ihnen hilft zu reifen. Wenn die Eltern mehr über ihre Ideale und Träume reden – auch wenn diese gescheitert sind –, könnten die Kinder den Ehrgeiz entwickeln, die Selbstgefälligkeit der Gegenwart zu durchbrechen. Darüber hinaus kann die Diskussion der eigenen beruflichen Angelegenheiten und Gedanken, der Ereignisse des Tages helfen, sie zu gesellschaftsfähigen Menschen zu machen, sofern man die Kinder dabei als junge Erwachsene und Freunde behandelt. Doch wenn der Vater seine gesamte Freizeit mit einem Bier in der Hand vor dem Fernseher dahinvegetiert, nehmen Kinder natürlich an, daß Erwachsene langweilig seien und nicht wissen, wie man Spaß hat. Sie wenden sich an die Altersgenossen, um Freude zu erleben.

In ärmeren Gegenden bieten Jugendbanden eine starke Herausforderung für Jungen. Kämpfe, Mutproben und rituelle Schaustellungen, wie Motorradparaden, passen die Fähigkeiten des Jugendlichen den Herausforderungen an. In reichen Gegenden gibt es nicht einmal dieses Betätigungsfeld. Die meisten Aktivitäten, Schule, Freizeit und Jobs, stehen unter Kontrolle von Erwachsenen und lassen dem Jugendlichen nur wenig freien Raum für Intitiative. Ohne ein sinnvolles Ventil für Fähigkeiten und Kreativität fallen sie auf überflüssige Partys, Autofahren, bösartigen Klatsch, Drogen und narzißtische Selbstbeschäftigung zurück, um sich zu beweisen, daß sie am Leben sind. Bewußt oder unbewußt glauben junge Mädchen, daß Schwangerwerden das einzig wirklich Erwachsene sei, das sie können, trotz der damit verbundenen Gefahren und Probleme. Die Umwelt so zu strukturieren, daß sie für Teenager wieder zur Herausforderung wird, ist eine der dringendsten Aufgaben für Eltern, und es hat wenig Sinn, den vor Vitalität strotzenden Kindern zu raten, sich zusammenzureißen und etwas Nützliches zu tun. Es helfen nur lebendige Beispiele und konkrete Möglichkeiten. Wenn diese fehlen, kann man den Jugendlichen nicht die Schuld daran geben, wenn sie ihren eigenen Weisheiten folgen.

Einige Spannungen der Teenager-Jahre können gemildert werden, wenn die Familie den Heranwachsenden ein Gefühl vermittelt, sie zu akzeptieren, und ihre Selbstkontrolle und Selbstbewußtsein bestätigt. In einer Beziehung mit diesen Aspekten vertrauen die Mitglieder einander und fühlen sich vollständig akzeptiert. Man braucht sich nicht ständig Sorgen zu machen, ob man beliebt ist oder die Erwartungen anderer erfüllt, wie es in dem Spruch ausgedrückt wird:

„Ein Bett ist immer für dich da". Wenn man von den Angehörigen seines Wertes versichert wird, gewinnt man die Kraft, Risiken einzugehen. Extreme Konformität beruht gewöhnlich auf Angst vor Mißbilligung. Es ist viel leichter, sein Potential zu entwickeln, wenn man weiß, daß man in der Familie immer einen sicheren emotionalen Hafen haben wird, ganz gleich, was auch passiert.

Bedingungsloses Akzeptieren ist besonders für Kinder sehr wichtig. Wenn Eltern drohen, dem Kind ihre Liebe zu entziehen, weil es den Erwartungen nicht entspricht, wird die natürliche Spielfreude allmählich durch chronische Ängstlichkeit ersetzt. Wenn das Kind jedoch fühlt, daß seine Eltern bedingungslos sein Wohlergehen fördern, kann es entspannt und ohne Angst die Welt erforschen. Andernfalls muß es psychische Energie zu seinem Schutz aufwenden und verringert damit die Energiemenge, über die es frei verfügen kann. Frohe emotionale Sicherheit kann sehr wohl eine der Bedingungen sein, die Kindern hilft, eine autotelische Persönlichkeit zu entwickeln. Ohne sie ist es schwer, das Selbst lange genug zu vergessen, um *flow* zu erleben. Bedingungslose Liebe bedeutet allerdings nicht, daß Beziehungen keine Regeln haben sollten, keine Strafen, wenn diese Regeln gebrochen werden. Wenn mit dem Übertreten einer Regel kein Risiko verbunden ist, wird sie sinnlos, und ohne sinnvolle Regeln kann keine Aktivität genossen werden. Kinder müssen wissen, daß Eltern bestimmte Dinge von ihnen erwarten und daß es bestimmte Konsequenzen hat, wenn sie nicht gehorchen. Aber sie müssen auch erkennen, daß die Liebe der Eltern zu ihnen niemals auf dem Spiel steht.

Wenn eine Familie ein gemeinsames Ziel und offene Kommunikationskanäle hat, wenn sie allmählich größer werdende Handlungsmöglichkeiten in einer Atmosphäre des Vertrauens bietet, kann das Leben zu einer erfreulichen *flow*-Aktivität werden. Die Mitglieder zentrieren spontan ihre Aufmerksamkeit auf die Gruppe und vergessen in gewissem Maße das eigene Selbst und ihre unterschiedlichen Ziele. Sie genießen die Freude, zu einem komplexen System zu gehören, das das individuelle Bewußtsein der Einzelwesen zu einem einzigen Ziel formt.

Eine der größten Täuschungen unserer Zeit ist die Vorstellung, das Familienleben entwickle sich von selbst und die beste Strategie sei, entspannt die Dinge ihren Lauf nehmen zu lassen. Besonders Männer trösten sich mit diesem Gedanken. Sie finden es schwer, im Beruf voranzukommen, und müssen viel Mühe in die Karriere stecken. Zu Hause wollen sie daher einfach entspannen und halten jeden ernsten Anspruch von der Familie für unerwünscht. Sie haben oft ein fast abergläubisches Vertrauen in die Integrität ihres Zuhause. Erst wenn es zu spät ist – wenn die Frau alkoholsüchtig geworden ist, die Kinder sich in kalte Fremde verwandelt haben –, wachen Männer auf und erkennen die Bedürfnisse der Familie. Wie bei jeder anderen gemeinsamen Aktivität muß man ständig psychische Energie investieren, um ihre Existenz zu sichern.

Wenn man gut Trompete spielen will, darf man nicht mehr als ein paar Tage ohne Üben verstreichen lassen. Ein Sprinter, der nicht regelmäßig trainiert, gerät außer Form und hat bald keine Freude mehr am Laufen. Jeder Manager weiß, daß seine Firma zusammenbricht, wenn er sich nicht mit ihr befaßt. Ohne Konzentration verfällt eine komplexe Aktivität in Chaos. Warum sollte es bei Familien anders sein? Bedingungsloses Akzeptieren, das völlige Vertrauen, das Familienmitglieder zueinander haben, ist nur sinnvoll, wenn es mit unaufhörlicher Aufmerksamkeit verbunden ist. Sonst wird es zur leeren Geste, einem heuchlerischen Spiel, das von Gleichgültigkeit nicht zu unterscheiden ist.

Wie man Freundschaften genießt

„Einsamkeit ist am schlimmsten", schrieb Francis Bacon, „wenn es einem an ehrlicher Freundschaft mangelt." Verglichen mit der Familie sind Freundschaften viel leichter zu genießen. Man kann seine Freunde auswählen und tut dies gewöhnlich auf der Grundlage gemeinsamer Interessen und sich ergänzender Ziele. Wir brauchen uns bei Freunden nicht zu verwandeln; sie bestätigen unser Selbstgefühl, anstatt zu versuchen, es zu verändern. Zu Hause muß man viele langweilige Tätigkeiten in Kauf nehmen, wie den Müll hinaustragen und den Rasen mähen; mit Freunden hingegen kann man sich auf Dinge konzentrieren, die Spaß machen.

Es überrascht nicht, wenn in unseren Untersuchungen über die Qualität des Alltagslebens immer wieder bestätigt wurde, daß das Zusammensein mit Freunden die positivsten Stimmungen auslöst.

Das trifft nicht nur auf Teenager zu; auch junge Erwachsene sind mit Freunden glücklicher als mit allen anderen Menschen, der Partner eingeschlossen. Selbst Pensionäre sind mit Freunden glücklicher als mit dem Partner oder Angehörigen.

Da zu einer Freundschaft gewöhnlich gemeinsame Ziele und Aktivitäten gehören, sind sie „auf natürliche Weise“ erfreulich. Doch wie bei jeder anderen Aktivität kann diese Beziehung eine Reihe unterschiedlicher Formen annehmen, von destruktiven zu höchst komplexen. Wenn eine Freundschaft vornehmlich als ein Weg betrachtet wird, sein eigenes unsicheres Selbstgefühl zu bestärken, wird sie Spaß machen, aber nicht in unserem Sinne erfreulich sein – indem sie Wachstum fördert. Die Institution des Stammtisches, die in kleinen Gemeinschaften über die ganze Welt hinweg so verbreitet ist, stellt für einen erwachsenen Mann eine angenehme Art dar, mit anderen Männern zusammenzusein. In der freundlichen Atmosphäre einer Kneipe, eines Pubs, einer Osteria, Bierhalle oder Taverne vergessen sie die Mühsal des Tages beim Kartenspiel, mit Würfeln oder Domino, während sie miteinander diskutieren und scherzen. Dabei fühlt jeder seine Existenz durch die gegenseitige Beachtung der Vorstellungen und individuellen Eigenheiten bestätigt. Diese Art Interaktion hält die Desorganisation in Schach, die das Alleinsein dem Passiven bringt, allerdings ohne großes Wachstum anzuregen. Es ist eher wie gemeinames Fernsehen, zwar komplexer, weil es Anteilnahme erzwingt, aber die Handlungen und Worte sind gewöhnlich starr vorgeschrieben und hochgradig berechenbar.

Gesellschaft dieser Art ahmt Freundschaften nur nach, bietet aber ein paar Vorteile der echten Beziehung. Jeder hat gelegentlich Spaß daran, seine Zeit mit Klatsch zu verbringen, aber viele Menschen werden extrem abhängig von dem täglichen „Schuß“ oberflächlicher Kontakte. Das trifft besonders auf Individuen zu, die Alleinsein nicht aushalten können und zu Hause nur wenig emotionale Unterstützung erleben.

Teenager ohne starke Familienbindung können so abhängig von ihrer Clique werden, daß sie alles tun, um von ihr akzeptiert zu werden. Vor etwa zwanzig Jahren wußte eine ganze Schulklasse in Tucson, Arizona, mehrere Monate lang, daß ein ehemaliger Schüler, der mit einigen jüngeren durch „Freundschaft“ verbunden war, einige Klassenkameraden umgebracht und in der Wüste vergraben hatte. Doch keiner meldete die Verbrechen der Polizei, die die Morde nur zufällig entdeckte. Die Schüler, allesamt nette Kinder aus der Mittelschicht, behaupteten, sie hätten die Verbrechen aus Angst vor Ausschluß von der Gruppe nicht anzeigen können. Wenn diese Teenager herzliche Beziehungen zu ihrer Familie oder starke Bindungen an andere Erwachsene in der Gemeinschaft gehabt hätten, wäre die Meidung durch die Altersgenossen nicht so bedrohlich gewesen. Doch zwischen ihnen und der Einsamkeit gab es nur diese eine Clique. Leider handelt es sich um keine ungewöhnliche Geschichte; hin und wieder erscheinen ähnliche Fälle in den Medien.

Wenn ein junger Mensch sich zu Hause akzeptiert und geliebt fühlt, ist die Abhängigkeit von der Gruppe geringer, und er kann lernen, Kontrolle über die Beziehungen mit den Altersgenossen zu übernehmen. Christopher, der mit fünfzehn ein recht schüchterner, ruhiger Junge mit Brille und wenigen Freunden war, fühlte sich seinen Eltern nahe genug, um ihnen zu erklären, er sei es leid, aus den Schul-Cliquen ausgeschlossen zu sein, und habe beschlossen, beliebter zu werden. Dazu entwickelte Chris eine ausgeklügelte Strategie: Er wollte Kontaktlinsen tragen, nur modische Kleider anziehen, sich über die neueste Musik informieren und sein Haar blondieren. „Ich will mal sehen, ob ich meine Persönlichkeit ändern kann", meinte er und verbrachte viele Tage vor dem Spiegel und übte lässiges Verhalten sowie ein komisches Grinsen.

Dieses methodische Experiment, unterstützt von den Eltern, klappte. Gegen Ende des Jahres wurde er in die besten Cliquen eingeladen, und im nächsten Jahr erhielt er eine Hauptrolle im Schultheaterstück. Er identifizierte sich mit dieser Rolle so stark, daß er zum Herzensbrecher der Mädchen wurde, die sein Foto in ihren Schulspinden aufhingen. Im Abschlußjahr beteiligte er sich an allen möglichen Aktivitäten und gewann Preise. Es war ihm tatsächlich gelungen, seine äußere Persönlichkeit zu ändern, und er erlangte Kontrolle über sein Image bei den Freunden. Zugleich blieb die innere Organisation seines Selbst unverändert: Er war immer noch ein sensibler, großzügiger junger Mann, der seine Altersgenossen nicht verachtete, weil er gelernt hatte, ihre Meinung zu steuern. Er wurde nicht arrogant, weil er mit seiner Strategie Erfolg hatte.

Ein Grund, warum Chris so beliebt wurde, während viele andere dabei scheitern, ist, daß er sein Ziel mit der gleichen abgelösten

Disziplin anging, so wie ein Sportler ein Fußballteam nutzt oder ein Wissenschaftler bei einem Experiment vorgeht. Ihn überforderte die Aufgabe auch nicht, denn er suchte sich realistische Herausforderungen, die er allein bewältigen konnte. Mit anderen Worten, er verwandelte das einschüchternde, unbestimmbare Monster der Beliebtheit in eine erreichbare *flow*-Aktivität, die er genoß, während sie ihm gleichzeitig ein Gefühl von Stolz und Selbstachtung gab. Das Zusammensein mit Altersgenossen kann wie alle anderen Aktivitäten auf verschiedenen Ebenen erlebt werden: Auf der niedrigsten Stufe der Komplexität stellt es eine angenehme Methode dar, das Chaos vorübergehend abzuwehren; auf der höchsten geben die Altersgenossen einem ein starkes Gefühl von Freude und Wachstum.

Doch im Umfeld intimer Freundschaften ereignen sich die intensivsten Erfahrungen. Es handelt sich um Bindungen, über die Aristoteles schrieb: „Denn ohne Freunde würde niemand leben wollen, auch wenn er alle anderen Güter hätte." Um eine solche Beziehung zwischen zwei Menschen zu genießen, müssen die gleichen Bedingungen herrschen wie bei anderen *flow*-Aktivitäten. Man braucht nicht nur gemeinsame Ziele und gegenseitiges Feedback, denn das verschaffen einem auch Interaktionen bei Cocktailpartys. Man muß darüber hinaus in der Gesellschaft des anderen neue Herausforderungen finden. Das bedeutet vielleicht einfach nur, mehr über den Freund zu erfahren, neue Facetten seiner oder ihrer Persönlichkeit zu entdecken und mehr vom eigenen Selbst bei diesem Prozeß preiszugeben. Nur wenige Dinge sind so erfreulich, wie wenn man einem anderen Menschen seine geheimsten Gefühle und Gedanken ohne Verlegenheit preisgibt. Es klingt vielleicht wie ein Allgemeinplatz, doch dazu bedarf es tatsächlich konzentrierter Aufmerksamkeit, Offenheit und Sensibilität. In der Praxis ist dieses Ausmaß an psychischer Energie in einer Freundschaft leider sehr selten. Nur wenige sind bereit, so viel Energie oder Zeit hineinzustecken.

Eine Freundschaft erlaubt, Teile des Selbst auszudrücken, die man nur selten anders ausagieren kann. Man kann die Fähigkeiten des Menschen in zwei Gruppen unterteilen: *instrumentelle* und *expressive.* Instrumentelle Fähigkeiten sind diejenigen, die wir erlernen, um wirksam mit der Umwelt umzugehen. Es handelt sich um simple Überlebensmechanismen, wie die List des Jägers, die Geschicklichkeit des Arbeiters oder intellektuelle Mittel wie Lesen und Schreiben und das Spezialwissen des Experten in unserer technologischen Gesellschaft. Menschen, die nicht gelernt haben, *flow* in den meisten Tätigkeiten zu finden, erfahren instrumentelle Aufgaben gewöhnlich als extrinsisch – weil sie nicht ihre eigenen Entscheidungen spiegeln, sondern von außen auferlegt werden. Expressive Fertigkeiten hingegen beziehen sich auf Handlungen, bei denen versucht wird, subjektive Erfahrungen auszudrücken. Ein Lied, das Gefühle spiegelt, ein Tanz, mit dem man seine Stimmung ausdrückt, das Malen eines Bildes, das Gefühle darstellt, das Erzählen eines Witzes, der einem gefällt, und Kegeln, wenn man es mag, sind Ausdrucksformen in diesem Sinne. Bei einer expressiven Tätigkeit tritt man in Kontakt mit dem eigentlichen Selbst. Jemand, der nur durch instrumentelle Aktivitäten lebt, ohne den spontanen *flow* der Expressivität zu erfahren, wird schließlich von einem Roboter ununterscheidbar, der von Außerirdischen programmiert wurde, menschliches Verhalten zu kopieren.

Im Verlauf eines normalen Lebens gibt es nur wenig Gelegenheit, das Gefühl von Ganzheit zu erleben, das die Expressivität schafft. Bei der Arbeit muß man sich seiner Rolle entsprechend verhalten und ein fähiger Mechaniker, ein nüchterner Richter oder unterwürfiger Kellner sein. Zu Hause ist man die fürsorgliche Mutter, der respektvolle Sohn. Und zwischendurch, im Bus oder in der U-Bahn, muß man der Welt ein gleichgültiges Gesicht bieten. Nur bei Freunden glauben die meisten Menschen, sich wirklich zeigen und sie selbst sein zu können. Da man sich Freunde aussucht, die die wichtigsten Ziele mit einem teilen, handelt es sich um die Menschen, mit denen wir singen, tanzen, Witze erzählen oder kegeln gehen können. In Gesellschaft von Freunden können wir am deutlichsten die Freiheit des Selbst erfahren und lernen, wie wir wirklich sind. In der idealen modernen Ehe ist der Partner gleichzeitig der beste Freund. In früheren Zeiten, als Ehen zum gegenseitigen Vorteil arrangiert wurden, galt dies als unmöglich. Heutzutage gibt es weniger äußere Gründe zu heiraten, und viele Menschen meinen, ihr Partner sei ihr Freund.

Freundschaft kann nicht genossen werden, wenn wir ihre expressiven Herausforderungen nicht annehmen. Wer sich mit „Freunden“ umgibt, die nur die öffentliche Person bestätigen, die niemals

Träume und Wünsche befragen, die einen nie zwingen, neue Wege auszuprobieren, verpaßt die Gelegenheiten, die eine Freundschaft bieten kann. Ein wahrer Freund ist jemand, bei dem man gelegentlich ausflippen kann, jemand, der nicht von uns erwartet, immer gut in Form zu sein; es ist jemand, der unser Ziel der Selbstverwirklichung teilt und daher bereit ist, auch Risiken zu teilen, die jede Zunahme an Komplexität einschließen kann.

Familien bieten vornehmlich emotionalen Schutz, Freundschaften hingegen eine geheimnisvolle Neuartigkeit. Wenn man Menschen nach ihren schönsten Erinnerungen fragt, fallen ihnen gewöhnlich Ferien und Freizeit mit Verwandten ein. Freunde werden häufiger in Zusammenhang mit Aufregung, Entdeckung und Abenteuer erwähnt.

Leider gelingt es heutzutage nur wenigen Menschen, Freundschaften als Erwachsene beizubehalten. Wir sind zu mobil, zu spezialisiert und schmalspurig in unseren beruflichen Interessen, um dauerhafte Freundschaften zu pflegen. Wir haben Glück, wenn wir die Familie zusammenhalten, ganz zu schweigen von einem Freundeskreis. Es ist immer wieder eine Überraschung, wenn erfolgreiche Persönlichkeiten, besonders Männer – Manager großer Firmen, brillante Anwälte und Ärzte – darüber reden, wie einsam und isoliert ihr Leben geworden ist. Sie erinnern sich mit Tränen in den Augen an die guten Kumpane, die sie in der Schule hatten, manchmal noch in der Oberschule, seltener im College. All diese Freunde wurden aufgegeben, und sollte man sich wieder treffen, hätte man nicht mehr viel mit ihnen gemein, außer ein paar bittersüßen Erinnerungen.

Genau wie bei der Familie glaubt man allgemein, daß Freundschaften auf natürliche Weise zustande kommen, und wenn sie scheitern, kann man nichts weiter tun, als dies zu bedauern. In der Jugend, wenn so viele Interessen mit anderen geteilt werden und man viel freie Zeit für Beziehungen hat, scheint das Schließen von Freundschaften ein spontaner Prozeß. Doch später im Leben beginnen Freundschaften nur selten zufällig: Man muß sie genau so fleißig pflegen wie eine Karriere oder die Familie.

Die größere Gemeinschaft

Ein Mensch ist in dem Ausmaß Teil einer Familie oder Freundschaft, wie er psychische Energie in gemeinsame Ziele steckt. Man kann auf gleiche Weise zu größeren interpersonalen Systemen gehören, indem man sich den Zielen und Wünschen einer Gemeinde, einer ethnischen Gruppe, einer politischen Partei oder einer Nation verpflichtet. Manche Menschen, wie Mahatma Gandhi oder Mutter Teresa, setzten ihre gesamte psychische Energie für allgemeine Ziele der Menschheit ein, wie sie sie verstanden.

Im alten Griechenland bezog sich der Begriff „Politik" auf alles, was über das persönliche und familiäre Wohlergehen hinausging. In diesem weiten Sinn kann die Politik eine der erfreulichsten und komplexesten Aktivitäten für ein Individuum sein, denn je größer die gesellschaftliche Arena, in der er sich bewegt, desto größer die gestellten Herausforderungen. Man kann sich allein mit sehr verwikkelten Problemen beschäftigen, und die Familie wie auch die Freunde nehmen eine Menge Zeit in Anspruch. Doch wenn man versucht, die Ziele miteinander unverbundener Individuen zu optimieren, bedarf es einer sehr viel höheren Komplexität.

Leider handeln viele Menschen, die sich in die Öffentlichkeit wagen, nicht mit großer Komplexität. Politiker suchen eher die Macht, Philanthropen Ruhm, und Möchtegern-Heilige wollen oft nur beweisen, wie recht sie haben. Diese Ziele sind nicht schwer zu erreichen, wenn man nur genügend Energie hineinsteckt. Die größere Herausforderung bedeutet nicht bloß, sich selbst zu Vorteilen zu verhelfen, sondern andere bei diesem Prozeß zu unterstützen. Es ist schwieriger, aber auch erfüllender, wenn der Politiker gesellschaftliche Bedingungen verbessert, der Menschenfreund den Verzweifelten hilft und wenn der Heilige für andere ein Ideal bildet. Ginge es nur um materielle Folgen, würden wir selbstsüchtige Politiker als gerissen bezeichnen, weil sie versuchen, für sich Reichtum und Macht anzuhäufen. Doch wenn wir die Tatsache akzeptieren, daß optimale Erfahrung etwas ist, das dem Leben echten Wert verleiht, müssen wir folgern, daß Politiker, die sich für das Allgemeinwohl einsetzen, die Klügeren sind, denn sie nehmen die größeren Herausforderungen an und haben so eine bessere Chance, wirkliche Freude zu erfahren.

Jede Beteiligung am öffentlichen Leben kann erfreulich sein, wenn man sie entsprechend den Rahmenbedingngen des *flow* strukturiert. Es spielt keine Rolle, ob man bei den Pfadfindern anfängt oder einer Gruppe, die die Bibel studiert, ob man versucht, etwas für die Umwelt zu tun, oder die örtliche Gewerkschaft unterstützt. Wichtig ist das Ziel, seine psychische Energie zu konzentrieren, auf Feedback zu achten und sicherzustellen, daß die Herausforderungen den eigenen Fähigkeiten angemessen sind. Früher oder später wird die Interaktion klappen und die *flow*-Erfahrung einsetzen. Natürlich kann man, ausgehend von der Tatsache, daß psychische Energie nicht unbegrenzt zur Verfügung steht, nicht erwarten, daß jeder sich für öffentliche Ziele einsetzt. Menschen in einer feindseligen Umwelt müssen ihre gesamte Aufmerksamkeit in das Überleben stecken. Andere vertiefen sich so stark in ein gewisses Muster von Herausforderungen – Kunst etwa oder Mathematik –, daß sie es nicht ertragen können, einen Teil ihrer Aufmerksamkeit dafür abzuzweigen. Doch das Leben wäre schlimm, wenn einige Menschen nicht Freude daran hätten, ihre psychische Energie in allgemeine Probleme zu stecken und dabei das gesellschaftliche System zusammenzuhalten.

Das *flow*-Konzept hilft nicht nur dem Individuum, seine Lebensqualität zu verbessern, sondern stellt auch eine Leitlinie dar, an der sich öffentliche Handlungen ausrichten sollten. Die vielleicht größte Wirkung der *flow*-Theorie im öffentlichen Sektor ist es, als Grundmuster zu dienen, wie Institutionen umgestaltet werden könnten, um sie empfänglicher für *flow*-Erfahrungen zu machen. In den letzten Jahrhunderten hat sich die wirtschaftliche Rationalität so durchgesetzt, daß wir als selbstverständlich annehmen, alle menschlichen Bemühungen in Mark und Pfennig zu bewerten. Doch es ist völlig irrational, das Leben ausschließlich ökonomisch zu betrachteten; der wahre Wert besteht in der Qualität und Komplexität der Erfahrung.

Eine Gemeinschaft sollte nicht nur als gut bezeichnet werden, weil sie technlogisch fortgeschritten ist oder in materiellem Reichtum schwimmt. Sie ist gut, wenn sie den Menschen eine Chance bietet, so viele Aspekte ihres Lebens wie möglich zu genießen, während sie ihnen gleichzeitig ermöglicht, ihr Potential bei der Verfolgung noch größerer Herausforderungen zu entwickeln. Der Wert einer Schule beruht nicht auf ihrem Prestige oder ihrer Fähigkeit, Studenten auf die Notwendigkeiten des Lebens vorzubereiten, sondern eher auf dem Grad der Freude an lebenslangem Lernen, die sie vermitteln kann. Eine gute Fabrik ist nicht notwendigerweise eine, die das meiste Geld erwirtschaftet, sondern eine, die in höchstem Maße dafür verantwortlich ist, die Lebensqualität ihrer Arbeiter und Kunden zu verbessern. Und die wirkliche Funktion von Politikern besteht nicht darin, die Menschen reicher, sicherer oder mächtiger zu machen, sondern möglichst vielen eine immer komplexere Existenz zuzusichern.

Doch gesellschaftliche Veränderungen können nicht eintreten, wenn nicht zuerst das Bewußtsein der Individuen verändert wird. Als ein junger Mann Carlyle fragte, wie er die Welt reformieren könne, antwortete der Ältere: „Reformiere dich selbst. So wird es einen Schurken weniger in der Welt geben." Dieser Rat gilt immer noch. Jene, die versuchen, das Leben der anderen besser zu machen, ohne gelernt zu haben, ihr eigenes zu kontrollieren, machen in der Regel alles rundum nur schlechter.

IX Der Sieg über das Chaos

Trotz allem, was bislang gesagt wurde, denken manche Menschen vielleicht immer noch, es sei leicht, glücklich zu sein, solange man nur gesund, reich und schön ist. Doch wie kann die Lebensqualität verbessert werden, wenn die Dinge nicht unseren Erwartungen gemäß laufen, wenn das Schicksal uns eine Pechsträhne zuteilt? Man kann sich nicht leisten, über den Unterschied zwischen Vergnügen und Freude nachzudenken, wenn man weiß, daß das Geld nicht mehr bis zum Ersten reicht. Für die meisten Menschen ist es ein viel zu großer Luxus, darüber zu grübeln. Mit einem interessanten, gutbezahlten Job kann man über Herausforderungen und Komplexität nachdenken, aber warum soll man eine Arbeitsstelle verbessern, die grundsätzlich stumpfsinnig und unmenschlich ist? Wie kann man von Menschen, die krank, verarmt oder vom Pech verfolgt sind, erwarten, daß sie ihr Bewußtsein steuern? Sicher müßten erst einmal ihre konkreten materiellen Bedingungen verbessert werden, ehe sie *flow* in ihrem Leben schätzen können. Optimale Erfahrung sollte, mit anderen Worten, als der Zuckerguß auf dem Kuchen betrachtet werden, der aus soliden Zutaten wie Gesundheit und Reichtum besteht. Für sich gesehen ist danach *flow* bloß eine nette Dekoration. Nur auf der zuverlässigen Grundlage echter Vorteile trägt er dazu bei, die subjektiven Aspekte des Lebens befriedigend zu machen.

Die Grundthese dieses Buches spricht jedoch gegen eine solche Schlußfolgerung. Subjektive Erfahrung ist nicht nur ein Aspekt des Lebens, sie ist das Leben selbst. Materielle Bedingungen sind sekundär, sie betreffen uns nur indirekt durch die Erfahrung. *Flow,* ja selbst Vergnügen, verschaffen einem hingegen direkten Nutzen für die Lebensqualität. Gesundheit, Geld und andere materielle Vorteile können das Leben verbessern oder nicht. Wenn man nicht gelernt hat, seine psychische Energie zu kontrollieren, besteht die Möglichkeit, daß sie gänzlich nutzlos bleiben.

Doch viele Individuen, die Schreckliches erlitten haben, überleben nicht nur, sondern haben auch fundamentale Freude am Dasein. Wie ist es möglich, daß ein Mensch Seelenfrieden erreicht und seine

Komplexität zunimmt, obwohl ihm die schlimmsten Dinge passiert sind? Das ist die augenscheinlich einfache Frage, die dieses Kapitel untersuchen will. Bei diesem Prozeß werden wir einige Strategien unter die Lupe nehmen, die Menschen anwenden, um mit belastenden Ereignissen fertig zu werden, und einen Überblick bieten, wie ein autotelisches Selbst Ordnung aus dem Chaos schaffen kann.

Tragödien – einmal anders betrachtet

Es wäre naiv und idealistisch, zu behaupten, daß ein Mensch, der sein Bewußtsein kontrolliert, glücklich ist, gleich was mit ihm passiert. Es gibt bestimmte Grenzen, wieviel Schmerz, Hunger oder Entbehrungen ein Körper aushalten kann. Doch es stimmt auch, was Franz Alexander so gut formuliert hat: „Die Tatsache, daß der Verstand den Körper beherrscht, ist, obwohl ersterer von Biologie und Medizin vernachlässigt wird, die fundamentalste Tatsache, die wir über den Prozeß des Lebens wissen." Holistische Medizin und Bücher wie Norman Cousins' Bericht über seinen erfolgreichen Kampf gegen eine tödliche Krankheit, wie Bernie Siegels Beschreibung seiner Selbstheilung, beginnen langsam, die abstrakt materialistische Einschätzung der Gesundheit zu verändern, die in diesem Jahrhundert so stark an Bedeutung gewonnen hat. Wichtig ist hier, daß jemand, der gelernt hat, dem Leben *flow* abzugewinnen, fähig ist, auch in Situationen Freude zu finden, die eigentlich nur Verzweiflung zulassen.

Fausto Massimini und sein Team von der psychologischen Fakultät der Universität Mailand haben recht unglaubliche Beispiele zusammengetragen, wie Menschen trotz schwerer Behinderungen *flow* erreichten. Eine Gruppe, die er untersuchte, bestand aus Paraplektikern, vorwiegend jungen gelähmten Menschen, die irgendwann, meist durch einen Unfall, die Kontrolle über ihre Glieder verloren hatten. Unerwartetes Ergebnis dieser Studie war, daß ein großer Teil der Kranken den Unfall, der die Lähmung auslöste, zugleich als negativstes und positivstes Ereignis in ihrem Leben bezeichnete. Die tragischen Ereignisse konnten als positiv eingeschätzt werden, weil sie dem Opfer höchst eindeutige Ziele setzten und zugleich widersprüchliche wie auch unwichtige Wahlmöglichkeiten ausschlossen. Die Patienten, die lernten, die neuen Herausforderungen ihrer Behindertensituation zu bewältigen, empfanden einen deutlichen Sinn in ihrem Leben, der ihnen vorher gefehlt hatte. Sie lernten, wieder zu leben, und das an sich war schon ein Grund zu Freude und Stolz. Sie konnten daher den Unfall von einem Grund für Entropie zu einer Chance für innere Ordnung umwandeln.

Lucio aus dieser Gruppe war ein zwanzigjähriger, leichtsinniger Tankwart, als ein Motorradunfall ihn von der Hüfte abwärts gelähmt werden ließ. Er hatte vorher gern Rugby gespielt und Musik gehört, bezeichnete aber sein damaliges Leben als eigentlich ziellos und ereignislos. Nach dem Unfall haben seine erfreulichen Erfahrungen an Anzahl und Qualität zugenommen. Nachdem er sich von dem Unfall erholt hatte, schrieb er sich an der Universität ein, legte ein Examen in Fremdsprachen ab und arbeitet nun freiberuflich als Steuerberater. Studium und Arbeit bieten die Möglichkeit intensiver *flow*-Erlebnisse, ebenso wie Angeln und Bogenschießen. Lucio ist darin Kreismeister – er nimmt im Rollstuhl an den Wettbewerben teil.

Hier einige Bemerkungen, die Lucio bei dem Interview machte: „Als ich gelähmt wurde, war es wie eine Wiedergeburt. Ich mußte alles noch einmal von Anfang an lernen, was ich früher konnte, aber anders. Ich mußte lernen, mich anzuziehen und meinen Kopf besser zu benutzen. Ich mußte in meine Umwelt hineinwachsen und sie nutzen, ohne zu versuchen, sie zu kontrollieren . . . dazu brauchte ich Hingabe, Willenskraft und Geduld. Was meine Zukunft angeht, so hoffe ich, daß es mir immer besser geht, damit ich die Einschränkungen meiner Behinderung aufheben kann . . . jeder braucht ein Ziel im Leben. Nach meinem Unfall sind diese Verbesserungen zu meinem Lebensziel geworden."

Franco gehört ebenfalls zu dieser Gruppe. Seine Beine sind seit fünf Jahren gelähmt; zudem entwickelte er schwere urologische Probleme, ein Grund für mehrere Operationen. Vor seinem Unfall war er Elektriker und hatte oft Freude an seiner Arbeit. Doch seine intensivsten *flow*-Erfahrungen erlebte er beim akrobatischen Tanzen an Samstagabenden, daher war die Lähmung seiner Beine ein besonders harter Schlag. Franco arbeitet nun als Berater für andere

Behinderte. Auch in diesem Fall hat ein fast unvorstellbarer Rückschlag zu einer Bereicherung seiner Erfahrungen geführt statt zu einer Verarmung. Franco bezeichnet es nun als seine Hauptherausforderung, anderen zu helfen, nicht zu verzweifeln, und sie bei ihrer körperlichen Rehabilitation zu unterstützen. Sein wichtigstes Lebensziel sei es, zu „fühlen, daß ich anderen nutzen kann, daß ich Unfallopfern helfe, ihre Situation zu akzeptieren." Franco ist mit einem ebenfalls gelähmten Mädchen verlobt, das sich zuerst nach ihrem Unfall in ein Leben der Passivität ergeben hatte. Bei ihrer ersten Verabredung fuhren sie mit seinem Auto (für ihn speziell umgerüstet) in die nahen Berge. Leider hatten sie eine Panne, und die beiden saßen in einer gottverlassenen Gegend fest. Seine Verlobte geriet in Panik, und Franco gibt zu, ebenfalls fast die Nerven verloren zu haben. Doch schließlich gelang es ihm, Hilfe herbeizuholen, und, wie immer nach kleinen Siegen dieser Art, fühlten sich beide anschließend viel selbstsicherer.

Eine weitere von dem Mailänder Team untersuchte Gruppe bestand aus mehreren Dutzend Personen, die entweder von Geburt an blind waren oder die Sehfähigkeit irgendwann später verloren hatten. Wieder fiel bei diesen Interviews auf, wie viele dieser Menschen den Verlust des Augenlichts als positives Ereignis bezeichneten, das ihr Leben bereichert habe. Pilar zum Beispiel ist dreiundreißig. Als Zwölfjährige entwickelte sich bei ihr an beiden Augen eine Netzhautablösung, und sie kann seitdem nicht mehr sehen. Die Blindheit befreite sie aus einer sehr gewalttätigen und armen Familiensituation; sie machte ihr Leben sinnvoller und lohnender, als es vermutlich gewesen wäre, wenn sie sehend zu Hause geblieben wäre. Wie viele Blinde arbeitet sie als Vermittlerin beim Fernmeldeamt. Gegenwärtig erlebt sie *flow* bei der Arbeit, beim Musikhören, wenn sie Freunden das Auto wäscht und bei „allem anderen, was ich gerade tue". Bei der Arbeit freut sie sich am meisten über das Wissen, daß die von ihr geschalteten Verbindungen glatt laufen und die Kommunikationsverbindungen wie die Instrumente eines Orchesters miteiander verschmelzen. Dann fühlt sie sich wie eine Göttin. „Es ist sehr befriedigend." Pilar zählt den Verlust ihrer Sehfähigkeit zu den positiven Ereignissen ihres Lebens, weil „es mich auf eine Weise reifer machte, als ich es selbst mit einem Universitätsdiplom geworden wäre . . . mich betreffen zum Beispiel irgendwelche Probleme nicht mehr so ungeheuer wie früher oder wie viele meiner Altersgenossen."

Paolo, dreißig, verlor vor sechs Jahren die Sehfähigkeit an beiden Augen. Er führt seine Blindheit nicht als positives Ereignis auf, nennt aber vier erfreuliche Folgen dieses tragischen Ereignisses: „Erstens, ich akzeptiere und erkenne meine Behinderung, aber ich werde weiter versuchen, sie zu überwinden. Zweitens, ich habe beschlossen, zu versuchen, alle Situationen zu verändern, die mir nicht behagen. Drittens, ich achte darauf, einmal gemachte Fehler nicht noch einmal zu begehen. Und schließlich habe ich keine Illusionen, aber ich versuche, mir selbst gegenüber tolerant zu sein, damit ich es auch bei anderen sein kann." Es ist erstaunlich, wie sich für Paolo, wie für die meisten Behinderten, die Kontrolle des Bewußtseins streng und klar als oberstes Ziel herausgeschält hat. Das bedeutet aber nicht, daß die Herausforderungen rein innerlich sind. Paolo gehört dem nationalen Schachbund an; er nimmt an Sportwettkämpfen für Blinde teil und verdient seinen Lebensunterhalt als Musiklehrer. Er führt Gitarrespielen, Schach, Sport und Musikhören als seine gegenwärtigen *flow*-Erfahrungen auf. Vor kurzem landete er bei einem Schwimmwettkampf in Schweden auf dem siebten Platz und gewann ein Schachturnier in Spanien. Seine Frau ist ebenfalls blind und leitet ein Team blinder Sportlerinnen. Gegenwärtig plant er, ein Unterrichtswerk für klassische Gitarre in Blindenschrift zu verfassen. Doch keine dieser erstaunlichen Leistungen würde eine Rolle spielen, wenn sie Paolo nicht dieses Gefühl der Kontrolle über sein Innenleben vermittelten.

Und dann war da noch Antonio, der an einer Schule unterrichtet und mit einer ebenfalls blinden Frau verheiratet ist. Ihre neueste Herausforderung ist es, ein blindes Kind zu adoptieren, die erste Adoption dieser Art landesweit, die für möglich gehalten wird ... Anita berichtete von intensiven *flow*-Erfahrungen, wenn sie mit Ton modellierte, liebte und Blindenschrift las ... Duino, fünfundachtzig und von Geburt an blind, ist verheiratet und hat zwei Kinder. Er beschreibt seine Arbeit, die Aufarbeitung alter Stühle, als komplizierte und immer verfügbare *flow*-Erfahrung: „Wenn ich einen kaputten Stuhl repariere, benutze ich immer natürliches Rohr, nicht die Kunstfasern, die sie in Fabriken benutzen ... Es fühlt sich toll an, wenn der Zug stimmt, wenn die Spannung elastisch ist ... besonders, wenn es auf Anhieb klappt ... meine Stuhlsitze halten zwanzig Jahre ..." Viele andere erzählten ähnliches.

Zu einer anderen Gruppe, die Fausto Massimini interviewte, gehörten heimatlose Wanderer, die „Obdachlosen", die es heute in allen großen europäischen Städten gibt. Wir neigen dazu, Mitleid mit diesen Verzweifelten zu haben, und vor nicht allzu langer Zeit hätte man sie, die unfähig scheinen, sich an ein „normales Leben" anzupassen, als Psychopathen bezeichnet. Viele erweisen sich jedoch als unglückliche, hilflose Individuen, deren Kraft durch Katastrophen der verschiedenen Art erschöpft wurde. Dennoch erfährt man mit Staunen, wie viele von ihnen desolate Bedingungen in eine Existenz verwandeln konnten, die alle Kennzeichen einer befriedigenden *flow*-Erfahrung aufweist. Wir wollen von den vielen Beispielen nur ausführlich aus einem Interview zitieren, das stellvertretend für viele andere steht:

Reyad ist dreiunddreißig und Ägypter. Zur Zeit schläft er in den Parks von Mailand, ißt in den öffentlichen Suppenküchen und arbeitet gelegentlich in Restaurants als Tellerwäscher, wenn er Geld braucht. Als man ihm bei dem Interview die Beschreibung der *flow*-Erfahrung vorlas und er gefragt wurde, ob er das jemals erlebt habe, antwortete er:

> „Ja. Es beschreibt mein gesamtes Leben von 1967 bis heute. Nach dem Krieg damals beschloß ich, Ägypten zu verlassen, und trampte durch Europa. Seitdem habe ich gelebt, indem ich meine Gedanken auf mein Selbst konzentrierte. Es war nicht einfach ein Trip, es war eine Suche nach Identität. Jeder Mensch hat etwas in sich, das er entdecken muß. Die Menschen in meiner Stadt hielten mich für verrückt, als ich beschloß, nach Europa auszuwandern. Aber das Beste im Leben ist, sich selbst zu kennen ... meine Idee von 1967 ist die gleiche geblieben: mich selbst finden. Ich mußte gegen vieles ankämpfen. Ich bin durch den Libanon gezogen und erlebte dort den Krieg. Ich reiste durch Syrien, Jordanien, die Türkei und Jugoslawien, ehe ich hierherkam. Ich begegnete allen möglichen Naturkatastrophen. Ich schlief bei Gewittern in Straßengräben. Ich hatte Unfälle. Ich habe Freunde neben mir sterben gesehen, doch meine Konzentration hat niemals nachgelassen ... Es war ein Abenteuer, das bisher zwanzig Jahre gedauert hat, aber es wird den Rest meines Lebens so bleiben ...

Ich bin durch diese Erfahrungen zu der Erkenntnis gelangt, daß die Welt nicht viel wert ist. Das einzige, was für mich zählt, ist Anfang und Ende – ist Gott. Am besten konzentriere ich mich, wenn ich mit meinen Gebetsschnüren bete. Damit kann ich all meine Gefühle einlullen, mich beruhigen und werde nicht verrückt. Ich glaube, unser Leben ist vom Schicksal bestimmt, und es ergibt keinen Sinn, sich allzu sehr anzustrengen ... Ich habe auf meinen Reisen Hunger gesehen, Krieg, Tod und Armut. Durch das Gebet kann ich mich nun hören. Ich bin zu meinem Inneren zurückgekehrt. Ich habe Konzentration gelernt und begriffen, daß die Welt ohne Wert ist. Der Mensch wird geboren, um auf der Erde Prüfungen unterzogen zu werden. Autos, Fernsehen und Kleider sind nebensächlich. Hauptsache ist, daß wir geboren werden, um den Herrn zu preisen. Jeder hat sein eigenes Schicksal, und wir sollten wie die Löwen im Sprichwort sein. Der Löwe, der hinter einer Herde Gazellen herrennt, kann immer nur eine fangen. So versuche ich zu sein, nicht wie die Menschen der westlichen Welt, die verrückt nach Arbeit sind, auch wenn sie nicht mehr essen können als ihr tägliches Brot ... Wenn ich noch zwanzig Jahre leben sollte, versuche ich, jeden Augenblick zu genießen, statt mich langsam umzubringen ... wenn ich als freier Mensch lebe, der von niemandem abhängig ist, kann ich mir leisten, alles langsam anzugehen; wenn ich heute nichts einnehme, spielt es keine Rolle. Es bedeutet, es ist nun einmal mein Schicksal. Morgen verdiene ich vielleicht hundert Milllionen – oder werde unheilbar krank. Jesus Christus sagte: Was nützt es dem Menschen, wenn er die ganze Welt gewönne, aber sich selbst verliert? Ich muß zuerst mich selbst erobern, und es ist mir egal, wenn ich die Welt verliere. Ich habe mich wie ein kleiner Vogel auf diese Reise gemacht, der gerade aus dem Nest schlüpft, und seitdem wandele ich als freier Mensch umher. Jeder Mensch sollte sich selbst kennenlernen und das Leben in all seinen Formen erleben. Ich hätte weiter ruhig in meinem Bett schlafen können, hätte Arbeit in meiner Stadt gefunden, weil schon eine Stelle auf mich wartete, aber ich beschloß, mit den Armen zu schlafen, weil man leiden muß, um ein Mensch zu werden. Man wird nicht zum Menschen, wenn man heiratet oder Verkehr hat; Mensch sein heißt, verantwortlich zu sein, bedeutet, zu wissen, wenn es Zeit ist zum Reden, zu wissen, was gesagt werden muß, zu wissen, wann man schweigen muß."

Reyad hat sich ausführlicher geäußert, und alle seine Sätze stimmten mit dem unerschütterlichen Ziel seiner spirituellen Suche überein. Wie die Propheten, die vor zweitausend Jahren auf der Suche nach Erleuchtung durch die Wüste streiften, hat dieser Wanderer sein Alltagsleben zu einem Ziel von halluzinatorischer Klarheit entwickelt: sein Bewußtsein zu kontrollieren, um eine Verbindung zwischen sich selbst und Gott zu schaffen. Welche Gründe führten ihn dazu, die sogenannten guten Dinge des Lebens aufzugeben und einer solchen Phantasie zu folgen? Wurde er mit einer hormonellen Störung geboren? Haben ihn seine Eltern traumatisiert? Diese Fragen, die gewöhnlich Psychologen interessieren, gehen uns hier nichts an. Es geht nicht um eine Erklärung für Reyads Sonderlichkeit, sondern um die Erkenntnis, daß er, so wie er ist, seine Lebensbedingungen, die die meisten Menschen unerträglich finden würden, zu einer sinnvollen, erfreulichen Existenz umgeformt hat. Und das ist mehr, als manch einer, der in Luxus und Bequemlichkeit lebt, von sich behaupten kann.

Streßbewältigung

„Wenn man weiß, daß man in zwei Wochen gehängt werden wird, kann man sich wunderbar konzentrieren", schrieb Samuel Johnson, und diese Erkenntnis trifft auf die gerade vorgestellten Fälle zu. Eine größere Katastrophe, die ein zentrales Lebensziel verhindert, vernichtet entweder das Selbst, indem es einen zwingt, alle psychische Energie bei der Errichtung einer Barriere einzusetzen, die die verbliebenen Ziele gegen einen weiteren Schicksalsschlag verteidigt. Oder sie schafft ein neues, deutlicheres, dringlicheres Ziel: die durch die Niederlage geschaffenen Herausforderungen zu bewältigen. Wenn der zweite Weg eingeschlagen wird, ist die Tragödie nicht unbedingt der Lebensqualität abträglich. Wie in den Fällen von Lucio, Paolo und unzähligen anderen, kann, was objektiv schrecklich erscheint, schließlich das Leben des Opfers auf neue, unerwartete Weisen bereichern. Selbst der Verlust einer fundamentalen menschlichen Fähigkeit wie des Augenlichts muß nicht bedeuten, daß das Bewußtsein dieses Menschen verarmt;

oft geschieht genau das Gegenteil. Doch was bewirkt diesen Unterschied? Wie kommt es, daß der gleiche Schicksalsschlag den einen Menschen zu Boden wirft, während ein anderer ihn in eine innere Struktur umformt?

Psychologen untersuchen solche Fragen meistens unter dem Titel „Streßbewältigung". Offensichtlich verursachen bestimmte Ereignisse mehr Belastung als andere. Der Tod des Partners ist zum Beispiel vielfach belastender als eine Hypothek für ein Haus aufzunehmen, was wiederum mehr Streß bewirkt als ein Strafzettel für falsches Parken. Doch es ist auch klar, daß der gleiche belastende Vorfall den einen Menschen unendlich unglücklich macht, während ein anderer die Zähne zusammenbeißt und das Beste daraus macht. Diesen Unterschied, wie ein Mensch auf Streß reagiert, nennt man „Bewältigungsfähigkeit" oder „Bewältigungsstil".

Bei der Untersuchung dessen, was zur Fähigkeit beiträgt, mit Streß umzugehen, muß man drei verschiedene Ressourcen unterscheiden. Die erste ist die Unterstützung, die von außen her zur Verfügung steht, besonders das gesellschaftliche Netz. Eine schwere Krankheit etwa wird in gewissem Grade erträglicher, wenn man eine gute Versicherung und eine liebevolle Familie hat. Das zweite Bollwerk gegen Streß sind die psychologischen Ressourcen eines Menschen, wie Intelligenz, Bildung und wichtige Persönlichkeitsfaktoren. Der Umzug in eine andere Stadt und der Aufbau neuer Freundschaften ist für eine introvertierte Persönlichkeit viel schwerer als für eine extravertierte. Die dritte Kategorie bezieht sich auf die Bewältigungsstrategien, die man gegen Streß anwendet.

Von diesen drei Faktoren ist der dritte für unsere Zwecke am wichtigsten. Äußere Unterstützung an sich ist nicht sehr wirksam bei der Linderung von Streß. Meist wird nur jenen geholfen, die sich selbst helfen können. Und psychologische Ressourcen liegen vorwiegend außerhalb unserer Kontrolle. Es ist schwer, viel klüger oder viel gewandter zu werden, als man von Geburt an war. Doch wie wir etwas bewältigen, ist der wichtigste Faktor bei der Bestimmung, welche Wirkung Streß haben kann, und das flexibleste Hilfsmittel, weil es am stärksten unter unserer Kontrolle steht.

Es gibt vornehmlich zwei Reaktionen auf Streß: Die positive Reaktion nennt George Vaillant, ein Psychiater, der über dreißig Jahre lang die erfolgreichen und die relativ erfolglosen Lebensläufe von Harvard-Absolventen untersuchte, „reife Verteidigung". Andere nennen sie „transformative Bewältigung". Die negative Reaktion auf Streß wäre nach diesem Modell eine „neurotische oder unreife Verteidigung" oder „regressive Bewältigung".

Wir wollen uns, um den Unterschied zwischen diesen beiden Methoden zu veranschaulichen, das Beispiel Jim vornehmen. Jim ist ein fiktiver Finanzberater, dem man gerade, im Alter von vierzig, gekündigt hat. Der Verlust des Arbeitsplatzes rangiert in der Skala von Streßsituationen etwa in der Mitte. Die Folgen variieren natürlich je nach Alter und Fähigkeiten des Betroffenen, nach seinem Sparguthaben und den Bedingungen des Arbeitsmarktes. Angesichts dieser unangenehmen Sachlage kann Jim zwei entgegengesetzte Wege einschlagen. Er kann sich in sich selbst zurückziehen, viel schlafen, verleugnen, was geschehen ist, und vermeiden, daran zu denken. Er kann auch seine Enttäuschung loswerden, indem er sich gegen seine Familie und Freunde wendet, oder sie verhüllen, indem er mehr als gewöhnlich trinkt. Es handelt sich insgesamt um Beispiele für regressive Bewältigung oder unreife Verteidigungsmaßnahmen.

Jim kann aber auch gelassen bleiben, indem er vorübergehend seine Angst und Wut unterdrückt, das Problem logisch analysiert und seine Prioritäten neu einschätzt. Anschließend definiert er sein Problem vielleicht anders, damit er es leichter lösen kann. Er beschließt zum Beispiel, an einen Ort zu ziehen, an dem seine Fähigkeiten gefragter sind, oder er besucht Kurse und lernt Fertigkeiten für einen neuen Beruf. Mit diesem Weg benutzt er reife Verteidigungsmechanismen oder transformative Bewältigung.

Nur wenige Menschen verlassen sich ausschließlich auf die eine oder andere Strategie. Vermutlich wird sich Jim am ersten Abend betrinken, sich mit seiner Frau streiten, die ihm seit Jahren schon sagte, diese Stelle sei nichts, und am nächsten Morgen oder eine Woche später abkühlen und nachzudenken beginnen, was er als nächstes tut. Doch die Menschen unterscheiden sich in ihren Fähigkeiten, die eine oder andere Strategie zu benutzen. Der

Gelähmte, der zum Meister im Bogenschießen wurde, der blinde Schachmeister wurden von harten Schicksalsschlägen heimgesucht, die auf der Skala der Streßsituationen gar nicht vertreten sind. Sie sind Beispiele für Menschen, die die transformative Bewältigung geschafft haben. Andere jedoch geben angesichts viel geringerer Belastungen auf und reagieren, indem sie die Komplexität ihres Lebens für immer herabschrauben.

Die Fähigkeit, ein Unglück zu etwas Positivem zu gestalten, ist eine recht seltene Gabe. Jene, die sie besitzen, nennen wir „Stehaufmännchen". Sie haben in den Augen anderer „Widerstandskraft" oder „Tapferkeit". Ganz gleich, wie man sie nennt, man hält sie allgemein für außergewöhnliche Menschen, die große Härten erlebt und Hindernisse überwunden haben, die die meisten Menschen einfach niederdrücken würden. Wenn man nach den Menschen fragt, die am meisten bewundert werden, und nach einer Erklärung für diese Bewunderung, werden am häufigsten Tapferkeit und die Fähigkeit genannt, Schwierigkeiten zu überwinden. Francis Bacon zitierte aus einer Rede des stoischen Philosophen Seneca: „Wohlergehen in Verbindung mit Reichtum ist erwünscht, aber das Wohlbefinden in Verbindung mit Pech wird bewundert."

In einer unserer Untersuchungen wurde unter den bewunderten Menschen eine alte Dame erwähnt, die trotz ihrer Lähmung immer fröhlich und bereit war, die Sorgen anderer anzuhören, ein Sportlehrer in einem Sommerlager, der, als ein Teenager beim Schwimmen überfällig war und alle anderen in Panik gerieten, den klaren Kopf behielt und eine erfolgreiche Suche organisierte, die Managerin, die trotz sexistischen Drucks und Verunglimpfung bei einer schwierigen Arbeitstelle blieb, und Ignaz Semmelweis, der ungarische Arzt, der im letzten Jahrhundert hartnäckig vertrat, das Leben vieler Mütter im Kindbett würde gerettet, wenn sich die Frauenärzte nur die Hände wüschen, obwohl alle Berufskollegen ihn dafür verspotteten. Diese und Hunderte anderer wurden aus den gleichen Gründen bewundert: Sie traten fest für das ein, was sie glaubten, und ließen sich von Gegnern nicht einschüchtern. Sie hatten Mut oder das, was früher einfach als „Tugend" (englisch virtue) bezeichnet wurde – ein vom lateinischen *vir* („Mann, Mensch") abgeleitetes Wort.

Es ist natürlich sinnvoll, wenn Menschen diese Eigenschaft stärker als andere bewundern. Von allen Tugenden, die man uns beibringt, ist keine nützlicher, wichtiger zum Überleben und geeigneter, die Lebensqualität zu verbessern, als die Fähigkeit, Widerstände in eine erfreuliche Herausforderung umzuwandeln. Wenn wir diese Eigenschaft bewundern, heißt das, wir schenken jenen, die sie verkörpern, unsere Aufmerksamkeit und haben daher Gelegenheit, sie nötigenfalls nachzuahmen. Die Bewunderung von Tapferkeit an sich ist bereits ein positiver adaptiver Zug; jene, die dies tun, sind vielleicht besser auf Schicksalsschläge vorbereitet.

Doch es wird dieser bemerkenswerten Gabe nicht gerecht, wenn wir die Fähigkeit, Chaos zu überwinden, als „transformative Bewältigung“ bezeichnen und die Menschen, die dies gut beherrschen, als „tapfer“. Wie die Person bei Molière, die meinte, Schlaf sei eine „einschläfernde Kraft“, erleuchten wir den Sachverhalt nicht weiter, wenn wir bloß behaupten, erfolgreiche Bewältigung würde durch die Tugend der Tapferkeit bewirkt. Wir brauchen nicht allein Namen und Beschreibungen, sondern bessere Erkenntnisse über diesem Prozeß. Leider ist unsere Unwissenheit auf diesem Gebiet immer noch sehr groß.

Die Macht dissipativer Strukturen

Es scheint klar, daß die Fähigkeit, aus Chaos Ordnung zu schaffen, nicht ausschließlich auf psychische Prozesse beschränkt ist. Einigen Evolutionstheorien zufolge hängen komplexe Lebensformen grundsätzlich von der Fähigkeit ab, aus Entropie Energie zu gewinnen – Abfall in strukturierte Ordnung umzuwandeln. Der Nobelpreisträger für Chemie, Ilja Prigogine, nennt Systeme, die Energie nutzbar machen, welche anderfalls zerstreut und verloren ginge, „dissipative Strukturen“. Das Pflanzenreich auf unserem Planeten ist eine einzige riesige, dissipative Struktur, weil sie sich von Licht ernährt, das ansonsten bloß ein nutzloses Abfallprodukt der Sonnenstrahlung wäre. Pflanzen haben eine Methode gefunden, diese ungebundene Energie zu Bausteinen umzuformen, aus denen sie Blätter, Blumen, Früchte, Rinde und Holz schaffen. Da es ohne Pflanzen keine Tiere gäbe, ist alles Leben auf der Erde letztendlich von dissipativen

Strukturen abhängig, die aus Chaos eine komplexere Ordnung schaffen.

Dem Menschen ist es ebenfalls gelungen, überschüssige Energie zu nutzen und für seine Ziele einzusetzen. Die erste größere technische Erfindung, das Feuer, ist dafür ein gutes Beispiel. Am Anfang entstand Feuer zufällig; Vulkane, Blitze und spontaner Funkenflug setzten leicht entzündbare Materialien in Brand. Die Energie wurde sinnlos verschwendet. Als die Menschen lernten, das Feuer zu kontrollieren, benutzten sie diese dissipative Energie, um ihre Höhlen zu wärmen, ihr Essen zu kochen und schließlich, um Eisen zu schmelzen und Gegenstände daraus zu schmieden. Dampfmaschinen, Elektromotoren, benzingetriebene Maschinen und Kernfusion beruhen auf dem gleichen Prinzip: Man nutzt Energie, die ansonsten verlorenginge oder uns schaden würde. Wenn der Mensch nicht die verschiedenen Tricks gelernt hätte, die Kräfte der Unordnung in etwas zu verwandeln, das er nutzen kann, hätte er längst nicht so erfolgreich überlebt.

Die Psyche funktioniert, wie wir gesehen haben, nach ähnlichen Prinzipien. Die Integrität des Selbst hängt von der Fähigkeit ab, neutrale oder destruktive Ergebnisse in positive umzuwandeln. Eine Kündigung kann wie ein Wink Gottes erscheinen, wenn man die Gelegenheit nutzt, etwas anderes zu beginnen, das eher den Begabungen entspricht. Im Leben eines jeden Menschen ist die Chance extrem gering, daß immer nur etwas Gutes geschieht. Die Wahrscheinlichkeit, daß unsere Wünsche immer erfüllt werden, ist so winzig, daß man sie vergessen kann. Früher oder später muß sich jeder mit Ereignissen konfrontieren, die seinen Zielen entgegenstehen: Enttäuschungen, schwere Krankheiten, finanzielles Pech und schließlich der unvermeidliche Tod. Ereignisse dieser Art bilden negatives Feedback, das im Bewußtsein Chaos schafft. Sie bedrohen das Selbst und behindern seine Funktionen. Nach einem schweren Trauma kann man seine Fähigkeit verlieren, sich auf notwendige Ziele zu konzentrieren. Dann ist das Selbst nicht mehr Herr der Lage. Das Bewußtsein wird zufällig, und der Mensch „verliert den Verstand" – und verschiedene Symptome seelischer Krankheiten treten in den Vordergrund. In weniger schweren Fällen überlebt das bedrohte Selbst, wächst aber nicht mehr weiter: Es duckt sich unter Angriffen, zieht sich hinter massive Verteidigungsbarrieren zurück und vegetiert im Zustand ständigen Mißtrauens.

Aus diesem Grund sind Tapferkeit, Widerstandskraft und Hartnäckigkeit – die dissipativen Strukturen der Seele – als reife Verteidigungsmaßnahmen oder transformative Bewältigung so wichtig. Ohne sie würde man unter ständiger Bombardierung freier psychischer Meteoriten leiden. Wenn wir jedoch diese positiven Strategien entwickeln, können die meisten negativen Ereignisse zumindest neutralisiert, möglicherweise sogar als Herausforderung genutzt werden und dem Selbst helfen, stärker und komplexer zu werden.

Die Fähigkeit zu dieser Umwandlung entwickelt sich gewöhnlich gegen Ende der Adoleszenz. Kleine Kinder und Teenager hängen immer noch überwiegend von einem stützenden sozialen Netz ab, das sie gegen Dinge abschottet, die schiefgehen. Wenn einen Teenager ein Schickalsschlag trifft – selbst etwas so Triviales wie eine schlechte Note, ein Pickel am Kinn oder ein Freund, der sie oder ihn in der Schule ignoriert –, ist für ihn vermeintlich die Welt zu Ende, und das Leben hat keinen Sinn mehr. Positives Feedback von anderen verwandelt seine Stimmung gewöhnlich in Minuten: Ein Lächeln, ein Anruf, ein schönes Lied fesseln seine Aufmerksamkeit, lenken ihn von Sorgen ab und schaffen wieder Ordnung im Bewußtsein. Wir haben mit der ESM herausgefunden, daß ein gesunder Jugendlicher durchschnittlich eine halbe Stunde lang deprimiert bleibt. (Ein Erwachsener braucht doppelt so lange, um sich von einer schlechten Stimmung zu erholen.)

Ein paar Jahre später jedoch, mit siebzehn, achtzehn, können Teenager negative Ereignisse gewöhnlich in der richtigen Perspektive betrachten und werden nicht mehr schwer von Dingen bedrückt, die anders als erwartet ausgehen. In diesem Alter schält sich bei den meisten Menschen die Fähigkeit heraus, ihr Bewußtsein zu steuern. Diese Fähigkeit ist teilweise ein bloßes Produkt der Zeit: Der ältere Jugendliche, der schon enttäuscht wurde und es überlebt hat, weiß, daß eine Situation nie so schlimm ist, wie sie momentan aussieht. Teilweise beruht dies auf dem Wissen, daß andere Leute die gleichen Probleme erlebt haben und auch lösen konnten. Die Erkenntnis, daß die eigenen Leiden allgemein sind, fügt der Egozentrik der Jugend eine wichtige neue Perspektive hinzu.

Der Gipfel in der Entwicklung von Bewältigungsmechanismen wird erreicht, wenn ein junger Mann oder eine junge Frau ein starkes Selbstgefühl ausgeprägt haben, das auf persönlich ausgewählten Zielen basiert und das keine äußeren Hindernisse untergraben können. Für einige Menschen leitet sich diese Kraft von einem Ziel ab, zu dem die Identifikation mit der Familie, dem Land, einer Religion oder einer Ideologie gehört. Für andere hängt es von der Beherrschung eines harmonischen Symbolsystems, wie Kunst, Musik oder Physik ab. Srinivasa Ramanujan, das junge Mathematikgenie aus Indien, investierte so viel psychische Energie in seine Zahlentheorie, daß Armut, Krankheit, Schmerz und drohender Tod ihn zwar erschöpften, aber keine Chance hatten, seinen Verstand von seinen Berechnungen abzulenken – sie spornten ihn vielmehr zu größerer Kreativität an. Noch auf dem Totenbett staunte er über die Schönheit der Gleichungen, die er entdeckte, und die Gelassenheit seines Verstandes spiegelte die Ordnung der von ihm benutzten Symbole.

Warum werden manche Menschen durch Streß geschwächt, während andere daraus Kraft gewinnen? Die Antwort ist grundsätzlich einfach. Jene, die eine hoffnungslose Situation in eine neue *flow*-Aktivität umzuwandeln vermögen, die steuerbar ist, erleben Freude und tauchen stärker aus einer solchen Notlage auf. Bei dieser Transformation scheinen drei Schritte wichtig zu sein:

1. Unbewußte Selbstsicherheit

Richard Logan fand in seiner Studie von Menschen, die anstrengende körperliche Situationen überlebt hatten – Polarforscher, die allein die Arktis durchquerten, Häftlinge in Konzentrationslagern –, daß ihnen eine Einstellung gemeinsam war, und zwar der tief verwurzelte Glaube, ihr Schicksal selbst in der Hand zu haben. Sie zweifelten nicht, daß die eigenen Fähigkeiten ausreichen würden, ihr Schicksal zu bestimmen. In diesem Sinne konnte man sie selbstsicher nennen, doch zugleich schien ihr Ich seltsam abwesend. Diese Menschen sind nicht selbstzentriert, ihre Energie ist nicht darauf konzentriert, ihre Umgebung zu beherrschen, sondern eher darauf, einen Weg zu finden, harmonisch in ihr zu funktionieren.

Diese Einstellung entwickelt sich, wenn ein Mensch sich nicht mehr im Gegensatz zu seiner Umwelt empfindet, nicht als Individuum, dessen Ziele und Absichten vor denen aller anderen Vorrang haben. Statt dessen fühlt er sich als Teil von allem, was vor sich geht, und versucht, in dem System, innerhalb dessen er operieren muß, sein Bestes zu geben. Paradoxerweise ist diese Demut – das Akzeptieren, daß die eigenen Ziele vielleicht einer größeren Einheit untergeordnet werden müssen und man, um Erfolg zu haben, nach anderen Regeln spielen muß, als einem lieb ist – Kennzeichen starker Persönlichkeiten.

Nehmen wir ein triviales, aber verbreitetes Beispiel: An einem kalten Morgen, wenn man eilig ins Büro will, springt das Auto nicht an. In einer solchen Lage sind viele Menschen von ihrem eigentlichen Ziel – ins Büro zu kommen – so stark besessen, daß sie keinen anderen Plan fassen können. Sie verfluchen das Auto, drehen hektisch den Zündschlüssel, schlagen verzweifelt aufs Armaturenbrett – aber das alles bringt natürlich nichts. Ihre Ich-Entwicklung verhindert, daß sie sinnvoll mit der Frustration umgehen und ihr Ziel verwirklichen. Vernünftiger wäre es, zu erkennen, daß es für das Auto keinen Unterschied macht, ob man eilig in die Stadt muß. Das Auto folgt seinen eigenen Gesetzen, und man kann es nur in Bewegung bringen, wenn man sich nach ihnen richtet. Wenn man keine Ahnung hat, was mit der Zündung nicht in Ordnung sein könnte, macht es eher Sinn, ein Taxi zu rufen oder ein anderes Ziel zu formulieren: die Verabredung absagen und statt dessen zu Hause etwas Nützliches zu tun finden.

Auf dieser Ebene der Selbstsicherheit muß man grundsätzlich sich selbst, seiner Umwelt und seinem Platz darin vertrauen. Ein guter Pilot kennt seine Fähigkeiten und hat Zuversicht in die Maschine, die er fliegt. Er ist sich bewußt, welche Handlungen im Fall eines Hurrikans erforderlich sind oder im Fall, daß die Tragflächen vereisen. Daher vertraut er auf seine Fähigkeit, mit allen möglichen Wetterbedingungen fertig zu werden – nicht weil er das Flugzeug zwingen will, ihm zu gehorchen, sondern weil er das Instrument sein wird, das die Eigenschaften des Flugzeugs mit den Luftbedingungen koordiniert. Als solches ist er ein unerläßliches Bindeglied – Katalysator und Komponente des Systems Luft-Flugzeug-Mensch. Er gehorcht den Regeln eben dieses Systems und kann so sein Ziel erreichen.

2. Die Lenkung der Aufmerksamkeit auf die Welt

Man kann seine Umwelt nur schwer wahrnehmen, wenn man seine Aufmerksamkeit vornehmlich nach innen richtet, solange ein Großteil der psychischen Energie von den Sorgen und Wünschen des Ichs absorbiert wird. Menschen, die Streß zu erfreulichen Herausforderungen umformen können, verbringen nur sehr wenig Zeit mit Gedanken an sich selbst. Sie verschwenden nicht sämtliche Energie bei dem Versuch, zu befriedigen, was sie für ihre Bedürfnisse halten, oder in Sorge um gesellschaftlich konditionierte Wünsche. Statt dessen ist ihre Aufmerksamkeit präsent und verarbeitet ständig Informationen von außen. Das Zentrum wird immer noch vom Ziel dieser Person bestimmt, aber sie ist offen genug, um äußere Ereignisse zu bemerken und sich auf sie einzustellen, auch wenn sie nicht in direktem Zusammenhang mit dem stehen, was sie erreichen will.

Eine offene Haltung ermöglicht, objektiv zu sein, sich alternativer Möglichkeiten bewußt zu bleiben, sich als Teil seiner Umwelt zu fühlen. Das völlige Einssein mit der Umwelt wird von dem Bergsteiger Yvon Chouinard gut ausgedrückt, der eine seiner Bezwingungen des El Capitan im Yosemite-Park beschreibt: „Jeder einzelne Kristall des Granits ragte als scharfes Relief hervor. Die verschiedenen Wolkenformationen fesselten ständig unsere Aufmerksamkeit. Zum ersten Mal bemerkten wir kleine Käfer, die überall an der Felswand klebten, so winzig, daß sie kaum wahrnehmbar waren. Ich starrte einen etwa eine Viertelstunde lang an, beobachtete seine Bewegungen und bewunderte seine leuchtend rote Färbung. Wie könnte es einem bei so vielen Dingen, die es zu sehen und zu fühlen gibt, jemals langweilig werden? Diese Einheit mit der großartigen Umgebung, diese alles durchdringende Wahrnehmung vermittelte uns ein Gefühl, das wir seit Jahren nicht mehr erlebt hatten."

Dieses Einssein mit der Umwelt ist nicht nur eine wichtige Komponente der erfreulichen *flow*-Erfahrung, sondern beschreibt auch einen zentralen Mechanismus, mit dem man widrige Umstände bewältigen kann. Wenn sich die Wahrnehmung vom Selbst abwendet, hat die Enttäuschung der persönlichen Wünsche zunächst weniger Chancen, das Bewußtsein zu stören. Um psychische Entropie zu erleben, muß man sich auf die innere Unordnung konzentrieren, doch wenn man seine Aufmerksamkeit auf das lenkt, was um einen herum geschieht, werden die destruktiven Wirkungen von Streß gemildert. Zweitens, jemand, dessen Aufmerksamkeit in die Umwelt vertieft ist, wird ein Teil von ihr – man nimmt an dem System teil, indem man sich mit Hilfe psychischer Energie mit ihr verbindet. Dies wiederum ermöglicht es, die Eigenschaften dieses Systems zu verstehen, um einen besseren Weg zu finden, sich an eine problematische Situation anzupassen.

Kehren wir wieder zu dem Beispiel des nicht anspringenden Autos zurück. Wenn die Aufmerksamkeit völlig auf das Ziel gerichtet ist, es rechtzeitig ins Büro zu schaffen, schweben einem vermutlich Bilder vor, was geschehen wird, wenn man zu spät kommt; man hat feindselige Gedanken über das unkooperative Auto. Vermutlich nimmt man dann nicht so scharf wahr, was dieses Auto einem sagen will: daß der Motor abgesoffen oder die Batterie leer ist. Der Pilot, der zu viele Gedanken darauf verschwendet, was das Flugzeug tun soll, übersieht vielleicht die Information, die ihm ermöglicht, sicher zu steuern. Dieses Gefühl völliger Offenheit der Umwelt gegenüber wird von Charles Lindbergh bei seiner epochemachenden Atlantiküberquerung gut beschrieben:

> „Mein Cockpit ist klein, und seine Wände sind dünn, aber in diesem Kokon fühle ich mich trotz meiner Gedankenspekulationen sicher ... ich bin mir jeder kleinsten Einzelheit in diesem Cockpit bewußt – der Instrumente, der Schalter, der Ecken und Kanten. Jeder Gegenstand nimmt neuen Wert an. Ich studiere Schweißnähte an den Röhren (gefrorene Stahlwellen, durch die unsichtbar zentnerschwere Belastungen vibrieren), einen Tupfen Leuchtfarbe auf dem Höhenmesser ... die Batterie der Brennstoffventile ... solche Dinge, über die ich früher nie viel nachgedacht habe, sind nun deutlich sichtbar und wichtig ... ich fliege vielleicht ein kompliziertes Flugzeug und rase durch den Raum, aber in dieser Kabine umgeben mich Schlichtheit und Gedanken, frei von Zeit."

Ein ehemaliger Kollege, G., erzählte häufig eine schreckliche Geschichte aus seinen Jahren bei der Luftwaffe, die veranschaulicht, wie gefährlich übertriebene Sorge um Sicherheit sein kann, wenn sie soviel Aufmerksamkeit verlangt, daß man den Rest der Realität nicht mehr wahrnimmt. Im Koreakrieg beteiligte sich G.s Einheit an einer routinemäßigen Fallschirmübung. Als die Gruppe sich auf den Absprung vorbereitete, entdeckte man, daß man nicht genügend Fallschirme dabei hatte, und ein Rechtshänder war gezwungen, einen Fallschirm für Linkshänder zu benutzen. „Er ist genauso wie die anderen", versicherte ihm der Sergeant, „aber die Reißleine hängt links vom Gurt. Man kann den Schirm mit beiden Händen öffnen, aber leichter ist es mit der Linken." Das Team bestieg das Flugzeug, stieg auf achttausend Fuß, und einer nach dem anderen sprang über dem Zielgebiet ab. Alles ging gut, außer für einen: Sein Fallschirm öffnete sich nicht, und er stürzte in den Tod. G. gehörte zu der Untersuchungskommission, die herausfinden sollte, warum der Fallschirm sich nicht geöffnet hatte. Der tote Soldat war derjenige, dem man den Fallschirm für Linkshänder gegeben hatte. Seine Uniform war auf der rechten Seite, wo die Reißleine der regulären Fallschirme gehangen hatte, vollständig aufgerissen; selbst die Haut war von seiner blutigen rechten Hand in langen Fetzen abgerissen. Ein paar Zentimeter weiter links hing die Reißleine, offenkundig unberührt. Der Mechanismus war fehlerfrei. Der Mann hatte sich bei seinem Sturz durch die Leere wohl der fixen Idee hingegeben, die Leine am gewohnten Platz zu finden. Seine Angst war so groß, daß er blind gegenüber der Tatsache wurde, daß seine Sicherheit praktisch in Reichweite seiner Fingerspitzen lag.

In einer bedrohlichen Situation ist es natürlich, die gesamte psychische Energie zu mobilisieren, nach innen zu richten und als Verteidigung gegen die Bedrohung einzusetzen. Aber diese angeborene Reaktion beeinträchtigt häufig die Fähigkeit, eine Situation zu bewältigen. Sie verstärkt das Gefühl von innerem Chaos, schränkt die Flexibilität der Reaktionen ein und – das ist vielleicht am schlimmsten – isoliert den Menschen vom Rest der Welt und läßt ihn mit seinen Frustrationen allein. Wenn man hingegen mit dem in Kontakt bleibt, was vor sich geht, tauchen vermutlich neue Möglichkeiten auf, die wiederum neue Reaktionen auslösen, und man wird vermutlich seltener vom Strom des Lebens abgeschnitten.

3. Die Entdeckung neuer Lösungen

Es gibt grundsätzlich zwei Methoden, mit einer Situation fertig zu werden, die psychische Entropie schafft. Die eine besteht darin, sich auf die Hindernisse zu konzentrieren, um sein Ziel zu erreichen, und sie dann zu beseitigen; damit schafft man wieder Harmonie im Bewußtsein. Das ist die direkte Methode. Die andere erfordert, sich auf die Gesamtsituation zu konzentrieren, d.h. auch auf sich selbst, um herauszufinden, welche anderen Ziele angemessener und welche anderen Lösungen möglich sind.

Nehmen wir an, daß Phil, der in seiner Firma zum Vizepräsidenten befördert werden soll, erkennt, daß die Stelle vielleicht seinem Kollegen angeboten wird, der besser mit dem Personalchef auskommt. In dieser Situation hat er zwei Möglichkeiten: Er kann Wege finden, um die Meinung des Personalchefs über ihn zu ändern, wer der bessere für die Stelle ist (erste Methode), oder sich eine Reihe von anderen Zielen setzen, wie in eine andere Abteilung der Firma eintreten, den Beruf wechseln, seine Berufsziele tiefer ansetzen und seine Energie auf seine Familie, die Gemeinde oder eigene Entwicklung konzentrieren (zweite Methode). Keine dieser Lösungen ist in einem absoluten Sinne „besser"; wichtig ist, was im Zusammenhang mit Phils Gesamtzielen vernünftig ist und ob ihm im weiteren Leben maximale Freude ermöglicht wird.

Ganz gleich, welchen Weg Phil einschlägt, wenn er sich selbst, seine Bedürfnisse und Wünsche zu ernst nimmt, wird er in Schwierigkeiten geraten, sobald etwas nicht nach seiner Vorstellung läuft. Er hat dann nicht genügend überschüssige Aufmerksamkeit, um realistische Möglichkeiten zu erkennen, und statt erfreuliche neue Herausforderungen zu entdecken, wird er von belastenden Bedrohungen umgeben sein.

Fast jede Lebenssituation bietet einem Möglichkeiten zum Wachstum. Wir haben gesehen, daß selbst schreckliche Katastrophen, wie Blindheit oder Lähmung, zu Bedingungen für Freude und größere Komplexität umgewandelt werden können. Selbst die Einstellung zum Tod kann Harmonie im Bewußtsein schaffen statt Verzweiflung.

Doch um diese Transformationen zu bewältigen, muß man bereit sein, unerwartete Gelegenheiten zu erkennen. Die meisten Menschen laufen aufgrund ihrer genetischen Programmierung und gesellschaftlichen Konditionierung auf so starren Bahnen, daß sie sämtliche Chancen ignorieren, einen anderen Kurs einzuschlagen. Ausschließlich nach genetischen und gesellschaftlichen Instruktionen zu leben ist in Ordnung, solange alles gut verläuft. Doch in dem Moment, wenn biologische oder gesellschaftliche Ziele nicht erfüllt werden – was langfristig unvermeidlich ist –, muß man neue Ziele formulieren und eine neue *flow*-Akivität für sich schaffen, sonst verschwendet man seine Energien in innerem Chaos.

Doch wie schafft man es, diese alternativen Strategien zu entdekken? Die Antwort ist schlicht: Wenn man mit unbewußter Selbstsicherheit operiert, für die Umwelt offen und eins mit ihr bleibt, taucht vermutlich von selbst eine Lösung auf. Der Prozeß, neue Ziele im Leben wahrzunehmen, ähnelt in vieler Hinsicht der Erschaffung eines originellen Kunstwerkes. Ein konventioneller Maler beginnt mit einer festen Vorstellung, was er schaffen will, die Leinwand zu bearbeiten, und hält sich an die ursprüngliche Absicht, bis das Werk vollendet ist, doch ein origineller Künstler mit gleichen technischen Fertigkeiten beginnt mit einem tief empfundenen, aber undefinierten Ziel, ändert das Bild immer wieder ab als Reaktion auf unerwartete Farben und Formen, die auf der Leinwand auftauchen, und endet mit einem fertigen Werk, das vermutlich in nichts dem Beginn ähnelt. Wenn der Künstler auf seine inneren Gefühle achtet, weiß, was ihm gefällt oder nicht, wenn er darauf achtet, was auf der Leinwand passiert, muß einfach ein gutes Bild entstehen. Wenn er sich jedoch an eine feste Vorstellung klammert, wie das Gemälde aussehen soll, ohne auf die Möglichkeiten zu reagieren, die sich aus den entstehenden Formen anbieten, wird das Bild vermutlich trivial.

Man beginnt immer mit einer festen Vorstellung, was man vom Leben will. Dazu gehören grundsätzliche Bedürfnisse, die uns einprogrammiert sind, um das Überleben zu sichern – wie Essen, Zärtlichkeit, Sex, Herrschaft über andere. Dazu gehören aber auch Wünsche, die unsere jeweilige Kultur in uns wachgerufen hat – Schlanksein, Reichtum, Bildung und Beliebtheit. Wenn wir diese Ziele verfolgen und Glück haben, schaffen wir es vielleicht, die biologische und gesellschaftliche Idealvorstellung unserer Zeit zu verwirklichen. Aber wenn wir diese Ziele nicht realisieren können? Wir werden uns niemals anderer Möglichkeiten bewußt, wenn wir nicht, wie der Maler, der aufmerksam beobachtet, was auf der Leinwand geschieht, auf das achten, was um uns herum passiert, und die Ereignisse daran messen, wie sie auf unsere Gefühle wirken, statt ausschließlich an vorgefaßten Ideen. Wenn wir das tun, entdecken wir, daß es im Gegensatz zu dem, was man uns beigebracht hat zu glauben, befriedigender ist, anderen zu helfen, als sie niederzuschlagen, daß es erfreulicher ist, mit seiner Zweijährigen zu sprechen, als mit dem Chef Golf zu spielen.

Das autotelische Selbst: Eine Zusammenfassung

Wir haben in diesem Kapitel wiederholt gezeigt, daß nicht äußere Kräfte bestimmen, ob widrige Umstände in eine positive Erfahrung gekehrt werden können. Jemand, der gesund, reich, stark und mächtig ist, hat keine größere Chance, sein Bewußtsein zu steuern, als jemand, der krank, arm, schwach und unterdrückt ist. Der Unterschied zwischen jemandem, der das Leben genießt, und jemandem, den es überfordert, beruht auf einer Kombination äußerer Faktoren und der Art und Weise, wie man diese deutet – d.h., ob Herausforderungen als Bedrohungen betrachtet werden oder als Handlungsmöglichkeiten.

Ein „autotelisches Selbst" kann potentielle Bedrohungen leicht in positive Herausforderungen verwandeln und daher seine innere Harmonie behalten. Jemand, der sich nie langweilt, selten Angst hat, der an dem, was um ihn herum geschieht, Anteil nimmt und sich vorwiegend im *flow* befindet, kann als autotelisches Selbst bezeichnet werden. Der Begriff bezeichnet wörtlich „ein Selbst, das sich selbst die Ziele setzt", und er spiegelt den Gedanken wider, daß ein solches Individuum relativ wenige Ziele hat, die nicht dem Selbst entstammen. Für die meisten Menschen werden Ziele entweder direkt durch biologische Bedürfnisse geprägt oder durch gesellschaftliche Konventionen, und daher liegt ihr Ursprung außerhalb des Selbst. Die Hauptziele eines autotelischen Menschen entspringen der Erfahrung, wie sie in seinem Bewußtsein eingeschätzt wird, und daher dem eigentlichen Selbst.

Das autotelische Selbst verwandelt potentiell entropische Erfahrungen in *flow*. Die Regeln für die Entwicklung eines solchen Selbst sind daher einfach, und sie beziehen sich direkt auf das *flow*-Modell. Man kann sie folgendermaßen zusammenfassen:

1. Ziele setzen: Um *flow* zu erleben, muß man ein deutliches Ziel anstreben. Mit einem autotelischen Selbst lernt man, Entscheidungen ohne große Umstände und möglichst wenig Panik zu treffen – ob für eine lebenslange Verpflichtung, wie eine Ehe oder einen Beruf, oder für trivialere Dinge, wie die Entscheidung, was man am Wochenende unternimmt oder wie man die Wartezeit beim Zahnarzt überbrückt.

Die Auswahl des Ziels hängt mit der Wahrnehmung von Herausforderungen zusammen. Wenn ich mich entscheide, Tennisspielen zu lernen, folgt daraus, daß ich lerne, wie man bedient, die Rückhand und Vorhand einsetzt und Ausdauer sowie Reflexe entwickelt. Dies kann auch umgekehrt ablaufen: Da ich Spaß daran habe, einen Ball übers Netz zu schlagen, entwickele ich vielleicht das Ziel, Tennis spielen zu lernen. In jedem Fall bedingen Ziele und Herausforderungen einander.

Sobald die Ziele und Herausforderungen ein Handlungssystem definieren, braucht man die dazu notwendigen Fähigkeiten, um es zu betreiben. Wenn ich mich entscheide, meine Stelle zu kündigen und Hoteldirektor in einem Badeort zu werden, folgt daraus, daß ich lerne, wie man ein Hotel leitet, es finanziert, einen günstigen Standort auswählt usw. Natürlich kann es auch umgekehrt anfangen: Das, was ich für meine Fähigkeiten halte, könnte zur Entwicklung eines bestimmten Ziels führen, das auf diesen Stärken aufbaut: Ich beschließe, Hoteldirektor zu werden, weil ich in mir die richtigen Eigenschaften dafür vermute.

Bei der Entwicklung von Fähigkeiten muß man auf die Folgen seiner Handlungen achten – das Feedback überwachen. Um zu einem guten Hoteldirektor zu werden, muß ich korrekt deuten, was die Bankiers, die mir das Geld leihen, über meinen Vorschlag denken. Ich muß wissen, was Gäste anlockt und was sie fernhält. Ohne ständige Beachtung des Feedbacks würde ich mich bald vom Handlungssystem lösen, keine neuen Fähigkeiten mehr entwickeln und weniger wirksam werden.

Ein wesentlicher Unterschied zwischen Menschen mit und ohne autotelischem Selbst ist, daß erstere wissen, daß sie ihr jeweiliges Ziel selbst ausgewählt haben. Ihre Tätigkeiten sind weder zufällig noch Folge einer bestimmenden Kraft von außen. Diese Tatsache hat zwei scheinbar entgegengesetzte Konsequenzen. Einerseits führt das Gefühl, über die eigenen Entscheidungen zu verfügen, dazu, sich stärker für Ziele einzusetzen. Man handelt zuverlässig und wird von innen heraus gesteuert. Andererseits kann man im Wissen, daß es sich um eigene Entscheidungen handelt, die Ziele leichter abändern, wann immer die Gründe für sie keinen Sinn mehr ergeben. In dieser Hinsicht ist das Verhalten eines autotelischen Menschen zugleich beständiger und flexibler.

2. Sich in die Handlung vertiefen: Jemand mit einer autotelischen Persönlichkeit vertieft sich nach der Wahl eines Handlungssystems in die Tätigkeit. Ob er ein Flugzeug ohne Zwischenlandung um die Welt steuert oder nach dem Essen abwäscht, er richtet seine Aufmerksamkeit auf die vor ihm liegende Aufgabe.

Um dabei erfolgreich zu sein, muß man lernen, seine Handlungsmöglichkeiten den zur Verfügung stehenden Fähigkeiten anzupassen. Manche Menschen beginnen mit unrealistischen Erwartungen wie: die Welt retten oder mit zwanzig Millionär sein. Wenn ihre Hoffnungen zerstört werden, sind sie verzweifelt, und ihr Selbst welkt unter dem Verlust psychischer Energie, die bei dem erfolglosen Versuch verschwendet wurde. Das andere Extrem sind die vielen, die auf der Stelle treten, weil sie dem eigenen Potential nicht trauen. Sie suchen die Sicherheit trivialer Ziele und halten das Wachstum ihrer Komplexität so niedrig wie möglich. Um sich in ein Handlungssystem zu vertiefen, muß man eine relativ enge Verbindung zwischen den Anforderungen der Umwelt und der eigenen Handlungsfähigkeit finden.

Jemand betritt zum Beispiel einen Raum voller Leute und beschließt, so viele wie möglich kennenzulernen und sich dabei zu amüsieren. Wenn dieser Jemand nun kein autotelisches Selbst hat, ist er vielleicht nicht in der Lage, von sich aus eine Interaktion zu beginnen, und zieht sich in der Hoffnung in eine Ecke zurück, daß jemand ihn bemerkt. Vielleicht wird er auch recht lautstark und schmeichlerisch, vielleicht stößt er die anderen mit seiner unangemessenen, oberflächlichen Freundlichkeit ab. Beide Strategien wären nicht sonderlich erfolgreich oder amüsant. Jemand mit einem autotelischen Selbst hingegen würde beim Betreten des Raumes seine Aufmerksamkeit von sich selbst auf die Gesellschaft richten – das „Handlungssystem", an dem er sich beteiligen will. Er würde die Gäste beobachten, versuchen zu erraten, welcher von ihnen passende Interessen und ein entsprechendes Temperament hat, und mit dieser Person ein Gespräch über Themen beginnen, die seiner Annahme nach für beide angenehm sind. Wenn das Feedback negativ ist – wenn sich die Unterhaltung als langweilig herausstellt oder den anderen überfordert, versucht er es mit einem anderen Thema oder einem anderen Partner. Erst wenn die Handlungen der Person den Möglichkeiten des Handlungssystem genau entsprechen, kann sie sich wirklich vertiefen.

Vertiefung wird durch die Fähigkeit zur Konzentration enorm erleichtert. Menschen, die an Aufmerksamkeitsstörungen leiden, die ihre Gedanken nicht bei der Sache halten können, fühlen sich immer vom Strom des Lebens ausgeschlossen. Sie sind der Gnade jedes zufällig vorbeistreunenden Reizes ausgeliefert. Gegen seinen Willen abgelenkt zu werden ist das sicherste Zeichen, keine Kontrolle auszuüben. Doch es ist erstaunlich, wie wenig Mühe sich viele geben, die Steuerung ihrer Aufmerksamkeit zu verbessern. Wenn das Lesen eines Buches zu schwierig ist, neigen wir dazu, statt unsere Aufmerksamkeit zu verstärken, es beiseite zu legen und uns dem Fernseher zuzuwenden. Fernsehen erfordert nicht nur minimale Konzentration, sondern bringt sie tatsächlich durch kurze Szenenfolgen, Werbespots und allgemein seichten Inhalt zum Verpuffen.

3. Aufmerksamkeit auf das Geschehen richten: Konzentration führt zu Vertiefung, die nur aufrechterhalten werden kann, indem ständig Aufmerksamkeit investiert wird. Sportler sind sich darüber im klaren, daß schon das sekundenlange Nachlassen der Aufmerksamkeit bei einem Rennen die Niederlage bedeuten kann. Ein Schwergewichtler kann k.o. geschlagen werden, wenn er den linken Haken seines Gegners nicht kommen sieht. Der Basketballspieler verpaßt den Korb, wenn er sich vom Brüllen des Publikums ablenken läßt. Die gleichen Fallstricke drohen jedem, der an einem komplexen System teilnimmt: um dabeizubleiben, muß er psychische Energie einsetzen. Der Vater, der nicht aufmerksam seinem Kind zuhört, untergräbt die Interaktion; der Anwalt, dessen Aufmerksamkeit nachläßt, verliert vielleicht den Prozeß, der Chirurg, dessen Gedanken abschweifen, seinen Patienten. Ein autotelisches Selbst bedeutet die Fähigkeit, Vertiefung beizubehalten. Selbst-Bewußtheit oder Befangenheit, die verbreitetste Quelle von Ablenkung, ist für einen solchen Menschen kein Problem. Statt sich zu sorgen, wie er abschneidet oder auf andere wirkt, versenkt er sich völlig in sein Ziel. In manchen Fällen schiebt die Tiefe der Versenkung die Selbst-Bewußtheit aus den Gedanken, manchmal funktioniert es andersherum: Eben der Mangel an Selbst-Bewußtheit ermöglicht tiefe Versenkung. Die Elemente der autotelischen Persönlichkeit sind durch gegenseitige Kausalität miteinander verbunden. Es ist nicht wichtig, wo man beginnt – ob man zuerst das Ziel wählt, Fähigkeiten entwickelt, die Konzentrationsfähigkeit pflegt oder seine Befangenheit ablegt. Man kann überall anfangen, weil die anderen Elemente viel leichter erreicht werden können, sobald die *flow*-Erfahrung einsetzt.

Jemand, der sich auf eine Tätigkeit konzentriert, statt sich um sein Selbst zu sorgen, erfährt ein Paradox: Er fühlt sich nicht mehr als eigenständiges Individuum, doch sein Selbst wird stärker. Das autotelische Individuum wächst über die Grenzen der Individualität hinaus, indem es psychische Energie in einem System einsetzt, an dem es Anteil hat. Aufgrund dieser Vereinigung der Person mit dem System geht das Selbst mit höherer Komplexität daraus hervor. Daher ist es besser, geliebt und verloren zu haben als überhaupt nie geliebt. Das Selbst eines Menschen, der alles von einer egozentrischen Perspektive aus betrachtet, ist vielleicht sicherer, gewiß aber ärmer als das eines Menschen, der bereit ist, sich zu verpflichten und zu vertiefen und um der Sache selbst willen, statt aus reinem Eigeninteresse, Aufmerksamkeit auf das zu richten, was vor sich geht.

Bei der Zeremonie zur Enthüllung der riesigen Picasso-Skulptur auf dem Platz vor Chicagos Stadtverwaltung stand ich zufällig neben einem mir bekannten Anwalt. Während die Festreden vor sich hin dröhnten, bemerkte ich auf seinem Gesicht einen Ausdruck äußerster Konzentration und wie seine Lippen sich bewegten. Auf meine Frage, was er denke, antwortete er, er versuche die Summe zu schätzen, was die Stadt als Entschädigung an die Eltern der Kinder zahlen müsse, die sich beim Klettern auf dieser Skulptur verletzen würden.

Hatte dieser Anwalt Glück, weil er alles, was er sah, zu einem beruflichen, beherrschbaren Problem umdeuten und so in ständigem *flow* leben konnte? Oder verpaßte er eine Gelegenheit zum Wachstum, weil er nur auf das achtete, was ihm vertraut war, und die ästhetischen und gesellschaftlichen Aspekte der Ereignisses versäumte? Vielleicht treffen beide Deutungen zu. Langfristig gesehen ist es jedoch immer einschränkend, wenn man die Welt nur aus dem kleinen Fenster des eigenen Selbst betrachtet. Auch der anerkannteste Arzt, Künstler oder Politiker wird zu einem hohlen Langweiler und kann sein Leben nicht mehr genießen, wenn er sich nur für seine eigene begrenzte Rolle im Universum interessiert.

4. Lernen, sich an der unmittelbaren Erfahrung zu freuen: Die Folgen eines autotelischen Selbst – lernen, sich Ziele zu setzen, Fähigkeiten zu entwickeln, auf Feedback zu achten, wissen, wie man sich konzentriert und vertieft – bedeuten, man kann das Leben genießen, auch wenn die objektiven Umstände hart und unangenehm sind. Steuerung des Bewußtseins bedeutet, daß praktisch alles, was geschieht, in eine Quelle von Freude umgewandelt werden kann. Ein Windhauch an einem heißen Tag, eine Wolke, die sich in der Glasfassade eines Wolkenkratzers spiegelt, ein Geschäftsabschluß, ein Kind mit einem jungen Hund beim Spiel, ein Glas Wasser können sämtlich als zutiefst befriedigende Erfahrungen empfunden werden, die das Leben erfüllter machen.

Man braucht jedoch Entschlossenheit und Disziplin, um diese Kontrolle zu erreichen. Optimale Erfahrung ist nicht Folge einer hedonistischen, lotusessenden Lebensweise. Eine gelassene laissez-faire-Haltung reicht nicht als Verteidigung gegen das Chaos. Wie wir zu Anfang dieses Buches gesehen haben, muß man, um zufällige Ereignisse in *flow* umzuwandeln, Fähigkeiten entwickeln, die die Kapazitäten voll ausschöpfen, damit man zu mehr wird, als man ist. *Flow* treibt Individuen zu Kreativität und ungewöhnlichen Leistungen an. Die Notwendigkeit, immer höhere Fähigkeiten zu entwickeln, um Freude zu genießen, steht hinter der Entwicklung der Kultur. Sie motiviert Individuen und Kulturen, sich zu komplexeren Einheiten zu entwickeln. Ordnung in der Erfahrung setzt Energie frei, die Evolution vorantreibt – sie ebnet den Weg für unsere vage erahnten Abkömmlinge, die komplexer und klüger sind als wir und bald unseren Platz einnehmen werden.

Doch um sämtliche Erfahrung in *flow* umzuwandeln, reicht es nicht aus, zu lernen, wie man von einem Moment zum anderen den Zustand des Bewußtseins kontrolliert. Man braucht einen Gesamtzusammenhang von Zielen, um das Alltagsleben sinnvoll zu gestalten. Wenn man von einer *flow*-Aktivität zur nächsten schreitet, ohne sie sinnvoll miteinander zu verbinden, wird es am Ende des Lebens schwer, auf die vergangenen Jahre zurückzublicken und einen Sinn in dem Geschehenen zu finden. Wenn man optimale Erfahrung erreichen will, muß man Harmonie in allem finden, was man tut. Diese letzte Aufgabe der *flow*-Theorie bedeutet, die Gesamtheit des Lebens zu einer einzigen *flow*-Aktivität zu gestalten, mit einheitlichen Zielen, die allem beständig Sinn verleihen.

X Die Entstehung von Sinn

Es hat nichts Ungewöhnliches an sich, wenn ein berühmter Tennisspieler sich völlig dem Spiel hingibt und sich daran freut, aber außerhalb des Platzes griesgrämig und feindselig ist. Picasso malte gern, aber sobald er den Pinsel aus der Hand legte, verwandelte er sich in einen ziemlich unangenehmen Zeitgenossen. Bobby Fischer, das Schachgenie, wirkte hilflos und ungeschickt, außer wenn er seine Gedanken aufs Spielbrett richtete. Diese und zahlreiche andere Beispiele erinnern daran, daß *flow* in einer Aktivität erreicht zu haben nicht notwendigerweise garantiert, ihn für den Rest des Lebens ununterbrochen zu erfahren.

Wenn man seine Arbeit und Freundschaften genießt und jede Herausforderung als Gelegenheit nutzt, neue Fähigkeiten zu entwikkeln, gewänne man dem Leben so viel ab, daß es über das normale Maß hinausginge. Doch selbst das reichte nicht aus, um uns ständiger optimaler Erfahrung zu versichern. Solange die Freude Stück für Stück aufgrund von Tätigkeiten entsteht, die nicht sinnvoll miteinander verbunden sind, bleibt man für die Abschweifung ins Chaos anfällig. Selbst die erfolgreichste Karriere, die schönste Familienbeziehung läuft schließlich auf Grund. Früher oder später muß das Engagement in der Arbeit gelockert werden; Partner sterben, Kinder werden erwachsen und ziehen fort. Um optimaler Erfahrung so nahe zu kommen, wie es nur menschenmöglich ist, wird ein letzter Schritt bei der Kontrolle des Bewußtseins notwendig. Dies bedeutet, das gesamte Leben in eine einheitliche *flow*-Erfahrung zu verwandeln. Wenn sich jemand an ein ziemlich schwieriges Ziel wagt, von dem sich alle anderen Ziele logisch ableiten, wenn er alle Energie in die Entwicklung von Fähigkeiten steckt, um dieses Ziel zu erreichen, werden Handlungen und Gefühle harmonisch übereinstimmen, und die einzelnen Teile des Lebens fügen sich zusammen – jede Aktivität ergibt dann in der Gegenwart einen Sinn, wie auch mit Blick auf die Vergangenheit und die Zukunft. Auf diese Weise wird es möglich, dem gesamten Leben einen Sinn zu verleihen. Aber ist es nicht unglaublich naiv, zu erwarten, daß das Leben einen zusammenhängenden Gesamtsinn aufweist? Seit Nietzsches Feststellung, Gott sei tot, haben alle Philosophen und Sozialwissenschaftler fleißig zu zeigen versucht, daß die Existenz keinen Sinn habe, daß der Zufall und unpersönliche Kräfte unser Schicksal bestimmen, daß alle Werte relativ und daher willkürlich seien. Es ist wahr, daß das Leben keinen Sinn hat, wenn wir damit ein oberstes Ziel meinen, das in das Netz der Natur und der menschlichen Erfahrungen eingebaut wäre, ein Ziel, daß für jedes Einzelwesen gilt. Doch daraus folgt nicht, daß man dem Leben keinen Sinn geben kann. Ein Großteil dessen, was wir Kultur und Zivilisation nennen, besteht aus den Bemühungen von Menschen – gewöhnlich ohne große Aussicht auf Erfolg –, für sich und ihre Abkömmlinge eine Art Zweck zu schaffen. Man kann einerseits das Leben an sich als sinnlos ansehen. Doch daraus folgt nicht, dies resigniert zu akzeptieren. Aus dem ersten folgt ebensowenig das zweite wie aus der Tatsache, daß wir keine Flügel haben, folgt, daß wir nicht fliegen.

Vom Standpunkt des Einzelwesens aus spielt es keine Rolle, wie das Hauptziel aussieht – solange es herausfordernd genug ist, um ein Leben lang die psychische Energie zu lenken. Die Herausforderung besteht vielleicht darin, die größte Bierdeckelsammlung der Gegend zu besitzen, ein Heilmittel für Krebs zu finden oder einfach in dem biologischen Auftrag, Kinder zu haben, die überleben und denen es gut geht. Solange deutliche Ziele und Regeln für das Handeln aufgestellt werden und ein Weg gewiesen wird, wie man sich konzentriert und vertieft, kann jedes Ziel dazu dienen, dem Leben eines Menschen einen Sinn zu geben.

In den letzten Jahren habe ich die Bekanntschaft einiger Moslems gemacht – von Elektroingenieuren, Piloten, Geschäftsleuten und Lehrern, die vorwiegend aus Saudi-Arabien und anderen Golfstaaten stammen. Bei Gesprächen mit ihnen beeindruckte mich immer wieder, wie entspannt sie selbst unter starken Belastungen wirken. „Das ist nichts Besonderes“, erklärte mir einer von ihnen, zwar mit anderen Worten, aber dem gleichem Sinn. „Wir regen uns nicht auf, weil wir glauben, unser Leben liegt in Gottes Hand, und was Er entscheidet, wird richtig für uns sein.“ Ein derartiger Glaube pflegte in unserem Kulturkreis ebenfalls verbreitet zu sein, doch man findet ihn heutzutage nicht mehr so leicht. Viele Menschen müssen allein ein Ziel finden, das ihrem Leben Sinn gibt, ohne die Hilfe eines traditionellen Glaubens.

Was ist Sinn?

Sinn ist als Begriff schwer zu definieren, da jede Erklärung das Risiko eingeht, sich im Kreis zu drehen. Wie redet man vom Sinn des Sinnes? Man kann mit drei verschiedenen Methoden die Bedeutung dieses Wortes entschlüsseln; dies hilft dabei, den letzten Schritt in Richtung optimaler Erfahrung zu tun. Mit der ersten Bedeutung meint man das Ziel, den Zweck, die Bedeutung von etwas, wie bei der Frage: *Was ist der Sinn des Lebens?* In dieser Bedeutung bezieht sich das Wort auf die Annahme, daß alle Ereignisse mit Blick auf ein letztes Ziel miteinander verbunden sind, daß es eine zeitliche Ordnung, einen kausalen Zusammenhang zwischen ihnen gibt. Es wird angenommen, daß Phänomene nicht zufällig sind, sondern in erkennbare Muster geordnet, geleitet von einem letztendlichen Zweck. Der zweite Gebrauch des Wortes bezieht sich auf die Absichten eines Menschen: *Sie hat gewöhnlich Gutes im Sinn.* Hierbei wird vorausgesetzt, daß Menschen ihre Absichten in Handlungen zeigen, daß sie ihre Ziele auf vorhersehbare, beständige und strukturierte Weise ausdrücken. Der dritte Sinn des Wortes schließlich bezieht sich auf die Ordnung von Informationen, wie in dem Satz: *Otorhinolaryngologie bedeutet die Lehre von Ohren, Nase und Rachen,* oder *Abendrot bedeutet gutes Wetter.* Dieser Sinn deutet auf die Identität verschiedener Worte hin, auf die Beziehung zwischen Ereignissen, und trägt so dazu bei, Ordnung zwischen unverbundenen oder widersprüchlichen Informationen zu verdeutlichen und zu errichten.

Sinn oder Bedeutung schaffen heißt, Ordnung in den Inhalt des Bewußtseins zu bringen, indem die Handlungen eines Menschen zu einer einheitlichen *flow*-Erfahrung gefügt werden. Die drei Bedeutungen des Wortes *Sinn* verdeutlichen, wie dies erreicht werden kann. Menschen, die ihr Leben sinnvoll finden, haben gewöhnlich ein Ziel, das herausfordernd genug ist, um all ihre Energie in Anspruch zu nehmen, ein Ziel, das ihrem Leben Bedeutung verleiht. Wir beschreiben einen solchen Prozeß vielleicht als absichtsvoll. Um *flow* zu erfahren, muß man sich Handlungsziele setzen: Ein Spiel gewinnen, sich mit jemandem anfreunden, etwas auf bestimmte Weise erreichen. Das Ziel an sich ist gewöhnlich nicht wichtig; wichtig ist, daß es die Aufmerksamkeit eines Menschen zentriert und ihn in eine machbare, erfreuliche Aktivität einbezieht. Manche Menschen sind dementsprechend fähig, ihre psychische Energie ihr ganzes Leben lang auf gleich deutliche Weise zu lenken. Die unverbundenen Ziele der einzelnen *flow*-Aktivitäten verschmelzen in einem übergreifenden Zielsystem, das allem, was dieser Mensch tut, Sinn verleiht. Es gibt sehr unterschiedliche Methoden, diese Ausrichtung zu erzielen. Napoleon widmete sein Leben ausschließlich dem Streben nach Macht und führte dabei gelassen Hunderttausende französischer Soldaten in den Tod. Mutter Teresa setzte ihre gesamte Energie für die Hilfe der Hilflosen ein, weil ihrem Leben ein Sinn gegeben wurde, der auf bedingungsloser Liebe und Glaube an Gott beruhte, auf einer spirituellen Ordnung, die über ihre Sinne hinausging.

Vom rein psychologischen Standpunkt haben Napoleon wie Mutter Teresa die gleiche Ebene eines inneren Sinns erlangt und daher optimale Erfahrung erreicht. Der offensichtliche Unterschied zwischen ihnen führt zu einer weiter gefaßten ethischen Frage: Welche Folgen haben diese beiden unterschiedlichen Wege zu einem Lebenssinn? Wir kommen vielleicht zu dem Schluß, daß Napoleon Tausenden Chaos brachte, während Mutter Teresa die Entropie im Bewußtsein vieler verminderte. Doch wir wollen hier kein Urteil über den objektiven Wert von Handlungen fällen; wir befassen uns statt dessen mit der bescheideneren Aufgabe, die subjektive Ordnung zu beschreiben, die ein einheitlicher Sinn dem einzelnen Bewußtsein schenkt. In diesem Sinne ist die Antwort auf das alte Rätsel: „Was ist der Sinn des Lebens?" erstaunlich schlicht: Der Sinn des Lebens ist Sinn, was immer er ist, wo immer er herstammt; ein einheitlicher Zweck gibt dem Leben einen Sinn.

Die zweite Bedeutung des Wortes *Sinn* bezieht sich auf den Ausdruck einer Absicht. Und auch in diesem Sinne paßt es zum Thema, wie man Sinn erlangt, indem man das gesamte Leben in eine einzige *flow*-Erfahrung verwandelt. Es reicht nicht, einen Zweck zu finden, der die Ziele vereinheitlicht, man muß sich auch den Herausforderungen stellen und sie bewältigen. Man könnte dies auch als Entschiedenheit bei der Verfolgung eines Ziels bezeichnen. Es zählt nicht so sehr, ob jemand tatsächlich das erreicht, was er sich vorgenommen hat, sondern ob überhaupt Anstrengungen dazu unternommen wurden, statt daß diese Bemühungen verstreut oder verschwendet werden. Hamlet meinte, wenn die angeborene Entschiedenheit von fahlen Schatten des Zweifels angehaucht würden, verlören Unternehmen von großer Kraft und Schwung den Namen Tat. Kaum etwas ist trauriger als jemand, der genau weiß, was er tun soll, aber nicht genügend Energie aufbringt, es auch anzugehen. „Wer Wünsche hat, aber nicht handelt", schrieb Blake mit dem ihm eigenen Nachdruck, „brütet Pestilenz aus."

Die dritte und letzte Art, wie das Leben an Sinn gewinnt, ergibt sich aus den beiden vohergehenden. Wenn ein wichtiges Ziel entschlossen angegangen wird und alle verschiedenen Aktivitäten sich zu einer einheitlichen *flow*-Erfahrung fügen, entsteht als Folge *Harmonie* im Bewußtsein. Bei jemandem, der seine Wünsche erkennt und sinnvoll auf deren Erfüllung hinarbeitet, stehen Gefühle, Gedanken und Handlungen miteinander im Einklang, und er hat daher innere Harmonie erreicht. Manche nennen diesen Prozeß „sich zusammenreißen", doch in praktisch jeder anderen historischen Phase wurde eine ähnliche Vorstellung benutzt, um diesen notwendigen Schritt zu beschreiben, wie man ein gutes Leben erreicht. Jemand, der sich in Harmonie befindet, gleich was er tut, gleich was ihm zustößt, der weiß, daß seine psychische Energie nicht an Zweifel, Reue, Schuld und Angst verschwendet, sondern nützlich angewendet wird. Innerer Einklang führt letztendlich zu jener inneren Stärke und Gelassenheit, die wir bei Menschen bewundern, die mit sich selbst im reinen zu sein scheinen. Zweck, Entschiedenheit und Harmonie lassen das Leben als Einheit erscheinen und geben ihm einen Sinn, indem sie es in eine nahtlose *flow*-Erfahrung umwandeln. Wer diesen Zustand erreicht, dem mangelt es nie wirklich an etwas. Jemand, dessen Bewußtsein so geordnet ist, braucht weder unerwartete Ereignisse noch den Tod zu fürchten. Jeder Moment des Lebens ergibt einen Sinn, und das meiste wird erfreulich sein. Das klingt gewiß erstrebenswert. Wie gelangt man also zu einem solchen Zustand?

Die Kultivierung des Sinns

Man kann im Leben vieler Menschen einen einheitlichen Zweck finden, der den Dingen ihren Platz zuordnet, die sie tagein, tagaus verrichten – ein Ziel, das ihre psychische Energie wie ein magnetisches Feld anzieht, ein Ziel, von dem alle kleineren Ziele abhängen. Dieses Ziel bestimmt die Herausforderungen, die jeder braucht, um sein Leben in eine *flow*-Aktivität zu verwandeln. Ohne einen solchen Zweck fehlt es selbst dem wohlgeordneten Bewußtsein an Sinn.

Im Verlauf der Geschichte der Menschheit wurden unzählige Versuche unternommen, ein höchstes Ziel zu finden, das der Erfahrung einen Sinn verlieh. Diese Versuche unterschieden sich stark voneinander. Folgt man beispielsweise der Sozialphilosophin Hannah Arendt, suchte der Mensch in der griechischen Antike Unsterblichkeit zu erreichen, indem er heldenhafte Taten vollbrachte, während Männer und Frauen in der christlichen Welt aufgrund heiliger Handlungen ein ewiges Leben erhofften. Letzte Ziele müssen nach Arendts Meinung mit dem Gedanken der Unsterblichkeit übereinstimmen; sie müssen Männern und Frauen einen Zweck geben, der über das Grab hinausreicht. Unsterblichkeit und Ewigkeit garantieren dies, doch auf sehr verschiedene Weise. Die griechischen Helden vollbrachten heroische Taten, um die Bewunderung ihrer Zeitgenossen zu erringen, in der Erwartung, daß ihre sehr persönlichen Akte der Tapferkeit in Liedern und Geschichten von einer Generation an die nächste weitergegeben wurden. Ihre Identität würde daher in der Erinnerung der Nachfahren weiterexistieren. Heilige dagegen gaben die Individualität auf, um ihre Gedanken und Handlungen mit dem Willen Gottes zu verschmelzen, in Erwartung, auf ewig mit ihm vereint zu leben. Der Held und der Heilige verwandelten ihr Leben in eine *flow*-Erfahrung in dem Sinne, daß sie die Totalität ihrer psychischen Energie auf ein allumfassendes Ziel richteten, Dies schrieb ihnen ein zusammenhängendes Verhaltensmuster vor, dem sie bis zum Tod folgten. Andere Mitglieder der Gesellschaft ordneten ihre eigenen, weniger auffälligen Taten nach diesen Beispielen und gaben ihrem Leben ein weniger eindeutiges, aber mehr oder minder angemessenes Ziel. Jede menschliche Kultur enthält definitionsgemäß Bedeutungssysteme, die ihr einen allumfassenden Sinn geben, an dem das Einzelwesen seine Ziele ausrichtet. Pitirim Sorokin unterteilte zum Beispiel die Epochen der westlichen Zivilisation in drei Typen, die sich seiner Meinung nach im Verlauf der letzten fünfundzwanzig Jahrhunderte ständig abwechselten. Manchmal dauern sie Jahrhunderte, manchmal nur ein paar Jahrzehnte. Er bezeichnete sie als sinnliche, ideatische und idealistische Phasen der Kultur, und er versuchte, zu zeigen, daß in jeder ein anderes Gefüge von Prioritäten die existentiellen Ziele rechtfertigte.

Bei sinnlichen Kulturen geht es um Vorstellungen von der Realität, die die Sinne befriedigen sollen. Sie neigen dazu, epikureisch und utilitaristisch zu sein, und befassen sich vornehmlich mit konkreten Bedürfnissen. Kunst, Religion, Philosophie und Alltagsverhalten in solchen Kulturen verherrlichen und rechtfertigen Ziele in Begriffen faßbarer Erfahrungen. Nach Sorokin herrschten sinnliche Kulturen in Europa zwischen 440 und 200 v. Chr. vor, mit der Blüte zwischen 420 und 400 v. Chr. Sie traten im letzten Jahrhundert wieder auf, zumindest in den fortgeschrittenen kapitalistischen Demokratien. Menschen in einer sinnlichen Kultur sind nicht unbedingt materialistischer, doch sie organisieren ihre Ziele und rechtfertigen ihr Verhalten vornehmlich nach Lust und Praktikabilität und nicht nach abstrakteren Prinzipien. Die von ihnen wahrgenommenen Herausforderungen drehen sich fast ausschließlich darum, das Leben angenehmer, bequemer und lustvoller zu machen. Sie neigen dazu, das Gute als das zu identifizieren, was sich gut anfühlt, und sie mißtrauen Idealwerten.

Ideatische Kulturen sind nach einem Prinzip organisiert, das im Gegensatz zum Sinnlichen steht: Sie blicken auf das Faßbare herab und streben nach nichtmateriellen, übernatürlichen Zielen. Sie betonen abstrakte Prinzipien, Askese und die Transzendierung materieller Sorgen. Kunst, Religion, Philosophie und die Rechtfertigung des Alltagsverhaltens pflegen der Verwirklichung dieser spirituellen Ordnung unterworfen zu sein. Die Menschen widmen ihre Aufmerksamkeit der Religion oder Ideologie und betrachten ihre Herausforderungen nicht mit Blick darauf, wie das Leben erleichtert werden könnte, sondern wie man innere Erleuchtung und Überzeugung erreichen kann. Griechenland zwischen 600 und 500 v. Chr. und Westeuropa zwischen 200 v. Chr. und 400 n. Chr. stellen nach Sorokin die Blütezeiten dieser Weltsicht dar. Neuere und verwirrende Beispiele sind vielleicht die Nazi-Jahre in Deutschland, die kommunistischen Regimes in der Sowjetunion und China und die Wiederbelebung des Islam im Iran.

Ein einfaches Beispiel verdeutlicht vielleicht den Unterschied zwischen sinnlichen und ideatischen Kulturen. In unserer Kultur wird ebenso wie in faschistischen Gesellschaften körperliche Gesundheit hochgehalten und die Schönheit des menschlichen Körpers verherrlicht. In unserer sinnlichen Kultur wird der Körper kultiviert, um Gesundheit und Vergnügen zu erreichen, in einer ideatischen vornehmlich als Symbol eines abstrakten Prinzips von metaphysischer Perfektion, verbunden mit der Vorstellung einer „arischen Rasse" oder „römischer Tugend". In einer sinnlichen Kultur ruft ein Poster eines schönen Jugendlichen vielleicht eine sexuelle Reaktion hervor, die für Werbezwecke ausgenutzt wird. In einer ideatischen Kultur bedeutet das gleiche Poster eine ideologische Aussage und wird für politische Ziele benutzt.

Natürlich formt zu keiner Zeit eine Gruppe ihren Zweck ausschließlich nach entweder der einen oder der anderen Methode aus, das Bewußtsein zu ordnen. Jederzeit gibt es verschiedene Untergruppierungen und Kombinationen der sinnlichen und der ideatischen Weltsicht innerhalb der gleichen Kultur, sogar im Bewußtsein eines jeden einzelnen Menschen. Der Lebensstil der sogenannten Yuppies etwa beruht vornehmlich auf sinnlichen Prinzipien, während die Bibelfundamentalisten sich auf ideatische Prämissen stützen. Diese beiden Formen kommen zwar in vielen Variationen in unserem gegenwärtigen Gesellschaftssystem vor, reiben sich jedoch. Und beide können als Zielsystem dazu dienen, das Leben zu einer zusammenhängenden *flow*-Erfahrung zu machen.

Nicht nur Kulturen, sondern auch Individuen verkörpern diese Sinnsysteme in ihrem Verhalten. Wirtschaftsbosse wie Lee Iacocca oder H. Ross Perot, deren Leben durch konkrete unternehmerische Herausforderungen strukturiert wurde, geben oft das beste Beispiel für einen sinnlichen Umgang mit dem Leben. Die primitiveren Aspekte der sinnlichen Weltsicht werden durch jemanden wie Hugh Hefner dargestellt, dessen „Playboy-Philosophie" das schlichte Streben nach Lust feiert. Vertreter einer unreflektierten ideatischen Einstellung sind u.a. Ideologen und Mystiker, die einfache, transzendentale Lösungen anbieten, wie etwa blinden Glauben an die göttliche Vorsehung. Es gibt natürlich viele Abwandlungen und Kombinationen: Fernsehprediger wie die Bakkers oder Jimmy Swaggers beuten öffentlich ihr Publikum mit ideatischen Zielen aus, während sie privat dem Luxus und der Sinnlichkeit frönen.

Gelegentlich gelingt es einer Kultur, diese beiden dialektisch konträren Prinzipien zu einem überzeugenden Ganzen zu integrieren, wobei die Vorteile beider gewahrt und die Nachteile neutralisiert werden. Sorokin nennt diese Kulturen „idealistisch“. Sie verbinden die konkreten sinnlichen Erfahrungen mit einer Ehrfurcht vor spirituellen Zielen. In Westeuropa werden das Spätmittelalter und die Renaissance von Sorokin als relativ idealistisch bezeichnet, und die Blüte wurde in den ersten beiden Jahrzehnten des vierzehnten Jahrhunderts erreicht. Es erübrigt sich, zu betonen, daß die idealistische Lösung die von Sorokin bevorzugte ist, da sie die Teilnahmslosigkeit vermeidet, die oft Schlüsselaspekt einer rein materialistischen Weltsicht ist, wie auch die fanatische Askese, die viele ideatische Systeme heimsucht.

Sorokins einfache Dreiteilung ist eine strittige Methode, Kulturen einzuteilen, aber sie eignet sich dazu, einige Prinzipien zu veranschaulichen, nach denen Männer und Frauen ihre letztendlichen Ziele ordnen. Die sinnliche Option ist immer recht beliebt. Sie bietet konkrete Herausforderungen und formt das Leben in Begriffen einer *flow*-Aktivität, die sich materiellen Zielen zuwendet. Ein Vorteil ist es, daß die Regeln von allen begriffen werden und das Feedback gewöhnlich klar erkennbar ist – Gesundheit, Geld, Macht und sexuelle Befriedigung gelten nur selten als strittige Ziele. Doch die ideatische Option bietet ebenfalls Vorteile: Metaphysische Ziele werden vielleicht nie erreicht, aber ein Scheitern ist fast unmöglich zu beweisen: Der wahre Gläubige kann das Feedback immer verzerren, um es als Beweis zu deuten, daß er recht hatte. Am befriedigendsten kann man das Leben wohl mit der idealistischen Wahl zu einer allumfassenden *flow*-Aktivität vereinen. Aber das Setzen von Herausforderungen, die die materiellen Bedingungen verbessern, während man gleichzeitig spirituelle Ziele verfolgt, ist nicht leicht, besonders wenn die Kultur insgesamt dem Charakter nach vornehmlich sinnlich ist.

Eine andere Methode beschreibt, wie Menschen ihre Handlungen ordnen, indem man sich auf die Komplexität der Herausforderungen konzentriert, die diese sich setzen, statt auf deren Inhalt. Am wichtigsten ist vielleicht nicht, ob jemand materiell oder ideatisch ist, sondern wie differenziert und integriert die Ziele sind, die er in diesen Bereichen verfolgt. Wie wir im letzten Abschnitt von Kapitel II diskutierten, hängt Komplexität davon ab, wie gut ein System die einzigartigen Charaktereigenschaften und Potentiale entwickelt und wie gut diese Persönlichkeitszüge miteinander verbunden sind. In dieser Hinsicht ist eine durchdachte sinnliche Weltsicht, die auf eine Vielzahl konkreter menschlicher Erfahrungen reagiert und innerlich konsistent ist, einem unreflektierten Idealismus vorzuziehen und umgekehrt.

Unter Psychologen, die solche Themen untersuchen, herrscht Übereinstimmung, daß der Mensch sein Konzept, was er ist und was er im Leben erreichen will, schrittweise entwickelt. Jeder Mensch beginnt mit dem Bedürfnis, sich selbst, den Körper und seine Grundziele vor dem Auseinanderbrechen zu bewahren. An diesem Punkt ist der Sinn des Lebens ein einfacher: Es geht um Überleben, Komfort und Lust. Wenn die Sicherheit des körperlichen Selbst nicht mehr in Zweifel steht, erweitert man den Horizont des Sinnsystems, um die Werte der Gemeinschaft anzunehmen – der Familie, der Nachbarschaft, einer religiösen oder ethnischen Gruppe. Dieser Schritt führt zu größerer Komplexität des Selbst, auch wenn es gewöhnlich bedeutet, sich konventionellen Normen und Maßstäben anzupassen. Der nächste Schritt bei der Entwicklung bedeutet reflektiven Individualismus. Der Mensch wendet sich wieder nach innen und findet neuen Grund für Autorität und Werte in sich selbst. Er paßt sich nicht mehr blindlings an, sondern entwickelt ein autonomes Gewissen. An diesem Punkt wird das Hauptziel im Leben der Wunsch nach Wachstum, Verbesserung, der Umsetzung des Potentials. Der vierte Schritt, der sich auf allen vorhergehenden aufbaut, wendet sich schließlich vom Selbst ab und auf das Zusammenleben mit anderen und die Übereinstimmung mit universellen Werten zu.

In diesem letzten Zustand vereint die extrem individualisierte Person – wie Siddharta, der sein Boot der Herrschaft des Flusses überantwortete – bereitwillig seine eigenen Interessen mit jenen eines größeren Ganzen. In diesem Szenarium scheint der Aufbau eines komplexen Sinnsystems zu bedeuten, daß die Aufmerksamkeit abwechselnd auf das Selbst und das Andere gerichtet wird. Zuerst wird psychische Energie für die Bedürfnisse des Organismus eingesetzt, und psychische Ordnung ist gleichbedeutend mit Lust. Wenn dieser Zustand vorübergehend erreicht wird und der Mensch beginnen kann, Aufmerksamkeit in die Ziele einer Gemeinschaft zu stecken, entspricht der Sinn den Gruppenwerten – Religion, Patriotismus –, und die Akzeptierung durch und der Respekt vor anderen Menschen stellen den Maßstab der inneren Ordnung dar. Die nächste Bewegung der dialektischen Entwicklung bringt die Aufmerksamkeit wieder zum Selbst: Mit einem Gefühl der Zugehörigkeit zu einem größeren menschlichen System spürt der Mensch nun die Herausforderung, die Grenzen seines persönlichen Potentials zu entdecken. Dies führt zu Versuchen der Selbstverwirklichung, zum Experimentieren mit verschiedenen Fähigkeiten, verschiedenen Ideen und Disziplinen. In diesem Zustand wird eher Freude als Lust zur Hauptquelle von Befriedigung. Doch da zu dieser Phase gehört, zum Suchenden zu werden, stößt man vielleicht auch auf eine Lebenskrise, einen Berufswechsel, ein zunehmend verzweifelter werdendes Ankämpfen gegen die Grenzen der individuellen Fähigkeit. Von diesem Punkt an ist der Mensch bereit zum letzten Richtungswechsel der Energie: Wenn man entdeckt hat, was man kann und, noch wichtiger, was man allein vermag, verschmilzt das letztendliche Ziel mit einem System, das größer ist als der einzelne – mit einer Sache, einer Idee, einer transzendentalen Entität.

Nicht jeder durchläuft die verschiedenen Stadien zunehmender Komplexität. Einige haben nie die Gelegenheit, über den ersten Schritt hinauszugelangen. Wenn die Notwendigkeiten des Überlebens so beharrliche Anforderungen stellen, daß man seine Aufmerksamkeit kaum etwas anderem schenken kann, behält man nicht genügend psychische Energie übrig, um sie für Ziele der Familie oder der weiteren Gemeinschaft einzusetzen. Eigeninteresse wird zum ausschließlichen Sinn des Lebens. Die Mehrheit der Menschen richtet sich vermutlich gemütlich auf der zweiten Ebene der Entwicklung ein, wo das Wohlergehen der Familie oder der Firma, der Gemeinschaft oder der Nation einen mit Sinn erfüllen. Nur wenige erreichen die dritte Stufe des reflektiven Individualismus, und nur sehr wenige tauchen daraus wieder auf, um eine Einheit mit universellen Werten zu schmieden. Diese Stadien spiegeln also nicht unbedingt, was geschieht oder was geschehen wird, sie charakterisieren, was geschehen kann, wenn jemand Glück hat und erfolgreich sein Bewußtsein zu kontrollieren vermag.

Die vier beschriebenen Stadien stellen das einfachste Modell dafür dar, wie sich Sinn auf einer Spirale der Komplexität entwickelt. Andere Modelle umfassen sechs oder acht Stadien. Die Anzahl der

Schritte ist jedoch unwichtig; es zählt, daß die meisten Theorien die Bedeutung dieser dialektischen Spannung, diesen Wechsel zwischen Differenzierung und Integration erkennen. Von diesem Standpunkt aus scheint das individuelle Leben aus einer Reihe verschiedener „Spiele" zu bestehen, mit verschiedenen Zielen und Herausforderungen, die sich mit der Zeit und der Entwicklung der betreffenden Person verändern. Komplexität bedeutet, Energie für die Entwicklung der Fähigkeiten einzusetzen, mit denen wir geboren wurden, daß wir autonom, unabhängig, unserer Einzigartigkeit und unserer Begrenzungen bewußt werden. Zugleich müssen wir Energie in Erkenntnis und Verständnis stecken und Wege suchen, uns an die Kräfte jenseits der eigenen Individualität anzupassen. Natürlich müssen wir diese Wege nicht unbedingt einschlagen. Doch wenn wir es nicht tun, besteht eine große Gefahr, daß wir es früher oder später bereuen.

Entschiedenheit

Sinn gibt menschlichem Streben eine Richtung, aber er macht das Leben nicht unbedingt leichter. Ziele können einem alle möglichen Schwierigkeiten bereiten, und dann fühlt man sich versucht, aufzugeben und sich eine weniger anspruchsvolle Vorlage zu suchen, nach der man seine Handlungen ausrichten kann. Wenn man das Ziel wechselt, sobald ein Hindernis auftaucht, erlangt man zwar ein angenehmeres und leichteres Leben, aber vermutlich zum Preis von Leere und Sinnlosigkeit.

Für die Pilgerväter, die sich im heutigen Amerika niederließen, war die Freiheit der Religionsausübung notwendig für die Integrität ihres Selbst. Ihnen war nichts wichtiger als die Kontrolle über ihre Beziehung mit einem höchsten Wesen. Dieses letzte Ziel stellte nichts Neues dar – viele haben sich vor ihnen so entschieden. Die Pilgerväter unterschied jedoch von diesen – den Juden von Massada, den christlichen Märtyrern, den Katharern Südfrankreichs im Spätmittelalter, die eine ähnliche Entscheidung trafen –, daß sie sich weder durch Verfolgung noch durch Härten von ihrem Entschluß abbringen ließen. Statt dessen folgten sie der Logik ihrer Überzeugung, wo immer diese sie hinführte, und verhielten sich, *als sei sie* es wert, ihre

Bequemlichkeit und sogar das Leben zu opfern. Und weil sie sich so verhielten, *waren* ihre Ziele *tatsächlich* der Mühe wert, ungeachtet dessen, was sie zuvor bedeuteten. Da ihre Ziele eben durch ihre Bindung daran wertvoll wurden, konnten sie der Existenz der Pilgerväter einen Sinn verleihen.

Kein Ziel kann große Wirkung haben, wenn man es nicht ernst nimmt. Jedes Ziel schließt eine Reihe von Folgen ein, und wenn man nicht bereit ist, sich mit diesen abzufinden, wird das Ziel sinnlos. Der Bergsteiger, der beschließt, einen schwierigen Gipfel zu erklimmen, weiß, daß er die meiste Zeit dabei erschöpft ist und in Gefahr schwebt. Doch wenn er zu leicht aufgibt, wird sein Unterfangen wenig Wert haben. Das gleiche gilt für alle *flow*-Erfahrungen: Es besteht eine wechselseitige Beziehung zwischen Zielen und der Anstrengung für deren Erreichung. Ziele rechtfertigen die erforderlichen Anstrengungen zu Beginn; später ist es jedoch die Anstrengung, die das Ziel rechtfertigt. Man heiratet, weil der Partner für wert gehalten wird, das Leben mit ihm zu teilen, doch wenn man sich nicht dementsprechend verhält, verliert die Partnerschaft im Laufe der Zeit an Wert. Alles in allem kann man nicht behaupten, daß es der Menschheit an Mut gemangelt hat, hinter ihren Entschlüssen zu stehen. Milliarden von Eltern in jedem Zeitalter und jeder Kultur haben sich für ihre Kinder geopfert und dadurch ihr eigenes Leben wertvoller gemacht. Vermutlich ebensoviele haben ihre Energien eingesetzt, um ihre Felder und Herden zu beschützen. Millionen haben alles für ihre Religion, ihr Land oder ihre Kunst aufgegeben. Für sie hatte das Leben trotz Schmerz und Leid eine Chance, zu einer längeren Phase von *flow* zu werden: einer zentrierten, konzentrierten, innerlich zusammenhängenden, logisch strukturierten Reihe von Erfahrungen, die aufgrund ihrer inneren Ordnung als sinnvoll und erfreulich empfunden wurde.

Doch mit zunehmender Komplexität einer Kultur wird es schwieriger, diesen Grad völliger Entschiedenheit zu erlangen. Es gibt einfach zu viele Ziele, die um Vorrang kämpfen, und wer wollte bestimmen, welches es wert sei, ihm sein ganzes Leben zu widmen? Vor nur wenigen Jahrzehnten sahen Frauen absolut kein Problem darin, wenn sie das Wohlergehen ihrer Familie als höchstes Ziel setzten. Teilweise beruhte dies auf der Tatsache, daß sie nicht viele andere Möglichkeiten hatten. Heute kann eine Frau Managerin werden, Gelehrte, Künstlerin oder sogar Soldatin, und es ist nicht mehr selbstverständlich, daß Hausfrau und Mutter den ersten Rang im Leben einer Frau einnehmen. Diese Auswahl verunsichert uns alle. Allgemeine Mobilität hat uns von den Bindungen an den Geburtsort befreit: Es besteht kein Grund mehr, sich in der Heimatgemeinde zu engagieren, sich mit ihr zu identifizieren. Wenn das Gras auf der anderen Seite des Zaunes grüner wirkt – na, dann machen wir eben in Australien eine Kneipe auf! Lebensstil und Religion sind Gegenstand einer Entscheidung, die man leicht ändern kann. Früher war ein Jäger ein Jäger, bis er starb, ein Schmied verbrachte sein Leben damit, sein Handwerk zu perfektionieren. Heute können wir unsere berufliche Identität beliebig wechseln; niemand braucht auf ewig Buchhalter zu bleiben.

Die Vielfalt an Möglichkeiten hat die persönliche Freiheit in einem Maße ausgeweitet, wie sie vor noch hundert Jahren unvorstellbar gewesen wäre. Doch die unvermeidliche Konsequenz gleich attraktiver Chancen ist Unsicherheit bei der Wahl eines Ziels: Unsicherheit wiederum nagt an der Entschiedenheit, und Mangel an Entschiedenheit entwertet die Möglichkeiten. Daher hilft die Freiheit nicht notwendigerweise dabei, einen Lebenssinn zu entwickeln – im Gegenteil: wenn die Regeln eines Spiels zu flexibel werden, nimmt die Konzentration ab, und es wird schwerer, *flow* zu erlangen. Bindung an ein Ziel und seine Regeln ist viel leichter, wenn die Wahlmöglichkeiten gering und deutlich erkennbar sind.

Damit wollen wir nicht sagen, daß die Rückkehr zu starren Werten und der begrenzten Auswahl der Vergangenheit vorzuziehen wäre – selbst wenn dies möglich wäre. Die Komplexität und die Freiheit, die wir genießen und die unsere Ahnen schwer errungen haben, stellen eine Herausforderung dar, die wir meistern müssen. Wenn uns das gelingt, wird das Leben unserer Nachkommen unendlich reichhaltiger werden als alles, was sie zuvor auf diesem Planeten erfahren konnten. Wenn es uns nicht gelingt, gehen wir das Risiko ein, unsere Energie für widersprüchliche, sinnlose Ziele zu verschwenden.

Doch wie wollen wir erkennen, wo wir psychische Energie einsetzen sollen? Es gibt *da draußen* niemanden, der uns sagt: „Hier ist ein Ziel, das es wert ist, ein Leben lang verfolgt zu werden." Da es keine absolut sichere Richtung gibt, muß jeder Mensch seinen eigenen obersten Sinn oder sein Ziel selbst finden. Wir können durch

Herumprobieren und intensives Bemühen das verflochtene Netz widersprüchlicher Ziele entwirren und das eine auswählen, was unseren Handlungen einen Sinn verleiht.

Selbsterkenntnis – ein Mittel, so alt, daß sein Wert leicht vergessen wird – heißt der Prozeß, mit dem man im Widerstreit liegende Wahlmöglichkeiten organisieren kann. „Erkenne dich selbst", stand über dem Eingang zum delphischen Orakel, und seitdem haben zahllose fromme Epigramme den Wert dieses Mottos erklärt – eben weil es sehr nützlich ist. Wir müssen jedoch in jeder Generation neu lernen, was diese Worte meinen, was dieser Rat für den einzelnen bedeutet. Und dazu nützt es, ihn in Worte zu fassen, die dem gegenwärtigen Wissen entsprechen, und eine zeitgenössische Methode für seine Anwendung zu entwickeln.

Innere Konflikte sind Folge rivalisierender Ansprüche an die Aufmerksamkeit. Zu viele Wünsche, zu viele unvereinbare Ziele ringen um die psychische Energie, um sie zum eigenen Zweck einzusetzen. Daraus folgt als einziger Weg, den Konflikt zu reduzieren, wichtige Ansprüche von unwichtigen abzuscheiden und unter den verbleibenden Prioritäten zu setzen. Dazu gibt es zwei grundsätzliche Wege: Den einen, den Thomas von Aquin *vita activa* nannte, ein Leben der Tat, und die *vita contemplativa,* den Pfad des Nachdenkens.

Ein Mensch, der sich der *vita activa* hingibt, erlebt *flow* durch völliges Einssein mit konkreten äußeren Herausforderungen. Viele große Leitfiguren, wie Winston Churchill und Andrew Carnegie, setzten sich Lebensziele, die sie mit großer Entschiedenheit und ohne einen offenkundigen inneren Kampf oder Zweifel an den Prioritäten verfolgten. Erfolgreiche Manager, erfahrene Experten und begabte Handwerker lernen, ihrem Urteil und ihrer Kompetenz zu vertrauen, so daß sie mit der unbewußen Spontaneität von Kindern handeln. Wenn der Beruf herausfordernd genug ist, erfährt man dabei vielleicht ständig *flow* und läßt so wenig Raum wie möglich, um die Entropie des normalen Lebens wahrzunehmen. Auf diese Weise wird Harmonie indirekt im Bewußtsein hergestellt – nicht indem man sich den Widersprüchen stellt und versucht, im Konflikt liegende Ziele und Wünsche zu ordnen, sondern indem man gewählte Ziele mit solcher Intensität verfolgt, daß potentielle Zweifel ausbleiben.

Taten helfen, innere Ordnung herzustellen, doch sie haben ihre Nachteile. Wenn jemand pragmatische Ziele intensiv verfolgt, räumt er vielleicht innere Konflikte beiseite, doch oft zum Preis stark eingeschränkter Wahlmöglichkeiten. Der junge Ingenieur, der mit fünfundvierzig Leiter seiner Fabrik werden will und alle Energie auf dieses Ziel richtet, segelt vielleicht erfolgreich und ohne zu zögern mehrere Jahre dahin. Früher oder später jedoch tauchen vielleicht aufgeschobene Alternativen als unerträgliche Zweifel und Bedauern wieder auf. War es wert, die Gesundheit der Beförderung zu opfern? Wie konnten sich meine netten Kinder so plötzlich in mißmutige Jugendliche verwandeln? Jetzt habe ich Macht und finanzielle Sicherheit erreicht, aber was fange ich damit an? Mit anderen Worten, die Ziele, die die Handlungen über einen Zeitraum hinweg motiviert haben, bieten plötzlich nicht mehr genügend Kraft, um dem Leben insgesamt einen Sinn zu schenken.

An dieser Stelle kommt der vermeintliche Vorteil der kontemplativen Lebensweise zum Tragen. Abgelöstes Nachdenken über Erfahrungen und ein realistisches Abwägen der Möglichkeiten und ihrer Folgen gelten schon lange als beste Art und Weise, mit dem Leben umzugehen. Ob man dies auf der Couch eines Analytikers ausagiert, wo unterdrückte Wünsche mühsam mit dem Rest des Bewußtseins integriert werden, oder ob es so methodisch vollzogen wird wie beim Gewissenstest der Jesuiten, bei dem man mehrmals am Tag seine Handlungen bedenkt, um festzustellen, ob das, was man in den letzten paar Stunden tat, mit den langfristigen Zielen übereinstimmt – Selbsterkenntnis kann auf unzählige Weisen erreicht werden, und jede führt potentiell zu größerer innerer Harmonie. Aktivität und Nachdenken sollten sich idealerweise ergänzen und unterstützen. Handlungen an sich sind blind, bloße Reflexion machtlos. Ehe wir größere Energie für ein Ziel einsetzen, lohnt es sich, die Grundfragen zu stellen: Will ich dies wirklich tun? Werde ich daran Freude haben? Werde ich es auch in absehbarer Zukunft erfreulich finden? Ist der Preis, den ich – und andere – bezahlen, die Sache wert? Werde ich mit mir selbst im reinen bleiben, wenn ich es erreiche? Diese scheinbar einfachen Fragen können unmöglich von jemandem beantwortet werden, der den Kontakt zu den eigenen Erfahrungen verloren hat. Wenn man sich keine Mühe gibt, herauszufinden, was man will, wenn die Aufmerksamkeit so auf äußere Ziele gerichtet ist, daß man seine eigenen Gefühle nicht mehr zur Kenntnis nimmt, kann man keine Handlung sinnvoll planen. Wenn die Gewohnheit des Nachdenkens hingegen gut entwickelt ist, braucht man sich keiner größeren Seelenerforschung hinzugeben, um zu entscheiden, ob ein Handlungsverlauf entropisch ist oder nicht. Man weiß dann fast intuitiv, daß diese Beförderung mehr Streß bringt, als sie wert ist, daß diese besondere Freundschaft, so attraktiv sie auch sein mag, zu unakzeptablen Spannungen in der Ehe führen wird.

Es ist relativ leicht, für eine kurze Zeitspanne Ordnung ins Bewußtsein zu bringen; jedes realistische Ziel vermag dies. Ein gutes Spiel, eine kritische Situation bei der Arbeit, eine glückliche Episode zu Hause können die Aufmerksamkeit zentrieren und eine harmonische *flow*-Erfahrung auslösen. Doch es ist viel schwerer, diesen Zustand ein Leben lang beizubehalten. Dazu muß man Energie in Ziele stecken, die so umfassend sind, daß sie Anstrengungen auch dann rechtfertigen, wenn unsere Hilfsmittel erschöpft sind und das Schicksal uns gnadenlos jede Chance auf ein angenehmes Leben verweigert. Wenn die Ziele gut gewählt sind und wir den Mut haben, sie auch gegen Widerstände zu verfolgen, werden wir uns derart auf die Handlungen und Ereignisse ringsum konzentrieren, daß wir keine Zeit haben, unglücklich zu sein. Dann spüren wir ein direktes Gefühl von Ordnung im Auf und Ab des Lebens, das jeden Gedanken und jedes Gefühl zu einem harmonischen Ganzen fügt.

Die Wiedergewinnung der Harmonie

Folge eines Lebens, das durch Sinn und Entschiedenheit geprägt wird, ist ein Gefühl innerer Harmonie, einer dynamischen Ordnung im Inhalt des Bewußtseins: Aber warum, so könnte man einwenden, sollte so schwierig sein, diese innere Ordnung zu erreichen? Warum muß man sich solche Mühe geben, um das Leben zu einer einzigen *flow*-Erfahrung zu machen? Kommt der Mensch nicht mit sich selbst im reinen auf die Welt, ist die menschliche Natur nicht ihrem Wesen nach geordnet?

Der ursprüngliche Zustand des Menschen, vor der Entwicklung eines selbstreflektierenden Bewußtseins, muß innerer Friede gewesen sein, der nur vorübergehend durch Hunger, Sexualität, Schmerz und Gefahren gestört wurde. Die Formen psychischer Entropie, die uns gegenwärtig so viel Kummer bereiten – unerfüllte Wünsche, enttäuschte Erwartungen, Einsamkeit, Frustration, Unsicherheit, Schuldgefühle –, sind vermutlich erst vor kurzem in unser Bewußtsein eingedrungen. Sie sind Nebenprodukte einer ungeheuren Zunahme von Komplexität in der Großhirnrinde und in den symbolischen Bereichen der Kultur. Sie stellen die Kehrseite des entwickelten Bewußtseins dar. Wenn wir das Leben von Tieren aus der Perspektive des Menschen erklären, würden wir schließen, daß sie sich fast überwiegend im *flow*-Zustand befinden, weil ihre Wahrnehmung dessen, was getan werden muß, mit dem übereinstimmt, was sie bereit sind zu tun. Wenn ein Löwe Hunger hat, beginnt er zu knurren und nach Beute zu suchen, bis der Hunger gestillt ist; danach legt er sich nieder, döst in der Sonne und träumt seine Löwenträume. Es gibt keinen Grund zu der Annahme, daß er unter unerfüllten Wünschen leidet, daß er von Verantwortung überwältigt ist. Die Fähigkeiten von Tieren entsprechen immer den konkreten Anforderungen, weil ihr Bewußtsein nur Informationen über ihre Umwelt enthält, die auch tatsächlich in einer Beziehung zu ihrem Körperzustand stehen, und der wird durch Instinkte geregelt. Ein hungriger Löwe kann daher nur wahrnehmen, was ihm hilft, eine Gazelle zu fangen, während ein satter Löwe sich vollständig auf die warme Sonne konzentriert. Seine Gedanken wägen nicht die im Moment unerreichbaren Möglichkeiten ab, er plant weder angenehme Alternativen, noch plagen ihn Ängste vor dem Scheitern.

Tiere leiden genau wie wir, wenn die biologisch einprogrammierten Ziele vereitelt werden. Sie spüren Hunger, Schmerz und unbefriedigte sexuelle Triebe. Hunde, die als Freund des Menschen gezüchtet wurden, werden unglücklich, wenn ihr Herr sie verläßt. Aber Tiere sind im Gegensatz zum Menschen nicht in der Lage, Grund ihres eigenen Leids zu werden; sie sind nicht entwickelt genug, um Verwirrung und Verzweiflung zu spüren, wenn all ihre Bedürfnisse erfüllt sind. Ohne äußerlich ausgelöste Konflikte befinden sie sich in Harmonie mit sich selbst und erfahren die nahtlose Konzentration, die wir beim Menschen als *flow* bezeichnen.

Zur psychischen Entropie, die dem Menschen eigen ist, gehört, daß man meint, mehr tun zu müssen, als man tatsächlich schaffen kann, und daß man sich fähig fühlt, mehr zu erreichen, als es die Umstände zulassen. Doch das wird nur möglich, wenn man seine Gedanken auf mehr als ein Ziel gleichzeitig richtet und sich zugleich widersprüchlicher Wünsche bewußt ist. Das kann nur eintreten, wenn der Verstand nicht nur weiß, was *ist,* sondern auch, was *sein könnte.* Je komplexer ein System, desto mehr Raum bleibt für Alternativen, und desto mehr Dinge können schiefgehen. Dies trifft gewiß auf die Evolution des Bewußtseins zu: Mit zunehmender Kapazität, Informationen zu verarbeiten, nahm auch das Potential für innere Konflikte zu. Wenn es zu viele Anforderungen, Optionen und Herausforderungen gibt, wird man unsicher, bei zu wenigen gelangweilt.

Wenn wir mit der evolutionären Analogie fortfahren und sie von der biologischen zur sozialen Evolution ausweiten, trifft es vermutlich zu, daß die Chance, *flow* zu erfahren, in weniger entwickelten Kulturen größer ist, in denen die Anzahl und Komplexität der gesellschaftlichen Rollen, von alternativen Zielen und Handlungssträngen gering sind. Der Mythos vom „glücklichen Wilden" beruht auf der Beobachtung, daß Völker ohne Schriftsprache, wenn sie keiner Bedrohung von außen unterliegen, oft eine Gelassenheit an den Tag legen, die dem Beobachter aus einer differenzierteren Kultur beneidenswert erscheint. Doch dieser Mythos verrät nicht alles: Wenn der „Wilde" hungrig ist oder Schmerzen hat, ist er nicht glücklicher als wir, und in diesem Zustand befindet er sich vielleicht öfter als unsereins. Die innere Harmonie von technologisch weniger entwickelten Völkern ist die positive Seite ihrer begrenzten Auswahl und ihres stabilen Repertoires an Fähigkeiten, genau wie die Verwirrung in unseren Seelen notwendige Folge grenzenloser Möglichkeiten und ständiger Perfektionierung ist. Goethe schilderte dieses Dilemma in dem Handel, den Doktor Faustus, Archetyp des modernen Menschen, mit Mephisto einging: Der gute Doktor gewann Wissen und Macht, aber um den Preis des Mißklangs in seiner Seele.

Es ist nicht nötig, ferne Länder aufzusuchen, um zu sehen, wie *flow* zum natürlichen Bestandteil des Lebens werden kann. Jedes Kind handelt, ehe Selbst-Bewußtheit einzudringen beginnt, spontan, völlig hingegeben und vertieft. Es fällt Kindern schwer, Langeweile zu erlernen, und zwar als Reaktion auf künstlich eingeschränkte Auswahlmöglichkeiten. Das bedeutet jedoch nicht, daß Kinder immer glücklich sind; grausame oder nachlässige Eltern, Armut und Krankheit, die unvermeidlichen Unfälle lassen Kinder intensiv leiden. Doch ein Kind ist selten ohne einen guten Grund unglücklich. Es ist verständlich, wenn die meisten Menschen nostalgisch an die ersten Jahre zurückdenken und wie Tolstois Iwan Iljitsch allgemein fühlen, daß die völlige Gelassenheit der Kindheit, die ungebrochene Teilnahme am Hier und Jetzt, im Laufe der Jahre immer schwieriger zu erreichen sind.

Wenn wir nur an wenige Möglichkeiten und Chancen denken können, ist es relativ leicht, Harmonie zu erlangen. Die Wünsche sind einfach, die Auswahl klar. Es gibt kaum Raum für Konflikte und keine Notwendigkeit zu Kompromissen. Das ist die Ordnung einfacher Systeme – Ordnung durch Ausschluß sozusagen. Es ist jedoch eine empfindliche Harmonie; wenn Komplexität Schritt für Schritt zunimmt, wachsen ebenso die Gefahren der Entropie, die von innen heraus durch das System verursacht wird.

Wir können zahlreiche Faktoren herausstellen, warum das Bewußtsein immer komplexer wird. Hinsichtlich der Art ist die biologische Evolution des Zentralnervensystems ein Grund. Der Verstand, nicht mehr ausschließlich durch Instinkte und Reflexe geleitet, erlangt den zweifelhaften Segen der Entscheidungsfähigkeit. Hinsichtlich der Geschichte der Menschheit ist die Entwicklung der Kultur – von Sprachen, Glaubenssystemen, Technologien – ein weiterer Grund, warum sich der Inhalt des Bewußtseins differenzierte. Wenn sich Gesellschaftssysteme von verstreuten Jägerstämmen zu dichtbevölkerten Städten entwickeln, lassen sie spezialisiertere Rollen entstehen, zu denen oft widersprüchliche Gedanken und Handlungen in ein und derselben Person gehören. Der Bauer und der Müller, der Priester und der Soldat sehen die Welt nun aus unterschiedlichen Perspektiven. Es gibt keine richtige Art und Weise des Benehmens, und zu jeder Rolle braucht man andere Fähigkeiten. Jeder Mensch wird im Lauf seines Lebens zudem zunehmend mit widersprüchlichen Zielen und unvereinbaren Handlungsmöglichkeiten konfrontiert. Die Auswahl eines Kindes ist gewöhnlich begrenzt und zusammenhängend; mit jedem Jahr nimmt dies ab. Die frühere Klarheit, die spontanen *flow* ermöglichte, wird von einer Kakophonie unvereinbarer Werte, Glaubensrichtungen, Wahlmöglichkeiten und Verhaltensweisen getrübt.

Nur wenige würden behaupten, daß ein einfacheres Bewußtsein, gleich wie harmonisch, einem komplexeren vorzuziehen wäre. Wir bewundern die Gelassenheit des ruhenden Löwen, wie ungerührt der Stammesangehörige sein Schicksal akzeptiert, das völlige Verhaftetsein des Kindes in der Gegenwart, doch sie stellen keine Modelle für die Rettung aus unserer mißlichen Lage dar. Die auf Unschuld beruhende Ordnung liegt außerhalb unserer Reichweite. Wenn die Frucht erst vom Baum der Erkenntnis gepflückt ist, wird einem der Weg zurück in den Garten Eden für immer versperrt.

Die Vereinheitlichung des Sinns in Lebensthemen

Statt die Einheit des Sinns hinzunehmen, die uns genetische Instruktionen oder die Regeln der Gesellschaft auferlegen, besteht für uns eine Herausforderung darin, Harmonie aufgrund von Überlegung und Entscheidungen zu schaffen. Philosophen wie Heidegger, Sartre und Merleau-Ponty haben diese Aufgabe des modernen Menschen erkannt und sie *Projekt* genannt, womit sie zielgerichtete Handlungen meinen, die dem Leben des Individuums Form und Sinn verleihen. Psychologen benutzen Begriffe wie *angemessenes Streben* oder *Lebensthemen.* Diese Begriffe liefern ein Raster aus Zielen, die mit einem letztendlichen Ziel verbunden sind, welches allem, was der Mensch tut, Bedeutung verleiht.

Das Lebensthema gibt an, was die Existenz erfreulich macht, wie ein Spiel, bei dem man Regeln und vorgeschriebenen Handlungsabläufen folgen muß, um *flow* zu erreichen. Mit einem Lebensthema hat alles, was geschieht, eine Bedeutung und einen Sinn – nicht unbedingt aber einen positiven. Wenn sich jemand voll darauf konzentriert, vor dem dreißigsten Geburtstag eine Million zu verdienen, ist alles, was ihm zustößt, entweder ein Schritt auf dieses Ziel zu oder führt von ihm fort. Deutliches Feedback läßt ihn weiter daran arbeiten. Auch wenn er das ganze Geld verliert, werden Gedanken und Handlungen in einen gemeinsamen Sinn eingebunden und als wertvoll erfahren. Wenn sich jemand entscheidet, vor allem anderen ein Heilmittel gegen Krebs zu entdecken, wird er gewöhnlich erkennen, ob er seinem Ziel näherkommt oder nicht. Jedenfalls ist das, was getan werden muß, klar erkennbar, und alle Handlungen werden einen Sinn ergeben. Wenn die psychische Energie eines Menschen zu einem Lebensthema zusammenfließt, erreicht das Bewußtsein Harmonie. Doch nicht alle Lebensthemen sind gleich produktiv. Existentialphilosophen unterscheiden zwischen *authentischen* und *nichtauthentischen* Projekten. Erstere beschreiben das Thema eines Menschen, der erkennt, daß er die freie Auswahl hat und eine persönliche Entscheidung trifft, die auf rationaler Einschätzung seiner Erfahrung beruht. Es spielt keine Rolle, wie die Wahl aussieht, solange sie Ausdruck dessen ist, was dieser Mensch wirklich fühlt und glaubt. Nichtauthentische Projekte sind solche, die jemand auswählt, weil sie seiner Meinung nach das sind, was alle anderen tun, und es daher keine Alternative gibt. Authentische Projekte sind in der Regel intrinsisch motiviert, aufgrund ihres Wertes an sich; nichtauthentische werden von äußeren Kräften motiviert. Ein ähnlicher Unterschied besteht zwischen *entdeckten* Lebensthemen, wenn jemand das Drehbuch für seine Handlungen aus persönlicher Erfahrung und im Bewußtsein der eigenen Entscheidung schreibt, und *übernommenen* Lebensthemen andererseits, wenn man einfach eine vorbestimmte Rolle aus einem Drehbuch annimmt, das andere vor langer Zeit geschrieben haben.

Beide Typen von Lebensthemen helfen bei dem Versuch, dem Leben einen Sinn zu verleihen, doch beide haben Nachteile. Die übernommenen Lebensthemen funktionieren, solange das gesellschaftliche System in Ordnung ist. Wenn das nicht der Fall ist, kann man sich in pervertierten Zielen verfangen. Adolf Eichmann, der gelassen Zehntausende in die Gaskammern transportieren ließ, war ein Mensch, dem die Regeln der Bürokratie heilig waren. Er erlebte vermutlich *flow*, wenn er die komplizierten Zugfahrpläne aufstellte und dafür sorgte, daß die spärlichen Transportmittel zur Verfügung standen, um die Körper mit geringstmöglichen Kosten zu verfrachten. Er schien sich nie zu fragen, ob das, was er tat, richtig war oder falsch. Solange er Befehlen gehorchte, befand sich sein Gewissen in Harmonie. Für ihn war Sinn des Lebens, Teil einer starken, gut organisierten Institution zu sein. Nichts sonst war wichtig. In friedlichen, wohlgeordneten Zeiten hätte ein Mann wie Eichmann zu einer geschätzten Säule der Gemeinschaft werden können. Doch die

Angreifbarkeit eines Lebensthemas wird offenkundig, wenn skrupellose und wahnsinnige Menschen die Herrschaft über die Gesellschaft ergreifen. Dann kann sich ein aufrechter Bürger in einen Gehilfen bei Verbrechen verwandeln, ohne sein Ziel ändern zu müssen und ohne gar die Unmenschlichkeit seiner Handlungen erkennen zu können. Entdeckte Lebensthemen sind aus einem anderen Grund angreifbar. Da sie Produkt eines persönlichen Kampfes sind, den Sinn des Lebens zu definieren, besitzen sie weniger gesellschaftliche Legitimation. Da sie oft neu und persönlich sind, können sie von anderen als verrückt oder destruktiv bewertet werden. Einige der stärksten Lebensthemen beruhten auf alten menschlichen Zielen, wurden aber vom Individuum neu entdeckt und frei gewählt. Malcolm X, der in seinen frühen Jahren dem normalen Verhaltensmuster für junge Männer in Slums folgte, sich prügelte und mit Drogen handelte, entdeckte im Gefängnis durch Lesen und Nachdenken ein anderes Zielsystem, mit dem er Würde und Selbstachtung erlangen konnte. Grundsätzlich erfand er eine völlig neue Identität, wenngleich diese aus verschiedenen Teilen früherer menschlicher Leistungen zusammengesetzt war. Statt weiterhin das Spiel der Dealer und Zuhälter zu spielen, schuf er einen komplexeren Sinn, der helfen konnte, das Leben anderer Menschen in Randgruppen, ob schwarz oder weiß, zu ordnen.

Ein Mann, den wir bei einer unserer Forschungsarbeiten interviewten und den wir als E. bezeichnen wollen, liefert ein weiteres Beispiel, wie man ein Lebensthema entdecken kann, auch wenn der dahinterstehende Sinn ein ziemlich alter ist. E. wuchs Anfang dieses Jahrhunderts als Sohn einer sehr armen Einwandererfamilie auf. Seine Eltern kannten nur wenige Worte in der englischen Sprache und konnten kaum lesen und schreiben. Sie fühlten sich vom frenetischen Tempo des Lebens in New York eingeschüchtert, doch sie verehrten und bewunderten Amerika und die Autoritäten, die es vertraten. Als E. sieben wurde, gaben die Eltern einen Großteil ihrer Ersparnisse aus, um dem Jungen ein Fahrrad zu schenken. Ein paar Tage später, als er in der Nachbarschaft herumfuhr, stieß er mit einem Auto zusammen, dessen Fahrer ein Stoppschild übersehen hatte. E. erlitt schwere Verletzungen, und sein Rad war kaputt. Der Fahrer des Autos war ein wohlhabender Arzt. Er fuhr E. ins Krankenhaus, bat ihn, den Unfall nicht zu melden, und bot ihm an, seine Unkosten zu begleichen und ihm ein neues Fahrrad zu kaufen. E. und seine Eltern ließen sich überreden. Leider tauchte der Arzt nie wieder auf, und E.s Vater mußte sich Geld leihen, um die teure Krankenhausrechnung zu bezahlen. Das Fahrrad wurde nie ersetzt.

Dieser Vorfall hätte zum Trauma werden können, das bei E. ein Leben lang seine Narben hinterließ und ihn in einen Zyniker verwandelte, der von nun an nur noch seine eigenen Interessen verfolgte. Statt dessen führte diese Erfahrung bei E. zu einer seltsamen Moral. Er entwickelte daraus ein Lebensthema, das nicht nur seinem eigenen Leben Sinn gab, sondern auch half, Entropie in der Erfahrung vieler anderer Menschen zu vermeiden. Viele Jahre nach diesem Unfall waren E. und seine Eltern verbittert, mißtrauisch und verstört gegenüber Fremden. E.s Vater fühlte sich als Versager und begann zu trinken, wurde mürrisch und zurückgezogen. Es sah aus, als würden Armut und Hilflosigkeit die erwarteten Folgen zeigen. Doch mit vierzehn oder fünfzehn mußte E. in der Schule die amerikanische Verfassung und die Bill of Rights lesen. Er verband die Prinzipien in diesen Dokumenten mit seiner eigenen Erfahrung. Allmählich wurde er immer überzeugter, daß die Armut und Entfremdung seiner Familie nicht ihre eigene Schuld seien, sondern Folge, sich der eigenen Rechte nicht bewußt zu sein, weil sie die Spielregeln nicht kannten, weil sie bei jenen, die die Macht hatten, nicht ausreichend vertreten waren.

Er beschloß, Anwalt zu werden, nicht nur, um sein eigenes Leben zu verbessern, sondern auch, um sicherzustellen, daß Ungerechtigkeiten, wie er sie erlitten hatte, anderen in der gleichen Position nicht so leicht zustoßen konnten. Als er sich dieses Ziel einmal gesetzt hatte, stand sein Entschluß unverrückbar fest. Er studierte Jura, machte bei einem berühmten Richter ein Praktikum, wurde selbst Richter und saß auf dem Gipfel seiner Karriere jahrelang im Kabinett und beriet den Präsidenten bei der Verbesserung der Bürgerrechte und bei der Gesetzgebung zugunsten der Unterprivilegierten. Bis zum Ende seines Lebens waren seine Gedanken, Handlungen und Gefühle durch ein einheitliches Thema geprägt, das er als Teenager gewählt hatte. Was immer er bis zum Ende seiner Tage tat, gehörte zu diesem einen großen Thema, zusammengehalten durch die Ziele und Regeln, auf die er sich eingeschworen hatte. Er glaubte, sein Leben habe einen Sinn, und freute sich über alle Herausforderungen, die ihm begegneten.

E.s Beispiel veranschaulicht mehrere Kennzeichen, wie ein Mensch ein Lebensthema entdecken kann. Zunächst ist das Thema in vielen Fällen eine *Reaktion auf eine schwere persönliche Verletzung in den frühen Lebensjahren* – Verwaisung, Verlassenwerden oder ungerechte Behandlung. Doch wichtig ist nicht das Trauma an sich; der äußere Anlaß hat keinen Einfluß darauf, was das Thema sein wird. Wichtig ist die Deutung, mit der man das Leid interpretiert. Wenn ein Vater gewalttätiger Alkoholiker ist, haben seine Kinder mehrere Möglichkeiten der Erklärung, was nicht in Ordnung ist: Sie können sich sagen, der Vater sei ein Schwein, das den Tod verdient, daß er ein Mann ist und alle Männer schwach seien, daß Armut der Grund für die Krankheit des Vaters sei und der einzige Weg, dies zu vermeiden, darin bestünde, reich zu werden, daß ein Großteil seines Verhaltens auf Hilflosigkeit und Mangel an Bildung beruhe. Nur die letzte dieser gleich wahrscheinlichen Erklärungen führt in Richtung eines Lebensthemas, wie E. es entwickeln konnte.

Die nächste Frage lautet daher: Welche Art von Erklärung für Leiden führt zu negentropischen Lebensthemen? Wenn ein von einem gewalttätigen Vater mißhandeltes Kind glaubt, das Problem sei Teil der menschlichen Natur, daß alle Männer schwach und gewalttätig seien, gäbe es nicht viel, was es dagegen tun könnte. Wie könnte ein Kind die menschliche Natur ändern? Um einen Sinn für das Leid zu finden, müßte man es als *mögliche Herausforderung* deuten. E. konnte, indem er die Probleme als Folge der Hilflosigkeit entrechteter Minderheiten formulierte und nicht als Fehler seines Vaters, *angemessene Fähigkeiten entwickeln* – Jura studieren –, um sich den Herausforderungen zu stellen, die er als Wurzel dessen erkannte, was mit seinem persönlichen Leben nicht stimmte. Was die Folgen eines traumatischen Vorfalls in eine Herausforderung umwandelt, die dem Leben einen Sinn verleiht, wurde im letzten Kapitel als *dissipative Struktur* bezeichnet, als Fähigkeit, aus Chaos Ordnung zu schaffen.

Ein komplexes, negentropisches Lebensthema wird selten als Reaktion auf ein bloß persönliches Problem entwickelt. Statt dessen wird die *Herausforderung im Hinblick auf andere Menschen oder die Menschheit als ganzes erweitert.* E. empfand das Problem der Hilflosigkeit nicht nur bei seiner Familie, sondern bei allen armen Einwanderern, die in der gleichen Lage waren wie seine Eltern. Die Lösungen, die er daher für seine eigenen Probleme fand, nutzten nicht nur ihm selbst, sondern vielen anderen. Diese altruistische Art, Lösungen zu generalisieren, ist typisch für ein negentropisches Lebensthema: Es schafft Harmonie im Leben vieler Menschen.

Gottfried, ein anderer Teilnehmer bei unseren Umfragen, stellt ein ähnliches Beispiel dar. Als Kind stand Gottfried seiner Mutter sehr nahe, und die Erinnerungen an seine frühen Jahre sind voller Wärme und Freude. Doch ehe er zehn wurde, erkrankte seine Mutter an Krebs und starb unter großen Schmerzen. Der Junge hätte in Selbstmitleid zerfließen und depressiv werden oder einen harten Zynismus als Verteidigungsmaßnahme entwickeln können. Statt dessen begann er, die Krankheit als seinen persönlichen Feind zu begreifen, und schwor, ihn zu besiegen. Er studierte erfolgreich Medizin und war als Onkologe in der Forschung tätig. Die Ergebnisse seiner Arbeiten sind in die Erkenntnisse eingeflossen, die die Menschheit schließlich von dieser Geißel befreien werden. Auch in diesem Fall wurde eine persönliche Tragödie in eine Herausforderung umgewandelt, die bewältigt werden konnte. Mit der Entwicklung von Fähigkeiten, die der Herausforderung entsprechen, verbessert der einzelne das Leben anderer Menschen.

Seit Freud interessieren sich Psychologen dafür, wie frühe Kindheitstraumata zu seelischen Funktionsstörungen beim Erwachsenen führen können. Diese Abfolge ist leicht zu begreifen. Schwieriger und interessanter ist der gegenteilige Ausgang: Die Fälle, bei denen das Leiden einem Menschen den Antrieb gibt, zu einem großen Künstler, klugen Staatsmann oder Wissenschaftler zu werden. Wenn man davon ausgeht, daß äußere Ereignisse psychische Folgen erklären, ergibt es einen Sinn, die neurotischen Reaktionen auf Leiden als normal zu bezeichnen, die konstruktiven als „Verteidigung" oder „Ausgrenzung". Doch mit der Annahme, daß der Mensch eine Wahl hat, wie er auf äußere Ereignisse reagiert und welche Bedeutung er dem Leid gibt, kann man die konstruktive Reaktion als normal und die neurotische als Scheitern bei der Bewältigung der Herausforderung erklären, als Zusammenbruch der Fähigkeit zum *flow*.

Was befähigt manche Menschen, einen zusammenhängenden Sinn zu entwickeln, während andere sich durch ein leeres oder sinnloses Leben schleppen? Darauf gibt es keine einfache Antwort, weil viele

Faktoren, innere wie äußere, beeinflussen, ob ein Mensch in dem augenscheinlichen Chaos der Erfahrungen ein harmonisches Thema findet. Man könnte leichter anzweifeln, daß das Leben einen Sinn ergibt, wenn man mißgebildet, arm und unterdrückt geboren wird. Aber das ist nicht unweigerlich so: Antonio Gramsci, der Philosoph eines humanen Sozialismus, der neueres europäisches Gedankengut stark prägte, wurde in einer elenden Bauernhütte mit einem Buckel geboren. Als er heranwuchs, sperrte man seinen Vater auf mehrere Jahre ins Gefängnis (zu Unrecht, wie sich später heraustellte), und die Familie konnte kaum von der Hand in den Mund leben. Antonio war als Kind sehr kränklich, und seine Mutter soll ihn jeden Abend in seinen besten Kleidern in einem Sarg zum Schlafen hingelegt haben, weil sie nicht erwartete, daß er die Nacht überleben werde. Das war insgesamt kein vielversprechender Anfang. Doch trotz dieses und vieler anderer Hindernisse kämpfte Gramsci um sein Überleben und schaffte es sogar, Bildung zu erlangen. Er gab aber keine Ruhe, als er als Lehrer ein bescheidenes Auskommen gefunden hatte, denn er hatte entschieden, was er wirklich vom Leben wollte: gegen die sozialen Bedingungen ankämpfen, die die Gesundheit seiner Mutter und die Ehre seines Vaters zerstört hatten. Er wurde Universitätsprofessor, Parlamentsabgeordneter und einer der furchtlosesten Anführer des Widerstands gegen den Faschismus. Bis zu seinem Ende in einem von Mussolinis Gefängnissen schrieb er aufrüttelnde Aufsätze über die wunderbare Welt und wie sie sein könnte, wenn wir aufhörten, ängstlich und gierig zu sein.

Es gibt so viele Beispiele für diesen Persönlichkeitstypus, daß man gewiß keinen direkten kausalen Zusammenhang zwischen äußerem Chaos in der Kindheit und innerem Mangel an Lebenssinn im späteren Leben annehmen könnte. Thomas Edison war als Kind kränklich und arm und wurde von seinen Lehrern für zurückgeblieben gehalten. Eleanor Roosevelt war ein einsames, neurotisches junges Mädchen. Albert Einsteins frühe Jahre waren von Unsicherheit und Enttäuschungen erfüllt – aber sie alle entwickelten ein starkes, nützliches Leben.

Wenn es eine Strategie gibt, die diesen und anderen Menschen gemeinsam ist, denen es gelingt, ihre Erfahrungen mit Sinn zu füllen, dann ist sie so einfach und offenkundig, daß es fast peinlich ist, sie zu erwähnen. Doch sie wird oftmals übersehen, besonders heutzutage, und daher nützt es, sie zu beschreiben. Diese Strategie besteht darin, Ordnung aus den kulturellen Mustern vergangener Generationen hervorzubringen und damit die Unordnung im eigenen Bewußtsein zu verhindern. Jede Kultur sammelt Wissen – wohlgeordnete Information, bereit zur Nutzung. Es gibt große Musik, Architektur, Malerei, Dichtung, Drama, Tanz, Philosophie und Religion, damit sie jeder als Beispiele dafür erkennen kann, wie man dem Chaos Ordnung auferlegt. Doch so viele Menschen ignorieren diese, in der Erwartung, auf eigene Faust Sinn in ihr Leben bringen zu können.

Das bedeutet, sie versuchen, in jeder Generation aufs neue eine materielle Kultur zu erschaffen. Kein vernünftiger Mensch würde das Rad, Feuer, Strom und die Millionen von Objekten und Prozessen neu erfinden wollen, die für uns als Teil der menschlichen Umwelt selbstverständlich sind. Statt dessen lernen wir, wie man diese Dinge macht, indem wir geordnete Informationen von Lehrern, aus Büchern, anhand von Modellen entgegennehmen, um aus dem Wissen der Vergangenheit zu lernen und es schließlich zu übertreffen. Die von unseren Ahnen unter schwierigen Umständen gesammelten Informationen darüber, wie man leben soll, zu mißachten oder zu erwarten, man könne ganz allein ein lebensfähiges Zielsystem erfinden, ist fehlgeleitete Arroganz. Die Erfolgschancen sind ebenso gering wie bei dem Versuch, ein Elektronenmikroskop ohne die Werkzeuge und Erkenntnisse der Physik zu bauen.

Menschen, die als Erwachsene ein zusammenhängendes Lebensthema entwickeln, erinnern sich, daß die Eltern ihnen, als sie noch klein waren, Geschichten erzählten und Bücher vorlasen. Wenn einem ein geliebter Erwachsener, dem man vertraut, Märchen, Bibelgeschichten, Heldentaten und wichtige Familienereignisse erzählt, werden diese zur ersten sinnvollen Ordnung, die jemand aus den Erfahrungen der Vergangenheit gewinnt. Wir fanden in unseren Untersuchungen, daß im Gegensatz dazu Menschen, die sich niemals auf ein Ziel konzentrieren oder fraglos eines aus der sie umgebenden Gesellschaft akzeptieren, sich nicht erinnern können, daß ihnen die Eltern jemals Geschichten vorlasen oder erzählten. Die Kinderprogramme im Fernsehen mit ihrem nutzlosen Hang zu Sensationen werden wohl kaum den gleichen Zweck erfüllen.

Gleich wie der Hintergrund sein mag, es gibt im späteren Leben immer noch viele Gelegenheiten, der Vergangenheit Bedeutung abzugewinnen. Die meisten Menschen, die ein komplexes Lebensthema entdecken, erinnern sich entweder an eine ältere Person oder eine historische Gestalt, die sie sehr bewunderten und die für sie ein Ideal war, oder sie erinnern sich an ein bestimmtes Buch, das ihnen neue Handlungsmöglichkeiten eröffnete. Ein inzwischen berühmter Sozialwissenschaftler, der weithin wegen seiner Integrität geschätzt wird, erzählte zum Beispiel, daß er als junger Teenager Dickens' *Eine Geschichte aus zwei Städten* las und von dem gesellschaftlichen und politischen Chaos, das Dickens beschreibt, so beeindruckt war – weil es das Chaos spiegelte, das seine Eltern in Europa nach dem Ersten Weltkrieg erlebt hatten –, daß er damals beschloß, sein Leben damit zuzubringen, zu untersuchen, wie die Menschen einander das Leben schwer machen. Ein anderer Junge, der in einem strengen Waisenhaus groß wurde, dachte nach dem Lesen einer Geschichte von Horatio Alger, in der ein ähnlich armer und einsamer Junge sein Leben durch harte Arbeit und Glück bewältigt: „Wenn der das kann, warum nicht ich?" Heute ist er pensionierter Bankier und für seine Menschenfreundlichkeit bekannt. Andere erinnern sich, durch die rationale Ordnung der platonischen *Dialoge* auf immer verwandelt worden zu sein, oder von den tapferen Taten des Helden in einer Science-Fiction-Story.

Literatur im besten Sinne enthält geordnete Information über Verhalten, Modelle für Sinn und Beispiele von Lebensläufen, die erfolgreich um ein sinnvolles Ziel angelegt sind. Viele Menschen haben angesichts der Zufälligkeit der Existenz Hoffnung aus dem Wissen geschöpft, daß andere vor ihnen ähnliche Probleme hatten und sie bewältigen konnten. Und das ist nur die Literatur; wie steht es erst mit Musik, Philosophie und Religion?

Gelegentlich halte ich Seminare für Manager über das Thema, wie man seine Midlife-Krise bewältigt. Viele dieser erfolgreichen Direktoren sind in ihrer Firma so weit aufgestiegen, wie sie nur konnten, und da ihre Familien und ihr Privatleben dabei Schaden genommen haben, begrüßen sie im allgemeinen die Gelegenheit, darüber nachdenken zu können, was sie als nächstes tun wollen. Seit Jahren stütze ich mich bei diesen Vorlesungen und Diskussionen auf die besten Theorien und Forschungsergebnisse der Entwicklungspsychologie. Ich war mit dem Ergebnis dieser Seminare immer einigermaßen zufrieden, und die Teilnehmer hatten gewöhnlich das Gefühl, etwas

Nützliches gelernt zu haben. Doch ich war nie recht damit zufrieden, ob das Material genügend Sinn ergab.

Schließlich hatte ich die Idee, etwas Ungewöhnliches zu versuchen. Ich wollte das Seminar mit einem raschen Überblick über Dantes *Göttliche Komödie* beginnen. Da findet sich, vor sechshundert Jahren geschrieben, immerhin die früheste Beschreibung einer Midlife-Krise und ihrer Lösung. „Mitten auf der Reise durch das Leben", schreibt Dante in der ersten Zeile eines ungeheuer langen und komplexen Epos, „fand ich mich in einem dunklen Wald, denn ich hatte den rechten Weg verloren." Danach folgt ein spannender und in vieler Hinsicht immer noch relevanter Bericht über die Schwierigkeiten, auf die man im mittleren Alter stößt.

Zunächst merkt Dante bei seiner Wanderung durch den dunklen Wald, daß ihm drei wilde Tiere nachschleichen, denen das Wasser bereits im Munde zusammenläuft. Es sind ein Löwe, ein Luchs und eine Wölfin – die unter anderem für Ehrgeiz, Lust und Gier stehen. Wie für den zeitgenössischen Protagonisten in einem der Bestseller des Jahres 1988, den Aktienhändler mittleren Alters in Tom Wolfes *Fegefeuer der Eitelkeiten,* stellt sich Dantes Verhängnis als Lust auf Macht, Sex und Geld heraus. Um zu vermeiden, von diesen zerstört zu werden, versucht er zu entkommen, indem er auf einen Berg steigt. Doch die Bestien rücken näher, und verzweifelt ruft Dante göttliche Hilfe an. Sein Gebet wird in Form einer Erscheinung beantwortet: Der Geist Vergils, eines Dichers, der mehr als tausend Jahre vor Dantes Geburt starb, aber dessen weise, majestätische Verse er so sehr bewunderte, daß er den Dichter für seinen Mentor hielt. Vergil versucht Dante zu beruhigen: Die gute Nachricht lautet, daß es immer einen Ausweg aus einem Wald gibt, und die schlechte: Der Weg führt durch die Hölle. Und so begeben sie sich langsam auf den Weg durch das Inferno, sehen unterwegs das Leiden derjenigen, die sich nie ein Ziel suchten, und das noch schlimmere Schicksal jener, deren Lebenssinn darin bestanden hatte, Entropie zu fördern, die sogenannten „Sünder".

Ich war mir ganz und gar nicht sicher, wie die überlasteten Geschäftsleute diese jahrhundertealten Fabeln aufnehmen würden. Ich fürchtete, sie könnten es als Verschwendung ihrer kostbaren Zeit betrachten. Doch ich hätte mir keine Sorgen zu machen brauchen. Nie zuvor hatten wir eine so offene und ernsthafte Diskussion über die Fallstricke der Lebensmitte und die Optionen, die die folgenden Jahre bereichern können, wie nach dem Gespräch über die *Commedia.* Später erzählten mir mehrere Teilnehmer privat, es sei eine großartige Idee gewesen, das Seminar mit Dante zu beginnen. Seine Geschichte beleuchtet die Themen so deutlich, daß es für sie viel leichter wurde, darüber nachzudenken und zu reden.

Dante ist auch aus einem anderen Grund ein wichtiges Beispiel. Obwohl sein Gedicht von einer tiefgehenden religiösen Ethik getragen ist, wird jedem Leser klar, daß Dantes Christentum nicht *akzeptierten,* sondern *entdeckten* Glauben darstellt. Mit anderen Worten, das religiöse Lebensthema, das er schuf, bestand aus den besten Erkenntnissen der Christenheit, verbunden mit der besten griechischen Philosophie und islamischen Weisheiten, die in Europa eingedrungen waren. Zugleich wird sein Inferno mit Päpsten, Kardinälen und Priestern bevölkert, die die ewige Verdammnis erleiden. Selbst sein erster Führer, Vergil, ist kein christlicher Heiliger, sondern ein heidnischer Poet. Dante erkennt, daß jedes System einer spirituellen Ordnung, das in eine weltliche Struktur eingebunden wird, wie die organisierte Kirche, unter den Wirkungen von Entropie zu leiden beginnt. Um daher einem Glaubenssystem Sinn abzugewinnen, muß man zuerst die darin enthaltenen Informationen mit der konkreten Erfahrung vergleichen, behalten, was einen Sinn ergibt, und den Rest von sich weisen.

Auch heute begegnen wir immer wieder Menschen, deren Leben eine innere Ordnung offenbart, die auf den spirituellen Erkenntnissen einer der großen Religionen der Vergangenheit beruht. Trotz allem, was wir tagtäglich über die Unmoral an der Börse lesen, über die Korruption unter Waffenlieferanten und die Prinzipienlosigkeit von Politikern, gibt es Beispiele für das Gegenteil. Es gibt also auch erfolgreiche Geschäftsleute, die einen Teil ihrer Freizeit in Krankenhäusern verbringen und Sterbenden Gesellschaft leisten, weil sie glauben, es gehöre zu einem sinnvollen Leben, Leidenden Hilfe anzubieten. Viele Menschen ziehen immer noch aus Gebeten Kraft und Gelassenheit, Menschen, für die ein persönlich bedeutsames Glaubenssystem Ziele und Regeln für intensive *flow*-Erfahrungen stellt.

Doch es scheint klar, daß einer immer größer werdenden Mehrheit nicht mit traditionellen Religionen und Glaubenssystemen geholfen werden kann. Viele können nicht die Wahrheit der alten Glaubenssätze von den Verzerrungen und Verengungen trennen, die die Zeit hinzufügte, und da sie keine Fehler akzeptieren können, weisen sie die Wahrheit ebenfalls zurück. Andere sehnen sich so verzweifelt nach einer Ordnung, daß sie sich starr an alles klammern, was ihnen über den Weg läuft. Sie werden zu fundamentalistischen Christen, Moslems oder Kommunisten.

Besteht die Möglichkeit, daß ein neues System von Zielen und Bedeutung entsteht, das unseren Kindern im nächsten Jahrhundert einen Lebenssinn gibt? Manche Menschen sind sicher, daß ein in vergangener Herrlichkeit auferstandenes Christentum dieses Bedürfnis erfüllen wird. Andere meinen, der Kommunismus würde das Problem des Chaos in der menschlichen Erfahrung lösen, und diese Ordnung würde sich über den Erdball verbreiten. Momentan scheint keine dieser beiden Möglichkeiten wahrscheinlich.

Wenn ein neuer Glaube sich unserer Phantasie bemächtigen will, muß er die Dinge, die wir wissen, rational erklären können, die Dinge die wir fühlen, auf die wir hoffen und die wir fürchten. Es muß ein System von Glaubenshaltungen sein, das unsere psychische Energie auf sinnvolle Ziele richtet, ein System, das die Regeln für eine Lebensweise aufstellt, die *flow* auslösen kann.

Man kann sich nur schwer vorstellen, daß ein solches Glaubenssystem nicht zumindest teilweise auf dem beruht, was die Wissenschaft über die Menschheit und das Universum freigelegt hat. Ohne eine solche Grundlage bliebe unser Bewußtsein zwischen Wissen und Glauben aufgespalten. Doch wenn die Wissenschaft wirklich helfen will, muß sie sich umwandeln. Zusätzlich zu den verschiedenen spezialisierten Disziplinen, die einzelne Aspekte der Realität beschreiben und kontrollieren, wird sie eine integrierte Deutung von allem Bekannten entwickeln und sie zur Menschheit und ihrem Schicksal in Beziehung setzen müssen.

Man könnte dies einerseits durch eine Evolutionstheorie erreichen. Alles, was uns wichtig ist – Fragen wie: Woher stammen wir? Wohin gehen wir? Welche Kräfte formen unser Leben? Was ist gut und böse? Wie stehen wir zueinander und dem Rest des Universums? Was sind die Folgen unserer Handlungen? könnten auf systematische Weise diskutiert werden, in einer Begrifflichkeit, die sich daran orientiert, was wir über die Evolution wissen und was wir in Zukunft darüber erfahren werden.

Eine offensichtliche Kritik dieses Szenariums ist, daß Wissenschaft im allgemeinen und die Wissenschaft der Evolution im besonderen sich mit dem befaßt, was *ist,* nicht mit dem, was *sein könnte.* Glaubensrichtungen hingegen werden nicht durch Fakten begrenzt. Sie befassen sich mit dem, was richtig und wünschenswert ist. Doch eine Folge eines evolutionären Glaubens könnte genau diese Integration zwischen dem *ist* und *könnte* sein. Wenn wir besser verstehen, warum wir sind, wie wir sind, wenn wir die Ursprünge instinktiver Triebe, sozialer Kontrollen, kultureller Ausdrucksformen besser verstehen, Elemente, die zur Bildung des Bewußtseins beitragen, wird es leichter sein, unsere Energien dahin zu richten, wohin wir gehen sollten. Die evolutionäre Perspektive weist uns auch ein Ziel, das unserer Energien wert ist. Es scheint kein Zweifel an der Tatsache zu bestehen, daß im Verlauf der Milliarden von Jahren an Aktivität auf der Erde immer komplexere Lebensformen aufgetaucht sind, die im komplizierten menschlichen Zentralnervensystem ihren bisherigen Höhepunkt fanden. Die Großhirnrinde wiederum hat das Bewußtsein hervorgebracht, das nun die Erde ebenso vollständig umfaßt wie die Atmosphäre. Daß die Dinge immer komplexer werden, ist eine Tatsache: Sie ist geschehen – mußte unter den auf der Erde herrschenden Bedingungen geschehen –, setzt sich aber vielleicht nicht fort, wenn wir dies nicht wünschen. Die Zukunft der Evolution liegt in unseren Händen.

In den letzten paar tausend Jahren – ein bloßer Sekundenbruchteil in der Geschichte der Evolution – hat die Menschheit unglaubliche Fortschritte bei der *Differenzierung* des Bewußtseins erreicht. Wir haben die Erkenntnis entwickelt, daß die Menschheit sich von allen anderen Lebensformen unterscheidet. Wir erkennen uns als Einzelwesen, als von allen anderen unterschieden. Wir haben die Abstraktion und die Analyse erfunden – die Fähigkeit, einzelne Dimensionen von Objekten und Prozessen voneinander zu unterscheiden, wie die Schnelligkeit eines fallenden Objekts von seinem Gewicht und seiner Masse. Diese Differenzierung hat die Naturwissenschaften, Technologie und die bisher unbekannte Macht der Menschheit hervorgebracht, ihre Umwelt zu schaffen und zu vernichten.

Doch Komplexität besteht nicht nur aus Differenzierung, sondern auch aus *Integration.* Die Aufgabe der nächsten Jahrzehnte und Jahrhunderte besteht darin, diese unterentwickelte Komponente des

Verstandes zu begreifen. Genau wie wir gelernt haben, uns voneinander und von der Umwelt zu unterscheiden, müssen wir nun lernen, wie wir uns mit den anderen Entitäten ringsum vereinen, ohne unsere mühsam errungene Individualität zu verlieren. Der vielversprechendste Glaube für die Zukunft beruht vielleicht auf der Erkenntnis, daß das gesamte Universum ein durch allgemeine Gesetze verbundenes System ist und es keinen Sinn ergibt, der Natur unsere Träume und Wünsche aufzuzwingen, ohne sie dabei zu berücksichtigen. Wenn man die Grenzen des menschlichen Willens anerkennt, eine kooperative statt einer herrschenden Rolle im Universum akzeptiert, sollte man die Erleichterung eines Vertriebenen empfinden, der endlich nach Hause kommt. Das Problem des Sinns wird dann gelöst, weil die Ziele des einzelnen mit dem universellen *flow* verschmelzen.

Anmerkungen

Kapitel I

13* **Glück.** Die Ansichten von Aristoteles über das Glück werden am klarsten in der „Nikomachischen Ethik", Buch 1 und Buch 9, Kapitel 9 und 10 formuliert. Zeitgenössische Forschung in der Psychologie und anderen Sozialwissenschaften über Glück begann recht spät, doch neuerdings beschäftigt man sich verstärkt mit diesem wichtigen Thema. Eine der ersten und immer noch einflußreichen Arbeiten in diesem Bereich ist Norman Bradburns „The Structure of Psychological Well-Being" (1969). Bradburn weist darauf hin, daß Glück und Unglück unabhängig voneinander sind, das heißt, nur weil jemand glücklich ist, bedeutet es nicht automatisch, daß er nicht zugleich unglücklich ist. Ruth Veenhoven von der Erasmus-Universität Rotterdam hat vor kurzem ein „Databook of Happiness" (1984) veröffentlicht; ein zweiter Band ist in Vorbereitung. Die Archimedes Foundation Toronto hat es sich ebenfalls zur Aufgabe gemacht, menschliches Glück und Wohlergehen zu untersuchen; das erste Nachschlagewerk erschien 1988. „The Psycholgy of Happiness" von dem Oxforder Soziologen Michael Argyle wurde 1987 veröffentlicht. Eine weitere umfassende Sammlung von Gedanken und Forschungsarbeiten in diesem Bereich ist der Band von Strack, Argyle und Schwartz (1990).

Ungeahnter materieller Luxus. Anschauliche zeitgenössische Schilderungen des Alltagslebens in vergangenen Jahrhunderten findet man in einer Reihe unter der Herausgeberschaft von Philippe Ariès und Georges Duby mit dem Titel „Geschichte des Privatlebens". Der erste Band:

* Diese Zahlen beziehen sich auf die Seitenzahl im Buch.

„Vom Römischen Imperium zum Byzantinischen Reich", hrsg. v. Paul Veyne, erschien 1989 in der deutschen Übersetzung. Eine weitere maßgebliche Studie über dieses Thema ist Fernand Braudels „Sozialgeschichte des 15.–18. Jahrhunderts" (1986). Über Veränderungen in der Hausausstattung siehe auch Le Roy Ladurie (1979) und Csikszentmihalyi & Rochberg-Halton (1981).

16 **Flow.** Meine Arbeit über optimale Erfahrung begann mit meiner Dissertation, in der ich untersuchte, wie junge Künstler Gemälde schaffen. Einige der Ergebnisse wurden in dem Buch „The Creative Vision" (Getzels & Csikszentmihalyi, 1976) veröffentlicht. Seitdem sind mehrere wissenschaftliche Aufsätze über das Thema erschienen. Das erste Buch, in dem ich die *flow*-Erfahrung direkt beschreibe, war „Das *flow*-Erlebnis. Jenseits von Angst und Langeweile" (1985). Die neueste Zusammenfassung der wissenschaftlichen Forschung über *flow*-Erfahrung findet sich in dem von mir herausgegebenen Band „Die außergewöhnliche Erfahrung. Die Psychologie des *flow*-Erlebnisses" (1991).

ESM – Experience Sampling Method – Verfahren zum Registrieren von Erfahrungen. Ich habe diese Methode zuerst bei einer Forschungsarbeit über erwachsene Arbeiter im Jahre 1976 angewendet; die erste Veröffentlichung bildete eine Studie über Jugendliche (Csikszentmihalyi, Larson & Prescott 1977). Einzelheiten der Methode werden in Csikszentmihalyi & Larson (1984, 1987) geschildert.

18 **Anwendung des *flow*-Konzepts.** Diese werden im ersten Kapitel der „Außergewöhnlichen Erfahrung" beschrieben. (Csikszentmihalyi & Csikszentmihalyi 1991).

19 **Ziele.** Die frühesten Erklärungen für menschliches Verhalten, beginnend mit Aristoteles, gingen davon aus, daß Handlungen durch Ziele angetrieben sind. Die moderne Psychologie hat jedoch beschrieben, wie vieles von dem, was Menschen tun, durch viel einfachere, oft unbewußte

Gründe erklärt werden kann. Seitdem gelten Ziele als Anleitung zum Handeln sehr wenig. Zu den Ausnahmen gehören Afred Adler (1956), der glaubte, einige Menschen entwickelten Zielhierarchien, die ihr ganzes Leben lang ihre Entscheidungen bestimmen, und die amerikanischen Psychologen Gordon Allport (1958) und Abraham Maslow (1973), die glaubten, daß Ziele wirksam Handlungen steuern, wenn die grundsätzlicheren Bedürfnisse erfüllt sind. Ziele haben auch in der kognitiven Psychologie wieder mehr Anerkennung gefunden, wo Forscher wie Miller, Galanter und Pribham (1969), Mandler (1979), Neisser (1979) und Emde (1980) mit diesem Konzept Verhaltenssequenzen bei Entscheidungen und die Regulierung des Verhaltens erklären. Ich will nicht behaupten, daß die meisten Menschen vorwiegend handeln, weil sie versuchen, ein Ziel zu erreichen, aber nur wenn sie dies tun, erleben sie ein Gefühl von Kontrolle, das fehlt, wenn das Verhalten nicht durch bewußt gewählte Ziele motiviert wird (siehe Csikszentmihalyi, 1989).

21 **Chaos.** Es scheint vielleicht seltsam, daß ein Buch, das sich mit optimaler Erfahrung befaßt, das Chaos des Universums behandelt. Grund dafür ist, daß der Wert des Lebens ohne den Hintergrund seiner Probleme und Gefahren nicht verstanden werden kann. Seit dem ersten bekannten literarischen Werk, dem „Gilgameschepos", das vor dreitausendfünfhundert Jahren geschrieben wurde (Mason, 1971), ist es Brauch, mit einem Überblick über den Sündenfall zu beginnen, ehe man Vorschläge wagt, wie man das menschliche Los verbessern kann. Der beste Prototyp dafür ist vielleicht Dantes „Göttliche Komödie", in der der Leser zunächst die Tore der Hölle durchschreiten muß („per me si va nell' eterno dolore . . ."), ehe er über eine Lösung für die Notlage der Menschheit nachdenken kann. In diesem Kontext folgen wir diesen berühmten Beispielen, nicht aus einem Gefühl der Tradition heraus, sondern weil es psychologisch sinnvoll erscheint.

24 **Hierarchie der Bedürfnisse.** Die beste Formulierung der Beziehung zwischen „niedrigen" Bedürfnissen, wie jenen nach Überleben und Sicherheit, und „höheren" Zielen wie etwa Selbstverwirklichung stammt von Abraham Maslow (1971, 1973).

Steigende Erwartungen. Vielen Schrifstellern zufolge gehört chronische Unzufriedenheit mit dem Status quo praktisch zur Moderne. Dem Prototyp des modernen Menschen, Goethes Faust, wurde vom Teufel Macht unter der Bedingung verliehen, daß er nie mit dem zufrieden war, was er hatte. Eine gute neuere Behandlung dieses Themas findet man in Berman (1982). Wahrscheinlicher ist jedoch, daß das Streben nach mehr, als man hat, ein recht universeller menschlicher Zug ist und vermutlich mit der Herausbildung des Bewußtseins verbunden. Daß Glück und Zufriedenheit davon abhängen, wie klein man den Unterschied einschätzt zwischen dem, was man sich wünscht, und dem, was man hat, und daß Erwartungen dazu neigen, zu steigen, wurde oft beobachtet. Nach einer 1987 durchgeführten Umfrage, über die in der „Chicago Tribune" berichtet wurde (24. September 1987, S. 3), glauben Amerikaner, die mehr als 100 000 Dollar im Jahr verdienen (diese machen etwa 2% der Bevölkerung aus), daß sie zu einem bequemen Leben etwa 88 000 Dollar jährlich benötigten. Weniger Verdienende halten 30 000 für ausreichend. Die Wohlhabenderen meinten auch, sie bräuchten eine Viertelmillion, um ihre Träume zu erfüllen, während der Eintrittspreis ins durchschnittliche amerikanische Traumschloß nur ein Fünftel dessen betrug.

Von den Forschern, die sich mit Lebensqualität befaßt haben, berichten viele von ähnlichen Ergebnissen, z.B. Campbell, Converse & Rogers (1976), Davis (1959), Lewin u.a. (1944 [1962]), Martin (1981), Michalos (1985) und Williams (1975). Diese neigen jedoch dazu, sich auf die extrinsischen Bedingungen für Glück zu konzentrieren, wie Gesundheit, Reichtum usw. In diesem Buch hingegen befassen wir uns mit Glück als Folge der persönlichen Handlungen eines Menschen.

25 **Kontrolle des Lebens.** Das Ringen um Selbstkontrolle ist eines der ältesten Ziele der menschlichen Psychologie. In einer klaren Zusammenfassung mehrerer hunderter Schriften verschiedener intellektueller Traditionen, in denen es um wachsende Selbstkontrolle geht (z.B. Yoga, verschiedene Philosophien, Psychoanalyse, Persönlichkeitspsychologie, Selbsthilfe) fand Klausner (1965), daß die Objekte, auf die Kontrolle gerichtet wurde, in vier Kategorien unterteilt werden konnten: (1) Kontrolle der Leistung oder des Verhaltens; (2) Kontrolle unterschwelliger psychologischer Triebe; (3) Kontrolle intellektueller Funktionen, z.B. Denken; (4) Kontrolle von Emotionen z.B. Gefühlen.
Kultur als Verteidigung gegen Chaos. Siehe z.B. Nelsons (1965) Zusammenfassung zu diesem Thema. Eine interessante Behandlung der positiven, integrativen Wirkungen von Kultur bildet Ruth Bendicts Konzept der „Synergie" (Maslow & Honigman 1970) und Laszlos (1970) allgemeine Systemperspektive. Siehe auch Redfield (1942), von Bertalanffy (1960, 1968) und Polanyi (1968, 1969). Ein Beispiel dafür, wie Sinn von Individuen in einem kulturellen Kontext geschaffen wird, liefern Csikszentmihalyi & Rochberg-Halton (1981).

26 **Kulturen halten sich für den Nabel der Welt.** Ethnozentrismus scheint ein Grundsatz jeder Kultur zu sein; siehe z.B. Le Vine & Campbell (1972), Csikszentmihalyi (1973).

27 **Ontologische Angst.** Die Experten für ontologische (oder existentielle) Angst sind, zumindest seit ein paar Jahrhunderten, Dichter, Maler, Schriftsteller und andere Künstler. Unter den Philosophen muß man Kierkegaard erwähnen (1976, 1984), Heidegger (1972), Sartre (1970) und Jaspers (1973, 1973); unter den Psychiatern Sullivan (1980) und Laing (1972, 1973).
Sinn. Eine Erfahrung ist sinnvoll, wenn sie positiv mit den Zielen einer Person verbunden ist. Leben hat Sinn, wenn man einen Zweck hat, der alles Streben rechtfertigt, und die Erfahrung geordnet ist. Um diese Ordnung in der

Erfahrung zu erreichen, muß man sich oft einer übernatürlichen Macht bedienen oder einer Vorsehung, ohne die das Leben sonst keinen Sinn ergeben würde. Siehe auch Csikszentmihalyi & Rochberg-Halton (1981). Das Sinnproblem wird ausführlich in Kapitel 10 erläutert.

29 **Religion und Sinnverlust.** Daß Religion immer noch als Schutzschild gegen Chaos hilft, wird von mehreren Untersuchungen bestätigt, die von höherer Lebenszufriedenheit von Erwachsenen berichten, die sich als religiös bezeichnen (Bee, 1987, S. 373). Neuerdings wurde mehrfach die Behauptung aufgestellt, daß kulturelle Werte, die unsere Gesellschaft stützen, nicht mehr so wirksam sind wie einst. Siehe Daniel Bell (1976) über den Niedergang kapitalistischer Werte, und Robert Bellah (1975) über den Verfall der Religion. Zugleich ist klar, daß selbst das sogenannte Zeitalter des Glaubens im europäischen Mittelalter von Zweifeln und Verwirrung heimgesucht war. Siehe die ausgezeichneten Schilderungen der geistigen Unruhe in dieser Zeit bei Johan Huizinga (1975) und Le Roy Ladurie (1979).

30 **Trends in Sozialpathologie.** Siehe „Statistical Abstracts of the U.S." (U.S. Department of Commerce 1985, S. 199) über Energieverbrauch; über Armut siehe ebenda, S. 457. Gewaltverbrechentrends wurden den U.S. Department of Justice's „Uniform Crime Reports" entnommen (25. Juli 1987, S. 41), den „Statistical Abstracts" (1985, S. 166) und den „U.S. Social Indicators" des Commerce Departments (1980, S. 235, 241). Die Statistiken über Geschlechtskrankheiten stammen aus den „Statistical Abstracts of the U.S." (1985, S. 115), über Scheidung ebenda, S. 88.

31 **Seelische Gesundheit.** Die Zahlen entstammen „U.S. Social Indicators", S. 93. Die Angaben zum Staatshaushalt den „U.S. Statistical Abstracts" (1985, S. 332).
Siehe Brandwein (1977), Cooper (1970), Glick (1979) und Weitzman (1978) über die **Anzahl von Jugendlichen in Zweieltern-Familien,** „U.S. Statistical Abstracts" (1985, S. 189) über Kriminalstatistiken.

Pathologie unter Jugendlichen. Selbstmord und Mord unter Teenagern, siehe „Vital Statistics of the United States", 1985 (U.S. Department of Health and Human Services, 1988), Tabelle 8.5. Veränderungen bei den Ergebnissen der Hochschuleingangstests werden in U.S. „Statistical Abstracts" (1985, S. 147) wiedergegeben. Zuverlässigen Schätzungen zufolge nahm Selbstmord unter Teenagern zwischen 1950 und 1980 um 300% zu, mit der höchsten Quote unter den privilegierten weißen männlichen Jugendlichen der Mittelklasse („Social Indicators", 1989). Das gleiche Muster gilt für Verbrechen, Mord, uneheliche Schwangerschaften, Geschlechtskrankheiten und psychosomatische Beschwerden (Wynne, 1978; Yankelovich, 1981). 1980 benutzte einer von zehn Hochschülern täglich psychotropische Drogen (Johnston, Bachman & O'Malley, 1981). Um dieses düstere Bild zu relativieren, sollte man erwähnen, daß man Jugendliche in den meisten Kulturen als Problemgruppe bezeichnete (Fox, 1977). „Die starke innere Unruhe und äußere Unordnung der Reifezeit sind universell und nur mäßig von kulturellen Determinanten bestimmt" (Kiell, 1969, S. 9). Nach Offer, Ostrov & Howard (1981) kann man lediglich 20% der heutigen amerikanischen Jugendlichen als „schwierig" bezeichnen, doch selbst diese konservative Schätzung betrifft natürlich immer noch eine riesige Zahl junger Leute.

33 **Sozialisation.** Die Notwendigkeit, Belohnung aufzuschieben, um in der Gesellschaft zu funktionieren, wurde von Freud in „Das Unbehagen in der Kultur" geschildert (1981). Brown (1959) wies Freuds Argumente scharf zurück. Standardwerke über Sozialisation, siehe Clausen (1968) und Zigler & Child (1973). Eine neuere längere Studie über Sozialisation von Jugendlichen findet man in Csikszentmihalyi & Larson (1984).

Soziale Kontrollen. Einige gute Beispiele, wie soziale Kontrollen durch chemische Abhängigkeit durchgesetzt wurden, sind die Einführung von Rum und Branntwein durch die Spanier in Zentralamerika (Braudel, 1986), die Zufuhr von

Whiskey bei der Enteignung der amerikanischen Indianergebiete, die Chinesischen Opiumkriege. Herbert Marcuse (1984, 1971) hat ausführlich diskutiert, wie herrschende gesellschaftliche Gruppen Sexualität und Pornographie nutzen, um soziale Kontrollen durchzusetzen. Wie Aristoteles schon vor langer Zeit meinte: „Das Studium der Lust und des Schmerzes gehört in die Provinz des politischen Philosophen" („Die Nikomachische Ethik", 1981, Buch 7, Kap. 11).
Gene und persönliche Vorteile. Das Argument, daß Gene zu ihrem eigenen Nutzen vorprogrammiert sind und nicht, um das Leben für ihre Träger besser zu machen, wurde zum erstenmal zusammenhängend von Dawkins (1978) beschrieben, obwohl das Sprichwort: „Das Küken ist nur eine Methode des Eis, ein weiteres Ei herzustellen", das Dawkins' Idee sehr gut veranschaulicht, viel älter ist. Siehe des weiteren Csikszentmihalyi & Massimini (1985) und Csikszentmihalyi (1991).

37 **Wege der Befreiung.** Die Geschichte dieser Suche ist so reichhaltig und lang, daß es unmöglich ist, ihr mit wenig Raum Genüge zu tun. Für *mystische Tradition* siehe Behanan (1937) und Wood (1961) über Yoga; Scholem (1980) über jüdische Mystik. In der *Philosophie* könnte man Hadas (1969) über griechischen Humanismus hervorheben, Arnold (1911) und Murray (1949) über die Stoiker, Mac Vannel (1896) über Hegel. Was modernere Philosophen angeht, siehe Tillich (1953) und Sartre (1970). Eine neuere Interpretation der aristotelischen Vorstellung von Tugend, die dem Konzept der autotelischen Tugend oder *flow* sehr ähnlich ist, findet man in dem Werk von Alasdair MacIntyre (1987). In der *Geschichte* fallen Croce (1962), Toynbee (1979), und Berdyaev (1952) auf, in der *Soziologie* Marx (1844 [1956]), Durkheim (1973, 1981), Sorokin (1956, 1967) und Gouldner (1968), in der Psychologie Angyal (1941, 1965), Maslow (1973, 1970) und Rogers (1973); in *Anthropologie* siehe Benedict (1949), Mead (1964), und Geertz (1983). Dies ist bloß eine persönliche Auswahl aus einer riesigen Liste in Frage kommender Werke.

37 **Kontrolle des Bewußtseins.** Kontrolle des Bewußtseins, wie sie in diesem Kapitel beschrieben wird, enthält die vier Erscheinungsformen der Selbstkontrolle, wie sie Klausner (1965) aufführt und in der Anmerkung auf S. 10 schildert. Eine der ältesten bekannten Techniken, eine solche Kontrolle zu erlangen, stellen die verschiedenen Jogadisziplinen dar, die in Indien vor etwa fünfzehnhundert Jahren entwickelt wurden. Diese werden ausführlicher in Kapitel 5 diskutiert. Anhänger der holistischen Medizin glauben, daß der geistige Zustand des Patienten äußerst wichtig für den Verlauf der körperlichen Gesundheit sei. Siehe auch Cousins (1981) und Siegel (1988). Eugene Gendlin (1981), ein Kollege an der Universität von Chicago, hat eine neuere Technik für die Kontrolle der Aufmerksamkeit entwickelt, die er „Focusing“ nennt. Ich will in diesem Buch nicht irgendeine bestimmte Technik vorschlagen, sondern statt dessen eine konzeptuelle Analyse dessen geben, was zu Kontrolle und Vertiefung gehört, sowie praktische Beispiele, damit der Leser eine eigene Methode entwickeln kann, die seinen Neigungen und Umständen am besten entspricht.

38 **Routinisierung.** Das Argument hier erinnert natürlich an Webers (1922) Gedanken der Routinisierung des Charisma, das er in seinem Werk „Die Wirtschaftsethik der Weltreligionen“ entwickelte, und sogar an den früheren Hegelschen Gedanken, daß die „Welt des Geistes“ sich schließlich in eine „Welt der Natur“ wandelt (vgl. Sorokin, 1950). Das gleiche Konzept wird von einem soziologischen Standpunkt aus von Berger & Luckmann entwickelt (1972).

Kapitel II

41 **Bewußtsein.** Ein Zentralbegriff vieler religiöser und philosophischer Systeme, wie etwa Kants und Hegels. Frühe Psychologen wie Ach (1905) haben versucht, es in modernen, wissenschaftlichen Begriffen zu beschreiben, doch ohne Erfolg. Mehrere Jahrzehnte lang gaben die Verhaltenswissenschaften die Vorstellung von einem Bewußtsein insgesamt auf, da man Eigenberichte über innere Zustände für wenig wissenschaftlich hielt. In der letzten Zeit scheint wieder mehr Interesse an diesem Thema aufzuflackern (Pope & Singer, 1978). Historische Abhandlungen über das Thema findet man bei Boring (1953) und Klausner (1965). Smith (1969), der den Begriff „introspektiver Behaviorismus“ prägte, gibt eine Definition, die derjenigen in diesem Buch sehr ähnelt: „Bewußte Erfahrung ist ein inneres Ereignis, bei dem man direkt das tut, was man tut“ (Smith 1969, S. 108). Ansonsten herrscht wenig Gemeinsamkeit zwischen der hier entwickelten Konzeption und der von Smith oder anderen behavioristisch orientierten Psychologen. Der Hauptunterschied besteht darin, daß ich die subjektive Dynamik der Erfahrung betone und die Phänomenologie im Vordergrund sehe. Eine ausführlichere Definition des Bewußtseins wird im weiteren Verlauf dieses Kapitels gegeben.

44 **Phänomenologie.** Der Begriff wird hier nicht in Anlehnung an eine bestimmte Schule oder einen bestimmten Denker gebraucht. Er bezieht sich lediglich darauf, daß die Methode, Erfahrung zu studieren, stark von den Erkenntnissen Husserls (1962), Heideggers (1972, 1975), Sartres (1970), Merleau-Pontys (1964, 1966) und einigen ihrer Anhänger in den Sozialwissenschaften beeinflußt wurde, wie Natanson (1963), Gendlin (1978), Fisher (1969), Wann (1964) und Schutz (1962). Klare, kurze Einführungen in die Phänomenologie Husserls finden sich in den Büchern von Kohak (1978) und Kolakowski (1986). Um diesem Buch zu

folgen, braucht man jedoch keine der phänomenologischen Prämissen parat zu haben. Die Argumente müssen aus sich heraus verstanden und vertreten werden. Das gleiche gilt für die *Informationstheorie* (siehe Wiener, 1963).

44 **Träumen.** Stewart (1972) berichtet, daß die Sinoi in Malaysia lernen, ihre Träume zu kontrollieren, und daher ungewöhnliche Kontrolle über das wache Bewußtsein erlangen. Wenn dies stimmt (was zweifelhaft erscheint), handelt es sich um eine interessante Ausnahme, die die allgemeine Regel bestätigt – mit anderen Worten, daß man durch das Training der Aufmerksamkeit das Bewußtsein sogar im Schlaf beherrschen kann (Csikszentmihalyi, 1982a). Eine der neueren Methoden, das Bewußsein zu erweitern, hat genau dies versucht. „Klares Träumen" stellt einen Versuch dar, Prozesse während des Schlafs zu kontrollieren (La Berge, 1987).

47 **Grenzen des Bewußtseins.** Die erste allgemeine These über die Anzahl der Bits, der Informationsteilchen, die gleichzeitig verarbeitet werden können, stammte von Miller (1956). Orme (1969) hat auf der Grundlage der Berechnungen von Uexküll (1957) behauptet, daß $^{1}/_{18}$ einer Sekunde zu einer Unterscheidung notwendig ist. Zu den kognitiv orientierten Wissenschaftlern, die über die Grenzen von Aufmerksamkeit gearbeitet haben, gehören Simon (1969, 1978), Kahnemann (1973), Hasher & Zacks (1979), Eysenck (1982) und Hofmann, Nelson & Houck (1983). Über die Aufmerksamkeit, die für kognitive Prozesse benötigt wird, arbeiteten Neisser (1974, 1979), Treisman & Gelade (1980) und Treisman & Schmidt (1982). Die Aufmerksamkeitsleistungen bei der Speicherung und der Abrufung aus dem Gedächtnis wurden von Atkinson & Shiffrin (1986) und Hasher & Zacks (1979) behandelt. Doch die Bedeutung der Aufmerksamkeit und ihrer Grenzen war bereits William James (1890) wohlbekannt.

48 **Grenzen der Sprachverarbeitung.** Siehe Liberman, Mattingly & Turvey (1972) über die Schwelle von 40 Bits pro Sekunde sowie Nusbaum & Schwab (1986).

Nutzung von Zeit. Die erste umfassende Auflistung, wie Menschen ihre Zeit zubringen, bietet das intranationale Projekt, über das in Szalai (1965) berichtet wird. Die hier dargestellten Zahlen beruhen auf meinen Forschungsarbeiten mit der ESM, z.B. Csikszentmihalyi, Larson & Prescott (1977), Csikszentmihalyi & Graef (1980), Csikszentmihalyi & Larson (1984), Csikszentmihalyi & Csikszentmihalyi (1991).

49 **Fernsehen.** Die Gefühle, über die Menschen beim Fernsehen berichten, werden in ESM-Studien mit Erfahrungen bei anderen Aktivitäten verglichen. S. Csikszentmihalyi, Larson & Prescott (1977), Csikszentmihalyi & Kubey (1983) und Kubey & Csikszentmihalyi (in Vorbereitung).

Psychische Energie. Die Prozesse, die im Bewußtsein stattfinden – Gedanken, Emotionen, Wille und Erinnerung – wurden von Philosophen von Anbeginn an und einigen der frühen Psychologen (z.B. Ach 1905) beschrieben. Für einen Überblick siehe Hilgard (1980). Energistische Einschätzungen des Bewußtseins bieten Wundt (1902), Lipps (1899), Ribot (1890), Binet (1890) und Jung (1985). Einige neue Untersuchungen werden von Kahneman (1973), Csikszentmihalyi (1978, 1987) und Hoffmanm, Nelson & Houck (1983) dargestellt.

53 **Aufmerksamkeit und Kultur.** Die Fähigkeit der Melanesier, bestimmte Stellen im Meer wiederzuerkennen, wenn sie auf der Wasseroberfläche treiben, wird in Gladwin (1970) beschrieben. Hinweise auf die zahlreichen Namen der Eskimos für Schnee findet man in Bourguignon (1979).

Das Selbst. Psychologen haben nach unzähligen Wegen gesucht, das Selbst zu beschreiben, von der sozialpsychologischen Methode George Herbert Meads (1973) und Sullivans (1980) bis zur analytischen Psychologie von Carl Gustav Jung (1985). Zur Zeit versuchen Psychologen hingegen, die Erwähnung des „Selbst" zu vermeiden; statt dessen begrenzen sie sich auf das „Selbstkonzept". Eine gute Darstellung dieser Konzeption findet sich in Damon & Hart (1982). Eine andere Methode benutzt den Begriff „Selbstwirksamkeit" (self-efficacy) (siehe Bandura, 1982). Das Modell des Selbst, das auf diesen Seiten vorgestellt wird, wurde von vielen Quellen beeinflußt und wird in Csikszentmihaly (1985a) und Csikszentmihalyi & Csikszentmihalyi (1991) beschrieben.

57 **Unordnung im Bewußsein.** Die Psychologie hat negative Emotionen wie Wut, Verzweiflung, Traurigkeit, Angst, Scham, Verachtung oder Ekel ausführlich untersucht. Siehe Ekman (1972), Frijda (1986), Izard, Kagan & Zajonc (1984) und Tomkins (1962). Doch diese Forscher nehmen allgemein an, daß jedes Gefühl einzeln im Zentralnervensystem „verdrahtet" ist, als Reaktion auf bestimmte Reize, statt integrierte Reaktion des Selbstsystems. Klinische Psychologen und Psychiater sind mit „disphorischen Stimmungen" vertraut, wie Unsicherheit und Depression, die Konzentration und normale Funktionen beeinträchtigen (Beck, 1976; Blumberg & Izard, 1985; Hamilton, 1982, Lewinsohn & Libet, 1972, Seligman et al. 1984).

61 **Ordnung.** Was Ordnung – oder psychische Negentropie – bedeutet, wird auf den folgenden Seiten erläutert; siehe auch Csikszentmihalyi (1982a) und Csikszentmihalyi & Larson (1984). Grundsätzlich meint man damit das Fehlen von Konflikten unter den Bits, den Informationsteilchen, die im Bewußtsein eines einzelnen vorhanden sind. Wenn sich die Information in Harmonie mit den Zielen des Menschen befindet, ist das Bewußtsein „geordnet". Das gleiche trifft auf das Fehlen von Konflikten zwischen Individuen zu, wenn ihre Ziele miteinander harmonisieren.

62 ***Flow.*** Die anfänglichen Forschungen und theoretischen Modelle der *flow*-Erfahrung wurden zum erstenmal vollständig in „Das *flow*-Erlebnis. Jenseits von Angst und

Langeweile. Im Tun aufgehen" (Csikszentmihalyi, 1985) dargestellt. Seitdem wurde der *flow*-Begriff in einer Reihe von Werken benutzt und ausgiebig erforscht. Ein paar Beispiele sind Victor Turners (1974) Anwendung dieser Konzeption auf die Anthropologie, Mitchells (1983) auf die Soziologie und Crooks (1980) auf die Evolution. Eckblad (1981), Amabile (1983) und Deci & Ryan (1985) haben sie bei der Entwicklung von Motivationstheorien benutzt. Für eine Zusammenfassung der verschiedenen Forschungsergebnisse siehe Massimini & Inghilleri (1986) und Csikszentmihalyi & Csikszentmihalyi (1991).
„Es stimmt heiter . . ." Dieses Zitat stammt aus Csikszentmihalyi (1985, S. 128).

63 **Komplexität.** Komplexität ist eine Funktion, wie gut Informationen im Bewußtsein eines Menschen differenziert und integriert sind. Ein komplexer Mensch ist fähig, Informationen exakt anzuzapfen, und dennoch in der Lage, die verschiedenen Teile miteinander zu verknüpfen; es handelt sich zum Beispiel um jemanden, dessen Wünsche, Emotionen, Gedanken, Werte und Handlungen stark individuiert sind, sich aber nicht widersprechen. Siehe etwa Csikszentmihalyi (1970), Csikszentmihalyi & Csikszentmihalyi (1991) und Csikszentmihalyi & Larson (1984). Hier wird Komplexität mit der gleichen Vorstellung verbunden, wie sie einige Evolutionsbiologen verwenden (z.B. Dobzhansky, 1965, 1967) und wurde teilweise von den poetischen Erkenntnissen Teilhard de Chardins (1981) beeinflußt. Eine recht vielversprechende Definition von Komplexität in physikalischen Systemen, als „thermodynamische Tiefe" bezeichnet, wurde von Heinz Pagels (1988) entwickelt, der leider vor kurzem unerwartet starb. Seiner Definition nach ist Komplexität eines Systems der Unterschied zwischen der Menge an benötigten Informationen, um ein System in seinem gegenwärtigen Zustand zu beschreiben, und der benötigten Menge, um alle Zustände zu beschreiben, die zu einem Zeitpunkt existiert haben könnten, ehe es in seinen letzten Zustand wechselte. Wenn man dies auf die

Psychologie des Selbst anwendet, könnte man sagen, daß ein komplexer Mensch jemand sei, dessen Verhalten und Gedanken nicht leicht erklärt werden können und dessen Entwicklung nicht leicht vorhersehbar ist.

64 **„Kein Ort...“** Zitat aus Csikszentmihalyi (1975, S. 127–128).

Kapitel III

67 **Forschung über die Beziehung zwischen Glück und Reichtum** siehe Diner, Horwitz & Emmons (1985), Bradburn (1969) und Campbell, Converse & Rodgers (1976).

69 **Vergnügen und Freude.** Aristoteles' „Nikomachische Ethik“ befaßt sich durchgängig mit diesem Thema, besonders Buch 3, Kapitel 11, und Buch 7. Siehe auch: Csikszentmihalyi & Csikszentmihalyi (1991, S. 38).

71 **Kindliche Freude an Aktivität.** Frühe deutsche Psychologen nahmen die Existenz einer *Funktionslust* an, der Freude, wenn man den Körper für Tätigkeiten wie Rennen, Schlagen, Schaukeln usw. benutzt (Groos, 1973, Buhler, 1930). Später erklärte Piaget (1975), eines der sensumotorischen Stadien der körperlichen Entwicklung des Kleinkindes sei von der „Freude, der Grund zu sein“ bestimmt. In den Vereinigten Staten behauptete Murphy (1947) die Existenz von sensorischen und Aktivitäts-Trieben, die für die Freude verantwortlich seien, die Anblicke, Geräusche oder Muskelgefühle gelegentlich vermitteln. Diese Erkenntnisse wurden in eine Theorie optimaler Stimulation oder optimaler Erregung eingebracht, die die Arbeiten von Hebb (1955) und Berlyne (1974) durchzieht, die annehmen, Vergnügen sei Folge eines optimalen Gleichgewichts zwischen dem eintreffenden Reiz und der Fähigkeit des Nervensystems, darauf einzugehen. Die Ausweitung dieser grundsätzlich neurologischen Erklärungen, warum man bei Aktivität Freude findet, lieferten

White (1959), deCharms (1968) und Deci & Ryan (1985), die das gleiche Phänomen vom Blickwinkel des Selbst betrachteten, des bewußten Organismus. Ihre Erklärungen drehen sich um die Tatsache, daß Handlungen Vergnügen hervorrufen, weil sie dem Menschen ein Gefühl von Kompetenz, Wirksamkeit und Autonomie verleihen.

72 **Lernen als Erwachsener.** Der Bedeutung von Lernen im späteren Leben wurde in letzter Zeit viel Aufmerksamkeit geschenkt. Siehe für einige der grundlegenden Gedanken hierzu Mortimer Adlers frühe Aussagen (1956), Tough (1978) und Gross (1982).

73 **Interviews.** Die meisten der hier erwähnten Interviews wurden im Verlauf von Forschungsarbeiten aufgezeichnet, die in Csikszentmihalyi (1985) und Csikszentmihalyi & Csikszentmihalyi (1991) beschrieben werden. Über 600 zusätzliche Interviews wurden von Fausto Massimini und seinen Mitarbeitern in Europa, Asien und im Südwesten der USA gesammelt.

75 **Ekstase.** Ausführliche Fallstudien von ekstatischen religiösen Erfahrungen wurden von Margharita Laski (1962) gesammelt. Alexander Maslow (1971), der den Begriff „Spitzenerfahrung“ prägte, um solche Erlebnisse zu beschreiben, spielte eine wichtige Rolle für die Anerkennung der Existenz derartiger Phänomene durch die Psychologen. Man sollte hinzufügen, daß Laski und Maslow Ekstase als eine glückliche Erfahrung betrachteten, die sich mehr oder minder von allein einstellt und nicht aufgrund eines natürlichen Prozesses, der kontrolliert und gefördert werden kann. Für einen Vergleich zwischen Maslows Konzeption der Spitzenerfahrung und *flow* siehe Privette (1983). Ekstatische Erfahrungen sind offensichtlich häufiger, als man denken mag. Im März 1989 antworteten über 30% einer nationalen Repräsentativumfrage von 1000 US-Bügern mit Zustimmung auf die Frage: „Sie fühlten sich, als näherten Sie sich einer starken spirituellen Kraft, die Sie über ihr Selbst hinauszuheben schien“. 12%

behaupteten, sie hätten dieses Gefühl oft oder mehrmals erlebt („General Society Survey", 1989).
Lesen als Lieblings-*flow*-Aktivität. Diese Ergebnisse werden in Massimini, Csikzentmihalyi & Delle Fave (1991) beschrieben. Eine neuere Arbeit, die ausführlich schildert, wie Lesen Freude bereitet, stammt von Nell (1988).

75–76 **Gesellschaft als *flow*-Aktivität.** Alle mit der ESM durchgeführten Studien bestätigen die Tatsache, daß das bloße Zusammensein mit anderen Menschen die Stimmung positiv beeinflußt, ungeachtet von allem anderen, was vor sich geht. Dies scheint auf Teenager zuzutreffen (Csikszentmihalyi & Larson, 1984), wie auf Erwachsene (Larson, Csikszentmihalyi & Graef, 1980) und ältere Menschen (Larson, Mannell & Zuzaneck, 1986). Doch um die Gesellschaft anderer Menschen wirklich zu genießen, braucht man interpersonale Fähigkeiten.

76 **„Viele der Objekte ..."** Dieses Zitat entstammt einer Studie, wie Kunstmuseumskuratoren ihre ästhetische Erfahrung beschreiben (Csikszentmihalyi & Robinson, in Vorbereitung, S. 51).

77 **Professor Maier-Leibniz** beschrieb mir persönlich seine erfinderische Art, die Zeit mit dem Klopfen der Finger zu messen (1986).

78 Die Bedeutung von **Micro*flow***-Aktivitäten wurde in „Das *flow*-Erlebnis. Jenseits von Angst und Langeweile. Im Tun aufgehen" (Csikszentmihalyi, 1985) beschrieben. Studien zeigten, daß Menschen, wenn sie gebeten werden, ohne ihre normalen Routine auszukommen, wie mit den Fingern pochen, Kritzeln, Pfeifen oder mit Freunden scherzen, innerhalb weniger Stunden gereizt werden. Häufig berichten sie nach nur einem Tag ohne Micro*flow* von Kontrollverlust und gestörtem Verhalten. Wenige Menschen waren fähig oder bereit, länger als 24 Stunden ohne diese Tätigkeiten auszukommen.

Das ausgewogene **Verhältnis zwischen Herausforderung und Fähigkeiten** wurde von Anfang an als eine der Zentralbedingunen für *flow*-Erfahrungen erkannt (z.B. Csikszentmihalyi, 1985, S. 74–81). Das Originalmodell nahm an, daß Freude entlang der gesamten Diagonale eintrat, d.h. wenn Herausforderungen und Fähigkeiten beide sehr niedrig sind, wie auch, wenn beide hoch sind. Empirische Forschungsergebnisse führten später zu einer Abänderung des Modells. Man genießt keine Situation, in der Fähigkeiten und Herausforderungen von außen niedriger sind als gewohnt. Das neue Modell sagt *flow* nur voraus, wenn Herausforderungen und Fähigkeiten sich im relativen Gleichgewicht und über dem individuellen Durchschnitt befinden – und diese Prognose wurde von den Studien bestätigt, die mit der ESM durchgeführt wurden (Carli, 1986; Csikszentmihalyi & Nakamura, 1989; Massimini, Csikszentmihalyi & Carli, 1987). Darüber hinaus haben diese Arbeiten gezeigt, daß der Zustand von Unsicherheit (starke Herausforderung, geringe Fähigkeiten) im Alltagsleben relativ selten ist und als viel negativer erfahren wird als Langeweile (geringe Herausforderungen, große Fähigkeiten).

80 **„Deine Konzentration . . .", „Man ist dermaßen . . ."** und **„. . . die Konzentration . . ."** stammen aus Csikszentmihalyi 1985, S. 62–63). **„Ihr Lesen . . ."** stammt aus Allison und Duncan (1991, S. 151). Die Beziehung zwischen gerichteter Aufmerksamkeit und Freude wurde schon vor vierhundert Jahren deutlich von Montaigne (1958 [1580]) erkannt: „Ich genieße . . . das Leben doppelt so stark wie andere, denn das Maß der Freude hängt davon ab, wieviel mehr oder weniger Aufmerksamkeit wir ihm schenken."

„Die Mystik des Kletterns . . ." stammt aus Csikszentmihalyi (1985, S. 73).

82 **„Besondere Befriedigung finde ich . . ."** stammt aus delle Fave & Massimini (1991, S. 215). **„Ich . . . erfuhr ein**

Gefühl von Befriedigung ..." von Hiscock (1969, S. 45) und **„Jedes Mal ...**" von Moitessier (1973); die letzten beiden sind in Macbeth zitiert (1991, S. 249 f.).

83 **Malerei.** Der Unterschied zwischen mehr oder weniger originellen Künstlern ist, daß erstere mit einer allgemeinen, oftmals verschwommenen Idee, letztere mit einem deutlich vorgestellten Bild beginnen. Daher entdecken originelle Künstler erst im Verlauf ihrer Tätigkeit, was sie tun, und müssen Feedback von der sich entwickelnden Arbeit benutzen, um neue Wege zu erkennen. Der weniger originelle Künstler hat am Ende das vorgestellte Bild gemalt, das aber keine Chance hatte, zu wachsen und sich zu entwikkeln. Doch um bei dem offenen Prozeß der Schöpfung erfolgreich zu sein, muß der originelle Künstler fest internalisierte Kriterien für gute Kunst haben, damit er die richtigen Elemente für das wachsende Bild entweder annehmen oder verwerfen kann. (Getzels & Csikzentmihalyi, 1976).

Chirurgie als *flow*-Erfahrung wird in Csikszentmihalyi (1985, 1985b) beschrieben.

84–85 **Ungewöhnliche Sensibilität.** Der verbreitete Eindruck, daß verschiedene Kinder die Fähigkeit haben, unterschiedliche Talente auszubilden, daß einige Neigung zu körperlichen Bewegungen haben, andere Begabung für Musik, Sprachen oder das Auskommen mit anderen Menschen, wurde vor kurzem in einer Theorie der „multiplen Intelligenz" von Howard Gardner (1991) aufgestellt. Gardner und seine Mitarbeiter in Harvard arbeiten nun an der Entwicklung einer umfassenden Testmethode für jede der sieben Hauptdimensionen von Intelligenz, die sie definierten.

85 Die Bedeutung von **Feedback für Blinde** wird in Massimini, Csikszentmihalyi & delle Fave (1991, S. 99) betont.

86 **„Es ist, wie wenn ...**" stammt aus Csikszentmihalyi (1985, S. 64).

86–87 **„Das Spielfeld . . .“** und **„Jungen in meinem Alter . . .“** stammen aus Csikszentmihalyi (1985, S. 64); **„Wenn man klettert . . .“** ebenda, S. 111 **„Ich erlebe hier . .“** ebenda, S. 65. **„Aber wie auch . . .“** stammt aus Crealock (1951, S. 99–100), zitiert in Macbeth (1991, S. 242). Das Zitat von Edwin Moses stammt aus Johnson (1988, S. 6).

88 **„Eine große Entspannung . . .“** und **„ . . . ich habe ein . . .“** stammen aus Csikszentmihalyi (1985, S. 69).
Die Anziehungskraft von Risiko und Gefahren wurde ausführlich von Marvin Zuckerman (1979) untersucht, der die „Sensationssuche“ als Persönlichkeitszug identifizierte. Eine populärere Behandlung dieses Themas stellt das neuere Buch von Ralph Keyes dar (1985).

89 Eine der frühesten psychologischen Untersuchungen über das **Glücksspiel** findet sich bei Kusyszyn (1977). Daß Glücksspiele sich aus den hellseherischen Aspekten religiöser Zeremonien entwickelten, wird von Culin (1906, S. 32, 37, 43), David (1962) und Huizinga (1971) vertreten.

91 **Morphy und Fischer.** Die Ähnlichkeit zwischen den Karrieren dieser beiden Schachmeister, die im Abstand von einem Jahrhundert lebten, ist in der Tat auffallend. Paul Charles Morphy (1837–84) wurde in seinen frühen Jugendjahren Schachmeister. Auf einer Europareise mit 22 schlug er jeden Gegner. Nach New York zurückgekommen, hielten ihn potentielle Rivalen für zu gut und hatten Angst, selbst unter günstigsten Bedingungen gegen ihn anzutreten. Ohne seine einzige Quelle für *flow* wurde Morphy zu einem zurückgezogenen Exzentriker, der paranoides Verhalten aufwies. Für Parallelen zu Bobby Fischer siehe Waitzkin (1988). Es gibt zwei Erklärungen für einen solchen Zufall. Eine heißt, daß Menschen mit empfindlicher psychischer Organisation in überproportionalem Ausmaß von Schach angezogen werden. Die andere lautet, daß Schach auf Wettkampfebene den totalen Einsatz von psychischer Energie erfordert und süchtig machen kann.

Wenn ein Spieler Meister wird und alle Herausforderungen seiner Aktivität erschöpft hat, in die er so viel seiner Aufmerksamkeit gesteckt hat, riskiert er Desorientierung, weil das Ziel, das seinem Bewußtsein Ordnung verliehen hat, keinen Sinn mehr hat.

Glücksspiele unter nordamerikanischen Indianern werden von Culin (1906), Cushing (1896) und Kohl (1970) beschrieben. Carver (1796, S. 238) beschreibt Irokesen, die spielten, bis sie alles verloren hatten, was sie besaßen, darunter auch ihre Mokassins, und dann barfuß in meterhohem Schnee nach Hause liefen. Ein Beobachter der Tarahumara in Mexiko berichtete, daß „er ... vielleicht zwei Wochen lang spielt, bis er alles, was er in der Welt besitzt, verloren hat, außer seine Frau und seine Kinder. Da hört es auf." (Lumholtz, 1987 [1902], S. 278).

Chirurgen, die behaupten, Operieren mache „süchtig", werden in Csikszentmihalyi (1975, S. 138–139; dieser Abschnitt ist in der deutschen Übersetzung fortgelassen) beschrieben.

„Das ist ein Zen-Gefühl ..." stammt aus ebenda, S. 87.

92 **„Man vergißt sich ..."** stammt aus Moitessier (1973), zitiert in Macbeth (1991, S. 245) **„Ich verstehe etwas ..."** stammt von Sato (1991, S. 134).

93 Für das **Gefühl von Selbsttranszendenz** beim Bergsteigen siehe Robinson (1969), bei Schach siehe Steiner (1974).

95 Die **Gefahr, das Selbst** aufgrund einer transzendentalen Erfahrung **zu verlieren,** wurde ausführlich beschrieben. Eine der frühesten Abhandlungen über dieses Thema findet sich bei Le Bon (1960 [1895]), dessen Werk das von McDougall (1920) und Freud (1921) beeinflußte. Einige neuere Studien über die Beziehung zwischen Selbst-Bewußtheit und Verhalten finden sich bei Diener (1979), Wicklund (1979) und Scheier & Carver (1980). Nach unserem Komplexitätsmodell ist ein deindividualisierter Mensch, der sein Selbst in einer Gruppe verliert, integriert,

aber nicht differenziert. Er gibt die Kontrolle des Bewußtseins an die Gruppe ab und beteiligt sich leicht einmal an gefährlichem Verhalten. Um Transzendenz positiv zu nutzen, muß man ein stark differenziertes oder individuiertes Selbst haben. Die Beschreibung der dialektischen Beziehung zwischen dem „Ich" oder dem aktiven Teil des Selbst, und dem reflektierten Selbstkonzept, war ein recht einflußreicher Beitrag von George Herbert Mead (1973).

96 **„Zwei Dinge geschehen ..."** stammt aus Csikszentmihalyi (1985, S. 152).

99 Die Grundverbindung zwischen Dingen wie Glück, Freude und sogar Tugend einerseits und **intrinsischen oder autotelischen Belohnungen** andererseits wird von einer Reihe von Denkern in verschiedenen Kulturen anerkannt. Sie ist eine Prämisse der taoistischen Vorstellung von Yu oder rechtem Leben (z.B. in den Schriften von Chuang Tzu) des aristotelischen Konzeptes von Tugend (MacIntyre, 1987) und der Hindu-Lebenshaltung, die das *Bhagavadgita* durchzieht.

Die Verallgemeinerung, daß Menschen mit ihrer **Arbeit und ihrer Freizeit unzufrieden** sind, beruht auf unseren Studien mit der ESM (siehe Csikszentmihalyi & Graef, 1979, 1980; Graef, Csikszentmihalyi & Giannino, 1983; Csikszentmihalyi & LeFevre, 1987, 1989 und LeFevre 1991). Die Schlußfolgerungen beruhen auf den spontanen Reaktionen von erwachsenen Arbeitern, die aufgezeichnet wurden, wann immer sie auf ein beliebiges Signal bei der Arbeit darum gebeten wurden. Bei allgemeinen Umfragen hingegen neigen Arbeiter jedoch in der Regel zu positiveren Aussagen. Eine Zusammenfassung von 15 Studien über Zufriedenheit bei der Arbeit, die zwischen 1972 und 1978 durchgeführt wurden, schloß, daß 3% der amerikanischen Arbeiter „sehr unzufrieden" sind, 9% „ziemlich unzufrieden", 36% „ziemlich zufrieden" und 52% „sehr zufrieden" (Argyle, 1987, S. 31–63). Eine neuere nationale Umfrage von Robert Half International, über die in der

„Chicago Times“ (18. Oktober 1987) berichtet wird, kommt zu weniger rosigen Ergebnissen. Demnach sind 24%, d.h. einer von vier Arbeitern, „ziemlich unzufrieden“ mit ihrer Arbeit. Unsere Untersuchungsmethode ist vielleicht zu streng, während die Umfragemethoden vermutlich zu optimistische Ergebnisse erbringen. Man meint vielleicht, es sei einfach, herauszufinden, ob eine bestimmte Gruppe mit ihrer Arbeit zufrieden ist oder nicht. Da Zufriedenheit jedoch ein so relativer Begriff ist, ist es tatsächlich sehr schwierig, auf diese einfache Frage eine objektive Antwort zu geben. Man könnte es vielleicht damit vergleichen, daß man ein Glas, das zur Hälfte mit Wasser gefüllt ist, entweder als halbvoll oder halbleer bezeichnen kann. In einem neueren Buch von zwei herausragenden Sozialwissenschaftlern kamen diese zu völlig gegensätzlichen Schlußfolgerungen über die Einstellung deutscher Arbeiter. Der eine behauptete, die Arbeiter liebten ihre Tätigkeiten, der andere, sie haßten sie, obwohl beide die gleichen umfassenden Daten benutzten (Noelle-Neumann & Strumpel, 1980). Das überraschende Ergebnis, daß viele ihre Arbeit in der Regel als befriedigender bezeichnen als ihre Freizeit, wurde von mehreren Forschern bemerkt (z.B. Andrews & Withey, 1976; Robinson, 1977). Veroff, Douvan & Kulka (1981) z.B. berichten, daß 49% der beschäftigten Männer behaupten, die Arbeit sei befriedigender als die Freizeit, während bloß 19% ihre Freizeit befriedigender finden als die Arbeit.
Die **Gefahren von Sucht nach *flow*** werden ausführlicher in Csikszentmihalyi (1985b) beschrieben.

100 **Verbrechen als *flow*.** Eine Beschreibung, wie Kriminalität bei Jugendlichen *flow*-Erfahrungen auslösen kann, wird in Csikszentmihalyi & Larson (1978) gegeben.
Das **Oppenheimer-Zitat** stammt von Weyden (1984).

101 **„Wasser kann gut wie schlecht sein ...“** Dieses Fragment von Demokrit wurde von Santillana zitiert (1970 [1961], S. 157).

Kapitel IV

103 **Spiel.** Nach Huizingas „Homo Ludens", das 1939 erschien, ist das meistgelesene Buch über Spiele und Verspieltheit vermutlich Roger Caillois' „Die Spiele und die Menschen – Maske und Rausch" (1982).

106 **Mimikry.** Monti (1969, S. 9–15) gibt ein ausgezeichnetes Beispiel, wie eine rituelle Verkleidung helfen kann, aus dem Alltagsleben herauszutreten. Er beschreibt die Verwendung von zeremoniellen Masken in Westafrika:
„Vom psychologischen Standpunkt aus kann man den Ursprung der Masken mit der atavistischen *Hoffnung des Menschen erklären, sich selbst zu entfliehen, um durch die Erfahrung einer anderen Existenz bereichert zu werden* – ein Wunsch, der offensichtlich auf körperlicher Ebene nicht erfüllt werden kann – und um die eigene Macht zu verstärken, indem man sich mit den universellen, göttlichen oder dämonischen Kräften identifiziert, gleich, wer diese sein mögen. Es ist ein Wunsch, aus den Grenzen des individuellen Menschseins und seiner bestimmten, unveränderbaren Form, dem Zyklus aus Leben und Tod, hinauszutreten, der keine Möglichkeit für *bewußt gewählte existentielle Abenteuer* bietet" (Kursiv v. Verf.).

108 ***Flow* und Entdeckung.** Auf die Bitte, unter 16 sehr unterschiedlichen Aktivitäten zu wählen, die *flow* mehr oder minder ähnelten, nannten die von Csikszentmihalyi (1985, S. 51) befragten Bergsteiger, Komponisten, Schachspieler usw. „etwas Neues ausdenken oder entdecken". Dies käme ihrer eigenen *flow*-Aktivität am nächsten.

108 ***Flow* und Wachstum.** Das Thema, wie *flow*-Erfahrungen zu Wachstum des Selbst führen, wird von Deci & Ryan (1985) und Csikszentmihalyi (1982b, 1985a) beschrieben. Anne Wells (1991) hat gezeigt, daß Frauen, die mehr *flow* erleben, ein positiveres Selbstbild haben.

109 ***Flow* und Rituale.** Der Anthropologe Victor Turner (1974) sah die weite Verbreitung von rituellen Vorgängen in präliterarischen Gesellschaften als ein Zeichen dafür, daß es sich um gesellschaftlich sanktionierte Gelegenheiten handelte, *flow* zu erleben. Religiöse Rituale fördern allgemein *flow*-Erfahrungen (siehe Carrington 1977; Csikszentmihalyi, 1987; I. Csikszentmihalyi 1988 und Wilson 1985 in Vorbereitung). Eine gute Einführung in die historischen Beziehungen zwischen der heiligen und der säkularen Dimension von Freizeit findet sich in John R. Kellys Lehrbuch „Leisure" (1982, S. 453–68).

***Flow* und Kunst.** Eine Beschreibung, wie passive visuelle, ästhetische Erfahrungen *flow* auslösen können, findet sich in Csikszentmihalyi & Robinson (in Vorbereitung).

Die religiöse Bedeutung der **Ballspiele der Maya** wird in Blom (1932) und Gilpin (1948) beschrieben. *Pok-ta-pok,* wie dieses dem Basketball ähnliche Spiel genannt wurde, fand in einem gepflasterten Spielfeld statt. Das Ziel war, den Ball durch das Steinloch des Gegners zu werfen, das sich etwa neun Meter über dem Spielfeld befand – ohne ihn mit den Händen zu berühren. Pater Diego Duran, damals spanischer Missionar, gibt uns eine lebhafte Beschreibung: „Es war ein Spiel, das sie sehr genossen, und einige spielten es mit solcher Geschicklichkeit und Kunstfertigkeit, daß sie über eine Stunde lang ohne Unterbrechung den Ball von einem Ende des Spielfelds zum anderen mit den Schenkeln befördern konnten, weil ihnen ja nicht erlaubt war, ihn mit den Händen oder den Füßen zu berühren, noch mit den Waden oder den Armen . . ." (zitiert in Blom, 1932). Offensichtlich endeten solche Spiele zuweilen mit Menschenopfern oder dem Tod der Verlierermannschaft (Pina Chan, 1969).

110 ***Flow* und Gesellschaft.** Der Gedanke, daß die Art der *flow*-Aktivität, die eine Gesellschaft ihren Mitgliedern zur Verfügung stellt, etwas Grundsätzliches über die Gesellschaft selbst aussagen kann, wurde zuerst von Csikszentmihalyi (1981a, 1981b) aufgestellt. Siehe auch Argyle (1987, S. 65).

111 Das Thema **kultureller Relativismus** ist zu komplex, um hier objektiv dargestellt zu werden. Einen ausgezeichneten, (wenngleich nicht objektiven) Überblick bietet der Anthropologe Melford Spiro (1987), der in einer neueren Autobiographie beschreibt, warum er seine Meinung änderte, von der unkritischen Annahme, daß alle kulturellen Praktiken gleich wertvoll seien, zu einer viel diffenzierteren Erkenntnis der pathologischen Formen, die Kulturen zuweilen annehmen können. Philosophen und andere Humanisten haben Sozialwissenschaftlern oft, zuweilen zu Recht, vorgeworfen, absolute Werte, die für das Überleben einer Kultur wichtig waren, zu „entlarven" (z.B. Arendt, 1958; Bloom, 1988). Der italo-schweizerische Soziologe Vilfredo Pareto (1955) gehörte zu den Gelehrten, die sich der Gefahren der Relativität in dieser Disziplin schärfstens bewußt waren.

112 **Englische Arbeiter.** Die klassische Geschichte, wie die freien englischen Arbeiter in die streng reglementierten Industriearbeiter verwandelt wurden, wird von dem Historiker E.P. Thompson anschaulich geschildert (1979, 1980).

Die mißtrauischen **Dobuaner** wurden von dem Anthropologen Reo Fortune (1963 [1932]) studiert. Für den tragischen Fall der Ik in Uganda siehe Turnbull (1972).
Yonomamo. Dieser Kriegerstamm wurde durch die Schriften des Anthropolgen Napoleon Chagnon (1979) unsterblich gemacht. Der traurige nigerianische Stamm wurde von Laura Bohannan unter dem Pseudonym E.S. Bowen (1984) beschrieben. Colin Turnbull (1963) schilderte liebevoll die Pygmäen des Ituri-Waldes. Das Zitat über die **Shushwap** stammt aus einem Brief von Richard Kool (1986) an den Autor.

114 Die Information über den **großen Schrein von Ise** wurde mir persönlich von Mark Csikszentmihalyi mitgeteilt.

116 Für den Prozentsatz **glücklicher Menschen in den verschiedenen Ländern** siehe George Gallup (1976). Die Studie, die zeigte, daß US-Befragte etwa genau so glücklich waren wie Kubaner und Ägypter, wurde von Easterlin (1974) durchgeführt. Für eine allgemeine Diskussion über Glück und kulturelle Unterschiede, siehe Argyle (1987, S. 102–11).

Reichtum und Glück. Argyle (1987) und Veenhoven (1984) stimmen überein, daß praktisch jede Studie, die bislang durchgeführt wurde, schlüssige Beweise für eine kleine, aber positive Korrelation zwischen materiellem Wohlstand und Glück und Zufriedenheit enthält.

Die **Zeiteinteilung** amerikanischer Arbeiter beruht auf unseren ESM-Studien (siehe z.B. Csikszentmihalyi & Graef, 1980; Graef, Csikszentmihalyi & Giannino, 1983; Csikszentmihalyi & LeFevre 1987, 1989). Diese Schätzungen gleichen in etwa jenen, die mit umfassenderen Umfragen erreicht wurden (z.B. Robinson, 1977).

118 **Reizüberflutung bei Schizophrenen.** Das Konzept der Anhedonie wurde zuerst von dem Psychiater Roy Grinker entwickelt. Überflutung und die Symptome von Aufmerksamkeitsstörungen wurden unter anderem von Harrow, Grinker, Holzmann & Kayton untersucht (1977), wie von Harrow, Tucker, Hanover & Shield (1972). Die Zitate stammen von McGhie & Chapman (1961, S. 109 und 114). Ich meine, daß eine Verbindung zwischen einem Mangel an *flow*-Erfahrungen aufgrund schwerer Psychopathologie und leichten Aufmerksamkeitsstörungen aufgrund sozialer Deprivation besteht (Csikszentmihalyi, 1978, 1982a).

120 Zu den Untersuchungen über die **Eskimo,** die lesenwert sind, gehören diejenigen Carpenters (1970, 1973). Die Vernichtung der **karibischen** Kulturen wird von Mintz (1987) beschrieben. Das Konzept der **Anomie** wurde zuerst von Emile Durkheim in seinem Werk *Der Selbstmord* (1973) untersucht. Die beste Einführung in den Komplex **Entfremdung** findet sich in den Frühschriften von Karl

Marx, besonders in den ökonomischen und philosophischen Schriften von 1844 (siehe Tucker, 1974). Der Soziologe Richard Mitchell (1983, 1988) behauptete, daß Anomie und Entfremdung die gesellschaftlichen Gegenstücke von Unsicherheit und Langeweile seien und eintreten, wenn man keinen *flow* finden kann, weil die Alltagsbedingungen entweder zu chaotisch oder zu vorhersehbar sind.

122 **Die neurophysiologische Hypothese** hinsichtlich Aufmerksamkeit und *flow* beruht auf folgenden Arbeiten: Hamilton (1976, 1981), Hamilton, Holcomb & De la Pena (1977), und Hamilton, Haier & Buchsbaum (1984). Diese Forschungsrichtung wird inzwischen mit komplizierteren Gehirnmeßinstrumenten fortgesetzt.

Kortikale Aktivierung ist das Ausmaß an elektrischer Aktivität in der Großhirnrinde zu einem bestimmten Zeitpunkt; die Amplitude, gemessen in Mikrovolt, wird benutzt, um die allgemeine Tätigkeit des Gehirns zu diesem Zeitpunkt anzugeben. Wenn man seine Aufmerksamkeit konzentriert, verstärkt sich die kortikale Aktivität allgemein und weist auf eine Zunahme geistiger Anstrengung hin.

124 Die Studie über **autotelische Familien** stammt von Rathunde (1991). Seine Ergebnisse stimmen mit vielen vorherigen Untersuchungen überein, zum Beispiel, daß Kleinkinder, die sich sicher und geliebt fühlen, sich neugieriger verhalten (Ainsworth, Bell & Stayton, 1971; Matas, Arend & Sroufe, 1978) oder daß ein optimales Gleichgewicht zwischen Liebe und Disziplin das beste Umfeld für Kindererziehung darstellt (Bronfenbrenner, 1972; Devereux, 1970; Baumrind, 1977). Die Systemmethode bei Familienstudien, die mit der hier vorgestellten stark übereinstimmt, wurde in klinischer Umgebung von Bowen (1978) angeregt.

126 ***Flow*menschen.** Diesen Begriff benutzte Richard Logan (1985; dt. 1991), um Personen zu beschreiben, die fähig sind, extreme Härten in eine *flow*-Erfahrung umzuwan-

deln. Das Zitat: **„Wenn die Grenzen der Erfahrung ...“** stammt von Burney (1965).

127 **Eva Zeisels** Gefangenschaft wird im *New Yorker* (Lessard, 1987) beschrieben. Wie eine chinesische Frau die Brutalitäten der Kulturrevolution überlebte, ist Thema von „Leben und Tod in Shanghai“ (Cheng, 1988). Solschenizyns Bericht aus dem Gefängnis entstammt dem *Archipel Gulag* (1974).

128 Der Bericht von **Tollas Tibor** wurde nach einer Unterhaltung aus dem Sommer 1957 rekonstruiert, als er nach der ungarischen Revolution aus dem Gefängnis entlassen worden war.

128–129 Das Zitat von **Solschenizyn** stammt aus Logan (1985).

129 **Bettelheim** stellt seine Gedanken über Gefangenschaft aufgrund seiner Erfahrungen in einem Konzentrationslager in einem Artikel dar: „Individual and Mass Behavior in Extreme Situations“ (1943). Für Frankl siehe: „Der Mensch auf der Suche nach Sinn: Zur Rehumanisierung der Psychotherapie“ (1972)

129–130 Das Zitat von **Russell** entstammt einem Artikel in „Self“ (Merser, 1987, S. 147).

Kapitel V

132 Die **Tarahumara-Feste,** zu denen rituelle Rennen Hunderte von Kilometern über die Berge Nordmexikos gehören, werden in Lumholtz (1987 [1902]) und Nabokov (1981) beschrieben. Einen Bericht über die rituellen Elemente im modernen Sport enthält MacAloons Untersuchung (1981) über die modernen Olympischen Spiele.

134 Der **Ikarus-Komplex** wurde von Henry A. Murray erforscht (1955).

An dieser Stelle ist es vermutlich angemessen, sich mit dem Freudschen Konzept der *Sublimierung* auseinanderzusetzen. Falls wir dies übergehen, bleibt vielleicht das nagende Gefühl eines ungelösten Problems zurück. Oberflächliche Anwendungen von Freuds Gedanken haben viele Menschen zu der Annahme geführt, daß jede Handlung, die nicht zur Erfüllung ursprünglicher sexueller Wünsche dient, entweder eine Abwehrmaßnahme darstellt, wenn sie darauf abzielt, einen unannehmbaren Wunsch zu unterdrücken, der andernfalls geäußert würde, oder als Sublimierung, wenn ein annehmbares Ziel an die Stelle eines Wunsches gesetzt wird, der in seiner ursprünglichen Form nicht sicher ausgedrückt werden kann. Sublimierung ist bestenfalls ein armseliger Ersatz für die ungestillte Lust, die sie zu verkleiden hilft. Bergler (1970) behauptet z. B., daß riskante Spiele zur Erleichterung von Schuldgefühlen aufgrund von Sexualität und Aggression führen. Dem Ikarus-Komplex zufolge versucht ein Hochspringer den ödipalen Verstrickungen auf gesellschaftlich akzeptierte Weise zu entgehen, ohne jedoch den Grundkonflikt zu lösen, der seiner Handlung zugrunde liegt. Jones (1931) und Fine (1956) haben auf ähnliche Weise versucht, Schach als Methode zu erklären, mit der Kastrationsangst fertig zu werden (den König des Gegners mit Hilfe der eigenen Königin mattsetzen ist die sublimierte Ausagierung der Kastration des Vaters mit Hilfe der Mutter). Bergsteigen wurde als sublimierter Penisneid gedeutet. Man kann demnach nichts tun, ohne schwelende Kindheitsprobleme zu lösen.

Die logische Folge dieser Reduzierung von Motivation auf eine Suche nach Lust, die von ein paar genetisch vorprogrammierten Wünschen ausgelöst wird, kann jedoch einen Großteil des Verhaltens nicht erklären, das die Menschen von den Tieren unterscheidet. Um dies zu verdeutlichen, muß man die Rolle der Freude aus einer evolutionären Perspektive betrachten.

Das Leben wird ebensosehr durch die Zukunft geprägt wie durch die Vergangenheit. Der erste Fisch, der das Wasser verließ und sich aufs Land begab, war dazu nicht vorprogrammiert, sondern erforschte ungenutzte Potentiale in sich, um Gelegenheiten in einer völlig neuen Umgebung zu nutzen. Die Affen, die Stöckchen benutzen, um in Ameisenhaufen zu stochern, folgen keinem Schicksal, das in ihre Gene geprägt wurde, sondern experimentieren mit Möglichkeiten, die in der Zukunft zur bewußten Benutzung von Werkzeug führen kann und von da zu dem, was wir Fortschritt nennen. Die Geschichte der Menschheit kann gewiß nur als Summe der Handlungen von Menschen begriffen werden, die danach streben, verschwommene Träume zu verwirklichen. Es ist keine Frage der Teleologie – denn Teleologie ist ebenfalls ein mechanistisches Konzept. Die Ziele, die wir verfolgen, sind nicht im voraus festgelegt oder uns einprogrammiert. Sie werden im Prozeß entdeckt, wenn wir die Ausweitung unserer Fähigkeiten unter neuen Bedingungen, in einer neuen Umgebung, genießen.

Freude scheint der Mechanismus zu sein, den die natürliche Auslese zur Verfügung stellt, um sicherzustellen, daß wir uns entwickeln und komplexer werden. Dieses Argument wurde von Csikszentmihalyi und Massimini vorgestellt (1985), von I. Csikszentmihalyi (1991) und M. Csikszentmihalyi (1991). Die evolutionären Implikationen von *flow* wurden auch von Crook (1980) wahrgenommen. Genau wie Freude am Essen uns veranlaßt, mehr essen zu wollen, Lust an der körperlichen Liebe uns nach mehr Sex verlangen läßt, die wir beide brauchen, um zu überleben und uns fortzupflanzen, motiviert uns Freude, etwas zu tun, was uns über die Gegenwart hinaus in die Zukunft trägt. Die Annahme, daß nur die Suche nach Lust Quelle unserer „natürlichen“ Wünsche sei und jede andere Motivation nur ein blasser Abklatsch davon, ergibt keinen Sinn. Die Belohnungen, wenn ein neues Ziel erreicht wird, sind ebenso echt wie die Belohnungen bei der Befriedigung alter Bedürfnisse.

137 Die Studie über die **Beziehungen zwischen Glück und Energieverbrauch** wurde in Graef, Giannino & Csikszentmihalyi beschrieben (1981).

138 Die Zitate **amerikanischer Tänzerinnen** stammen von Csikszentmihalyi (1985, S. 138), die der italienischen Tänzerinnen von Delle Fave & Massimini (1991, S. 230).

139 Die **Kultivierung der Sexualität.** Einen ausgezeichneten historischen Überblick über die westlichen Vorstellungen von Liebe und das sie begleitende Verhalten bieten die drei Bände „The Nature of Love" von Irving Singer (1981). Eine Zusammenstellung zeitgenössischer psychologischer Ansichten über die Liebe wurde von Kenneth Pope gegeben (1980). Eine neuere Darstellung des Themas findet man bei dem Psychologen Robert Sternberg (1988), der die klassische Definition von Liebe als „eros" oder „agape" in drei Komponenten aufteilt: Intimität, Leidenschaft und Bindung. Liza Dalby (1985), eine amerikanische Anthropologin, die mehrere Jahre in Geisha-Ausbildung in Japan verbrachte, beschreibt die Feinheiten der fernöstlichen Einstellung zur Sexualität. Siehe Veyne (1987, besonders S. 202-5) über den Mangel an Romantik in der Antike.

143 I. Csikszentmihaly (1986, 1991) und Toscano (1986) beschreiben, wie die Regeln des Jesuitenordens, die von **Ignatius von Loyola** entwickelt wurden, helfen, das Leben zu einer einheitlichen Aktivität zu gestalten, mit dem Potential, den Anhängern *flow*-Erfahrungen zu vermitteln. Eine kurze Einführung in Patanjalis **Yoga** ist in der *Encyclopaedia Britannica* zu finden (1985, Bd. 12, S. 846). Eliade (1985) bietet eine ausführlichere Darstellung dieses Themas.

147 Einige der besten zeitgenössischen Einsichten in die Psychologie der **Ästhetik** finden sich in den Arbeiten von Arnheim (1978, 1979, 1983) und Gombrich (1954, 1982), der die Rolle der Ordnung (oder negativen Entropie) in der

Kunst betont. Eine eher psychoanalytische Deutung bieten die drei von Mary Gedo herausgegeben Bände „Psychoanalytic Perspectives on Art" (1986, 1987, 1988).
„Im Museum von Philadelphia . . ." stammt aus Csikszentmihalyi & Robinson (in Vorbereitung).

147–148 **„Wenn ich ein Kunstwerk . . ."** und **„An Tagen . . ."** stammen aus Csikszentmihalyi & Robinson (in Vorbereitung).

149 Die **Benutzung von Musik bei den Pygmäen** wird von Turnbull (1963) beschrieben.

149–150 Die **Bedeutung von Musik** im Leben der Amerikaner wird in „The Meaning of Things" erwähnt (Csikszentmihalyi & Rochberg-Halton 1981), die herausfanden, daß die Stereoanlage für Teenager der wichtigste Gegenstand zu Hause ist. Das Gespräch mit dem **Polizisten** entstammt der gleichen Quelle. Wie Musik Jugendlichen verhilft, ihre gute Stimmung wiederzugewinnen und dazu, ihre Rolle in einem Raster der Solidarität unter Altersgenossen zu finden, wird in Csikszentmihalyi & Larson (1984) und Larson & Kubey (1983) untersucht.
Musikaufnahmen machen das Leben reichhaltiger. Dieses Argument (das ich für falsch halte) wurde von dem Philosophen Eliseo Vivas bei einer öffentlichen Vorlesung im Lake Forest College, Illinois, Ende der sechziger Jahre vertreten.

150 **Durkheim** entwickelte seine Idee eines „kollektiven Überschäumens" als Vorgänger von Religiosität in seinem Werk „Die elementaren Formen religiösen Lebens" (1981). Victor Turners „Communitas" liefert eine zeitgenössische Perspektive der Bedeutung spontaner gesellschaftlicher Interaktion (1969, 1974).

151 Die Schriften von **Carlos Castaneda** (z.B. 1973, 1976), die vor nur einem Jahrzehnt so einflußreich waren, lösen heute im kollektiven Bewußtsein kaum noch Wellenschlag aus.

Man hat die Authentizität seiner Berichte stark angezweifelt. Die letzten beiden Bände der langen Saga seiner Zauberlehre wirken in der Tat wirr und unsinnig. Doch die ersten vier Bände enthalten viele wichtige Gedanken, die verlockend dargestellt sind. Auf diese trifft das alte italienische Sprichwort zu: „Si non è vero, è ben trovato – es ist vielleicht nicht wahr, aber gut erfunden."

151–152 Die **Stadien des Musikhörens** wurden in einer unveröffentlichten empirischen Untersuchung von Michael Heifetz an der Universität von Chicago beschrieben. Eine ähnliche Entwicklungslinie wurde zuvor von dem Musikwissenschaftler Leonard Meyer dargestellt (1956).

152 **Plato** drückte seine Gedanken über Musik in *Der Staat,* Buch 3, aus, in dem Dialog zwischen Glaukon und Sokrates über die Ziele von Erziehung. Die Idee ist, daß Kinder weder „klagender" oder „entspannter" Musik ausgesetzt werden sollten, weil beide ihren Charakter untergraben – daher sollten ionische und lydische Melodien aus dem Lehrplan ausgeschlossen bleiben. Die einzig akzeptablen Harmonien seien die dorischen und phrygischen, weil diese die „Züge der Notwendigkeit und die Züge der Freiheit", darunter Mut und Mäßigung, in den Kindern hervorriefen. Was immer man von Platos Geschmack halten mag, es wird klar, daß er die Musik sehr ernst nahm. Sokrates sagte (Buch 3), eine musikalische Ausbildung sei ein machtvolleres Instrument als alle anderen, weil Rhythmus und Harmonie ihren Weg in die innerste Seele fänden, sich dort verhafteten und Anmut hinterließen und die Seele zu der eines recht erzogenen, anmutigen Menschen machten. Alan Bloom (1988, besonders S. 68–81) verteidigt Plato leidenschaftlich und verurteilt die moderne Musik, vermutlich, weil sie Ähnlichkeit mit ionischen und lydischen Harmonien hat.

153 **Lorin Hollanders** Geschichte beruht auf Unterhaltungen im Jahre 1985.

154 **Essen.** ESM-Studien zeigen unter anderem, daß von den Hauptaktivitäten der Amerikaner an einem Durchschnittstag das Essen am ehesten intrinsisch motiviert ist (Graef, Csikszentmihalyi & Giannino, 1983). Jugendliche empfinden Essen als positivste Tätigkeit (nach dem Zusammensein mit Freunden), mit hoher intrinsischer Motivation – nur von Musikhören, Sport und Spielen und Ruhen übertroffen (Csikszentmihalyi & Larson, 1984, S. 300).

155 **Kyros der Große.** Diese Information stammt aus Xenophons (431–350 v. Chr.) „Kyropaideia", einem fiktiven Bericht über Kyros' Leben. Xenophon ist der einzige Zeitgenosse, der in Kyros' Armee diente und Aufzeichnungen über den Mann und seine Beutezüge hinterließ (siehe auch seine „Anabasis", 1959).

157 **Puritaner und Genuß.** Über dieses Thema existieren ausführliche Beschreibungen von Foster Rhea Dulles (1965), in Jane Carsons Bericht über das Wiederaufleben im kolonialen Virginia (1965) und in Kapitel 5 in Kelly (1982).

Kapitel VI

159 **Lesen.** In den von Massimini weltweit durchgeführten Interviews wurde das Lesen von Büchern am häufigsten als *flow*-Akivität benannt, besonders von traditionellen Gruppen beim Übergang zur Modernisierung (Massimini, Csikszentmihalyi & Delle Fave, 1991, S. 94–95). Siehe auch die Studie von Nell (1988), wie Lesen Freude macht.
Rätsel. Der holländische Historiker Johan Huizinga (1971) behauptete, daß Wissenschaft und Gelehrsamkeit allgemein den Rätselspielen entstammen.
„Kunstwerke . . ." stammt von Csikszentmihalyi & Robinson (in Vorbereitung).

162 **Der Normalzustand des Bewußtseins ist Chaos.** Diese Schlußfolgerung beruht auf den verschiedenen Daten, die wir mit der ESM-Methode sammelten. Von allen Tätigkeiten bei Jugendlichen beispielsweise ist „Denken“ die am wenigsten intrinsisch motivierte und bringt stark negative Wirkung und Passivität mit sich (Csikszentmihalyi & Larson, 1984, S. 300). Grund dafür ist, daß die Menschen meinen, sie denken nur, wenn sie nichts anderes tun – wenn keine Anforderungen von außen an ihren Verstand gestellt werden. Das gleiche gilt für Erwachsene, die am wenigsten glücklich und motiviert sind, wenn ihr Verstand nicht von einer von außen strukturierten Aktivität gefordert wird (Kubey & Csikszentmihalyi, in Vorbereitung). Auch die verschiedenen Experimente mit Sinnesdeprivation zeigen, daß die Organisation des Bewußtseins ohne strukturierten Input zum Zusammenbruch neigt. George Miller schreibt etwa: „Der Verstand überlebt, indem er Informationen verdaut“ (Miller, 1983, S. 111). Eine verbreitete These lautet, daß Organismen überleben, indem sie Negentropie verarbeiten (Schrödinger, 1979).

Die negativen Wirkungen von **Fernsehen** wurden in mehreren ESM-Studien belegt, z.B. Csikszentmihalyi & Kubey (1981), Csikszentmihalyi & Larson (1984), Csikszentmihalyi, Larson & Prescott (1977), Kubey & Csikszentmihalyi (in Vorbereitung) und Larson & Kubey (1983).

Geistige Bilder. Siehe Singer (1966, 1973, 1981) und Singer & Switzer (1980) über Tagträume. In den letzten zehn Jahren enstand in den USA eine Bewegung „Geistige Bilder“.

163 Das **Buñuel**-Zitat stammt von Sacks (1987).

Ahnen aufzählen. Allgemein fällt die Aufgabe des Erinnerns den älteren Mitgliedern eines Stammes zu, manchmal nur dem Häuptling. Der melanesische Häuptling hat nach Leenhardt, wenn man es genau betrachtet, keine Verwaltungsaufgaben, keine Funktionen, verkörpert aber alle Mythen, Traditionen, Bündnisse und Stärken. Wenn von seinen Lippen die Namen der Clans und die wunderbaren Sätze ertönen, die schon Generationen gerührt haben, läßt er die Zeit für jeden stillstehen. Die Autorität des Häuptlings beruht auf einer einfachen Eigenschaft, die nur er aufweist: Er ist das Wort des Clans (Leenhardt, 1984). Ein weiteres Beispiel für komplexe Ahnenaufzählung wird in der Arbeit von Evans-Pritchards über die Nuer des Sudans verdeutlicht, die ihre Ahnen in größte, größere, kleinere und kleinste Linien aufteilen, die alle über fünf oder sechs aufsteigende Generationen miteinander verbunden sind (Evans-Pritchard, 1978 [1940]).

164 **Rätsel.** Diese Zeilen sowie das Material auf der folgenden Seite entstammen dem berühmten Buch von Robert von Ranke-Graves über die Ursprünge von Dichtung und Literatur: „Die weiße Göttin" (1981). Von Ranke-Graves gehörte jener wunderbaren Epoche britischer Gelehrsamkeit an, als ernste Wissenschaft sich mit ungezügelter Phantasie verbündete – der Periode, in der C.S. Lewis und R.R. Tolkien in Oxford klassische Fächer unterrichteten und Science Fiction schrieben. Graves' mythopoetische Rekonstruktionen sind umstritten, aber sie vermitteln dem Laien ein Gefühl, wie Gedanken und Erfahrungen in der fernen Vergangenheit ausgesehen haben mögen, und zwar in einer Dichte, wie man sie in Werken vorsichtigerer Gelehrter kaum finden kann.

165 **Auswendiglernen.** H.E. Garrett (1941) hat die experimentellen Beweise untersucht, die zum Verschwinden des Auswendiglernens in den Schulen führten; s. auch Suppies (1978). Diese Beweise zeigten, daß das Lernen von unsinnigen Silben die allgemeine Erinnerungsfähigkeit nicht verbesserte. Man kann kaum verstehen, warum Erzieher solche Ergebnisse für ausreichend hielten, um das Auswendiglernen sinnvoller Texte in Schulen abzuschaffen.

166 **Die Kontrolle des Gedächtnisses.** Erinnern scheint wie Träumen kein Prozeß unter bewußter Kontrolle des Selbst zu sein – wir können keine Informationen ins Bewußtsein

bringen, die sich weigern, abgerufen zu werden. Aber genau wie beim Träumen – sogar noch stärker – kann das Gedächtnis stark verbessert werden, wenn man bereit ist, Energie zu investieren. Mit ein wenig Methode und Disziplin ist es möglich, ein ganzes Raster mnemotechnischer Hilfen zu entwickeln, um sich besser an Material zu erinnern, das andernfalls vergessen würde. Siehe Spence (1984) für einen neueren Überblick, wie einige dieser Methoden in der Antike und der Renaissance benutzt wurden.

169 Der Hinweis auf **Archytas** und seine Gedankenexperimente stammt aus Santillana (1970 [1961], S. 63).
Die **Evolution von Geometrie und Arithmetik.** Wittfogel (1977) schildert in seiner brillanten, materialistischen Arbeit, wie die Naturwissenschaften (und die politischen Formen) sich aufgrund der zuvor erfolgten Entwicklung von Bewässerungstechniken ausbildeten.
Daß **neuere kulturelle Produkte** eher zum Genuß entwikkelt werden, statt aus Notwendigkeit, wird von Csikszentmihalyi (1988) behauptet. Dies scheint sogar bei der Einführung von Grundtechniken der Fall zu sein, wie bei der Verwertung von Metall: „In mehreren Teilen der Welt fällt auf, besonders bei metallurgischen Entdeckungen, daß die Nutzung von Bronze und anderen Metallen als Hilfsmittel viel später eintrat als ihre erste Verwendung als neues, attraktives Material zur Dekorationszwecken . . . In vielen Fällen scheint die frühe Metallverarbeitung vornehmlich ausgeübt worden zu sein, weil die Produkte neue Eigenschaften aufwiesen, die sie begehrenswert für die Nutzung als Symbol und persönlichen Schmuck machten, mit dem man die Aufmerksamkeit auf sich lenken oder das Prestige heben konnte“ (Renfrew, 1896, S. 145, 146).
Huizinga (1971) meinte, daß Institutionen wie Religion, Rechtsprechung, Regierung und die Streitkräfte ursprünglich spielerische Formen waren und erst allmählich starr und ernsthaft wurden. Max Weber (1973) weist ebenfalls darauf hin, daß der Kapitalismus als abenteuerliches Spiel von Unternehmern begann und erst später, als seine

Praktiken in Gesetzen und Konventionen verankert wurden, zu einem „Eisenkäfig“ wurde.

170 Für die Anekdoten von **Demokrit** siehe de Santillana (1970 [1930], S. 142 ff.).

171 Siehe Skuli Johnsons Sammlung von **isländischen Sagen** (1930).

172 Das Argument, wie **Unterhaltungen** helfen, das symbolische Universum aufrechtzuerhalten, stammt von Berger & Luckmann (1972).

175 Wie man Ghettokindern und alten Menschen in Heimen ohne formelle Bildung beibringen kann, **Gedichte** zu schreiben, wird von Koch (1970, 1977) schön dargestellt.

177 **Schreiben und Depression.** Mindestens seit der Romantik hält man Künstler aller Arten für „gequält“ oder „dämonisch inspiriert“. Es gibt genügend Beweise, daß viele moderne Künstler und Schriftsteller zahlreiche depressive und Zwangssymptome aufweisen (siehe unter anderem Alvarez, 1974; Berman, 1990; Csikszentmihalyi, 1988 und Matson, 1980). In jüngster Zeit wurde viel über die Beziehungen zwischen manischer Depression und literarischer Kreativität geschrieben (Andreasen, 1987, Richards et al., 1988). Vermutlich ist jedoch diese Beziehung zwischen psychischer Entropie und künstlerischer Kreativität Folge bestimmter kultureller Erwartungen und der unsicheren Rolle des Künstlers und nicht notwendiger Bestandteil von Kunst oder Kreativität. Mit anderen Worten, wenn jemand, um als Künstler in einem bestimmten gesellschaftlichen Umfeld zu überleben, sich mit Unsicherheit, Vernachlässigung, Verspottung und einem Mangel an allgemein ausgedrückten Symbolen abfinden muß, wird er psychische Folgen aufgrund dieser widrigen Umstände erleben. Vasari machte sich 1550 als einer der ersten Sorgen um die Persönlichkeiten junger italienischer Künstler, damals

bereits vom Manierismus beeinflußt, einem Übergangsstil zwischen Renaissance und Barock. Er war bekümmert über ein bestimmtes „Element von Wildheit und Wahnsinn", das sie „seltsam und exzentrisch" wirken ließ, wie es Künstler früher nicht gewesen seien (Vasari, 1983). In früheren Perioden, wie in der tausendjährigen ägyptischen Kultur oder im Mittelalter, waren Künstler vermutlich recht angenehme, wohlangepaßte Menschen (Hauser, 1972). Natürlich haben wir einige neuere Beispiele von großen Künstlern, wie J.S. Bach, Goethe, Dickens oder Verdi, die die behauptete Beziehung zwischen Kreativität und Neurose widerlegen.

Erinnerung an die eigene Vergangenheit. Eine Zuwendung zur „persönlichen Geschichte" hat sich, vermutlich unter dem Einfluß von Eriksons psychobiographischen Berichten über Hitler, Gorki, Luther und Gandhi (1971, 1975, 1978), in der Entwicklungspsychologie herausgebildet (siehe Cohler, 1982; Freeman, 1989; Gergen & Gergen, 1983, 1984; McAdams, 1985; Robinson, 1988; Sarbin, 1986; Schafer, 1980). Die These lautet, daß man aufgrund dessen, wie jemand seine eigene Vergangenheit betrachtet, am besten vorhersagen könne, wie sich diese Person in der Zukunft verhalten wird.

178 **Jedes Haus ein Museum.** Csikszentmihalyi & Rochberg-Halton (1981) untersuchten über 300 Mitglieder einer Familie mit drei Generationen in der Nähe Chicagos. Diese wurden gebeten, ihre Lieblingsobjekte zu Hause zu nennen und die Gründe für die Auswahl zu erläutern.

181 Die vier Zitate von **Thomas Kuhn** aus: „Die Struktur wissenschaftlicher Revolutionen" (1973) sind im ersten Teil zu finden. Einer der aufregendsten Aspekte der *flow*-Theorie ist, daß sie bei der Erklärung helfen kann, warum bestimmte Ideen, Praktiken und Produkte angenommen, andere hingegen ignoriert oder vergessen werden. Da an diesem Punkt der Geschichte Ideen, Institutionen und Kulturen fast ausschließlich innerhalb eines Paradigmas

operieren, das vom wirtschaftlichen Determinismus geprägt ist, hilft vielleicht der Gedanke, daß Geschichte durch die Freude von Menschen gelenkt wird, die sie aus verschiedenen Handlungen gewinnen oder daraus erwarten. Einen Anfang in dieser Richtung stellt Isabella Csikszentmihalyis Analyse der Gründe für den Erfolg des Jesuitenordens im 16. und 17. Jahrhundert dar (1991).

182–183 **Durchbrüche.** Es widerspräche der zentralen Aussage dieses Buches, wenn wir behaupteten, *flow*-Erfahrungen seien „gut" in dem Sinne, daß sie jemandem helfen, einen wissenschaftlichen oder anderen Erfolg zu erzielen. Es muß immer wieder betont werden, daß die Qualität der Erfahrung zählt, die *flow* bringt, und daß es wichtiger ist, Glück zu erlangen als Reichtum oder Ruhm. Zugleich wäre es unaufrichtig, die Tatsache zu ignorieren, daß erfolgreiche Menschen allgemein das, was sie tun, ungewöhnlich intensiv genießen. Das kann bedeuten, daß Menschen, die Freude an dem haben, was sie tun, sich gewöhnlich dadurch auszeichnen (obwohl Korrelation nicht unbedingt Kausalität bedeutet, wie wir wissen). Vor langer Zeit hat Maurice Schlick (1934) darauf hingewiesen, wie wichtig Freude bei der Aufrechterhaltung wissenschaftlicher Kreativität ist. In einer interessanten neueren Studie interviewte B. Eugene Griessman ein Potpourri von Erfolgsmenschen, von Francis H. C. Crick, dem Mitentdecker der Doppelhelix, bis zu Hank Aaron, Julie Andrews und Ted Turner. Fünfzehn dieser berühmten Persönlichkeiten füllten einen Fragebogen aus, bei dem sie dreiunddreißig Persönlichkeitsmerkmale wie Kreativität, Kompetenz und Wissen danach einordneten, wie diese ihnen zum Erfolg verholfen hatten. Am meisten (mit 9,86 von 10 Punkten) wurde Freude an der Arbeit betont (Griessman, 1987, S. 294–95).

Ein weiterer Indikator, wie *flow* mit Erfolg zusammenhängt, wird von Larson vorgeschlagen (1985, 1991). In einer Studie von Oberschülern, die eine längere Hausarbeit anzufertigen hatten, fand er, daß gelangweilte Studenten Aufsätze schrieben, die ihre Lehrer langweilig fanden.

Unsichere Schüler schrieben wirre Aufsätze, und jene, die gern schrieben, lieferten Aufsätze ab, die gut lesbar waren. Dabei wurden Unterschiede in Intelligenz und Fähigkeiten bei den Schülern berücksichtigt. Daraus folgt offensichtlich, daß jemand, der bei einer Aktivität *flow* erlebt, ein Produkt schafft, das andere wertvoller finden.
Das Interview mit der Frau von **Susumu Tonegawa** erschien in „USA Today“, 13. Oktober 1987, S. 2A.

184–185 Die erstaunliche Vielfalt von Dingen, die **Erwachsene in ihrer Freizeit lernen,** wird in einer Untersuchung von Allen Tough (1978) beschrieben. Siehe auch Gross (1982). Ein Gebiet, zu dem Laien ständig beitragen, ist die Medizin. Man hört immer wieder, wie Menschen (häufig Mütter) bei ihren Familienmitgliedern Auffälligkeiten feststellen, die sich als wichtig erweisen, wenn sie Experten mitgeteilt werden. Berton Roueche (1988) berichtet zum Beispiel, wie eine Frau in Neu-England, der auffiel, daß ihr Sohn und viele seiner Freunde unter arthritischen Schmerzen im Knie litten, die Ärzte von diesem seltsamen Zufall unterrichtete. Man entdeckte daraufhin das Lymesche Syndrom, ein potentiell schweres Leiden, das von Zecken übertragen wird.

185 Vielleicht ist es arrogant, eine Leseliste großer **Philosophen** anzugeben, aber es verstieße gegen die Regeln der Zunft, sie ohne jeden Verweis zu erwähnen. Also: In der Ontologie wäre Christian von Wolffs „Vernünftige Gedanken“ zu erwähnen, Kants „Kritik der reinen Vernunft“, Husserls „Ideen zu einer reinen Phänomenologie“ (1928) und Heideggers „Sein und Zeit“ (1972). Bei den beiden letzteren wäre es gut, mit einer Einführung zu beginnen, bei Husserl mit der von Kohak (1978) und Kolakowski (1986) und für Heidegger von George Steiner (1989). Was die Ethik betrifft, würde man sich mit Sicherheit an „Die Nikomachische Ethik“ des Aristoteles wagen, an die Abhandlungen des Thomas von Aquin über menschliches Handeln, über Gewohnheiten und das aktive und kontem-

plative Leben in der „Summa Theologica", Benedikt Spinozas „Ethik" und Nietzsches „Jenseits von Gut und Böse" und die „Genealogie der Moral" (1984). Ästhetik: Alexander Baumgartens „Reflections on Poetry", Benedetto Croces Ästhetik, Santayanas „Sense of Beauty" und Collingswoods „The Principles of Art". Die 54bändige Serie der „Great Books of the Western World", von Mortimer Adler herausgegeben und bei *Encyclopaedia Britannica* veröffentlicht, stellt eine gute Einführung in die Auffassungen der einflußreichsten Denker unserer Kultur dar. Die ersten beiden Bände „Synopticon", die eine Zusammenfassung der Hauptgedanken der folgenden Bücher bieten, dürften für einen Amateurphilosophen besonders nützlich sein.

188 Medwedjew (1974) bietet einen eingehenden Bericht, wie die Landwirtschaftspolitik von **Lysenko,** die auf dem Leninschen Dogma beruhte, in der Sowjetunion zu großer Hungersnot führte. Siehe auch Lecourt (1976).

Kapitel VII

191 Über die **Arbeitseinteilung bei Völkern** ohne Schriftsprache siehe das ausgezeichnete Werk von Marshall Sahlins (1972) und die Schätzungen von Lee (1975). Einige Hinweise auf das Arbeitsverhalten im mittelalterlichen Europa findet man bei Le Goff (1984) und Le Roy Ladurie (1979). Der Arbeitstag eines typischen englischen Arbeiters vor und nach der industriellen Revolution wurde von E. P. Thompson rekonstruiert (1979). Die wechselnde Rolle der Frau als Arbeiterin im öffentlichen Sektor wird u. a. von Clark (1919) und Howell (1986) diskutiert.

193 **Serafina Vinon** gehört zu den Teilnehmern der Gruppe, die Delle Fave und Massimini (1991) untersuchten. Ihr Zitat „Es macht mir große Freude ..." stammt von S. 220.

195 Das Zitat: **„Ich bin frei ..."** ebenda.

197 **Entwicklung und Komplexität.** Während die Entwicklungspsychologie allgemein bewußt wertfrei geblieben ist (zumindest der Rhetorik nach, wenn nicht in der Substanz) hat die Psychologie-Fakultät der Clark-Universität bei ihren Untersuchungen der menschlichen Entwicklung eine relativ starke Wertorientierung beibehalten, aufgrund des Gedankens, daß Komplexität ein Ziel menschlichen Wachstums sei (z.B. Kaplan, 1989; Werner, 1957; Werner & Kaplan, 1956). Für neuere Versuche in der gleichen Richtung siehe Robinson (1988) und Freeman & Robinson (in Vorbereitung).

199 **„Ting zerlegte ...“** steht in Watson (1964, S. 46), der die Inneren Kapitel Chuang Tzus übersetzte.

Einige Kritiker. Die Kritik, daß *flow* einen ausschließlich westlichen Bewußtseinszustand beschreibt, war eine der ersten gegen diese Theorie. Der besondere Gegensatz zwischen *flow* und *Yu* wurde von Sun (1987) hervorgehoben. Man kann nur hoffen, daß die reichen interkulturellen Beweise, die in Csikszentmihalyi & Csikszentmihalyi (1991) geboten werden, die Skeptiker beruhigen, daß *flow*-Erfahrungen in fast genau den gleichen Begriffen auch in absolut nichtwestlichen Kulturen erlebt zu werden scheinen.

200 **„Wenn ich jedoch ...“** stammt von Watson (1964, S. 97). Waley (1986) ist der Wissenschaftler, der glaubt, das Zitat beschreibe nicht *Yu,* sondern sein Gegenteil, während Graham (zitiert in Crandall, 1983) und Watson (1964) glauben, es beschreibe Tings eigene Art des Zerhackens und daß es sich von daher auf *Yu* beziehe.

202 **Navajos.** Interviews mit Navajo-Hirten wurden von Massiminis Gruppe im Sommer 1984 und 1985 durchgeführt.

Das Leben der **englischen Weber** im 17. und 18 Jahrhundert wurde von E. P. Thompson beschrieben.

205 Die *flow*-Interviews mit **Chirurgen** wurden von Jean Hamilton durchgeführt und von ihr und I. Csikszentmihalyi aufgezeichnet (M. Csikszentmihalyi, 1985, S. 159–180).

206–207 Die ersten beiden Zitate stammen von Csikszentmihalyi (1985, S. 166), die nächsten beiden vergleiche ebenda, S. 174f.

210 Die ESM-Studie, die untersucht, wie **amerikanische Arbeiter** sich bei der Arbeit und in der Freizeit verhalten, wurde in Csikszentmihalyi & LeFevre (1987, 1989) und Lefevre (1991) beschrieben.

212 **Unzufriedenheit.** Der niedrige Prozentsatz von unzufriedenen Arbeitern wurde mit einer Meta-Analyse berechnet, die 1980 auf der Basis von 15 nationalen Umfragen zwischen 1972 und 1978 durchgeführt wurde; siehe Argyle (1987, S. 32).

Unsere Studien über amerikanische Arbeiter.
Zusätzlich zu den ESM-Studien beziehe ich mich hier auf Daten, die ich über fünf Jahre hinweg (1984–1989) mit über 400 Managern verschiedener Firmen und aus allen Landesteilen zusammengetragen habe, die an den Vail Management-Seminaren teilnahmen, organisiert vom Office for Continuing Education der University of Chicago.

214 **Arbeit genießt man leichter.** Die Freizeit kann für viele Menschen ein Problem sein. Das wurde schon vor längerem von Psychologen und Psychiatern erkannt. Die „Group for the Advancement of Psychiatry“ beendete beispielsweise einen ihrer Berichte im Jahre 1958 mit der kühlen Bemerkung: „Für viele Amerikaner ist die Freizeit gefährlich“. Zum gleichen Schluß gelangte Gussen (1967), der einige seelische Krankheiten untersuchte, die Menschen entwickeln, die sich nicht an freie Zeit anpassen können. Die Rolle des Fernsehens als Methode, die Gefahren der Muße zu verschleiern, wurde schon oft bemerkt. Conrad (1982, S. 108) schreibt etwa: „Bei der ursprüng-

lichen technologischen Revolution ging es um Zeiteinsparung, um die Arbeitszeit zu verkürzen; die Konsumgesellschaft, die neueste Einrichtung dieser Revolution, verschwendet hingegen die gesparte Zeit, und die Institution, an die sie diesen Zweck abgibt, ist das Fernsehen . . ."

Freizeitindustrie. Man kann die wirtschaftliche Bedeutung der Freizeit kaum abschätzen, weil der Wert von Staats- und Bundesland, das zur Erholung genutzt wird, die Raumkosten der Freizeitaktivitäten zu Hause und in öffentlichen Gebäuden eigentlich nicht zu berechnen sind. Direkte Kosten für Freizeit wurden in den USA bundesweit 1980 auf 160 Milliarden Dollar geschätzt, das Doppelte von 1970 unter Berücksichtigung der Inflationsrate. Der durchschnittliche Haushalt gibt etwa 5% seines Einkommens direkt für Freizeit aus (Kelly, 1982, S. 9).

Kapitel VIII

217 **Die Bedeutung menschlicher Interaktionen.** Alle ESM-Studien zeigen, daß sich die Qualität der Erfahrung in der Gegenwart anderer Menschen verbessert und abnimmt, sobald man allein ist, selbst wenn dies freiwillig geschieht (Larson & Csikszentmihalyi, 1978, 1980; Larson, Csikszentmihalyi & Graef, 1980). Eine lebendige Beschreibung, wie und warum die eigene Einstellung von öffentlicher Meinung abhängig ist, liefert Elisabeth Noelle-Neumann (1980). Martin Heidegger (1972) hat aus philosophischer Perspektive unsere fortwährende Abhängigkeit von anderen untersucht, die intrapsychische Repräsentation anderer in uns. Damit verbundene Konzeptionen sind Charles Cooleys (1902) „verallgemeinertes andere" und Freuds „Überich".

Unter Menschen sein. Dieser Teil stützt sich stark auf Hannah Arendts brillante Abhandlung über Privatbereich und Öffentlichkeit in „The Human Condition" (1958).

Die Gesellschaft anderer. Hier beziehen wir uns wiederum auf die Ergebnisse von ESM-Studien, die in der letzten Anmerkung erwähnt wurden. Daß Interaktionen mit anderen die Stimmung für den ganzen Tag verbessern, wurde auch von Lewinsohn & Graf (1973), Lewinsohn und Libet (1972), MacPhillamy & Lewinsohn (1974) und Lewinsohn et al. (1982) berichtet. Lewinsohn und seine Gruppe haben die klinischen Anwendungsmöglichkeiten der Psychotherapie entwickelt, die auf der Maximierung angenehmer Aktivitäten und Interaktionen beruht. Wenn man eine auf *flow* basierende Therapie entwickeln würde – und Schritte in diese Richtung wurden bereits in der medizinischen Fakultät der Universität Mailand unternommen –, wäre das ein Weg, den man einschlagen sollte. Es bedeutet, daß man versucht, die Häufigkeit und Intensität optimaler Erfahrungen zu vergrößern, statt das Vorkommen negativer zu verringern.

Schimpansen. Stuart Altmann (1970) und Jeanne Altmann (1970, 1980) sind vermutlich die Experten für soziale Beziehungen unter Primaten. Ihre Arbeiten lassen den Schluß zu, daß die Rolle der Geselligkeit zum Überleben bei Primaten einen guten Anhaltspunkt dafür bietet, wie und warum sich menschliche soziale „Instinkte" entwickelten.

219–220 **Menschen sind flexibel.** Patrick Mayer benutzte in seiner Dissertation (1978) die ESM für das Sammeln von Daten, die uns zuerst auf die Tatsache aufmerksam machten, daß Teenager das Zusammensein mit Freunden als eine der erfreulichsten, aber zugleich angstproduzierendsten und langweiligsten Aktivitäten ihres Tagesablaufes bezeichneten. Dies traf allgemein nicht auf andere Aktivitäten zu, die entweder immer langweilig oder immer erfreulich waren. Seitdem wurden die Ergebnisse bei Erwachsenen bestätigt.

220 Die Erkenntnis, wie wichtig **Kommunikationsfähigkeiten** für wirksames Management sind, wurde von den vom Vail-Programm (siehe Anmerkung S. 212) zusammengetragenen Daten bestätigt. Besonders auf der mittleren Ebene ist

bessere Kommunikation die Eigenschaft, die Manager am stärksten entwickeln möchten.
Bücher über Manieren. Siehe Letitia Baldriges „Complete Guide to a Great Social Life" als besonders umwerfendes Beispiel. Unter den dort genannten Ratschlägen finden sich u. a. absolut wahre, aber recht überflüssige Perlen der Weisheit wie: „Schmeichelei kann unendlich nützlich sein", und: „Jeder Gastgeber ist ... stolz, bei seiner Party gut gekleidete Gäste zu sehen. Sie vermitteln ihm die süße Aura des Erfolgs." Vergleiche dieses letzte Zitat mit Samuel Johnsons Bemerkung vom 27. März 1756, die Boswell in seiner Biographie aufzeichnete: „Schöne Kleider nützen nur insofern, als sie andere Mittel, Respekt zu erlangen, unterstützen." Siehe Besprechung in „Newsweek" vom 5. Oktober 1987, S. 90.

221 **Menschliche Beziehungen sind formbar.** Dies ist eine der Grundannahmen des symbolischen Interaktionismus in der Soziologie und Anthropologie (siehe Goffman 1977, 1981; Suttles, 1972). Dies liegt auch der systemischen Familientherapie zugrunde, vgl. Jackson (1957), Bateson (1978), Bowen (1978) und Hoffman (1982).

222 **Unerträgliche Einsamkeit** Siehe Anmerkungen zu S. 217.
Sonntagmorgen. Schon um die Jahrhundertwende in Wien fiel auf, daß Menschen am Sonntagmorgen ungewöhnlich stark zum Selbstmord neigen (siehe Ferenczi, 1950). Man schrieb es damals jedoch komplizierteren Gründen zu als wir hier.
Die Literatur über **Fernsehen** ist so umfangreich, daß selbst eine kurze Zusammenfassung den Rahmen hier sprengen würde. Einen einigermaßen vollständigen Überblick bieten Kubey & Csikszentmihalyi (in Vorbereitung). Angesichts des Umfangs dieses Phänomens und seiner gesellschaftlichen und wirtschaftlichen Implikationen kann man bei diesem Thema nur sehr schwer wissenschaftliche Objektivität wahren. Manche Forscher verteidigen es ausdrücklich und behaupten, daß Fernsehzuschauer durchaus fähig seien, das

Fernsehen zu eigenen Zwecken und zum Vorteil zu nutzen, während andere die Daten so deuten, daß Fernsehende passiv und unzufrieden werden. Es erübrigt sich, zu sagen, daß der Autor zur zweiten Gruppe gehört.

223 Die Schlußfolgerung, daß **Drogen nicht bewußseinserweiternd** sind, beruht auf Interviews mit etwa 200 Künstlern, die unser Team in den vergangenen 25 Jahren befragte (siehe Getzels & Csikszentmihalyi, 1965, 1976; Csikszentmihalyi, Getzels & Kahn, 1984). Künstler neigen zwar dazu, Drogenerfahrungen zu glorifizieren, doch ich bin bislang noch auf kein kreatives Werk gestoßen (oder zumindest eines, das der Künstler selbst für gut hielt), das vollständig unter dem Einfluß von Drogen geschaffen wurde.

224 **Coleridge und Kubla Khan.** Eines der am häufigsten zitierten Beispiele, wie Drogen Kreativität fördern, ist Coleridges Behauptung, er habe „Kubla Khan" in einem Blitz der Eingebung unter der Wirkung von Laudanum – Opium – geschrieben. Schneider (1953) bezweifelt diese Geschichte und bietet den dokumentarischen Nachweis, daß Coleridge mehrere Fassungen des Gedichts schrieb und die Opiumgeschichte erfand, um sich dem romantischen Geschmack des frühen neunzehnten Jahrhunderts anzupassen. Vermutlich würde er heute das gleiche versuchen.

226 Unsere neueste Forschung mit **begabten Jugendlichen** zeigt, daß viele ihre Fähigkeiten nicht entwickeln, aber nicht weil es ihnen an kognitiver Intelligenz mangelt, sondern weil sie nicht ertragen können, allein zu sein. Sie werden von ihren Altersgenossen überrundet, die das schwierige Lernen und Üben aushalten können, die zur Ausbildung eines Talents gehören (für einen ersten Bericht über dieses Thema siehe Nakamura, 1991 und Robinson, 1986). In einer späteren Untersuchung wurden talentierte Mathematikschüler einer Oberschule in jene unterteilt, die sich nach objektiven und subjektiven Kriterien in der

Abschlußklasse immer noch für Mathematik interessierten, und jene, auf die das nicht zutraf. Man fand heraus, daß die interessierten Schüler 15% ihrer wachen Zeit außerhalb der Schule lernten, 6% bei strukturierten Freizeitaktivitäten verbrachten (wie ein Musikinstrument spielen, Sport treiben) und 14% bei unstrukturierten Akivitäten, wie mit Freunden zusammensein. Für die nicht mehr interessierten betrugen die jeweiligen Prozentzahlen 5%, 2% und 26%. Da jeder Prozentpunkt etwa einer Stunde pro Woche entspricht, bedeuten die Zahlen, daß interessierte Schüler eine Stunde pro Woche mehr beim Lernen als bei unstrukturierten Aktivitäten verbrachten, während die nicht mehr interessierten 21 Stunden mehr Gesellschaft suchten als lernten. Wenn ein Jugendlicher ausschließlich von der Gesellschaft seiner Altersgnenossen abhängig wird, besteht kaum eine Chance, eine komplexe Fähigkeit zu entwickeln.

228 **Dorothys** Lebenstil habe ich persönlich kennengelernt.

229 **Susan Butcher.** Siehe „New Yorker“ vom 5. Oktober 1987, S. 34–35.

231 **Verwandtengruppen.** Einer der brillantesten Essays über die zivilisierenden Wirkungen der Familie auf die Menschheit ist der von Levy-Strauss: „Die elementaren Strukturen der Verwandtschaft“ (1981). Die soziobiologische These wurde zuerst von Hamilton (1964), Trivers (1972), Alexander (1974) und E.O. Wilson (1975) aufgestellt. Spätere Beiträge zu diesem Thema stammen von Sahlins (1976), Alexander (1979), Lumdsen & Wilson (1983) und Boyd & Richerson (1985). Literatur über Bindung ist inzwischen sehr umfangreich; zu den Klassikern gehören Bowlby (1984) und Mary D. Ainsworth et al. (1978).

Erstgeburtsrecht. Für die Wirkungen der Erbgesetze in Europa siehe Habakuk (1955), in Frankreich siehe Pitts (1964), für Österreich und Deutschland siehe Mitterauer & Siedler (1983).

235 **Monogamie.** Einigen Soziobiologen zufolge hat Monogamie absolute Vorteile gegenüber anderen Paarungskombinationen. Wenn wir annehmen, daß Geschwister einander um so mehr helfen, je mehr gemeinsame Gene sie haben, helfen Kinder aus monogamen Ehen einander mehr, weil sie mehr Gene gemeinsam haben als Kinder, deren Eltern nicht die gleichen sind. Unter Auslesedruck erhalten Kinder monogamer Eltern mehr Hilfe, überleben leichter und reproduzieren proportional häufiger als Kinder von polygamen Paaren, die in einer ähnlichen Umgebung aufwachsen. Wenn wir von der biologischen zur kulturellen Ebene der Erklärung überwechseln, scheint klar, daß unter gleichen Bedingungen stabile monogame Paare sowohl bessere psychologische als auch finanzielle Mittel für die Kinder bereitstellen können. Vom rein wirtschaftlichen Standpunkt scheint Reihenmonogamie (oder Scheidungshäufigkeit) eine wenig wirksame Weise zu sein, Einkommen und Besitz zu verteilen. Für die Notlage der Einelternfamilien in wirtschaftlicher und anderer Hinsicht siehe z.B. Hetherington (1979), McLanahan (1988) und Tessman (1978).

Cistothorus palustris. Die Paarungspraktiken des Sumpfzaunkönigs werden in der „Encyclopaedia Britannica" (1985, Bd. 14, S. 701) beschrieben.

236 **Ciceros** Zitat über Freiheit war in meinem Schultagebuch in der siebten Klasse abgedruckt, und trotz mehrerer Versuche habe ich die genaue Quelle nie finden können. Ich hoffe sehr, daß es authentisch ist.

Familienkomplexität. Wenn wir uns an Pagels' (1988) Definition von Komplexität halten, könnte man auch sagen, daß Familien, deren Interaktionen schwieriger zu beschreiben sind und deren zukünftige Interaktionen schwieriger auf der Grundlage des gegebenen Wissens vorherzusagen sind, komplexer sind als eine Familie, die leichter zu beschreiben und vorherzusagen ist. Man würde vermutlich sehr ähnliche Ergebnisse erzielen, wenn Komplexität nach Integration und Differenzierung gemessen würde.

240 **Jugendliche in Vororten.** Der Anthropologe Jules Henry (1965) beschrieb sehr kenntnisreich, was das Aufwachsen in einer Vorortgemeinde vor einer Generation bedeutete. In neuerer Zeit verglich Schwartz (1987) Gemeinschaften im Mittleren Westen darin, welche Möglichkeiten sie Heranwachsenden gaben, mit denen sie Freiheit und Selbstrespekt erfahren konnten. Sie fanden von einer Gemeinde zur anderen auffallende Unterschiede, was den Schluß nahelegt, daß Verallgemeinerungen, was Jungsein in unserer Gesellschaft bedeutet, nicht sehr genau sein können.

241 **Wenn die Eltern mehr redeten.** In einer Studie von Jugendlichen in einer sehr anerkannten Vorortschule fanden wir heraus, daß die Jugendlichen zwar 12,7% ihrer wachen Zeit mit den Eltern verbrachten, doch die Zeit allein mit dem Vater belief sich bloß auf fünf Minuten am Tag, wovon die Hälfte mit Fernsehen zugebracht wurde (Csikszentmihalyi & Larson, 1984, S. 73). Man kann sich nur schwer vorstellen, wie in einer so kurzen Zeitspanne eine sinnvolle Kommunikation über Werte zustande kommen soll. Vielleicht stimmt es, daß auch hier die Qualität zählt, aber jenseits einer bestimmten Schwelle hat Quantität Einfluß auf Qualität.
Schwangerschaften bei Teenagern. Die USA sind inzwischen vor allen anderen entwickelten Ländern führend bei Teenagerschwangerschaften, -abtreibungen und -geburten. Von 1000 Mädchen zwischen 15 und 19 werden 96 jährlich schwanger. An zweiter Stelle steht Frankreich mit 43 Schwangerschaften pro Tausend (Mall, 1985). Die Anzahl der nichtehelichen Geburten bei Teenagern hat sich zwischen 1960 und 1980 verdoppelt (Schiamberg, 1988, S. 718). Zur Zeit schätzt man, daß 40% der heutigen 14jährigen mindestens einmal schwanger werden, ehe sie zwanzig sind (Wallis et al., 1985).

242 **Familien, die *flow* schaffen.** Die Kennzeichen von Familien, die die Entwicklung einer autotelischen Persönlichkeit bei ihren Kindern fördern, werden von Rathunde (1991) untersucht.

243 **Positive Stimmung bei Freunden.** Wenn Teenager mit Freunden zusammen sind, berichten sie von einem deutlich höheren Grad an Glück, Selbstachtung, Kraft und Motivation, aber von niedrigeren Graden an Konzentration und kognitiver Funktion als in anderen sozialen Kontexten (Csikszentmihalyi & Larson, 1984). Das gleiche gilt für alte Menschen, die wir mit der ESM untersuchten. Verheiratete Erwachsene und pensionierte Paare berichten von positiveren Stimmungen, wenn sie mit Freunden zusammen sind, als mit dem Partner oder Kindern und anderen Menschen.

244 **Trinkverhalten.** Die verschiedenen Formen öffentlichen Trinkens und die daraus resultierenden Muster der sozialen Interaktion werden von Csikszentmihalyi (1968) untersucht.

246–247 **Instrumental – expressiv.** Die Unterscheidung zwischen diesen beiden Funktionen wurde in der soziologischen Literatur von Talcott Parsons (1942) eingeführt. Siehe Schwartz für zeitgenössische Anwendung (1987). Er behauptet, eines der Hauptprobleme bei Jugendlichen sei, zu wenige Möglichkeiten für expressives Verhalten innerhalb der Grenzen der Gesellschaft zu haben. Daher müßten sie sich eines abweichenden Verhaltens bedienen.

250 **Irrationalität wirtschaftlicher Methoden.** Max Weber (1922) meint in seinem berühmten Essay über die protestantische Ethik, daß die augenscheinliche Rationalität der wirtschaftlichen Kalkulation täusche. Schwere Arbeit, Sparen, Investieren, die gesamte Wissenschaft von Produktion und Konsum, seien nur gerechtfertigt, weil man glaube, sie machten das Leben glücklicher. Weber meint jedoch, daß diese Wissenschaft nach der Perfektionierung ihre eigenen Ziele entwickele, die auf der Logik von Produktion und Konsum beruhten und nicht auf dem Glück der Menschen. Dann höre wirtschaftliches Verhalten auf, rational zu sein, weil es nicht mehr von dem Ziel

geleitet werde, das es ursprünglich rechtfertigte. Webers Argument kann man auf viele andere Aktivitäten anwenden, die sich nach der Entwicklung deutlicher Ziele und Regeln von den ursprünglichen Zielen lösen und aus intrinsischen Gründen verfolgt werden – weil sie Spaß machen. Weber selbst erkannte dies und klagte, der Kapitalismus, der als religiöse Berufung seinen Ausgang nahm, sei mit der Zeit zu einem bloßen Sport für Unternehmer verkommen, zu einem Eisenkäfig für alle anderen (Siehe auch Csikszentmihalyi & Rochberg-Halton, 1981, Kap. 9).

Kapitel IX

254 **Dieser Teil bis S. 260** stützt sich stark auf die Gesprächstranskripte, die mir von Professor Massimini zur Verfügung gestellt wurden.
Das Zitat von **Franz Alexander** stammt aus Siegel (1988, S. 1). Norman Cousins' Strategie, seine Krankheit zu kontrollieren, wird in „Der Arzt in uns selbst" beschrieben (1981).

260 **„Wenn man weiß . . ."** stammt aus Johnsons „Letters to Boswell", 19. Oktober 1777.
Streß. Hans Selye, der seit 1934 die Physiologie von Streß untersuchte, definierte diesen als ein verallgemeinertes Resultat, ob seelisch oder körperlich, von Ansprüchen an den Körper (1981). Einen wichtigen Durchbruch bei der Untersuchung der psychologischen Wirkungen solcher Ansprüche war die Entwicklung einer Skala, die zu messen versucht, wie schwerwiegend diese sind (Holmes & Rahe, 1967). Auf dieser Skala wird der größte Streß durch den „Tod des Partners" verursacht und hat den Wert 100. „Hochzeit" hat den Wert 50, „Weihnachten" den von 12. Mit anderen Worten, die Wirkung von vier Weihnachtsfesten gleicht fast der Belastung, wenn man heiratet. Man muß anmerken, daß negative wie positive Ereignisse Streß

verursachen können, da beide „Ansprüche“ darstellen, an die man sich anpassen muß.

261 **Unterstützung.** Von den verschiedenen Hilfsquellen, die die Wirkung von belastenden Ereignissen abmildern, wurden soziale Unterstützungen oder ein soziales Netz am ausgiebigsten untersucht (Lieberman et al., 1979). Familie und Freunde stellen oft materielle Hilfe, emotionale Unterstützung und benötigte Informationen zur Verfügung (Schaefer, Coyne & Lazarus, 1981). Aber schon Interesse an anderen Menschen scheint Streß zu mildern: „Jene, die sich um andere Menschen sorgen und über das Selbst hinausdenken, erfahren weniger belastende Erlebnisse, und Streß hat weniger Wirkung im Hinblick auf Unsicherheit, Depression und Feindseligkeit; sie unternehmen aktivere Versuche, ihr Problem zu bewältigen“ (Crandall, 1984, S. 172).

Bewältigungsstile. Streß wird durch den Bewältigungsstil eines Menschen gemildert. Der gleiche Vorfall kann positive oder negative Wirkung haben, je nach den inneren Ressourcen eines Menschen. Der Begriff Abhärtung wurde von Salvatore Maddi und Suzanne Kobasa geprägt, um die Neigung mancher Menschen zu beschreiben, auf Bedrohungen zu reagieren, indem sie sie in bewältigbare Herausforderungen verwandeln. Die drei Hauptkomponenten von Abhärtung sind Verpflichtung an die Ziele, ein Gefühl der Selbstkontrolle und Freude an Herausforderungen (Kobasa, Maddi & Kahn, 1982). Ein ähnlicher Begriff ist Vaillants (1977) Konzept der „reifen Abwehr“, Lazarus’ Konzept der „Bewältigung“ (Lazarus & Folkman, 1984) und das Konzept der „Persönlichkeitsstärke“, die in deutschen Untersuchungen von Noelle-Neumann gemessen wird (1983, 1985). Diese Bewältigungsstile – Abhärtung, reife Abwehr und transformative Bewältigung – haben viele Aspekte mit der autotelischen Persönlichkeit gemeinsam, die wir in diesem Buch beschreiben.

263 **Mut.** Daß Menschen Mut als vornehmlichen Grund für die Bewunderung anderer betrachten, geht aus den Daten meiner Drei-Generationen-Familienstudie hervor, die Bert Lyons für seine Dissertation analysierte (1988).

264 **Dissipative Strukturen.** Für die Bedeutung dieses Begriffs in den Naturwissenschaften siehe Prigogine (1979).

266 **Transformatorische Fähigkeiten bei Jugendlichen.** Aus einer Langzeitstudie mit ESM (Freeman, Larson & Csikszentmihalyi, 1986) geht hervor, daß ältere Jugendliche ebenso viele negative Erlebnisse mit der Familie, Freunden und allein haben wie jüngere, sie aber gelassener deuten – d.h. Konflikte, die mit 13 tragisch erscheinen, erscheinen mit 17 absolut lösbar.

267 **Unbewußte Selbstsicherheit.** Für die Entwicklung dieses Konzepts siehe Logan (1985, 1991).

269 **„Jeder einzelne Kristall ...“** Dieses Zitat von Chouinard stammt aus Robinson (1969, S.6).

270 **„Mein Cockpit ist klein ...“** stammt von Lindbergh (1954).

272 Die **Entdeckung neuer Ziele.** Daß das Selbst aufgrund verschiedenster Erfahrungen komplexer wird, ebenso wie ein kreatives Gemälde aus der Interaktion zwischen Künstler und Material entsteht, wurde von Csikszentmihalyi (1985a) und Csikszentmihalyi & Beattie (1979) vertreten.

273 **Künstlerische Entdeckung.** Der Prozeß der Problemfindung oder Entdeckung in der Kunst wurde in einer Reihe von Aufsätzen beschrieben, beginnend mit Csikszentmihalyi (1965). Der letzte in dieser Reihe stammt von Csikszentmihalyi & Getzels (1989). Siehe auch: Getzels & Csikszentmihalyi (1976). Sehr kurz gefaßt zeigen unsere Ergebnisse, daß Kunststudenten, die 1964 in der hier beschriebenen

Weise malten (d.h. sie traten ohne eine ausgeprägte Vorstellung von dem erwarteten Bild vor die Leinwand), 18 Jahre später – nach den Maßstäben anderer Künstler – auffallend erfolgreicher waren als ihre Altersgenossen, die das fertige Produkt bereits gedanklich vorgeplant hatten. Andere Charakteristika, wie technische Kompetenz, machten in den beiden Gruppen keinen Unterschied aus.

274 **Realistische Ziele.** Erwachsene, die sich langfristigen Zielen verpflichten, bei denen sie nur wenige kurzfristige Belohnungen ernten, sollen weniger mit ihrem Leben zufrieden sein als Menschen, die sich leichtere, kurzfristige Ziele setzen (Bee, 1987, S. 373). Dagegen meint das *flow*-Modell, daß zu leichte Ziele ebenso Unzufriedenheit auslösen. Beide Extreme lassen nicht zu, das Leben vollkommen zu genießen.

Kapitel X

286 **Hannah Arendt** beschreibt den Unterschied zwischen Bedeutungssystemen, die auf Ewigkeit und Unsterblichkeit aufgebaut sind, in „The Human Condition" (1958).

286–289 **Sorokin** arbeitete seine Klassifikation der Kulturen in den vier Bänden seiner „Social and Cultural Dynamics" aus, die 1937 erschienen. (Eine gekürzte einbändige Ausgabe mit dem gleichen Titel erschien 1962 in den USA.) Sorokins Arbeit ist von der Soziologie fast vollständig vergessen, vielleicht aufgrund seines altmodischen Idealismus, vielleicht, weil er in den wichtigen fünfziger und sechziger Jahren von seinem theoretisch versierteren Kollegen Talcott Parsons überschattet wurde. Vermutlich wird dieser ungeheuer gebildete und methodisch innovative Gelehrte irgendwann die verdiente Anerkennung bekommen.

290 **Abläufe in der Entwicklung des Selbst.** Sehr ähnliche Theorien über die Entwicklungsstadien, die zwischen auf

das Selbst gerichteter und auf die Gesellschaft gerichteter Aufmerksamkeit wechseln, wurden von Erikson (1971) entwickelt, der glaubt, Erwachsene müßten ein Gefühl der Identität, dann der Intimität, dann der Generativität entwickeln und schließlich das Stadium der Integrität erreichen; weitere Theorien stammen von Maslow (1977), dessen Hierarchie der Bedürfnisse von körperlicher Sicherheit zur Selbstverwirklichung durch Liebe und Zugehörigkeit führt, von Kohlberg (1984), der meint, daß die moralische Entwicklung mit einem Gefühl für richtig und falsch, beruhend auf Eigeninteresse, beginnt und mit Ethik, auf universellen Prinzipien beruhend, endet, von Loevinger (1976), die die Ich-Entwicklung von der impulsiven selbstschützenden Handlung zu einem Gefühl der Integration mit der Umwelt sah. Helen Bee (1987, besonders Kapitel 10 und 13) gibt eine gute Zusammenfassung dieser und anderer „spiralförmiger" Modelle der Entwicklung.

295 **Vita activa und vita contemplativa.** Diese aristotelischen Begriffe werden von Thomas von Aquin in seiner Analyse des guten Lebens benutzt sowie von Hannah Arendt (1958).

296 Eine Beschreibung, wie die **Jesuitenregeln** helfen, bei den Anhängern Ordnung im Bewußtsein zu schaffen, wird in Isabella Csikszentmihalyi (1986, 1991) und Marco Toscano (1986) gegeben.

297 **Auftauchen des Bewußtseins.** Jaynes (1977) unternahm einen Vorstoß bei der Spekulation, wie sich das Bewußtsein beim Menschen herausentwickelte. Er schreibt es der Tatsache zu, daß sich die Verbindung zwischen linker und rechter Hirnhälfte seiner Schätzung nach erst vor etwa 3000 Jahren entwickelte. Siehe auch Alexander (1987) und Calvin (1986). Natürlich bleibt diese faszinierende Frage vermutlich für immer außerhalb der Reichweite absoluter Sicherheit.

297 **Das Innenleben von Tieren.** In welchem Ausmaß Tiere Gefühle haben, die denen des Tieres Mensch ähneln, wurde ausgiebig diskutiert. Siehe von Uexküll (1921). Neuere Untersuchungen von Primaten, die mit Menschen kommunizieren, scheinen anzudeuten, daß einige sogar ohne konkrete Reize Gefühle haben, d.h. sie können in Erinnerung an einen verschwundenen Gefährten traurig sein, doch die Beweise auf diesem Gebiet scheinen noch nicht schlüssig zu sein.

299 **Das Bewußtsein der Menschen vor Erfindung der Schriftsprache.** Der Anthropologe Robert Redfield (1955) argumentierte mit vielen anderen, daß Stammesgesellschaften zu einfach und homogen waren, als daß die Angehörigen eine reflektive Haltung gegenüber ihren Einstellungen und Handlungen einnehmen konnten. Ehe die erste urbane Revolution vor etwa 5000 Jahren Städte ermöglichte, neigten die Menschen dazu, die von ihrer Kultur dargestellte Wirklichkeit zu akzeptieren, ohne große Fragen zu stellen. Sie hatten keine Alternative außer der Konformität. Andere, wie der Anthropologe Paul Radin (1927) haben behauptet, unter „Primitiven" ausgeprägte philosophische Intelligenz und Freiheit des Bewußtseins gefunden zu haben. Es ist zu bezweifeln, daß diese alte Debatte bald zu einem Abschluß kommen wird.

300 **Leo Tolstois** Novelle ist vielgelesen und -gedruckt; siehe Tolstoi (1971).

Daß **gesellschaftliche Rollen** komplexer werden und dies auch zu einem komplexeren Bewußtsein geführt hat, wird von De Roberty (1878) und Draghiesco (1906) behauptet, die ein ausgeklügeltes theoretisches Modell der sozialen Evolution aufstellten, ausgehend von der Annahme, daß Intelligenz eine Funktion von Häufigkeit und Intensität menschlicher Interaktionen ist. Ihnen folgten seitdem viele andere, darunter auch die russischen Psychologen Wygotski (1978) und Luria (1976).

Sartres Konzept des Projekts wird in „Das Sein und das Nichts“ (1970) beschrieben. Das Konzept des „angemessenen Strebens“ wurde 1958 von Allport eingeführt. Für das Konzept des Lebensthemas, definiert als „Reihe von Problemen, die jemand vor allem anderen zu lösen anstrebt, und die Mittel, die man zur Lösung findet“ siehe Csikszentmihalyi & Beattie (1979).

302 Hannah Arendt (1976) schrieb eine maßgebliche Analyse des Lebens von **Adolf Eichmann.**

303 Die Autobiographie von **Malcolm X** (1977) ist die klassische Beschreibung der Entwicklung eines Lebensthemas.

305 **Grundmuster für negentropische Lebensthemen.** Die nichtintuitive Idee, daß die Übertragung der Aufmerksamkeit von persönlichen Problemen auf Probleme anderer hilft, persönliches Wachstum zu erreichen, steht hinter dem Werk der Entwicklungspyschologen, die in der Anmerkung zu S. 290 erwähnt wurden. Siehe auch Crandall (1984) und die Anmerkung zu S. 261.

307 Die beste englischsprachige Biographie **Antonio Gramscis** stammt von Guiseppe Fiore (1973).
Edison, Roosevelt und Einstein. Goertzel & Goertzel (1962) schildern die frühen Jahre von 300 berühmten Männern und Frauen; sie zeigen, wie schwer aus den Umständen der Kindheit spätere Leistungen prognostiziert werden können.

308 **Kulturelle Evolution** ist ein weiteres Konzept, das von Sozialwissenschaftlern in den letzten Jahrzehnten vorzeitig verworfen wurde. Unter den Versuchen, zu zeigen, daß dieses Konzept noch gilt, siehe z. B. Burhoe (1982), Csikszentmihalyi & Massimini (1985), Lumdsen & Wilson (1981, 1983), Massimini (1982) und White (1975).

308–309 **Bücher als sozialisierende Faktoren.** Für Untersuchungen über die Wirkung von Büchern und Geschichten, die einem in der Kindheit erzählt wurden, auf spätere Lebensthemen siehe Csikszentmihalyi (1981).

309 **Religion und Entropie.** Siehe z. B. Hegels Aufsatz aus dem Jahr 1798, der erst 110 Jahre später veröffentlicht wurde: „Der Geist des Christentums und sein Schicksal", in dem er über die Veränderungen nachdenkt, die die christlichen Lehren erfahren haben, nachdem sie in der Kirche verankert waren.

312 **Evolution.** Zahlreiche Gelehrte und Wissenschaftler aus den verschiedensten Bereichen haben ihre Überzeugung zum Ausdruck gebracht, daß das wissenschaftliche Verständnis der Evolution, unter Berücksichtigung der menschlichen Ziele und der Gesetze des Universums, eine Grundlage für ein neues Sinnsystem bilden wird. Siehe z.B. Burhoe (1976), Campbell (1965, 1975, 1976), Csikszentmihalyi & Massimini (1985), Huxley (1942), Mead (1973), Medawar (1962) und Waddington (1970). Auf diesem Glauben kann vielleicht eine neue Zivilisation errichtet werden. Aber die Evolution garantiert noch keinen Fortschritt (Nitecki, 1988). Vielleicht wird die Menschheit aus dem evolutionären Prozeß sogar gänzlich ausgeschlossen. Ob dies eintrifft oder nicht, hängt in hohem Maße von den Entscheidungen ab, die wir treffen werden. Und diese Entscheidungen werden vermutlich klüger ausfallen, wenn wir begreifen, wie die Evolution funktioniert.

Bibliographie

Ach, N. (1905). *Über die Willenstätigkeit und das Denken.* Göttingen: Vandenhoeck & Ruprecht.

Adler, A. (1956). *The individual psychology of Alfred Adler.* New York: Basic Books.

Adler M. J. (1956). Why only adults can be educated. In *Great Issues in Education.* Chicago: Great Books Foundation.

Ainsworth, M. D. S., Bell, S. M. & Stayton, D. J. (1971). Individual differences in strange-situation behavior of one-year-olds. In H. R. Schaffer (Hrsg.), *The origins of human social relations.* London: Academic Press.

Ainsworth, M., Blehar, M., Waters, E. & Wall, S. (1978). *Patterns of attachment.* Hillsdale, N.Y.: Erlbaum.

Alexander, R. D. (1974). The evolution of social behavior. *Annual Review of Ecology and Systematics,* 5, 325–383.

Alexander, R. D. (1979). Evolution and Culture. In N. A. Chagnon & W. Irons (Hrsg.), *Evolutionary biology and human social behavior: An anthropological perspective* (S. 59–78). North Scituate, Mass.: Duxbury Press.

Alexander, R. D. (1987). *The biology of moral systems.* New York: Aldine de Gruyter.

Allison, M. T. & Duncan, M. C. (1991). Frauen, Arbeit und *flow.* In M. Csikszentmihalyi & I. S. Csikszentmihalyi (Hrsg.), *Die außergewöhnliche Erfahrung im Alltag. Die Psychologie des flow-Erlebnisses* (S. 139–60). Stuttgart: Klett-Cotta. (Original erschienen 1988: Optimal Experience: Studies of flow in consciousness. New York: Cambridge University Press.

Allport, G. W. (1958). *Werden der Persönlichkeit. Grundlegung einer Psychologie der Persönlichkeit.* Bern, Stuttgart: Huber. (Original erschienen 1955: Becoming: Basic considerations for a psychology of personality)

Altman, J. (1980). *Baboon mothers and infants.* Cambridge: Harvard University Press.

Altmann, S. A. & Altmann, J. (1970). *Baboon ecology: African field research.* Chicago: University of Chicago Press.

Alvarez, A. (1974). *Der grausame Gott. Eine Studie über den Selbstmord.* Hamburg: Hoffmann & Campe. (Original erschienen 1973: The savage god)
Amabile, T. M. (1983). *The social psychology of creativity.* New York: Springer Verlag.
Andreasen, N. C. (1987). Creativity and mental illness: Prevalence rates in writers and their first-degree relatives. *American Journal of Psychiatry, 144,* 1288–1292.
Andrews, F. M. & Withey, S. B. (1976). *Social indicators of well-being.* New York: Plenum.
Angyal, A. (1941). *Foundations for a science of personality.* Cambridge: Harvard University Press.
Angyal, A. (1965). *Neurosis and treatment: A holistic theory.* New York: Wiley.
Archimedes Foundation. (1988). *Directory of human happiness and well-being.* Toronto.
Arendt, H. (1958). *The human condition.* Chicago: University of Chicago Press.
Arendt, H. (1976). *Eichmann in Jerusalem. Ein Bericht von der Banalität des Bösen.* München, Zürich: Piper. (Originalausgabe erschienen 1963: Eichmann in Jerusalem)
Argyle, M. (1987) *The psychology of happiness.* London: Methuen.
Aries, P. & Duby, G. (Hrsg.) 1989. *Geschichte des privaten Lebens.* Bd. 1. *Vom römischen Imperium zum byzantinischen Reich.* Frankfurt: S. Fischer.
Aristoteles. (1983). *Die Nikomachische Ethik.* Stuttgart: Reclam.
Arnheim, R. (1978). *Kunst und Sehen. Eine Psychologie des schöpferischen Auges.* Berlin, New York: de Gruyter.
Arnheim, R. (1979). *Entropie und Kunst. Ein Versuch über Unordnung und Ordnung.* Köln: DuMont.
Arnheim, R. (1983). *Die Macht der Mitte. Eine Kompositionslehre für die bildenden Künste.* Köln: DuMont.
Arnold, E. V. (1911, 1971). *Roman Stoicism.* New York: Books for Libraries Press.
Atkinson, R. C. & Shiffrin, R. M. (1968). Human memory: A proposed system and its control processes. In K. Spence & J. Spence (Hrsg.), *The psychology of learning and motivation,* vol. 2. New York: Academic Press.

Baldridge, L. (1987). *Letitia Baldridge's complete guide to a great social life.* New York: Rawson Assocs.
Bandura, A. (1982). Self-efficacy mechanims in human agency. *American Psychologist, 37,* 122–147.
Bateson, G. (1978). The birth of a double bind. In M. Berger (Hrsg.), *Beyond the double bind* (S. 53). New York: Brunner/Mazel.
Baumgarten, A. (1935 [1735]). Reflections on poetry. In B. Croce (Hrsg.), *Aesthetica.* Bari: Laterza.
Baumrind, D. (1977). *Socialization determinants of personal agency.* Vorgetragen auf der zweijährlichen Versammlung der Society for Research in Child Development, New Orleans.
Beattie, O. & Csikszentmihalyi, M. (1981). On the socialization influence of books. *Child Psychology and Human Development, 11*(1), 3–18.
Beck, A. T. (1976). *Cognitive therapy and emotional disorders.* New York: International Universities Press.
Bee, L. H. (1987). *The journey of adulthood.* New York: Macmillan.
Behanan, K. T. (1937). *Yoga: A scientific evaluation.* New York: Macmillan.
Bell, D. (1976). *Die Zukunft der westlichen Welt. Kultur und Technologie im Widerstreit.* Frankfurt: S. Fischer. (Original erschienen 1976: The cultural contradiction of capitalism)
Bellah, R. N. (1975). *The broken covenant. American civil religion in a time of trial.* New York: Seabury Press.
Benedict, R. (1934). *Patterns of culture.* Boston: Houghton & Mifflin.
Berdyadev, N. (1952). *The beginning and the end.* London: Geoffrey Bles.
Berger, P. L. & Luckmann, T. (1972). *Die gesellschaftliche Konstruktion der Wirklichkeit. Eine Theorie der Wissenssoziologie.* Frankfurt: S. Fischer.
Bergler, E. (1970). *The psychology of gambling.* New York: International Universities Press.
Berlyne, D. E. (1974). *Konflikt, Erregung, Neugier. Zur Psychologie der kognitiven Motivation.* Stuttgart: Klett. (Original erschienen 1960: Conflict, arousal and curiosity)
Berman, Marshall Howard. (1982). *All that is solid melts into air.* New York: Simon & Schuster.

Berman, Morris. (1990). Die zwei Gesichter der Kreativität. In J. Brockman (Hrsg.), *Neue Realität. Das Bild einer neuen Wirklichkeit, von den bedeutendsten Vordenkern entworfen.* München: Heyne. (Original erschienen 1988: The reality club)

Bertalanffy, L. v. (1960). *Problems of life.* New York: Harper & Row.

Bettelheim, B. (1943). Individual and mass behavior in extreme situations. *Journal of Abnormal and Social Psychology, 38,* 417–452.

Binet, A. (1890). La concurrence des états psychologiques. *Revue Philosophique de la France et de l'Etranger, 24,* 138–155.

Blom, F. (1932). The Maya ball-game. In M. Ries (Hrsg.), *Middle American Research Series, 1.* New Orleans: Tulane University Press.

Bloom, A. (1988). *Der Niedergang des amerikanischen Geistes. Ein Plädoyer für die Erneuerung der westlichen Kultur.* Hamburg: Hoffmann & Campe. (Original erschienen 1987: The closing of the American mind)

Blumberg, S. H. & Izard, C. E. (1985). Affectice and cognitive characteristics of depression in 10- and 11-year-old children. *Journal of Personality and Social Psychology, 49,* 194–202.

Boring, E. G. (1953). A history of introspection. *Psychological Bulletin, 50*(3), 169–189.

Boswell, J. (1981). *Doktor Samuel Johnson. Leben und Meinungen. Mit dem Tagebuch einer Reise nach den Hebriden.* Zürich: Diogenes. (Original erschienen 1791: The Life of Samuel Johnson)

Bourguignon , E. (1979). *Psychological anthropology.* New York: Holt, Rinehart & Winston.

Bowen, E. A. (Pseud. f. Laura Bohannan). (1984). *Rückkehr zum Lachen. Ein ethnologischer Roman.* Berlin: Reimer. (Original erschienen 1954: Return to laughter)

Bowen, M. (1978). *Family therapy in clinical practice.* New York: Aronson.

Bowlby, J. (1984). *Bindung. Eine Analyse der Mutter-Kind-Beziehung* (3. Aufl.). Frankfurt: Fischer Taschenbuch-Verlag.

Boyd, R. & Richerson, P. J. (1985). *Culture and the evolutionary process.* Chicago: University of Chicago Press.

Bradburn, N. (1969). *The structure of psychological wellbeing.* Chicago: Aldine.

Brandwein, R. A. (1977). After divorce: A focus on single parent families. *Urban and Social Change Review, 10,* 21–25.

Braudel, F. (1986). *Sozialgeschichte des 15.–18. Jahrhunderts.* (Bd. 2): Der Handel. München: Kindler.
Bronfenbrenner, U. (1972). *Zwei Welten. Kinder in USA und UdSSR.* Stuttgart: DVA. (Original erschienen 1970: Two worlds of childhood)
Brown, N. O. (1962). *Zukunft im Zeichen des Eros.* Pfullingen: Neske. (Original erschienen 1959: Life against death)
Buhler, C. (1930). *Die geistige Entwicklung des Kindes.* Jena: G. Fischer.
Burhoe, R. W. (1976). The source of civilization in the natural selection of coadapted information in genes and cultures. *Zygon, 11*(3), 263–303.
Burhoe, R. W. (1982). Pleasure and reason as adaptations to nature's requirements. *Zygon, 17*(2), 113–131.
Burney, C. (1965). *Einzelhaft.* Gütersloh: S. Mohn. (Original erschienen 1952: Solitary confinement)

Caillois, R. (1982). *Die Spiele und die Menschen. Maske und Rausch.* Berlin, Wien: Ullstein. (Original erschienen 1958: Les jeux et les hommes)
Calvin, W. H. (1986). *The river that flows uphill. A journey from the big bang to the big brain.* New York: Macmillan.
Campbell, A. P. (1972). Aspiration, satisfaction, and fulfillment. In A. P. Campbell & P. E. Converse (Hrsg.), *The human meaning of social change* (S. 441–466). New York: Russell Sage.
Campbell, A. P., Converse, P. E. & Rodgers, W. L. (1976). *The quality of American life.* New York: Russell Sage.
Campbell, D. T. (1965). Variation and selective retention in sociocultural evolution. In H. R. Barringer, G. I. Blankston & R. W. Monk (Eds.), *Social change in developing areas* (S. 19–42). Cambridge: Schenkman.
Campbell, D. T. (1975). On the conflicts between biological and social evolution and between psychology and moral tradition. *American Psychologist, 30,* 1103–1125.
Campbell, D. T. (1976). Evolutionary epistemology. In D. A. Schlipp (Hrsg.), *The library of living philosophers* (S. 413–463). La Salle, Ill.: Open Court.
Carli, M. (1986). Selezione psicologica e qualità dell' esperienza. In

F. Massimini & P. Inghilleri (Hrsg.), *L' esperienza quotidiana* (S. 285–304). Mailand: Franco Angeli.

Carpenter, E. (1970). *They became what they beheld.* New York: Ballantine.

Carpenter, E. (1973). *Eskimo realities.* New York: Holt.

Carrington, P. (1980). *Das große Buch der Meditation.* Bern, München, Wien: Scherz. (Original erschienen 1977: Freedom in meditation)

Carson, J. (1965). *Colonial Virginians at play.* Williamsburg, Virginia: Colonial Williamsburg Inc.

Carver, J. (1976). *Travels through the interior parts of North America.* Philadelphia.

Castaneda, C. (1973). *Eine andere Wirklichkeit. Neue Gespräche mit Don Juan.* Frankfurt: S. Fischer. (Original erschienen 1971: A separate reality)

Castaneda, C. (1976). *Der Ring der Kraft. Don Juan in den Städten.* Frankfurt: S. Fischer. (Original erschienen 1974: Tales of Power)

Chagnon, N. (1979). Mate competition, favoring close kin, and village fissioning among the Yanomamo Indians. In N. A. Chagnon & W. Irons (Hrsg.), *Evolutionary biology and human social behavior* (S. 86–132). North Scituate, Mass.: Duxbury Press.

de Charms, R. (1968). *Personal causation. The internal affective determinants of behavior.* New York: Academic Press.

Cheng, N. (1988). *Leben und Tod in Shanghai.* Frankfurt, Berlin: Ullstein. (Original erschienen 1987: Life and death in Shanghai)

Clark, A. (1919). *The working life of women in the seventeenth century.* London.

Clausen, J. A. (Hrsg.). (1968). *Socialization and society.* Boston: Little, Brown.

Cohler, B. J. (1982). Personal narrative and the life course. In P. B. Bates & O. G. Brim (Hrsg.), *Life span development and behavior.* Vol. 4. New York: Academic Press.

Collingwood, R. G. (1938). *The principle of art.* London: Oxford University Press.

Conrad, P. (1982). *Television. The medium and its manners.* Boston: Routledge & Kegan.

Cooley, C. H. (1902). *Human nature and the social order.* New York: Charles Scribner's Sons.

Cooper, D. (1972). *Der Tod der Familie.* Reinbek: Rowohlt. (Original erschienen 1970: The death of the family)

Cousins, N. (1981). *Der Arzt in uns selbst. Anatomie einer Krankheit aus der Sicht des Betroffenen.* Reinbek: Rowohlt. (Original erschienen 1979: Anatomy of an illness as perceived by the patient)

Crandall, J. E. (1984). Social interest as a moderator of life stress. *Journal of Personality and Social Psychology, 47,* 164–174.

Crandall, M. (1983). On walking without touching the ground: „Play" in the *Inner chapters* of the *Chuang Tzu.* In V. H. Muir (Hrsg.), *Experimental essays on Chuang-Tzu* (S. 101–123). Honolulu: University of Hawaii Press.

Crealock, W. I. B. (1951). *Vagabonding under sail.* New York: David McKay.

Croce, B. (1902,1909). *Aesthetics.* New York: Macmillan.

Croce, B. (1962). *History as the story of liberty.* London. Allen & Unwin.

Crook, J. H. (1980). *The evolution of human consciousness.* New York: Oxford University Press.

Csikszentmihalyi, I. (1986). Il flusso di coscienza in un contesto storico: Il caso dei gesuiti. In F. Massimini & P. Inghilleri (Hrsg.), *L' esperienza quotidiana* (S. 1981–1996). Mailand: Franco Angeli.

Csikszentmihalyi, I. (1991). Flow in a historical context. The case of the jesuits. In M. Csikszentmihalyi & I. S. Csikszentmihalyi (Hrsg.), *Die außergewöhnliche Erfahrung im Alltag. Die Psychologie des flow-Erlebnisses* (S. 254–272). Stuttgart: Klett-Cotta. (Original erschienen 1988: Optimal experience: Psychological studies of flow in consciousness)

Csikszentmihalyi, M. (1965). *Artistic problems and their solution. An exploration of creativity in the arts.* Unveröffentlichte Dissertation. University of Chicago.

Csikszentmihalyi, M. (1968). A cross-cultural comparison of some structural characteristics of group drinking. *Human Development, 11,* 201–216.

Csikszentmihalyi, M. (1969). The Americanization of rockclimbing. *University of Chicago Magazine, 61*(6), 20–27.

Csikszentmihalyi, M. (1970). Sociological implications in the thought of Teilhard de Chardin. *Zygon, 5*(2), 130–147.

Csikszentmihalyi, M. (1973). Socio-cultural speciation and human aggression. *Zygon, 8*(2), 96–112.

Csikszentmihaly, M. (1978). Attention and the holistic approach to behavior. In K. S. Pope & J. L. Singer (Hrsg.), *The stream of consciousness* (S. 335–358). New York: Plenum.
Csikszentmihalyi, M. (1981a). Leisure and socialization. *Social Forces, 60,* 332–340.
Csikszentmihalyi, M. (1981b). Some paradoxes in the definition of play. In A. Cheska (Hrsg.), *Play as context* (S. 14–26). New York: Leisure Press.
Csikszentmihalyi, M. (1982a). Towards a psychology of optimal experience. In L. Wheeler (Hrsg.), *Review of Personality and Social Psychology,* vol. 2. Beverly Hills: Sage.
Csikszentmihalyi, M. (1982b). Learning, flow and happiness. In R. Gross (Hrsg.), *Invitation to life-long learning* (S. 167–187). New York: Fowlett.
Csikszentmihalyi, M. (1985). *Das Flow-Erlebnis. Jenseits von Angst und Langeweile. Im Tun aufgehen.* Stuttgart: Klett-Cotta. (Original erschienen 1975: Beyond Boredom and Anxiety)
Csikszentmihaly, M. (1985a). Emergent motivation and the evolution of the self. In D. Kleiber & M. H. Maehr (Hrsg.), *Motivation in adulthood* (S. 93–113). Greenwich, Conn.: JAI Press.
Csikszentmihalyi, M. (1985b). Reflections on enjoyment. *Perspectives in Biology and Medicine, 28*(4), 469–497.
Csikszentmihalyi, M. (1987). The flow experience. In M. Eliade (Hrsg.), *Geschichte der religiösen Ideen.* Freiburg, Basel, Wien: Herder. (Original erschienen 1987: The encyclopaedia of religion)
Csikszentmihalyi, M. (1988). The ways of genes and memes. *Reality Club Review, 1*(1), 107–128.
Csikszentmihalyi, M. (1989). Consciousness for the 21st century. Vorgetragen auf der ELCA-Konferenz: *Year 2000 and beyond.* 30. März–2. April, St. Charles, Ill.
Csikszentmihalyi, M. Beattie, O. (1979). Life themes: A theoretical and empirical exploration of their origins and effects. *Journal of Humanistic Psychology, 19,* 45–63.
Csikszentmihalyi, M. & Csikszentmihalyi, I. S. (Hrsg.). (1991). *Die außergewöhnliche Erfahrung. Die Psychologie des flow-Erlebnisses.* Stuttgart: Klett-Cotta. (Original erschienen 1988: Optimal experience. Psychological studies of flow in consciousness)
Csikszentmihalyi, M. & Getzels, J. W. (1989). Creativity and problem

finding. In F. H. Farley & R. W. Neperud (Hrsg.), *The foundations of aesthetics* (S. 91–116). New York: Praeger.

Csikszentmihalyi, M., Getzels, J. W. & Kahn, S. (1984). *Talent and achievement. A longitudinal study of artists.* Bericht für die Spencer Foundation und die McArthur Foundation. Chicago: University of Chicago.

Csikszentmihalyi, M. & Graef R. (1979). *Flow and the quality of experience in everyday life.* Unveröffentlichtes Manuskript, University of Chicago.

Csikszentmihalyi, M. & Graef, R. (1980). The experience of freedom in daily life. *American Journal of Community Psychology, 8,* 401–414.

Csikszentmihalyi M. & Kubey, R. (1981). Television and the rest of life. *Public Opinion Quarterly, 45,* 317–328.

Csikszentmihalyi, M. & Larson, R. (1978). Intrinsic rewards in school crime. *Crime and Delinquency, 24,* 322–335.

Csikszentmihalyi, M. & Larson, R. (1984). *Being adolescent. Conflict and growth in the teenage years.* New York: Basic Books.

Csikszentmihalyi, M. & Larson, R. (1987). Validity and reliability of the Experience-Sampling Method. *Journal of Nervous and Mental Disease, 175*(9), 526–536.

Csikszentmihalyi, M., Larson, R. & Prescott, S. (1979). The ecology of adolescent activity and experience. *Journal of Youth and Adolescence, 6,* 281–294.

Csikszentmihalyi, M. & LeFevre, J. (1987). The experience of work and leisure. *Third Canadian Leisure Research Conference.* Halifax, N.S., 22.–25. Mai 1987.

Csikszentmihalyi, M. & LeFevre, J. (1989). Optimal experience in work and leisure. *Journal of Personality and Social Psychology, 56*(5), 815–822.

Csikszentmihalyi, M. & Massimini, F. (1985). On the psychological selection of bio-cultural information. *New Ideas in Psychology, 3*(2), 115–138.

Csikszentmihalyi, M. & Nakamura, J. (1989). The dynamics of intrinsic motivation. In R. Ames & C. Ames (Hrsg.), *Handbook of motivation theory and research,* vol. 3, (S. 45–71). New York: Academic Press.

Csikszentmihalyi, M. & Rathunde, K. (1989). The psychology of

wisdom. An evolutionary interpretation. In R. J. Sternberg (Hrsg.), *The psychology of wisdom.* New York: Cambridge University Press.
Csikszentmihalyi, M. & Robinson, R. (im Druck). *The art of seeing.* Malibu, Calif.: J. P. Getty Press.
Csikszentmihalyi, M. & Rochberg-Halton, E. (1981). *The meaning of things. Domestic symbols and the self.* New York: Cambridge University Press.
Culin, S. (1906). Games of North American Indians. *24. Jahresbericht.* Washington D. C.: Bureau of American Ethnology.
Cushing, F. H. (1896). Outlines of Zuni creation myths. *13. Jahresbericht.* Washington D. C.: Bureau of American Ethnology.

Dalby, L. C. (1985). *Geisha.* Reinbek: Rowohlt. (Original erschienen 1983: Geisha)
Damon. W. & Hart, D. (1982). The development of self-understanding from infancy through adolescence. *Child Development, 53,* 831–857.
Dante Alighieri. (1975). *Die Göttliche Komödie.* München: Winkler.
David, F. N. (1962). *Games, gods, and gambling.* New York: Hafner.
Davis, J. A. (1959). A formal interpretation of the theory of relative deprivation. *Sociometry, 22,* 280–296.
Dawkins, R. (1978). *Das egoistische Gen.* Berlin, Heidelberg, New York: Springer. (Original erschienen 1976: The selfish gene)
Deci, E. L. & Ryan, R. M. (1985). *Intrinsic motivation and self-determination in human behavior.* New York: Plenum Press.
Devereux, E. (1970). Socialization in cross-cultural perspective. Comparative study of England, Germany and the United States. In R. Hill & R. Konig (Hrsg.), *Families in east and west. Socialization process and kinship ties* (S. 72–106). Paris: Mouton.
Diener, E. (1979). Deindividuation. The absence of self-awareness and self-regulation in group members. In P. Paulus (Hrsg.), *The psychology of group influence.* Hillsdale, N. J.: Erlbaum.
Diener, E. (1979). Deindividuation, self-awareness and disinhibition. *Journal of Personality and Social Psychology, 37,* 1160–1171.
Diener, E., Horwitz, J. & Emmons, R. A. (1985). Happiness of the very wealthy. *Social Indicators Research, 16,* 263–274.
Dobzhansky, T. (1965). *Dynamik der menschlichen Evolution.* Gene

und Umwelt. Frankfurt: S. Fischer. (Original erschienen 1962: Mankind evolving. The evolution of the human species)
Dobzhansky, T. (1967). *The biology of ultimate concern.* New York: New American Library.
Draghicesco, D. (1906). *Du rôle de l'individu dans le déterminisme social.* Paris.
Dulles, F. R. (1965). *A history of recreation. America learns to play* (2. Aufl.). Englewood Cliffs, New Jersey: Prentice-Hall.
Durkheim, E. (1973). *Der Selbstmord.* Neuwied, Berlin: Luchterhand.
Durkheim, E. (1981). *Die elementaren Formen des religiösen Lebens.* Frankfurt: Suhrkamp.

Easterlin, R. A. (1974). Does economic growth improve the human lot? Some empirical evidence. In P. A. David & M. Abramovitz (Hrsg.), *Nations and households in economic growth.* New York: Academic Press.
Eckblad, G. (1981). *Scheme theory. A conceptual framework for cognitive-motivational processes.* London: Academic Press.
Ekman, P. (1972). Universals and cultural differences in facial expressions of emotions. In *Current theory research on motivation. Nebraska Symposium on Motivation.* Vol. 19 (S. 207–283). Lincoln: University of Nebraska Press.
Eliade, M. (1985). *Yoga. Unsterblichkeit und Freiheit.* Frankfurt: Suhrkamp.
Emde, R. (1980). Toward a psychoanalytical theory of affect. In S. Greenspan & E. Pollack (Hrsg.), *The course of life.* Washington, D. C.: U. S. Government Printing Office. *Encyclopaedia Britannica.* (1985). (15. Aufl.) Chicago: Encyclopaedia Britannica Inc.
Erikson, E. H. (1984). *Kindheit und Gesellschaft.* (9. Aufl.) Stuttgart: Klett-Cotta.
Erikson, E. H. (1975). *Der junge Mann Luther. Eine psychoanalytische und historische Studie.* Frankfurt: Suhrkamp.
Erikson, E. H. (1978). *Gandhis Wahrheit. Über die Ursprünge der militanten Gewaltlosigkeit.* Frankfurt: Suhrkamp.
Evans-Pritchard, E. E. (1940, 1978). *The Nuer.* New York: Oxford University Press.
Eysenck, M. W. (1982). *Attention and arousal.* Berlin: Springer Verlag.

Delle Fave, A. & Massimini, F. (1991). Die Modernisierung und die Qualität der subjektiven Erfahrung im Kontext von Arbeit und Muße. In M. Csikszentmihalyi & I. S. Csikszentmihalyi (Hrsg.), *Die außergewöhnliche Erfahrung. Die Psychologie des flow-Erlebnisses* (S. 210–232). Stuttgart: Klett-Cotta. (Original erschienen 1988: Optimal experience. Studies of flow in consciousness)

Ferenczi, S. (1950). Sunday neuroses. In S. Ferenczi (Hrsg.), *Further contributions to the theory and technique of psychoanalysis* (S. 174–177). London: Hogarth Press.

Fine, R. (1956). Chess and Chess masters. *Psychoanalysis, 3,* 7–77.

Fiore, G. (1973). *Antonio Gramsci. Life of a revolutionary.* New York: Schocken Books.

Fisher, A. L. (1969). *The essential writings of Merleau-Ponty.* New York: Harcourt Brace.

Fortune, R. (1932, 1963). *Sorcerers of Dobu.* New York: Dutton.

Fox, V. (1977). Is adolescence a phenomenon of modern times? *Journal of Psychiatry, 1,* 271–290.

Frankl, V. E. (1972). *Der Mensch auf der Suche nach Sinn. Zur Rehumanisierung der Psychotherapie.* Freiburg, Basel, Wien: Herder.

Freeman, M. (1989). Paul Ricœur on interpretation. The model of the text and the idea of development. *Human Development, 28,* 295–312.

Freeman, M., Larson, R. & Csikszentmihalyi, M. (1986). Immediate experience and its recollection. *Merrill Palmer Quarterly, 32*(2), 167–185.

Freeman, M. & Robinson, R. E. (im Druck). The development within. An alternative approach to the study of lives. *New Ideas in Psychology.*

Freud, S. (1921). *Massenpsychologie und Ich-Analyse.* Gesammelte Schriften 6, 261. Wien.

Freud, S. (1981). *Abriß der Psychoanalyse. Das Unbehagen in der Kultur.* Frankfurt: S. Fischer.

Frijda, N. H. (1986). *The emotions.* New York: Cambridge University Press.

Gallup, G. H. (1976). Human needs and satisfactions. A global survey. *Public Opinion Quarterly, 40,* 459–467.

Gardner, H. (1991). *Abschied vom IQ.* Stuttgart: Klett-Cotta. (Original erschienen 1983: Frames of mind)

Garrett, H. E. (1941). *Great experiments in psychology.* Boston: Appleton Century Crofts.

Gedo, M. M. (Hrsg.). (1986–88). *Psychoanalytic perspectives on art.* Vol. 1 (1986), vol. 2 (1987), vol. 3 (1988). Hillsdale, New Jersey: Analytic Press.

Geertz, C. (1973). *The interpretation of culture.* New York: Basic Books.

Gendlin, E. T. (1978). *Das Selbsterleben (Experiencing) in der Psychotherapie.* München, Wien, Baltimore: Urban & Schwarzenberg. (Original erschienen 1962: Experiencing and the creation of meaning)

Gendlin, E. T. (1981). *Focusing. Technik der Selbsthilfe bei der Lösung persönlicher Probleme.* Salzburg: Müller. (Original erschienen 1981: Focusing)

General Social Survey. (März 1989). Chicago: National Opinion Research Center.

Gergen, K. & Gergen, M. (1983). Narrative of the self. In T. Sarbin & K. Scheibe (Hrsg.), *Studies in social identity* (S. 254–273). New York: Praeger.

Gergen, K. & Gergen, M. (1984). The social construction of narrative accounts. In K. Gergen & M. Gergen (Hrsg.), *Historical social psychology* (S. 173–189). Hillsdale, N. J.: Erlbaum.

Getzels, J. W. & Csikszentmihalyi, M. (1965). *Creative thinking in art students. The process of disvovery.* HEW Cooperative Research Report S-080, University of Chicago.

Getzels, J. W. & Csikszentmihalyi, M. (1976). *The creative vision. A longitudinal study of problem finding in art.* New York: Wiley Interscience.

Gilpin, L. (1948). *Temples in Yucatan.* New York: Hastings House.

Gladwin, T. (1970). *East is a big bird. Navigation and logic on Puluat atoll.* Cambridge: Harvard University Press.

Glick, P. G. (1979). Children of divorced parents in demographic perspective. *Journal of Social Issues, 35,* 170–182.

Goertzel, V. & Goertzel, M. G. (1962). *Cradles of eminence.* Boston: Little Brown.

Goffman, E. (1981). *Strategische Interaktion.* München, Wien: Hanser. (Original erschienen 1969: Strategic interaction)

Goffman, E. (1977). *Rahmen-Analyse. Ein Versuch über die Organisation von Alltagserfahrungen.* Frankfurt: Suhrkamp. (Original erschienen 1974: Frame analysis. An essay on the organization of experience)

Gombrich, E. H. (1954). Psychoanalysis and the history of art. *International Journal of Psychoanalysis, 35,* 1–11.

Gombrich, E. (1982). *Ornament und Kunst. Schmuckbetrieb und Ordnungssinn in der Psychologie des dekorativen Schaffens.* Stuttgart: Klett-Cotta.

Gouldner, A. W. (1968). The sociologist as partisan. Sociology and the welfare state. *American Sociologist, 3,* 103–116.

Graef, R. (1978). *An analysis of the person by situation interaction through repeated measures.* Unveröffentlichte Dissertation, University of Chicago.

Graef, R., Csikszentmihalyi, M. & Giannino, S. M. (1983). Measuring intrinsic motivation in everyday life. *Leisure Studies, 2,* 155–168.

Graef, R., McManama, G. S. & Csikszentmihalyi, M. (1981). Energy consumption in leisure and perceived happiness. In J. D. Clayton et al. (Hrsg.), *Consumers and energy conservation.* New York. Praeger.

Griessman, B. E. (1987). *The achievement factors.* New York: Dodd, Mead.

Groos, K. (1973). (Nachdruck der Ausgabe Jena 1899). *Das Spiel der Menschen.* Hildesheim, New York: Olms.

Gross, R. (Hrsg.). (1982). *Invitation to life-long learning.* New York: Fowlett.

Group for the Advancement of Psychiatry (August 1958). *The psychiatrist's interest in leisure-time activities.* Report 39, New York.

Gussen, J. (1967). The psychodynamics of leisure. In P. A. Martin (Hrsg.), *Leisure and mental health. A psychiatric viewpoint* (S. 51–169). Washington D. C.: American Psychiatric Association.

Habakuk, H. J. (1955). Family structure and economic change in nineteenth century Europe. *Journal of Economic History, 15,* 1–12.

Hadas, N. (1960, 1972). *Humanism. The Greek ideal and its survival.* Gloucester, Mass.: C. P. Smith.

Hamilton, J. A. (1976). Attention and intrinsic rewards in the control of psycho-physiological states. *Psychotherapy and Psychosomatics, 27,* 54–61.

Hamilton, J. A. (1981). Attention, personality and self-regulation of mood. Absorbing interest and boredom. In B. A. Maher (Hrsg.), *Progress in experimental personality research, 10,* 282–315.

Hamilton, J. A., Haier, R. J. & Buchsbaum, M. S. (1984). Intrinsic enjoyment and boredom coping scales. Validation with personality evoked potential and attentional measures. *Personality and Individual Differences, 5*(2), 183–193.

Hamilton, J. A., Holcomb, H. H. & De la Pena A. (1977). Selective attention and eye movements while reviewing reversible figures. *Perceptual and Motor Skills, 44,* 639–644.

Hamilton, M. (1982). Symptoms and assessment of depression. In E. S. Paykel (Hrsg.), *Handbook of affective disorders.* New York: Guildford Press.

Hamilton, W. D. (1964). The genetical evolution of social behavior, Parts 1 und 2. *Journal of Theoretical Biology, 7,* 1–52.

Harrow, M., Grinker, R. R., Holzman, P. S., & Kayton, L. (1977). Anhedonia and schizophrenia. *American Journal of Psychiatry, 134,* 794–797.

Harrow, M., Tucker, G. J., Hanover, N. H. & Shield, P. (1972). Stimulus overinclusion in schizophrenic disorders. *Archives of General Psychiatry, 27,* 40–45.

Hasher, L. & Zacks, R. T. (1979). Automatic and effortful processes in memory. *Journal of Experimental Psychology. General,* 108, 356–388.

Hauser, A. (1972). *Sozialgeschichte der Kunst und Literatur.* München: Beck.

Hebb, D. O. (1955). Drive and the CNS. *Psychological Review, 62,* 243–252.

Heidegger, M. (1972). *Sein und Zeit* (12. Aufl.). Tübingen: Niemeyer.

Heidegger, M. (1975) *Die Frage nach dem Ding. Zu Kants Lehre von den transzendentalen Grundsätzen* (2. Aufl.). Tübingen: Niemeyer.

Henry, J. (1965). *Culture against man.* New York: Vintage.

Hetherington, E. M. (1979). Divorce. A child's perspective. *American Psychologist, 34,* 851–858.

Hilgard, E. (1980). The trilogy of mind. Cognition, affection and conation. *Journal of the History of the Behavioral Sciences, 16,* 107–117.

Hiscock, E. C. (1969). *Atlantik-Kreuzfahrt mit Wanderer III.* Bielefeld,

Berlin: Delius, Klasing & Co. (Original erschienen 1968: Atlantic Cruise in Wanderer III)

Hoffman, J. E., Nelson, B. & Houck, M. R. (1983). The role of attentional resources in automatic detection. *Cognitive Psychology, 51,* 379–410.

Hoffman, L. (1982). *Grundlagen der Familientherapie. Konzepte für die Entwicklung von Systemen.* Hamburg: Isko Press. (Original erschienen 1981: Foundations of family therapy)

Holmes, T. H. & Rahe, R. H. (1967). The social readjustment rating scale. *Journal of Psychometric Research, 11,* 213–218.

Howell, M. C. (1986). *Women, production, and patriarchy in late medieval cities.* Chicago: University of Chicago Press.

Huizinga, J. (1971). *Homo ludens. Vom Ursprung der Kultur im Spiel.* Reinbek: Rowohlt.

Huizinga, J. (1975). *Herbst des Mittelalters. Studien über Lebens- und Geistesformen des 14. und 15. Jahrhunderts in Frankreich und in den Niederlanden.* Stuttgart: Kröner.

Husserl, E. (1950). *Ideen zu einer reinen Phänomenologie und phänomenologischen Philosophie.* Den Haag.

Huxley, J. S. (1942). *Evolution. The modern synthesis.* London: Allen and Unwin.

Izard, C. E., Kagan, J. & Zajonc, R. B. (1984). *Emotion, cognition and behavior.* New York: Cambridge University Press.

Jackson, D. D. (1957). The question of family homeostasis. *Psychiatric Quarterly Supplement, 31,* 79–90.

James, W. (1890). *Principles of psychology,* vol. 1. New York: Henry Holt.

Jaspers, K. (1973) (9. Aufl.). *Allgemeine Psychopathologie.* Berlin, Heidelberg, New York: Springer.

Jaspers, K. (1973). *Vernunft und Existenz.* München: Piper.

Jaynes, J. (1977). *The origin of consciousness in the breakdown of the bicameral mind.* Boston: Houghton Mifflin.

Johnson, R. (1988). Thinking yourself into a win. *American Visions, 3,* 6–10.

Johnson, S. (1930). *Pioneers of freedom. An account of the Icelanders and the Icelandic free state, 879–1262.* Boston: Stratford Co.

Johnston, L., Bachman, J. & O'Malley, P. (1981). *Student drug use in America.* Washington, D. C.: US Department of Health and Human Services, National Institute of Drug Abuse.

Jones, E. (1931). The problem of Paul Morphy. *International Journal of Psychoanalysis, 12,* 1–23.

Jung, C. G. (1985). (8. Aufl.). *Über psychische Energetik und das Wesen der Träume.* Freiburg im Breisgau: Walter. Jung, C. G. (1933, 1961). *Modern man in search of a soul.* New York: Harcourt Brace Jovanovich.

Kahneman, D. (1973). *Attention and effort.* Englewood Cliffs, New Jersey: Prentice-Hall.

Kant, I. (1976 1781). *Kritik der reinen Vernunft.* Hamburg: Meiner.

Kaplan, B. (1983). A trio of trials. In R. M. Lerner (Hrsg.), *Developmental psychology. Historical and philosophical perspectives.* Hillsdale, New Jersey: Erlbaum.

Kelly, J. R. (1982). *Leisure.* Englewood Cliffs, New Jersey: Prentice-Hall.

Keyes, R. (1985). *Chancing it. Why we take risks.* Boston: Little, Brown.

Kiell, N. (1969). *The universal experience of adolescence.* London: University of London Press.

Kierkegaard, S. (1984). *Der Begriff Angst.* Hamburg: Meiner.

Kierkegaard, S. (1976). *Die Krankheit zum Tode. Furcht und Zittern. Die Wiederholung. Der Begriff der Angst.* München: dtv.

Klausner, S. Z. (1965). *The quest for self-control.* New York. Free Press.

Kobasa, S. C., Maddi, S. R. & Kahn, S. (1982). Hardiness and health. A prospective study. *Journal of Personality and Social Psychology, 42,* 168–177.

Koch, K. (1970). *Wishes, lies, and dreams. Teaching children to write poetry.* New York: Chelsea House.

Koch, K. (1977). *I never told anybody. Teaching poetry writing in a nursing home.* New York. Random House.

Kohak, E. (1978). *Idea & experience. Edmund Husserl's project phenomenology.* Chicago: University of Chicago Press.

Kohl, J. G. (1970). *Kitschi-gami oder Erzählungen vom Oberen See.* Graz: Akademische Druck- und Verlagsanstalt.

Kohlberg, L. (1984). *The psychology of moral development. Essays on moral development.* Vol. 2. San Francisco: Harper & Row.

Kolakowski, L. (1986). *Die Suche nach der verlorenen Gewißheit. Denk-Wege mit Edmund Husserl.* München, Zürich: Piper.
Kubey, R. & Csikszentmihalyi, M. (im Druck). *Television and the quality of life.* Hillsdale, N. J.: Erlbaum.
Kuhn, T. S. (1973). *Die Struktur wissenschaftlicher Revolutionen.* Frankfurt: Suhrkamp.
Kusyszyn, I. (1977). How gambling saved me from a misspent sabbatical. *Journal of Humanistic Psychology, 17,* 19–25.

La Berge, S. (1987). *Hellwach im Traum. Höchste Bewußtheit in tiefem Schlaf.* Paderborn: Junfermann.
Laing, R. D. (1972). *Das geteilte Selbst. Eine existentielle Studie über geistige Gesundheit und Wahnsinn.* Köln: Kiepenheuer & Witsch. (Original erschienen 1961: The divided self)
Laing, R. D. (1973). *Das Selbst und die Anderen.* Köln: Kiepenheuer & Witsch. (Original erschienen 1961: The self and the others)
Larson, R. (1985). Emotional scenarios in the writing process. An examination of young writers' affective experience. In M. Rose (Hrsg.), *When a writer can't write* (S. 19–42). New York: Guildford Press.
Larson, R. (1991). Flow und das Abfassen von Texten. In M. Csikszentmihalyi & I. S. Csikszentmihalyi (Hrsg.), *Außergewöhnliche Erfahrung. Die Psychologie des flow-Erlebnisses* (S. 161–186). Stuttgart: Klett-Cotta. (Original erschienen 1988: Optimal experience. Psychological studies of flow in consciousness)
Larson, R. & Csikszentmihalyi, M. (1978). Experiential correlates of solitude in adolescence. *Journal of Personality, 46*(4), 677–693.
Larson, R. (1980). The significance of time alone in adolescents' development. *Journal of Adolescent Medicine, 2*(6), 33–40.
Larson, R. (1983). The Experience-Sampling Method. In H.T. Reis (Hrsg.), *Naturalistic approaches to studying social interaction (New Directions for Methodology of Social and Behavioral Science,* No. 15). San Francico: Jossey-Bass.
Larson, R., Csikszentmihalyi, M. & Graef, R. (1980). Mood variability and the psychosocial adjustment of adolescents. *Journal of Youth and Adolescence, 9,* 469–490.
Larson, R. & Kubey, R. (1983). Television and music. Contrasting media in adolescent life. *Youth and Society, 15,* 13–31.

Larson, R., Mannell, R. & Zuzaneck, J. (1986). Daily wellbeing of older adults with family and friends. *Psychology and Aging, 1*(2), 117–126.
Laski, M. (1962). *Ecstasy. A study of some secular and religious experiences.* Bloomington: Indiana University Press.
Laszlo, E. (1970). System, structure and experience. New York: Gordon & Breach.
Lazarus, R. S. & Folkman, S. (1984). *Stress, appraisal and coping.* New York: Springer.
Le Bon, G. (1973). *Psychologie der Massen* (14. Aufl.). Stuttgart: Kröner.
LeCourt, D. (1977). *Proletarian science.* London: New Left Books.
Lee, R. B. (1975). What hunters do for a living. In R. B. Lee & I. de Vore (Hrsg.), *Man the hunter* (S. 30–48). Chicago: Aldine.
Leenhardt, M. (1984). *Do Kamo. Die Person und der Mythos in der melanesischen Welt.* Frankfurt, Berlin, Wien: Ullstein.
LeFevre, J. (1991). Flow und die Erlebensqualität im Kontext von Arbeit und Freizeit. In M. Csikszentmihalyi & I. S. Csikszentmihalyi (Hrsg.), *Die außergewöhnliche Erfahrung im Alltag. Die Psychologie des flow-Erlebnisses* (S. 313–325). Stuttgart: Klett-Cotta. (Original erschienen 1988: Optimal experience. Psychological studies of flow in consciousness)
Le Goff, J. (1984). *Für ein anderes Mittelalter. Zeit, Arbeit und Kultur im Europa des 5.–15. Jahrhunderts.* Frankfurt, Berlin, Wien: Ullstein.
Le Roy Ladurie, E. (1980). *Montaillou. Ein Dorf vor dem Inquisitor 1294–1324.* Frankfurt, Berlin, Wien. Propyläen-Verlag.
Lessard, S. (1987). Profiles: Eva Zeisel. *New Yorker,* 13. April 1987, S. 60–82.
LeVine, R. A. & Campbell, D. T. (1972). *Ethnocentrism. Theories of conflict, ethnic attitudes, and group behavior.* New York: Wiley.
Levi-Strauss, C. (1981). *Die elementaren Strukturen der Verwandtschaft.* Frankfurt: Suhrkamp.
Lewin, K. et al. (1962 [1944]). Level of aspiration. In J. McV. Hunt (Hrsg.), *Personality and behavioral disorders* (S. 333–378). New York: Ronald Press.
Lewinsohn, P. M. & Graf, M. (1973). Pleasant activities and depression. *Journal of Consulting and Clinical Psychology, 41,* 261–268.
Lewinsohn, P. M. & Libet, J. (1971). Pleasant events, activity sche-

dules and depression. *Journal of Abnormal Psychology, 79,* 291–295.

Lewinsohn, P. M. et al. (1982). Behavioral Therapy. Clinical applications. In A. J. Rush (Hrsg.), *Short-term therapies for depression.* New York: Guilford.

Liberman, A. M., Mattingly, I. G. & Turvey, M. T. (1972). Language codes and memory codes. In A. W. Melton & E. Martin (Hrsg.), *Coding processes in human memory.* New York: Wiley.

Lieberman, M. A. et al. (1979). *Self-help groups for coping with crisis. Origins, members, processes, and impact.* San Francisco: Jossey-Bass.

Lindbergh, C. A. (1954). *Mein Flug über den Ozean.* Berlin, Frankfurt: S. Fischer.

Lipps, G. F. (1899). *Grundriß der Psychophysik.* Leipzig: G. J. Göschen.

Loevinger, J. (1976). *Ego development.* San Francisco: Jossey-Bass.

Logan, R. (1985). The "flow experience" in solitary ordeals. *Journal of Humanistic Psychology, 25*(4), 79–89.

Logan, R. (1991). Flow in Extremsituationen der Einsamkeit. In M. Csikszentmihalyi & I. S. Csikszentmihalyi (Hrsg.), *Die außergewöhnliche Erfahrung im Alltag. Die Psychologie des flow-Erlebnisses* (S. 187–196). Stuttgart: Klett-Cotta. (Original erschienen 1988: Optimal experience. Psychological studies of flow in consciousness)

Lumdsen, C. J. & Wilson, E. O. (1981). *Genes, mind, culture. The coevolutionary process.* Cambridge: Harvard University Press.

Lumdsen, C. J. & Wilson, E. O. (1983). *Promethean fire. Reflections on the origin of mind.* Cambridge: Harvard University Press.

Lumholtz, C. (1902), 1987). *Unknown Mexico,* vol. 1. New York: Dover Publications.

Luria, A. R. (1976). *Cognitive development. Its Cultural and social function.* Cambridge: Harvard University Press.

Lyons, A. W. (1988). *Role models. Criteria for selection and life cycle changes.* Unveröffentlichte Dissertation. University of Chicago.

McAdams, D. (1985). *Power, intimacy and the life story.* Homewood, Ill.: Dorsey Press.

MacAloon, J. (1981). *This great symbol.* Chicago: University of Chicago Press.

Macbeth, J. (1991). Das Hochsegeln. In M. Csikszentmihalyi & I. S. Csikszentmihalyi (Hrsg.), *Die außergewöhnliche Erfahrung. Die Psychologie des flow-Erlebnisses* (S. 233–253). Stuttgart: Klett-Cotta. (Original erschienen 1988: Optimal Experience. Psychological studies of flow in consciousness)

McGhie, A. & Chapman, J. (1961). Disorders of attention and perception in early schizophrenia. *British Journal of Medical Psychology, 34,* 103–116.

MacIntyre, A. (1987). *Der Verlust der Tugend. Zur moralischen Krise der Gegenwart.* Frankfurt: Campus. (Original erschienen 1984: After Virtue)

McLanahan, S. (1988). *Single mothers and their children. A new American dilemma.* New York: University Press of America.

MacPhillamy, D. J. & Lewinsohn, P. M. (1974). Depression as a function of levels of desired and obtained pleasures. *Journal of Abnormal Psycholoy, 83,* 651–657.

Mac Vannel, J. A. (1896). *Hegel's doctrine of the will.* New York: Columbia University Press.

Malcolm X. (1977). *The autobiography of Malcolm X.* New York: Ballantine.

Mall, J. (1985). A study of U. S. teen pregnancy rate. *Los Angeles Times,* 17. März 1985, S. 27.

Mandler, G. (1979). *Denken und Fühlen.* Paderborn: Junfermann. (Original erschienen 1975: Man and emotion)

Marcuse, H. (1984). *Triebstruktur und Gesellschaft. Ein philosophischer Beitrag zu Sigmund Freud.* Frankfurt: Suhrkamp.

Marcuse, H. (1971). *Der eindimensionale Mensch. Studien zur Ideologie der fortgeschrittenen Industriegesellschaft.* Neuwied, Berlin: Luchterhand.

Martin, J. (1981). Relative deprivation. A theory of distributive injustice for an era of shrinking resources. *Research in Organizational Behavior, 3,* 53–107.

Maslow, A. H. (Hrsg.). (1970). *New knowledge in human values.* Chicago: Regnery.

Maslow, A. H. (1971). *The farther reaches of human nature.* New York: Viking.

Maslow, A. H. (1977). *Motivation und Persönlichkeit.* Olten: Walter. (Original erschienen 1954: Motivation and personality)

Maslow, A. H. (1973). *Psychologie des Seins. Ein Entwurf.* München: Kindler. (Original erschienen 1968: Toward a psychology of being)
Maslow, A. H. (1977). *Die Psychologie der Wissenschaft. Neue Wege der Wahrnehmung und des Denkens.* München: Goldmann 1977. (Original erschienen 1969: The psychology of science)
Maslow, A. H. & Honigman, J. J. (1970). Synergy. Some notes of Ruth Benedict. *American Anthropologist, 72,* 320–333.
Massimini, F. (1982). Individuo e ambiente. I papua Kapauku della Nuova Guinea occidentale. In F. Perussia (Hrsg.), *Psicologia ed ecologia* (S. 27–154). Mailand: Franco Angeli.
Massimini, F., Csikszentmihalyi, M. & Carli, M. (1987). The monitoring of optimal experience. A tool for psychiatric rehabilitation. *Journal of Nervous and Mental Disease, 175*(9), 545–549.
Massimini, F., Csikszentmihalyi, M. & Delle Fave, A. (1991). Flow und biokulturelle Evolution. In M. Csikszentmihalyi & I. S. Csikszentmihalyi (Hrsg.), *Die außergewöhnliche Erfahrung im Alltag. Die Psychologie des flow-Erlebnisses* (S. 77–102). Stuttgart: Klett-Cotta. (Original erschienen 1988: Optimal experience. Psychological studies of flow in consciousness)
Massimini, F. & Inghilleri, P. (Hrsg.). (1986). *L'Esperienza quotidiana. Teoria e metodo d'analisi.* Mailand: Franco Angeli.
Matas, L., Arend, R. A. & Sroufe, L. A. (1978). Continuity of adaptation in the second year: The relationship between quality of attachment and later competence. *Child Development, 49,* 547–556.
Matson, K. (1980). *Short Lives. Portraits of creativity and self-destruction.* New York: Morrow.
Mayers, P. (1978). *Flow in adolescence and its relation to the school experience.* Unveröffentlichte Dissertation. University of Chicago.
Mead, G. H. (1973). *Geist, Identität und Gesellschaft aus der Sicht des Sozialbehaviorismus.* Frankfurt: Suhrkamp. (Original erschienen 1934: Mind, self and society)
Mead, M. (1964). *Continuities in cultural evolution.* New Haven: Yale University Press.
Medawar, P. B. (1962). *Die Zukunft des Menschen.* Frankfurt: S. Fischer.
Medwedjew, Z. (1974). *Der Fall Lysenko. Eine Wissenschaft kapituliert.* München: dtv.

Merleau-Ponty, M. (1966). *Phänomenologie der Wahrnehmung.* Berlin: de Gruyter.
Merleau-Ponty, M. (1964). *The primacy of perception.* Herausgegeben von J. M. Edie. Evanston, Ill.: North-Western University Press.
Merser, C. (1987). A thoroughly modern identity crisis. *Self,* Oktober, S. 147.
Meyer, L. B. (1956). *Emotion and meaning in music.* Chicago: University of Chicago Press.
Michalos, A. C. (1985). Multiple discrepancy theory (MDT). *Social Indicators Research, 16,* 347–413.
Miller, G. A. (1956). The magical number seven, plus or minus two. Some limits on our capacity to process information. *Psychological Review, 63,* 81–97.
Miller, G. A., Galanter, E. H. & Pribram, K. (1973). *Strategien des Handelns. Pläne und Stukturen des Verhaltens.* Stuttgart: Klett-Cotta. (Original erschienen 1960: Plans and the structure of behavior)
Miller, G. A. (1983). Informavors. In F. Machlup & U. Mansfield (Hrsg.), *The study of information.* New York: Wiley.
Mintz, S. W. (1987). *Die süße Macht. Kulturgeschichte des Zuckers.* Frankfurt, New York: Campus. (Original erschienen 1985: Sweetness and power. The place of sugar in modern history)
Mitchell, R. G. jr. (1983). *Mountain experience. The psychology and sociology of adventure.* Chicago: University of Chicago Press.
Mitchell, R. G. jr. (1991). Soziologische Implikationen des flow-Erlebnisses. In M. Csikszentmihalyi & I. S. Csikszentmihalyi (Hrsg.), *Die außergewöhnliche Erfahrung im Alltag. Die Psychologie des Alltagslebens* (S. 50–76). Stuttgart: Klett-Cotta. (Original erschienen 1988: Optimal experience. Psychological studies of flow in consciousness)
Mitterauer, M. & Sieder, R. (1982). *Historische Familienforschung.* Frankfurt: Suhrkamp.
Moitessier, B. (1973). *Der verschenkte Sieg.* Bielefeld, Berlin: Delius, Klasing & Co. (Original erschienen 1972: La longue route)
Montaigne, M. de (1976). *Essais.* Frankfurt: Insel.
Monti, F. (1972). *Afrikanische Masken.* München: Wissen-Verlag.
Murphy, G. (1947). *Personality. A biosocial approach to origins and structure.* New York: Harper.

Murray, G. (1940). *Stoic, Christian, and humanist.* London: S. Allen & Unwin.
Murray, H. A. (1955). *American Icarus. Clinical Studies of Personality,* vol. 2. New York: Harper.

Nabokov, P. (1981). *Indian running.* Santa Barbara: Capra Press.
Nakamura, J. (1991). Optimales Erleben und die Nutzung der Begabung. In M. Csikszentmihalyi & I. S. Csikszentmhalyi (Hrsg.), *Die außergewöhnliche Erfahrung im Alltag. Die Psychologie des Alltagslebens* (S. 326–334). Stuttgart: Klett-Cotta. (Original erschienen 1988: Optimal experience. Psychological studies of flow in consciousness)
Natanson, M. A. (Hrsg.). (1961). *Philosophy and the social sciences.* New York: Random House.
Neisser, Ulric (1974). Kognitive Psychologie. Stuttgart: Klett-Cotta.
Neisser, Ulric (1979). *Kognition und Wirklichkeit.* Prinzipien und Implikationen der kognitiven Psychologie. Stuttgart: Klett-Cotta.
Nell, V. (1988). *Lost in a book. The psychology of reading for pleasure.* New Haven: Yale University Press.
Nelson, A. (1965)). Self-images and systems of spiritual direction in the history of European civilisation. In S. Z. Klausner (Hrsg.), *The quest for self-control* (S. 49–139). New York: Free Press.
Nietzsche, F. (1984). *Jenseits von Gut und Böse. Mit der Streitschrift „Zur Genealogie der Moral".* Frankfurt: Insel-Verlag.
Nitecki, M. H. (Hrsg.). (1988). *Evolutionary progress.* Chicago: University of Chicago Press.
Noelle-Neumann, E. (1983). *Spiegel-Dokumentation: Persönlichkeitsstärke.* Hamburg: Springer-Verlag.
Noelle-Neumann, E. (1980). *Die Schweigespirale. Öffentliche Meinung, unsere soziale Haut.* München, Zürich: Piper.
Noelle-Neumann, E. (1985). *Identifying opinion leaders.* Vorgelegt bei der 38. ESOMAR-Konferenz, Wiesbaden, 1.–5. September, 1985.
Noelle-Neumann, E. & Strumpel, B. (1984). *Macht Arbeit krank? Macht Arbeit glücklich?* München: Piper.
Nusbaum, H. C. & Schwab, E. C. (Hrsg.). (1986). The role of attention and active processing in speech perception. In *Pattern recognition by human and machines,* vol. 1 (S. 113–157). New York: Academic Press.

Offer, D., Ostrov, E. & Howard, K. (1981). *The adolescent. A psychological self-portrait.* New York: Basic Books.
Orme, J. E. (1969). *Time, experience, and behavior.* London: Iliffe.

Pagels, H. (1988). *The dreams of reason – the computer and the rise of sciences of complexity.* New York: Simon & Schuster.
Pareto, V. (1955). *Allgemeine Soziologie.* Tübingen: Mohr.
Parsons, T. (1942). Age and sex in the social structure. *American Sociological Review, 7,* 604–616.
Piaget, J. (1975). *Das Erwachen der Intelligenz beim Kinde. Gesammelte Werke,* Bd. 1. Stuttgart: Klett-Cotta.
Pina Chan, R. (1969). *Spiele und Sport im alten Mexico.* Leipzig: Edition Leipzig.
Pitts, Jesse R. (1964). The case of the French bourgeoisie. In R. L. Coser (Hrsg.), *The family. Its structure and functions.* New York: St. Martin's Press.
Plato (1976). *Der Staat.* Stuttgart: Reclam.
Polanyi, M. (1968). The body-mind relation. In W. R. Coulson & C. R. Rogers (Hrsg.), *Man and the science of man* (S. 84–133). Columbus: Bell & Howell.
Polanyi, M. (1969). *Knowing and being.* Herausgegeben von Marjorie Grene. Chicago: University of Chicago Press.
Pope, K. S. (1980). *On love and loving.* San Francisco: Jossey-Bass.
Pope, K. S. & Singer, J. L. (1978). *The stream of consciousness.* New York: Plenum.
Prigogine, I. (1979). *Vom Sein zum Werden. Zeit und Komplexität in den Naturwissenschaften.* München, Zürich: Piper.
Privette, G. (1983). Peak experience, peak performance and flow. A comparative analysis of positive human experience. *Journal of Personality and Social Psychology, 83*(45), 1361–1368.

Radin, P. (1927). *Primitive man as philosopher.* New York: D. Appleton & Co.
Ranke-Graves, Robert v. (1981). *Die weiße Göttin. Sprache des Mythos.* Berlin: Medusa-Verlag. (Original erschienen 1960: The white goddess).
Rathunde, K. (1991). Optimales Erleben und Familienumwelt. In M. Csikszentmihalyi & I. S. Csikszentmihalyi (Hrsg.), *Die außerge-*

wöhnliche Erfahrung im Alltag. Die Psychologie des flow-Erlebnisses (S. 351–376). Stuttgart: Klett-Cotta. (Original erschienen 1988: Optimal experience. Psychological studies of flow in consciousness)

Redfield, R. (Hrsg.). (1942). *Levels of integration in biological and social systems.* Lancaster, Pa.: J. Catell Press.

Redfield, R. (1955). *The little community. Viewpoints for the study of a human whole.* Chicago: University of Chicago Press.

Renfrew, C. (1986). Varna and the emergence of wealth in prehistoric Europe. In A. Appadurai (Hrsg.), *The social life of things* (S. 141–68). New York: Cambridge University Press.

Ribot, T. A. (1890). *The psychology of attention.* Chicago: Open Court Publishing.

Richards, R., Kinney, D. K., Lunde, I., Benet, M. et al. (1988). Creativity in manic depressives, cyclothymes, their normal relatives and control subjects. *Journal of Abnormal Psychology, 97*(3), 281–288.

De Roberty, E. (1878). *La sociologie.* Paris.

Robinson, D. (1969). The climber as visionary. *Ascent 9,* 4–10.

Robinson, J. P. (1977). *How Americans use time.* New York: Praeger.

Robinson, R. E. (1986). Differenze tra i sessi e rendimento scolastico. Aspetti dell' esperienza quotidiana degli adolescenti dotati in matematica. In F. Massimini & P. Inghilleri (Hrsg.), *L' esperienza quotidiana* (S. 417–36). Mailand: Franco Angeli.

Robinson, R. E. (1988). Project and prejudice. Past, present and future in adult development. *Human Development, 31,* 158–75.

Rogers, C. R. (1973). *Die klientenzentrierte Gesprächspsychotherapie – Client-centered therapy.* München: Kindler. (Original erschienen 1951: Client-centered therapy)

Roueche, B. (1988). Annals of medicine. *New Yorker,* 12. September 1988, S. 83–89.

Sacks, O. (1987). *Der Mann, der seine Frau mit einem Hut verwechselte.* Reinbek: Rowohlt. (Original erschienen 1970: The man who mistook his wife for a hat)

Sahlins, M. D. (1972). *Stone age economics.* Chicago: Aldine Press.

Sahlins, M. D. (1976). *The use and abuse of biology. An anthropological critique of sociobiology.* Ann Arbor: University of Michigan Press.

Santayana, G. (1986). *The sense of beauty.* New York: Charles Scribner's Sons.
de Santillana, G. (1961,1970). *The origins of scientific thought.* Chicago: University of Chicago Press.
Sarbin, T. (Hrsg.). (1986). *Narrative psychology. The storied nature of human conduct.* New York: Praeger.
Sartre, J.-P. (1970). *Das Sein und das Nichts* (4. Aufl.). Hamburg: Rowohlt.
Sato, I. (1991). Bosozoku. Flow in japanischen Motorradbanden. In M. Csikszentmihalyi & I. S. Csikszentmihalyi (Hrsg.), *Die außergewöhnliche Erfahrung im Alltag. Die Psychologie des flow-Erlebnisses* (S. 111–138). Stuttgart: Klett-Cotta. (Original erschienen 1988: Optimal experience. Psychological studies of flow in consciousness)
Schaefer, C., Coyne, J. C. & Lazarus, R. S. (1981). The health-related functions of social support. *Journal of Behavioral Medicine, 4*(4), 381–406.
Schafer, R. (1980). Narration in the psychoanalytical dialogue. *Critical Inquiry, 7,* 29–54.
Scheier, M. F. & Carver, C. S. (1980). Private and public self-attention, resistance to change and dissonance reduction. *Journal of Personality and Social Psychology, 39,* 390–405.
Schiamberg, L. B. (1988). *Child and adolescent development.* New York: Macmillan.
Schlick, M. (1934). Über das Fundament der Erkenntnis. *Erkenntnis, 4.*
Schneider, E. (1953). *Coleridge, opium, and Kubla Khan.* Chicago: University of Chicago Press.
Scholem, G. (1980). *Die jüdische Mystik in ihren Hauptströmungen.* Frankfurt: Suhrkamp.
Schrödinger, E. (1979). *Was ist ein Naturgesetz? Beitrag zum naturwissenschaftlichen Weltbild.* München, Wien: Oldenbourg.
Schutz, A. (1962). *The problem of social reality.* Den Haag: Martinus Nijhoff.
Schwartz, G. (1987). *Beyond conformity and rebellion.* Chicago: University of Chicago Press.
Schwarz, N. & Clore, G. L. (1983). Mood, misattribution, and judgements of well-being. Informative and directive functions of

affective states. *Journal of Personality and Social Psychology, 45,* 513–523.
Seligman, M. E. P. (1979). *Erlernte Hilflosigkeit.* München, Wien, Baltimore: Urban & Schwarzenberg. (Original erschienen 1975: Helplessness. On depression, development and death)
Seligman, M. E. P., Peterson, C., Kaslow, N. J., Tannenbaum, R. L., Alloy, L. B. & Abramson, L. Y. (1984). Attributional style and depressive symptoms among children. *Journal of Abnormal Psychology, 93,* 235–238.
Selye, H. (1981). *Streß – mein Leben. Erinnerungen eines Forschers.* München: Kindler. (Original erschienen 1956: The stress of life)
Siegel, B. S. (1988). *Prognose Hoffnung. Heilerfolge aus der Praxis eines mutigen Arztes.* Düsseldorf, Wien, New York: Econ-Verlag. (Original erschienen 1986: Love, medicine and miracles)
Simon, H. A. (1969). *Sciences of the artificial.* Boston: MIT Press.
Simon, H. A. (1978). Rationality as process and as product of thought. *American Economic Review, 68,* 1–16.
Singer, I. (1981). *The nature of love.* Vol. 1: Plato to Luther; vol. 2: Courtly and romantic; vol. 3: The modern world (2. Aufl.). Chicago: University of Chicago Press.
Singer, J. L. (1966). *Daydreaming. An introduction to the experimental study of inner experiences.* New York: Random House.
Singer, J. L. (1973). *The child's world of make-believe.* New York: Academic Press.
Singer, J. L. (1981). *Daydreaming and fantasy.* Oxford: Oxford University Press.
Singer, J. L. & Switzer, E. (1980). *Mind play. The creative uses of fantasy.* Englewood Cliffs, New Jersey: Prentice-Hall.
Smith, K. R. (1969). *Behavior and conscious experience. A conceptual analysis.* Athens: Ohio University Press.
Solschenizyn, A. (1974). *Der Archipel Gulag.* Bern, München: Scherz.
Sorokin, P. (1950). *Explorations in altruistic love and behavior. A Symposium.* Boston: Beacon Press.
Sorokin, P. (1956). *Fads and foibles in modern sociology.* Chicago: Regnery.
Sorokin, P. (1962). *Social and cultural dynamics.* New York: Bedminster.

Sorokin, P. (1967). *The ways and powers of love.* Chicago: Regnery.

Spence, J. D. (1984). *The memory palace of Matteo Ricci.* New York: Viking Penguin.

Spinoza, B. de (1972). *Ethik.* Frankfurt: Röderberg-Verlag.

Spiro, M. E. (1987). *Culture and human nature. Theoretical papers of Melford E. Spiro.* Chicago: University of Chicago Press.

Steiner, G. (1974). *Fields of force.* New York: Viking.

Steiner, G. (1989). *Martin Heidegger: Eine Einführung.* München, Wien: Hanser.

Sternberg, R. J. (1988). *The triangle of love: Intimacy, passion, commitment.* New York: Basic Books.

Stewart, K. (1972). Dream exploration among the Sinoi. In T. Roszak (Hrsg.), *Sources.* New York: Harper & Row.

Strack, F., Argyle, M. & Schwarz N. (Hrsg.) (1990). *The social psychology of subjective well-being.* New York: Pergamon.

Sullivan, H. S. (1980). *Die interpersonale Theorie der Psychiatrie.* Frankfurt: S. Fischer. (Original erschienen 1953: The interpersonal theory of psychiatry)

Sun, W. (1987). *Flow and Yu. Comparison of Csikszentmihalyi's theory and Chuang-tzu's philosophy.* Vorgetragen auf der Konferenz der Anthropological Association for the Study of Play. März 1987, Montreal.

Suppies, P. (1978). *The impact of research on education.* Washington D. C.: National Academy of Education.

Suttles, G. (1972). *The social construction of communities.* Chicago: University of Chicago Press.

Szalai, A. (Hrsg.). (1965). *The use of time. Daily activities of urban and suburban populations in twelve counties.* Paris: Mouton.

Teilhard de Chardin, P. de (1981). *Der Mensch im Kosmos.* München: dtv.

Tessman, J. (1978). *Children of parting parents.* New York: Aronson.

Thomas Aquinas (1954). *Summe der Theologie.* Stuttgart: Körner. (Originalausgabe erschienen 1466: Summa Theologica)

Thompson, E. P. (1980). *Plebeische Kultur und moralische Ökonomie. Aufsätze zur englischen Sozialgeschichte des 18. und 19. Jahrhunderts.* Frankfurt, Berlin, Wien: Ullstein.

Thompson, E. P. (1979). *Wahrnehmungsformen und Protestverhalten.*

Studien zur Lage der Unterschichten im 18. und 19. Jahrhundert. Frankfurt: Suhrkamp.
Tillich, P. (1953). *Der Mut zum Sein.* Stuttgart: Steingrüben-Verlag.
Tolstoi, L. (1971). *Der Tod des Iwan Iljitsch.* Stuttgart: Reclam.
Tomkins, S. S. (1962). *Affect, imagery, and consciousness. Vol. 1: The positive affects.* New York: Springer Verlag.
Toscano, M. (1986). Scuola e vita quotidiana. Un caso di selezione culturale. In F. Massimini & P. Inghilleri (Hrsg.), *L'esperienza quotidiana* (S. 305–318). Mailand: Franco Angeli.
Tough, A. (1978). *Adults' learning prospects. A fresh approach to theory and practice in adult learning.* Toronto: Ontario Institute for Studies in Education.
Toynbee, A. J. (1979). Der Gang der Weltgeschichte. München: dtv. (Original erschienen 1934: A study of history)
Treisman, A. M. & Gelade, G. (1980). A feature integration theory of attention. *Cognitive Psychology, 12,* 97–136.
Treisman, A. M. & Schmidt, H. (1982). Illusory conjunctions in the perception of objects. *Cognitive Psychology, 14,* 107–141.
Trivers, R. L. (1972). Parental investment and sexual selection. In B. H. Campbell (Hrsg.), *Sexual selection and the descent of man, 1871–1971* (S. 136–79). Chicago: Aldine.
Tucker, R. C. (1974). *Karl Marx. Die Entwicklung seines Denkens von der Philosophie zum Mythos* (2. Aufl.). München: C. H. Beck. (Original erschienen 1972: Philosophy and myth in Karl Marx)
Turnbull, C. (1963). *Molimio. Drei Jahre bei den Pygmäen.* Köln, Berlin: Kiepenheuer & Witsch.
Turnbull, C. (1972). *The forest people.* New York: Simon & Schuster.
Turner, V. (1969). *The ritual process.* New York: Aldine.
Turner, V. (1974). Liminal to liminoid in play, flow, and ritual. An essay in comparative symbology. *Rice University Studies, 60*(3), 53–92.

Uexküll, J. v. (1921). *Umwelt und Innenwelt der Tiere* (2. Aufl.). Berlin.
Uexküll, J. v. (1957). *Instinctive behavior.* London: Methuen.
U. S. Department of Commerce (1980). *Social Indicators, III.* Washington, D. C.: Bureau of the Census.
U. S. Department of Commerce (1985). *Statistical abstracts of the U. S., 1986* (106. Aufl.). Washington, D. C.: Bureau of the Census.

U. S. Department of Health & Human Services. (1988). *Vital statistics of the United States, 1985, II.* Hyattsville, Md.: U. S. Department of Health.

U. S. Department of Justice. (1987). *Uniform crime reports, 7,* 25. Washington, D. C.: Department of Justice.

Vaillant, G. E. (1977). *Adaptation to life.* Boston: Little Brown.

Vasari, G. (1983). *Leben der ausgezeichnetsten Maler, Bildhauer und Baumeister von Cimabue bis zum Jahre 1567.* (Nachdruck der 1. dt. Gesamtausgabe Stuttgart, Tübingen 1832–1849). Worms: Werner.

Veenhoven, R. (1984). *Databook of happiness.* Boston: Dordrecht-Reidel.

Veroff, J., Douvan, E. & Kulka, R. A. (1981). *The inner American.* New York: Basic Books.

Waddington, C. H. (1970). The theory of evolution today. In A. Koestler & J. R. Smythis (Hrsg.), *Beyond reductionism.* New York: Macmillan.

Waitzkin, F. (1988). *Searching for Bobby Fischer.* New York: Random House.

Waley, A. (1986). *Lebensweisheit im alten China* (2. Aufl.). Frankfurt: Suhrkamp. (Original erschienen 1939: Three ways of thought in ancient China)

Wallis, C., Booth, C., Ludtke, M. & Taylor, E. (1985). Children having children. *Time,* 9. Dezember 1985, S. 78–90.

Wann, T. W. (Hrsg.). (1964). *Behaviorism and phenomenology.* Chicago: University of Chicago Press.

Warner, R. (1965). *The Persian expedition.* Baltimore: Penguin Books.

Watson, B. (1964). *Chuang Tzu, basic writings.* New York: Columbia University Press.

Weber, M. (1922). Die protestantische Ethik und der 'Geist' des Kapitalismus. In *Gesammelte Aufsätze zur Religionssoziologie.* Bd. 1, S. 237–268. Tübingen: J. C. B. Mohr.

Weitzman, M. S. (1978). Finally the family. *Annals of the AAPSS, 435,* 60–82.

Wells, A. (1991). Selbstbewertung und optimales Erleben. In M. Csikszentmihalyi & I. S. Csikszentmihalyi (Hrsg.), *Die außerge-*

wöhnliche Erfahrung im Alltag. Die Psychologie des flow-Erlebnisses (S. 335–350). Stuttgart: Klett-Cotta. (Original erschienen 1988: Optimal experience. Studies of flow in consciousness)

Werner, H. (1957). *Comparative psychology of mental development.* (überarbeitete Ausgabe.) New York: International Universities Press.

Werner, H. & Kaplan, B. (1956). The developmental approach to cognition. Its relevance to the psychological interpretation of anthropological and ethnolinguistic data. *American Anthropologist, 58,* 866–880.

Weyden, P. (1984). *Day one.* New York. Simon & Schuster.

White, R. W. (1959). Motivation reconsidered. The concept of competence. *Psychological Review, 66,* 297–333.

Wicklund, R. A. (1979). The influence of self-awareness on human behavior. *American Scientist, 67,* 182–193.

Wiener, N. (1963). *Kybernetik. Regelung und Nachrichtenübertragung im Lebewesen und an der Maschine* (2. Aufl.). Düsseldorf, Wien: Econ-Verlag.

Williams, R. M. jr. (1975). Relative deprivation. In L. A. Coser (Hrsg.), *The idea of social structure. Papers in Honor of Robert K. Merton* (S. 355–378). New York: Harcourt Brace Jovanovich.

Wilson, E. O. (1975). *Sociobiology. The new synthesis.* Boston: Belknap Press.

Wilson, S. R. (1985). Therapeutic processes in a yoga ashram. *American Journal of Psychotherapy, 39,* 253–262.

Wilson, S. R. (in Vorbereitung) Personal growth in a yoga ashram. A social psychological analysis. *The social scientific study of religion,* Vol. 2.

Wittfogel, K. (1977). *Die orientalische Despotie. Eine vergleichende Untersuchung totaler Macht.* Frankfurt, Berlin, Wien: Ullstein.

Wolfe, T. (1988). *Fegefeuer der Eitelkeiten.* München: Kindler. (Original erschienen 1987: The bonfire of vanities)

Wolff, C. von. (1724). *Vernünftige Gedanken von den Kräften des menschlichen Verstandes.* Halle, Magdeburg: Rengerische Buchhandlung.

Wood, E. (1961). *Grundzüge der Yogalehre. Die Praxis und die Gedankenwelt.* Stuttgart: Günther. (Original erschienen 1954: Great system of yoga)

Wundt, W. (1902). *Grundzüge der physiologischen Psychologie.* Vol. 3. Leipzig.

Wygotsky, L. S. (1978). *Mind in society. The development of higher psychological processes.* Herausgegeben von M. Cole, V. John-Steiner, S. Scribner & E. Souberman. Cambridge: Harvard University Press.

Wynne, E. A. (1978). Behind the discipline problem. Youth suicide as a measure of alienation. *Phi Delta Kappa, 59,* 307–315.

Yankelovich, D. (1981). *New rules. Searching for self-fulfillment in a world turned upside down.* New York: Random House.

Zigler, E. F. & Child, I. L. (1973). *Socialization and personality development.* Reading, Massachusetts: Addison-Wesley.

Zuckerman, M. (1979). *Sensation seeking.* Hillsdale, New Jersey: Erlbaum.

Register